호텔경영론

박영기 김민준 김종규 공저

이프레스

머리말

PREFACE

세계적으로 여행객이 증가하면서 우리나라의 호텔산업은 관광산업과 더불어 국가산업발전의 경쟁력에 크게 기여하고 있다. 특히 아시아, 미주, 유럽 등지로부터 입국하는 관광객의 지속적인 증가로 숙박산업인 호텔업계는 비약적인 발전을 하고 있다. 게다가 호텔기업은 기업형태가 체인화 구조를 이루면서 관광산업 발전에 한층 더 기여하는 계기가 되었다. 이러한 현실에서 관광산업의 중추역할에 일익을 담당하고, 호텔 이용고객의 만족도를 증가시키기 위한 호텔리어의 일은 호텔경영에서 중요한 업무 중에 하나라고 할 수 있다. 따라서 호텔리어가 이러한 업무를 수행하기 위해서는 최상의 서비스를 가미한 상품을 창출해 내는 것이라 할 수 있지만, 우선 호텔경영을 이해하기 위한 호텔산업의 구조와 경영의 현실적인 감각을 익히는 것이 중요하다고 하겠다.

이에 세계화된 경쟁 산업에서 우위를 점하기 위한 호텔경영의 핵심과제는 고객으로 하여금 편안하고 안락한 서비스를 제공받는다는 인식이 들 수 있는 고객중심의 경영이 되어야 한다. 그러나 오늘날 우리의 호텔산업 환경은 매우 복잡하고 다양한 시대 변화에 따라, 경영에도 변수가 다양하고 호텔을 운영을 함에도 고도의 경영기술을 필요로 하고 있다. 현재 우리나라 호텔산업의 환경은 우리 가까이에 있는 국가의 정치・경제・사회・문화의 거시적인 측면에 의해 영향을 많이 받고 있는 것은 사실이지만, 그 무엇보다 중요한 것은 접점서비스의 핵심인 인적 서비스가 아닌가 한다.

수년 전부터 여행객의 증가는 호텔시설도 함께 고급화되었고, 개별기업으로 운영되던 호텔이 최근에는 체인화로 전환되고 있는 것이 현실이다. 그러므로 글로벌 시대의 경쟁 산업에서 우위를 점하기 위한 호텔경영의 핵심과제는 고객에게 안락하면서 편리하고, 안전한 서비스 제공을 통한 고객중심의 경영이 되어야 한다는 것이다. 이를 충족시키기 위해서는 능동적으로 대처할 수 있는 호텔리어 인력 양성이 필요하다.

저자는 그동안의 호텔현업에서 쌓아 온 현장경험과 교육경험, 선행연구를 바탕으로 이 교재를 정리하였으며, 호텔경영을 공부하는 학생들과 호텔 분야에 근무하는 종사원 그리고 호텔경영에 관심 있는 모든 이에게 호텔산업에 대한 이해를 돕고자 하는 바람으로 저술하였다. 따라서 이 교재는 호텔경영에 관련한 전반적인 기초이론과 호텔의 각 부서에서 실행되고 있는 실무, 기능 및 서비스 중심의 실무적인 접근방법에 근거하여 내용을 정리한 '호텔경영의 입문서'라 할 수 있다.

이 교재는 전체 14장으로 구성을 살펴보면 다음과 같다.

1장과 2장에서는 호텔에 대한 이해와 호텔의 발전과정에 대하여 소개하였으며, 3장에서는 호텔경영에 입문하기 위한 이론적 배경으로, 호텔의 조직과 분류, 호텔의 경영 형태, 호텔기업의 환경에 대하여 소개하고 있다. 4장에서는 호텔 식음료의 전반적인 내용, 5장 호텔 바, 6장 호텔 연회서비스, 그리고 7장에서는 호텔 객실의 이해, 8장 호텔 현관 서비스, 9장 호텔 프런트 오피스, 10장 하우스키핑, 11장 호텔 마케팅, 12장 호텔 인적자원관리, 13장 호텔 회계, 14장 호텔산업 전망에 대하여 소개하였다. 따라서 이 교과과정을 마치게 되면 호텔산업의 경영활동에 대한 전반적인 흐름을 이해할 것이며, 호텔 조직에서의 기능과 직무, 호텔경영 분야의 학문적 이론에 관한 기본지식을 습득하게 될 것이다.

이 교재는 오랫동안 호텔에 근무했던 경험을 바탕으로 이론적이면서 실무적인 측면에서 정리하였다. 그럼에도 호텔경영에 대한 내용의 구성 및 충실도, 세밀한 설명에서 부족함도 있을 것이다. 앞으로도 지속적인 연구의 필요성을 절실히 느끼며, 독자들의 아낌없는 질책을 통해서 새롭게 완성된 교재가 재탄생될 것이라고 생각된다.

끝으로 이 책이 출판되기까지 물심양면으로 지원을 해주신 이프레스 최용구 대표님과 장만동 전무님 외 편집부 직원 여러분들께도 깊은 감사의 마음을 전한다.

2023년 11월

저자 박영기

차 례

CONTENTS

chapter 04 호텔 식음료

chapter 05 호텔 바(Bar) 관리

chapter 06 호텔 연회서비스

chapter 07 호텔 객실

chapter 08 호텔 현관 서비스

chapter 09 호텔 프런트 오피스

chapter 10 호텔 하우스키핑

01

CHAPTER

호텔의 이해

1. 호텔의 어원과 출현
2. 호텔기업의 이해
3. 호텔기업의 특성
4. 호텔기업의 구성원

HOTEL MANAGEMENT

CHAPTER 01

호텔의 이해

일반적으로 호텔은 여러 가지의 형태로 설명할 수 있는데, 보통 시설, 규모, 운영방식, 위치, 성격에 따라 다양하게 구분되고 있다. 호텔은 일시적으로 주거지를 떠나 숙소를 찾는 사람에게 적절한 잠자리와 식음료 및 기타 편의시설을 제공하고, 그 대가로 일정금액을 징수하는 기업이며, 사회의 공공사업체로서의 사명을 다하는 서비스업체라고 정의할 수 있다. 오늘날 호텔은 고객에게 잠자리와 식사를 제공하는 단순한 숙박공간의 기능을 넘어 심화되는 경쟁 속에서 살아남기 위하여 고객의 새로운 욕구를 충족시켜 줄 수 있는 다양한 서비스를 제공하고 있다. 예를 들면 연회장, 회의장, 전시장, 결혼식장, 스포츠, 레저, 레크리에이션을 비롯하여 고객의 욕구를 충족시킬 수 있는 다양한 서비스 제공 시설을 갖추고 있다. 이렇게 현대 호텔의 의미는 단순히 숙박을 하는 고객들만의 공간이 아닌 사회생활에 필요한 공중의 휴식공간이며, 지역사회의 예술적, 문화적 공간으로 인식되는 공공의 빌딩이라 할 수 있다.

즉, 오늘날 호텔은 업무나 여행을 위한 일반 대중에게 숙박과 음식, 인적 서비스와 상품을 제공할 뿐만 아니라, 여러 가지 부대시설인 피트니스센터, 수영장, 카지노, 회의실, 비즈니스센터, 미용실 등의 갖가지 현대적 시설을 갖추고 부대사업을 하면서 종합 레저시설의 성격도 띠고, 휴식과 오락은 물론 여가와 문화생활 및 사업 활동의 장으로 확대되고 있다.

1. 호텔의 어원과 출현

호텔(Hotel)의 어원은 '나그네'라는 뜻을 가진 라틴어 '호스페스(Hospes)'에서 유래되었다. 호텔의 어원을 이해하기 위해서는 먼저 라틴어의 기원에 대해 살펴볼 필요가 있다. 라틴어(Latin Language)는 인도유럽어족의 이탈리아어파에 속하는 로마인의 공용어로서 로마제국의 광대한 지배력 안에서 널리 사용되었고, 로마제국이 붕괴된 후에도 중세유럽의 공통된 문어로 널리 사용되었다. 그런 의미에서 오늘날의 이탈리아·프랑스·포르투갈 등의 언어는 모두 라틴어가 근원이라 할 수 있으며, 현대 유럽의 모든 언어에서 그 흔적을 찾아볼 수 있다. 따라서 호텔의 기원 역시 로마시대와 중세시대부터 시작하는 것이므로 자연히 그 시대에 사용되던 라틴어에서 호텔의 어원을 유추하는 것은 당연하다고 할 수 있다.

1) 호텔의 어원

고대시대의 호스페스(Hospes)는 교회 등 종교단체가 무료로 운영하던 보호시설이었다. 그 당시 'Hospes' 시설은 주로 두 가지 역할을 수행하는 장소로 사용되었는데, 하나는 성지순례자나 여행자들이 하룻밤을 쉬어가는 숙박소로 사용되었고, 다른 하나는 여행 중에 발생한 부상자나 환자들을 수용하여 수녀들이 직접 병자를 치료하는 요양소로 운영되었다.

호텔의 원시적인 형태라 할 수 있는 Hospital이라는 말 역시 현재 병원이라는 뜻으로 사용되고 있지만 오래 전에는 두 가지 의미를 가지고 있었다. 그 하나는 여행자들이 휴식을 취하고 심신을 회복시킬 수 있는 간이 숙박장소로서의 의미, 또 하나는 여행에서 생긴 병자나 부상자 또는 고아나 노인들을 쉬게 하고 간호하는 시설로서의 의미이다. 그 중에서 여행자의 숙박과 휴식의 장소로 설명되는 것이 오늘날의 숙박시설인 호텔로 발전한 것이다.

Inn은 전치사 'In'과 관계가 있는데 14세기 영어에 동사로 '숙박시킨다'는 의미로 사용되다가 명사화되어 숙박시설이란 뜻을 지니게 되었으며, Hostel 역시 Inn의 뜻으로 19세기 이후부터 사용되고 있다. 또한 오늘날 환대산업(Hospitality Industry)이라고 하면 호텔, 레스토랑, 사교클럽 등을 의미하는데, '정중하고 예의바르게 격식을 갖추어 접대하는 장소'의 의미를 내포하고 있다.

Hospital은 병원을 의미하는 말이 되었지만, 원시적 숙박시설에 기원을 두고 있다. 그래서 여행자의 숙소 또는 휴식 장소를 의미하게 되었다. 또한 이 용어는 환자나 부상자를 치료하고 고아나 노인들을 쉬게 하거나 간호하는 시설을 의미하며, 후에 기숙사 같은 숙박시설을 가리키는 호스텔(Hostel)을 거쳐 지금의 호텔(Hotel)이라는 단어가 탄생하였다. 지금의 호텔은 일정한 지불 능력이 있는 사람에게 숙박과 식음료를 제공할 수 있는 시설을 갖추고, 공공사업체로서의 사명을 다하는 서비스업체이다.

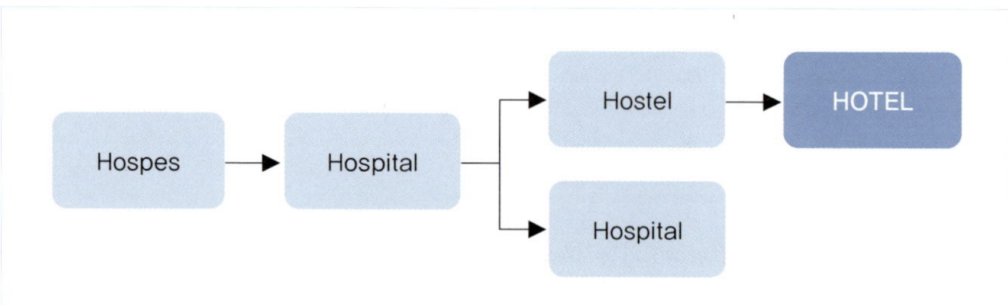

그림 1-1 호텔의 어원 변천

2) 호텔의 출현

고대 서양에서 인간의 이동은 물물교환과 종교 순례지 방문 및 전쟁으로 인한 것이 대부분이었다. 인간의 이동이란 여러 가지 목적으로 여행을 하는 것을 말하며, 여행을 할 때는 "Eating and Drinking, Lodging, Enjoying"의 세 가지 기본적인 요건이 갖추어져야 한다. 이 여행에서 필요한 사항 중 숙박이 발전하면서 여행자에게 숙박을 위한 시설과 음식 그리고 휴식 장소를 제공하게 되었고, 숙박 시설의 발달과 더불어 화폐의 유통도 촉진되었다.

미국 코넬 대학의 G. W. Lattin 교수는 기업으로서의 호텔 출현을 B.C. 6세기경으로 추정하였으며, 그 당시의 호텔은 Self-Service 형태로 운영되었다고 한다. 또한 그때의 숙박시설은 현재의 인(Inn) 정도의 규모로 중세시대까지 운영되었으며, 현재와 같은 기업형태의 호텔은 18세기 이후 영국의 산업혁명을 인해 도시로 인구가 집중되고, 인구의 대량 이동에 따라 숙박시설이 발전하는 과정에서 출현하였다고 한다.

이와 같이 산업혁명은 사람들의 이동을 대형화시켰고, 그에 따른 교통수단의 발달은 도로망 정비의 계기가 되었으며, 이러한 변화는 여행에 필요한 숙박시설을 기업형태로 발전시키게 되었다.

3) 호텔의 개념

예로부터 호텔은 거주지를 떠난 여행자들의 숙식과 휴식을 위한 장소로 인식되었다(A home away from home). 또 어원에서 보듯이 몸이 불편한 사람들에게 요양을 할 휴식처를 제공하는 기능을 수행하였다. 중세까지도 여전히 호텔의 중추 기능은 B&B(Bed & Breakfast)로 단축하여 표현되었으며, 이런 숙식장소란 고정관념은 근대까지도 유지되었다고 볼 수 있다. 그러나 이런 구태의연한 정의는 지금의 호텔산업의 환경을 대변하지 못하고 있다.

현재 호텔은 아주 다양하고 복잡한 역할을 담당하고 있다. 과거와 달리 여행자뿐만 아니라 여러 다양한 유형의 손님에게 전통적인 기능인 숙박과 식음료를 제공하고 추가적으로 사교 및 비즈니스, 오락, 문화, 쇼핑, 건강관리, 가족행사 등 삶을 보다 윤택하게 하는 데 필수적인 다양한 역할을 수행하고 있다.

따라서 현대적 의미의 호텔은 "일시적으로 주거지를 떠나 숙소를 찾는 사람에게 숙식과 기타 편의시설 및 서비스를 제공하는 사업조직"이라고 정의할 수 있다. 이렇게 변화된 환경을 반영하듯이 국내의 관광진흥법에서도 호텔업을 과거의 '관광객의 숙박에 적합한 시설을 갖추어 이를 관광객에게 제공하거나 숙박에 딸리는 음식·운동·오락·휴양·공연 또는 연수에 적합한 시설 등을 함께 갖추어 이를 이용하게 하는 업'으로 변경하여 정의하고 있다. 그러나 여기서 우리가 명심해야 할 사항은 아무리 시대가 변하였어도 호텔사업의 핵심서비스는 숙박(객실)이라는 사실이다. 이러한 주장을 뒷받침하는 내용은 다른 장에서 구체적으로 설명될 것이며 반복적으로 강조될 것이다. 마지막으로 호텔도 다른 일반기업들과 마찬가지로 이윤추구 목적으로 하고 있으며 또한 국가 또는 지역사회의 구성원으로서 공익활동(환경보호, 사회적 약자 배려 등)을 통하여 기업의 사회적 책임을 다하고 있다는 점이다.

4) 호텔의 정의

초기의 호텔은 주로 숙박이 중심이었으나 오늘날에는 생활패턴의 변화와 서구화 추세에 따라 호텔의 기능도 다양하게 변화되어 일반 대중을 대상으로 숙박과 음식에 관계되는 인적, 물적 서비스 제공은 물론, 스포츠 시설, 컨벤션 시설 등을 갖추고 다양한 서비스로 고객들에게 이용 또는 체류할 공간의 서비스를 제공하고 있다.

관광산업 분야의 한 부분인 숙박업에서 호텔(Hotel), 모텔(Motel), 콘도미니엄(Condominium), 리조트(Resort), 펜션(Pension) 등과 유스호스텔, 국민숙사 등의 다양한 숙박과 휴양시설이 존재하고 있으나 그 대표적인 숙박관련 사업은 호텔이다.

Webster Dictionary에서는 호텔을 "A place of shelter and rest travelers", 즉 여행자의 숙박과 휴식의 장소로 설명하고 있으며, 현대적인 의미로는 "A building or institution providing lodging, meals and service for the public(호텔은 대중을 위하여 숙박, 식사 그리고 서비스를 제공하는 건물이나 시설물)"이라고 정의할 수 있다.

관광산업의 발전에서도 호텔업은 가장 중요한 기간산업으로 투자 수익성과 경영활동을 통한 외화 획득의 가치가 크고, 고용 확대의 효과가 높기 때문에 일반 투자가는 물론 지역경제의 활성화 측면에서도 그 가치를 인정받고 있다.

일반적으로 호텔의 개념은 여러 가지의 형태로 설명할 수 있겠으나 통상적으로 호텔의 시설 규모나 운영방식 그리고 호텔의 위치 및 성격에 따라 다양하게 분류된다. 호텔은 일시적으로 주거지를 떠나 숙소를 찾는 여행자와 일시적 또는 장기간 체류하는 사람에게 적절한 숙소와 식음료 및 기타 편의시설을 제공하고, 그 대가로 일정금액의 사용료를 징수하는 장소이며, 사회의 공공사업체로서의 사명을 다하는 서비스업체라고 정의할 수 있다.

현대의 호텔은 종래와 같이 객실과 식당을 중심으로 경영하는 체제가 아니라 시설은 물론 가정을 떠난 여행자에게 가정처럼 편안하고 아늑한 분위기를 조성해 주는 장소로서 사회에 봉사하는 기업이어야 하므로 '환대산업(Hospitality Industry)'이라고 한다. 하지만 운영하는 호텔의 규모, 위치, 이용고객의 특성에 따라 전문성에 차이가 있으므로 호텔의 개념을 한 마디로 정의하기는 어렵다. 호텔의 정의에 대해서는 여러 문헌에서 찾아볼 수 있으나 그 뜻은 거의 비슷하게 표현되고 있으며, 사전적 정의, 법규적인 정의로 구분하여 살펴보면 다음과 같다.

(1) 호텔의 사전적 정의

- 두산백과사전: 숙소와 식음료 등 종합적인 서비스를 제공하고 일정한 대가를 받는 서비스업체
- 한국민족문화대백과사전: 시설이 좋고 규모가 큰 서양식 고급 숙박업소
- 웹스터사전: '대중을 위하여 숙박, 식사, 오락과 다양한 인적 서비스를 제공하는 건물이나 시설(A building or an institution providing lodging, meals and service for the public)
- 옥스퍼드사전: 여행자에게 숙박을 제공하거나 식당, 회의실 등을 갖추어 일반대중에게 이용하게 하는 상업적 시설

(2) 호텔의 법규적 정의

- 우리나라 관광진흥법: 관광객의 숙박에 적합한 시설을 갖추어 관광객에게 이용하게 하고 숙박에 딸린 음식, 운동, 오락, 휴양, 공연 또는 연수에 적합한 시설 등을 함께 갖추어 관광객에게 이용하게 하는 사업체(1986년 제정, 제3조 제

1항 제2호)

- 일본의 국제관광호텔정비법: 외래객의 숙박에 적합하도록 서양식의 구조 및 설비로 만들어진 숙박과 음식을 제공하는 영업체(1971년 제정, 제2조 1항)
- 중국 관광발전조례법: 관광호텔이란 관광호텔을 경영함에 있어 관광객을 접대하고, 숙박 및 서비스를 제공하는 사업(1969년 제정, 제2조 7항)
- 이탈리아 관광법: 관광선진국인 이탈리아의 관광법에서는 '호텔은 일정한 관리하에 일반인에게 개방되어 있고, 하나 이상의 건물 또는 일부분 내에 객실에서 숙박을 제공하며, 경우에 따라서는 음식과 기타 부대 서비스도 제공하는 수용시설(1953년 제정, 제6조 2항)

위와 같이 호텔의 정의는 사전적 정의와 법규적 정의에 따라 조금씩 차이를 보이고 있다. 하지만 이 책에서는 호텔의 공통적인 특징들을 도출하여 호텔업을 다음과 같이 정의하고자 한다. 호텔업이란 '고급스러운 분위기를 연출할 수 있는 객실과 식당 및 연회장, 기타 부대업장 등의 수준 높은 시설을 갖추고, 이를 필요로 하는 고객들에게 숙련된 종사원을 통해 서비스상품을 제공함으로써 고객의 욕구를 충족시키고 그에 대한 대가로 이익을 창출하는 환대사업'이다.

5) 호텔의 기능

호텔에 대한 개념은 현대에 와서 많이 변화하였으며, 더불어 그 기능도 변화되었다. 호텔의 전통적 기능은 여행자에게 수면과 음식을 제공하고, 생명과 재산의 보호라는 기본적 역할을 하는 것이다. 그러나 현대의 호텔은 공공의 장소라는 기능적인 측면에서 호텔의 기능을 강조하여 '호텔은 고객에게 숙박, 식사, 고객의 재산과 안전에 대한 보호와 책임, 청결, 위생, 안락을 위한 최상의 시설을 제공하며, 비숙박자에게도 널리 개방되는 공공장소로서의 성격과 레저와 문화의 중심'이라는 별도의 기능도 추가되었다.

따라서 오늘날 호텔은 단순한 투숙객들의 편의공간일 뿐 아니라 그 지역사회의 경제, 문화, 예술 및 커뮤니케이션의 활용공간으로서 포괄적 기능을 가진 공공

빌딩이라 할 수 있다. 이러한 개념 위에 현대적 의미의 호텔의 기능은 숙박시설 기능, 음식시설 기능, 사교시설 기능, 레크리에이션 기능, 비즈니스 활동시설 기능, 지역사회 봉사 기능으로 대별해 볼 수 있다.

이처럼 호텔은 하나의 조직화·세트화된 종합상품이며 특수형태의 상품으로서 포괄적 기능을 수행하는 종합예술의 결정체이다.

표 1-1 호텔 서비스와 기능

서비스 종류	기 능
인적 서비스	• 호텔을 찾는 고객을 맞이하여 서비스를 제공하는 기능 • 안내 및 판매 서비스, 객실정비 서비스, 접객 서비스 등
물적 서비스	• 고객에게 호텔 시설을 제공하는 기능 • 객실, 식음료 및 피트니스센터와 같은 부대시설 제공
기타 서비스	• 기계, 설비, 정보 활용으로 고객의 편의를 제공하는 기능 • 주차장, 회의실, PC, 팩스를 사용할 수 있는 비즈니스센터 운영

2. 호텔기업의 이해

일반적으로 환대산업(Hospitality Industry)은 생산·고용·소득·부가가치 유발효과 등에 있어 매우 긍정적인 경제적 파급효과를 보유하는 것으로 알려져 있다. 그 산업 가운데 호텔업은 특히 외국인 관광객의 관광활동에 필수적인 기본시설임과 동시에 국제무역과 비즈니스가 이어지는 중요한 가교 역할을 담당하고 있다. 전체 외래 관광객의 대부분이 호텔을 이용하는 것으로 나타나고 있다.

1) 호텔기업에 대한 인식

관광산업에서 숙박기능을 담당하는 호텔, 모텔, 콘도 등은 관광명소, 외식산업, 여행사, 관광기업과 관련된 여러 기관에서 관광정책의 실행과 홍보, 마케팅 등을 담당하는 공기업과 관광정책을 수립하는 중앙정부 및 지방정부의 관광 관련 부서 등 많은 구성원들이 활동하고 있다. 관광산업에서 이러한 호텔산업은 서로 긴밀하게 연계되어 활동하고 있다. 모든 관광구성원들이 공통적으로 총체적 만족(Total Satisfaction)을 경험할 수 있게 하려면 모든 관광 관련 기업 및 호텔들은 서로 긴밀하게 협조하고 개별적·전체적인 관점에서 여행객들의 여행욕구를 충족시켜야 할 것이다.

관광산업에서 중추적 역할을 담당하고 있는 호텔은 그 기원이 라틴어인 'Hospes'(나그네, 손님, 타향 등의 의미)에서 유래되었다. 여기에서 파생어인 'Hospitalis'(대접하다)로 발전하였으며 여기서 다시 중성형인 'Hospitale'(순례자 또는 나그네를 위한 숙소)로 변형되었다. 그 후 중세기에 수도원에서 숙소와 치료를 위한 장소를 제공한 이후 병원을 의미하는 'Hospital'과 숙소를 뜻하는 'Hostel'의 두 가지 의미로 변천하였다. 그러다가 18세기 중엽 이후 Hostel은 다시 프랑스어인 'Hotel'로 변천되었으며 현재에 이르러서는 Hotel, Motel, Inn 등으로 다양하게 사용되고 있다.

오늘날 호텔에서의 상품이라는 개념은 여러 가지 서비스를 의미하며, 별도의 상품으로 존재할 수 없고, 상호 복합적으로 연결성 있게 운영되어야 비로소 상품의 가치를 지닌다. 즉, 제반시설과 식음료, 도구, 소모품 등 원천적 효용가치가 물적인 것, 체계화된 업무조정과 조직적인 협동 등 시스템적인 것, 종사자와 고객과의 대인 관계적 효용가치가 인적인 것으로 나눌 수 있다. 다시 말해서 단순히 유형재와 무형재의 상호결합에 의한 상품형태가 호텔의 상품적 가치를 발휘하는 것이 아니라 물적 요소와 인적 요소에 시스템적 서비스가 첨부되어야 완전한 호텔 상품으로서 판매될 수 있다. 호텔 서비스는 서비스의 일반적 속성 이외에 다음과 같은 특성을 지닌다.

① 호텔 이용 시 유형적이거나 증거에 의한 의존도가 높다.
② 호텔사업은 인간중심의 사업이기 때문에 호텔 이용 시 감정적 요인에 영향을 받아 구매의 합리성이 결여되기 쉽다.

③ 호텔 서비스는 특허성이 없어 모방이 쉽다.

④ 호텔 서비스는 무형적이므로 호텔 이용 시 고객들의 내면적인 감정이 크게 작용한다.

⑤ 호텔경영 시 독립적이지만 상호보완적인 요인들이 필요하다.

따라서 호텔 서비스란 고객의 요구에 맞는 물적, 인적, 시스템적인 조건이 실현과정에서 유용한 기능을 수행하는 것이라고 정리할 수 있다.

2) 호텔기업의 사회적 책임

호텔기업은 다양한 목적으로 집을 떠나 투숙 및 방문하는 고객을 위해 그들이 필요로 하는 제품이나 서비스를 제공함으로써 이윤을 얻는다. 호텔기업은 이윤을 극대화하기 위한 노력을 아끼지 않으며, 보다 효율적인 경영으로 최대의 효과를 얻고자 한다. 그러나 이러한 경제적 기능수행만으로 호텔기업이 인정받을 수는 없다. 사회가 추구하는 공동의 목적을 수용하지 않고서는 호텔기업의 존속과 성장이 제한될 수밖에 없다. 사회가 요구하는 역할과 책임을 수용함으로써 호텔기업은 비로소 사회적 제도로의 정당성을 인정받게 되는 것이다.

호텔기업의 사회적 책임 수용은 호텔기업을 둘러싸고 있는 각종 이해관계자들의 기대와 요구에 대한 수용을 의미하며, 기업 본연의 경제적 목적과 사회적 목적과의 조화를 의미한다. 하지만 이러한 노력은 그렇게 쉬운 일이 아니며, 기업이념과 철학에서 시작하여 일상적인 관리와 운영에 이르기까지 전반적이고 체계적인 전략을 필요로 한다. 그 일차적인 작업으로써 사회적 책임에 대한 논의는 매우 큰 의의를 지닌다고 할 수 있다, 그것은 변화하는 호텔기업 환경에 대한 새로운 이해인 동시에 환경대응이라는 새로운 목표로의 출발을 의미한다.

이러한 사회체계론적인 관점에서 기업의 사회적 책임은 기업과 사회와의 상호의존성에 대한 인식과 그러한 인식에 바탕을 둔 기업의 의무로서 정의할 수 있다. 기업의 사회적 책임에 대해 살펴보면 다음과 같다.

(1) 고객의 만족 실현을 통해 삶의 질 책임

호텔기업이 고객의 욕구를 충족시킬 수 있는 최상의 품질로 제품과 서비스를 생산 · 제공함으로써 고객의 최대만족을 실현시켜 주고 이를 통해 그들의 삶의 질을 향상시켜 줄 때 호텔기업은 소비자집단에 대한 책임을 이행하게 된다.

(2) 사회적 · 공익적인 면에서 경제성장에 대한 책임

오늘날 호텔기업은 사적 소유물로서만이 아니라 사회적이고 공익적인 면에서도 유지 · 성장되어야 한다. 만약 호텔기업이 파산하게 되면 국민경제 전체에 큰 손실이 발생하며 경제성장에 장애가 되기 때문에 기업은 적정이윤을 확보하고 이를 공정하게 배분하여 적극적으로 성장시킴으로써 경제성장의 핵으로서 기능을 수행하는 것이 기업가의 사회적 책임이라 할 수 있다.

(3) 지역사회에 대한 책임

경영자는 지역사회에서 종업원을 고용한다거나 그들의 복지향상을 통해 지역사회의 발전에 기여함은 물론, 지역사회에 미치는 각종 위해에 대해 적절한 보상과 더불어 이를 방지하기 위한 적극적인 대책을 강구해야 한다. 그리고 지역사회에 대한 책임은 지역경제의 공동개발에 적극적으로 참여하고 또한 이익을 재투자함으로써 지역발전을 도모해야 한다.

지역의 문화시설 차원에서의 적극적인 투자는 기업이 소속된 지역사회의 문화적 수준을 향상시킬 수 있어야 한다. 또한 교통장애의 방지, 환경공해 해결, 도로손상의 방지, 경관 파괴의 방지 등 지역사회에 대한 책임을 성실히 이행하여야 한다.

(4) 종업원의 인간적 만족에 대한 책임

호텔기업의 최대자산인 인적자원, 즉 종업원의 협력태세를 확보하지 못하면 경영성과의 달성을 기대할 수 없다. 특히 호텔기업의 경우 대부분 인적 서비스에 의존하는 상품을 판매하고 있으므로 경영자는 그들에게 동기를 부여하여 그들의 협동적 노력을 증대시켜야 한다. 종업원들에게 사회적 · 심리적 · 경제적 만족감을 주고 사기를 높여 자주적 협력을 끌어냄으로써 경영사회의 안정화를 추구할 수 있다.

(5) 채권자 · 용품공급자 · 유통업자에 대한 책임

기업에게 자금을 지원해 주는 채권자에 대해서는 채무를 이행하고 계약을 준수해야 한다. 그리고 용품공급자 및 유통업자와의 협력관계를 조성하도록 신뢰성을 구축해야 한다.

(6) 정부방침에 대한 법규준수 책임

기업은 국가의 법규나 규범의 영역에서 벗어나지 않도록 경영활동을 전개해야 한다. 기업활동의 대전제란 정부에 대한 인식은 곧 국민에 대한 인식을 의미하는 것이므로 거래관계와 연계된 일체의 법규를 준수해야 한다. 또한 정부가 행하는 일에 적극적으로 협력할 때 기업시민으로서 역할을 다하는 것이다.

(7) 환경오염 방지에 대한 책임

기업활동으로 인해 발생하는 환경오염의 피해자는 작게는 지역사회의 주민, 크게는 국가 전체이므로 경영자는 피해가 생길 경우 이에 대한 보상과 더불어 이를 방지하는 데 적극적으로 노력해야 한다. 따라서 충분한 사회비용을 투입하고 또한 공해발생의 요인인 노후시설을 대체하기 위해 노력하는 환경친화적인 기업이 되도록 해야 한다.

기업의 사회적 책임수행은 단기적으로는 비용을 증대시키지만 장기적으로 볼 때는 기업에 이익을 가져온다고 볼 수 있다. 왜냐하면 기업을 둘러싸고 있는 사회는 기업을 더 이상 사회문제와는 무관한 폐쇄적 개체로 간주하지 않기 때문이다. 이 점에서 기업의 사회적 책임은 기업이 오늘날 반드시 갖추어야 할 과제인 것이다.

3) 호텔기업이 미치는 지출효과

호텔이용자 지출의 효과는 크게 직접효과(Direct Effect), 간접효과(Indirect

Effect), 그리고 유발효과(Induced Effect)로 나누어 볼 수 있다.

(1) 직접효과

직접효과란 호텔이용자가 투숙하는 지역에서 지출한 경비가 직접적으로 발생시키는 경제적 효과로서, 호텔이용자가 직접 대면하는 관광업자들(호텔 등의 숙박업자, 기념품상, 서비스업자 등)에게 발생되는 효과이다. 이 직접효과를 일컬어 1차 효과(Primary Effect)라고 한다.

(2) 간접효과

간접효과는 1차 지출이 그 지역경제에 주입되면 이에 영향을 받는 집단(호텔관광업체와 직접적인 관계가 있는 집단)이 생기게 되는데, 이들 집단에게 발생하는 효과가 간접효과이다. 예컨대, 호텔이용자를 숙박시켜 일정 숙식비를 받는 호텔 업주는 다시 이 수입 중 일부를 자사에서 필요한 납품업자, 쌀이나 부식재료를 공급해 주는 농민 또는 중간상, 그리고 통신서비스를 제공해 준 전기통신공사, 청소를 해준 청소부에게 각각 지출한다. 이때 납품업자, 농민, 전기통신공사, 청소부는 관광자로부터 각각 간접적 영향을 받게 되는 것이다.

(3) 유발효과

유발효과는 호텔 수입으로 인해 해당 지역경제 내의 납품업자, 농민, 전기통신공사 직원, 청소부 등 가계부문의 임금이 향상되면 이들에 의해 지역경제에 대한 소비지출수준은 증가하게 된다. 지역사회 내에서 주민들의 소비지출이 증가하게 되면 다시 역내산업의 매출액 증가, 고용기회 창출 등 해당 지역의 지역경제 활성화로 이어지게 되는데 이것이 곧 유발효과이다. 즉, 유발효과란 외부로부터의 수요(투자, 호텔수입 등)가 기업의 생산을 증대시킬 때, 이로 인한 가계부문의 소득증가가 다시 기업의 생산(투자)을 자극하는 효과를 말한다. 이 간접효과와 유발효과를 합하여 일반적으로 2차 효과(Secondary Effect)라고 한다.

3. 호텔기업의 특성

1) 경영상의 특성

(1) 높은 초기 투자비

호텔업은 건물, 토지, 비품, 집기 등과 같은 고정자산의 시설투자가 총자본에 비해 많은 부분을 차지한다. 일반기업들의 자본금 대비 고정자산 비중은 약 40% 내외에 불과하지만 호텔의 경우 70%를 상회한다. 이를 위한 모든 제반 비용들이 호텔이 영업을 시작하기 전에 투입되어야 하므로 총자본에 대비한 고정자산의 투자비용이 일반기업에 비해 월등히 높다고 할 수 있다.

(2) 과다한 고정경비 지출

일반적으로 기업의 지출은 고정경비와 변동경비로 구분된다. 고정경비는 업무성과와 관계없이 업무를 위해 필요한 경비로 임대료, 수도난방비, 전기료 등을 말하며, 변동경비는 교통비와 접대비를 포함하는 영업활동에 따라 변동되는 것을 의미한다. 호텔의 경우 고객의 유무에 상관없이 각 객실이나 식당, 로비를 비롯한 공공장소에 이르기까지 일정한 밝기와 온도를 유지할 필요가 있다. 각각의 시설유지를 위해 관리비, 감가상각비, 보험료, 세금 등의 고정경비 지출은 호텔의 큰 부담으로 작용한다. 특히 인건비가 40% 이상을 점유하고 있어 원가계산에 상당한 압력을 받게 된다.

(3) 과중한 인건비 지출

호텔은 연중무휴로 운영되면서 직원들이 교대로 쉴 수밖에 없으므로 더 많은 직원들을 확보해야 하며, 이는 곧 과중한 인건비 지출로 이어진다. 뿐만 아니라 보다 양질의 서비스를 제공하기 위한 종업원들의 주기적인 교육훈련도 필요한데, 이때도 Shift 제도의 실시로 말미암아 같은 애용의 훈련을 수차례 반복해야 하는 경우도 있다. 이 모든 것이 인건비의 지출로 연결되는 것이다.

(4) 낮은 자본회전률

호텔사업은 최초의 높은 투자에 비해 매출액은 상대적으로 매우 낮아 자본회전율이 낮다. 특히 호텔 상품 중 객실의 경우 그 비중이 높다. 이러한 낮은 자본회전율은 호텔경영을 압박하는 요인으로 작용한다. 따라서 호텔들은 지속적인 종업원들의 정신교육 강화, 기계화 도입, 그리고 보다 과학적인 수요예측기법의 활용, 다양한 변화에 대응하여 경영성과 제고에 힘쓰고 있다.

2) 상품상의 특성

(1) 이동 불가능성

일반 제조 제품들은 생산자와 소비자가 떨어져 있어도 유통과정을 통해 구매가 가능하지만 호텔이라는 상품은 고객이 직접 현장에 찾아와 구매해야 하는 특성이 있다. 즉 한 자리에 고정되어 있으므로 이를 가리켜 식물성 상품이라고도 한다. 하지만 이는 다른 한편으로는 장소적 독점성을 지니고 있다고 볼 수도 있다. 호텔이 위치한 환경 및 그 주변의 빼어난 자연경관은 그 호텔만의 독점적인 우월성일 수 있기 때문이다. 스타틀러 호텔을 창시한 Ellsworth Startler는 "호텔을 건축함에 있어 중요한 것이 세 가지 있는데, 첫째가 위치요, 둘째가 위치요, 셋째도 위치"라고 하여 호텔의 위치가 경쟁력을 좌우함을 강조하였다. 따라서 신규 호텔을 계획할 경우 가장 중요시되는 것이 호텔의 위치다. 이를 위해 환경조사 분석을 철저히 하여야 한다.

(2) 비저장성 · 소멸성

호텔의 대표적인 상품 중의 하나인 서비스는 대부분 종사원에 의해 이루어진다. 그런데 어느 한 종사원의 대고객 서비스가 훌륭하다 하여 그 종사원의 대고객 서비스를 저장해 놓았다가 다른 종사원이 조금씩 이용할 수 있는 것은 아니다. 따라서 호텔의 제품은 저장이 불가능하다. 일반 제품들은 오늘 팔지 못했다 하더라도 그 다음날 판매가 가능하지만 호텔의 객실이라는 상품은 당일 판매하지 않으면 그 가치가 소멸된다. 또한 호텔 식음료 상품의 경우에도 주문생산이므로 정확한 수요예측이 곤란하여 많은 식재료들이 버려지는 경우가 많다. 즉 이러한 의미에서 호텔 상품은 비저장성 또는 소멸성 상품이라 불린다.

3) 운영상의 특성

(1) 인적요소의 특성

호텔기업은 일반대중을 고객으로 하고 숙박과 음식을 제공하기 위한 인적 서비스와 물적 서비스로 구성된다. 호텔의 상품은 기본적으로 객실, 식음료 및 부대시설 등이라 할 수 있지만 무엇보다 고객의 호텔 선택에 영향을 미치는 가장 중요한 요소는 고객이 받는 서비스의 질적 수준이다.

호텔에서 제공되는 물적·시스템적 서비스도 중요하지만 고객의 요구수준이 갈수록 다양해지고 높아지면서 그에 따라 인적 서비스의 중요성도 높아지고 있다. 또한 기계문명의 발달은 모든 산업을 기계화하고 자동화하였지만 호텔에서 제공하는 상품은 자동화나 규격화하는 데 한계가 있다. 잘 훈련되고 교육받은 종사원에 의한 상품이 판매될 때 고객의 태도가 결정되므로, 호텔종사원들은 조직적인 훈련과 교육으로 숙련시키고, 기업의 의사결정에 참여하게 함으로써 종사원들의 애사심과 소속감을 증진시키는 것이 매우 중요하다. 따라서 호텔은 종사원들의 근로환경까지도 신경을 써야 한다. 종사원들은 자신이 일하고 있는 호텔에 만족감을 느낄 때 마음속에서 우러나오는 고품질 서비스를 제공한다.

(2) 부서 간 직원의 커뮤니케이션의 중요성

호텔은 조직 내의 부서별 협력과 통합, 조정이 긴밀하게 이루어지는 특성이 있다. 객실 판촉을 담당하는 마케팅 부서와 실질적으로 고객을 접객하는 객실부서 간의 긴밀한 협조가 없이는 고객에게 일관된 서비스를 제공할 수 없다. 즉 고객에게 제공될 서비스는 부서 간의 긴밀한 연결 노력에 의해서 가능해지는 것이다. 따라서 이를 위해서는 호텔 내의 각 부서가 능동적인 협조체제를 갖출 필요가 있다. 이는 고객이 처음 현관을 통해 들어올 때부터 객실에서 숙박을 하거나 식당에서 식사를 할 때, 그리고 체크아웃을 하는 과정까지 각 부서 담당자들의 서비스 태도에 따라 호텔에 대한 이미지를 인식시키기 때문이다.

이를 위해 각 호텔에서는 종업원들의 교육훈련에 높은 비중을 두게 되며, 이 점이 호텔에서의 인적 서비스가 얼마나 중요한가를 단적으로 말해 주는 것이다.

(3) 연중무휴의 영업활동

호텔의 이용객은 집을 떠난 사람 또는 휴일을 즐기고자 하는 사람들이다. 호텔은 모든 손님이 숙박을 하고 있을 때에도 생명과 재산을 보호하기 위해 일을 해야 하며, 모든 호텔의 기능은 365일 24시간 고객이 필요할 때 움직여야 하므로 연중무휴로 영업활동을 하는 것이 호텔의 대표적인 특징이다.

국가별로 휴일에는 차이가 있으며, 인종이나 민족마다 활동시간도 다를 뿐만 아니라 각 개인마다 투숙 및 시설이용의 목적이 다르므로 특히 외국인들을 많이 체재하는 호텔의 특성상 연중무휴 영업활동은 필수적인 사항이다. 국내의 경우 노동법상 1일 8시간의 노동을 기본으로 하고 있기 때문에 연중무휴인 호텔종사자들은 교대근무(Shift)제로 일하고 있다. 그러나 공휴일에도 쉬지 못하는 불편을 감수해야 한다. 따라서 해당 부서의 팀장은 필요종사자 수나 종사자별 근무 스케줄을 작성하여 운영하게 된다.

(4) 환경의 민감성

호텔기업은 외부환경인 경제, 정치, 사회, 문화, 기술환경과 관련된 영향을 받아왔으며, 내부환경인 정부, 노동조합, 고객, 지역사회, 경쟁사, 공급자, 금융업자, 주주 등의 이해집단들로부터 기업활동에 직접적인 영향을 받고 있다.

또한 호텔기업은 타 산업에 비해 환경의 민감성이 높은 편이다. 현대 들어와 기업의 환경이 매우 복잡하고 다양해짐에 따라 그 범위도 확대되는 추세이다. 호텔경영환경에 영향을 주는 요인으로는 호텔기업들과의 경쟁 악화, 기술과 정보의 발달, 고객의 다양한 욕구상승, 종사원의 직업의식 수준 향상, 환경단체, 정치, 경제, 사회, 문화 등의 외부환경의 변화가 신속하고 복잡하게 진행되고 있기 때문에 경영활동에 큰 영향을 미치고 있다.

4) 시설상의 특성

(1) 초기투자의 과다

호텔은 건물의 내・외부시설 자체가 하나의 상품이 된다. 따라서 토지, 건물, 시설설비 및 기타 등으로 구성되는 초기의 투자내역 전체가 같이 결집되어야 호텔로서 영업을 할 수 있는 기반을 갖추게 되므로 호텔의 개관을 위해서 조기에 거액의 투자비가 필요하다.

호텔은 무엇보다도 위치의 선정이 가장 중요하며 투자총액에 대한 토지와 건물의 비용이 제일 크다. 일반적인 평균치는 토지가 12%, 건물이 67%, 가구와 설비가 17%에 상당하여 자본의 회전속도가 매우 느리다.

(2) 비생산적 공공장소 확보

고객들이 이용하는 객실과 식당, 그리고 부수적으로 이용할 수 있는 오락・휴게시설로 스포츠센터 및 카지노, 바와 커피숍 등이 요구된다. 이외에도 라운지와 로비, 주차장 및 입구를 비롯한 주변의 환경시설 등은 그 자체로는 수익을 올릴 수 없는 비생산적인 요소이지만 호텔의 특성상 일반 건축물과는 달리 건물의 외향도 중요할 뿐만 아니라 고객을 위한 서비스 공간이 많은 부분을 차지하고 있다.

(3) 기계화의 한계

호텔은 기본적인 시설물에 종업원들의 인적 서비스가 어우러져 비로소 하나의 상품으로 판매된다. 나날이 늘어가는 인건비와 지출은 각 부분에서 기계화를 요구하지만 실질적으로 판매되는 상품은 무형의 서비스이다. 각 객실이 아무리 편리하게 꾸며져 있고, 주방시설이 아무리 첨단으로 만들어져 있다 하더라도 서비스를 하는 프런트 직원, 벨맨, 도어맨 그리고 요리사 등의 서비스를 기계로 대체하기에는 무리가 따른다.

따라서 호텔에서의 기계화는 주로 프런트 오피스(Front Office)의 예약 및 등록, 회계 등의 업무나 시설 면에 한정될 뿐 더 이상의 기계화는 어렵다. 또한 종사원이 고객에게 주는 이미지와 감정의 교류에 따라 서비스의 질이 달라질 수 있기 때문이다. 이러한 서비스는 기계로 대체할 수가는 없다.

(4) 시설의 조기 노후화

호텔 시설은 제품 자체가 건물과 시설로 구성되어 있으므로 이를 이용하는 다양한 고객들이 호텔 시설을 이용하기 때문에 일반기업과는 달리 건물의 시설들이 쉽게 그리고 빨리 훼손되거나 파손되기도 하고, 유행의 회전 속도가 빠르므로 쉽게 시설이 노후화된다. 따라서 국제수준의 시설을 유지하기 위해서는 지속적인 개·보수의 필요성이 제기된다. 일반건물의 수명을 일반적으로 60년으로 보는데 반해 호텔물의 수명은 40년 정도로 보고 있다. 〈표 1-2〉는 일반건물의 내부시설물들과 호텔의 내부시설물들의 내구연한을 비교한 표이다.

표 1-2 고정자산의 내구연한

구분	일반용	호텔용
철근콘크리트건물	60년	40년
목조건물	30년	15년
전기시설	20년	15년
보일러시설	20년	15년
위생시설	17년	15년
객실용품	10년	5년
일반 가구	10년	5년
전화 설비	10년	5년

출처: 법인세법 시행규칙

4. 호텔기업의 구성원

호텔산업을 이루고 있는 자원으로는 물적 자원도 중요하지만 인적 자원이 매우 중요하다. 특히 인적 의존도가 높은 호텔산업이 발전하기 위해서는 호텔산업을 구성하고 있는 호텔리어와 호텔을 경영하는 경영자와의 관계가 중요하다고 하겠다. 무엇보다도 접전 서비스를 하고 있는 호텔리어의 서비스 정신과 능력에 따라 호텔의 발전에 직접적인 영향을 미치기 때문이다. 따라서 여기에서는 호텔리어(Hotelier)와 호텔경영인(Hotel Manager)이 가져야 할 정신에 대하여 알아보고자 한다.

1) 호텔리어

(1) 서비스 정신

호텔의 각 업장에서 고객을 맞이하는 종사원, 아니면 그 호텔의 총지배인(General Manager)이나 CEO(Chief Executive Officer) 등 모든 호텔리어에게 요구되는 가장 필수적인 조건은 바로 "서비스 정신"이라고 생각한다. 호텔은 일반적으로 '일정한 지불능력이 있는 불특정다수의 고객에게 숙식을 제공할 수 있는 시설을 갖추고 잘 훈련되고 예절바른 종사원들이 조직적으로 봉사하여 대가를 받는 기업'이라고 정의할 수 있다. 이렇듯 호텔이 수행해야 할 가장 중요한 임무는 바로 서비스 제공이다. 호텔리어들은 단순히 숙박시설 제공이 아닌 최고의 고객감동 서비스를 제공하여야 한다.

(2) 자기계발

호텔리어의 자질에는 다양한 분야의 지식, 미래를 바라볼 수 있는 능력, 어학실력 등 여러 가지가 있겠지만, 진정한 호텔리어는 고객을 위한 자기 자신의 계발이 이루어져야 할 것이다.

① 끊임없이 자기계발

호텔이란 직종은 정체되어 있는 산업이 아닌 다변화되는 산업이다. 그 변화에 발맞추기 위해서는 끊임없는 자기계발이 필요하다. 그렇기에 진정한 호텔리어는 끊임없이 익히고 배우며 노력해야 한다.

② 실무에서 필요한 능력계발

호텔 실무에서 필요한 능력을 갖추어야 한다. 자기가 맡은 부서에서 꼭 필요한 인재가 되어야 한다는 것이다. 아무리 갖추고 있는 지식이 많더라도 그를 사용하는 능력이 뒷받침되지 않으면 효과를 발휘할 수 없다. 그러므로 여러 상황에서의 대응력 등 실무에서 필요한 여러 능력을 갖춰야만 진정한 호텔리어라고 할 수 있다.

(3) 외국어 향상

진정한 호텔리어가 되기 위해서는 질적 수준을 향상시켜야 한다. 우수한 수준의 호텔리어란 외국인 고객의 만족도를 높여야 하는데 그러기 위해서는 외국어 실력을 갖추고 있어야 한다. 실무능력에 앞서 세계 어느 호텔에 내놓아도 뒤지지 않을 정도의 이론적인 교육을 받아야 하고, 주중 어느 요일이든 상관없이 필요한 경우에는 시간 외 근무를 불평 없이 받아들여 일할 수 있는 사람이어야 한다.

(4) 동료와의 원만한 관계

어떤 일에 대하여 비록 다른 사람들보다 일찍 알고 있는 사항임에도 교만하지 않고 다른 동료 직원들과 보조를 맞추어 협동하는 겸손한 태도를 지닌 사람이 진정한 호텔리어라고 할 수 있다. 이는 호텔만이 아니라 일반 사회에서 인정받는 사람의 자격조건이 될 수 있을 것이다.

(5) 고객입장에서의 서비스 제공

호텔에서 하는 일이 주로 고객을 상대로 하는 것이기 때문에 고객이 언제 어떠한 이유에서든지 불만을 나타낼 경우 항상 밝은 미소로 친절하게 또 한편으로 고객의 심기를 불편하게 한 것에 대해 바로 사과의 뜻을 표현할 수 있는 유연함을 보여야 한다. 또한 자신의 기분이나 감정을 항상 고객의 입장에서 고객의 기분에 맞춰 대하는 태도를 갖추어야 한다. 그러기 위해서는 무엇보다도 강한 훈련을 통해 인내심을 길러야 한다.

(6) 고객만족 지향성

호텔리어는 다양한 직종의 사람들이 모여 고객 만족이라는 하나의 목표로 일하는 직종이다. 외부에서 보는 호텔리어의 모습은 아주 일부에 지나지 않는다. 겉으로는 화려하지만 치열한 서비스 정신으로 다국적 고객을 만족시켜야 하는 서비스맨이 바로 호텔리어이다. 그러기 위해서는 다른 사람들에게 봉사할 수 있는 마음가짐이 중요하며, 긍정적 태도와 리더십, 깔끔한 외모를 갖추고 서비스하는 것도 고객만족 지향성이라 할 수 있다.

2) 호텔경영인

(1) 환경 변화에 따른 고객 대응

시시각각 변화하는 고객의 욕구를 파악하여 그에 적절히 대응할 수 있는 능력이 필요하다. 그러기 위해서 호텔경영인은 흐름을 파악하는 냉철한 분석이 필수적이고 동시에 빠른 시간 안에 변화에 능동적으로 대처할 수 있어야 한다. 현실에 맞춰 변화하고 안주하기보다는 좀 더 미래를 내다보고 미래를 읽을 수 있는 능력을 갖추는 것도 중요하다.

시간이 지나면서 고객들은 유행에 좀 더 민감해지고 감각적으로 변한다. 단순히 고급스럽기만 하면 되는 것이 아니라 고객 각각의 취향에 맞게끔 다양한 객실의 분위기를 만들고, 서비스의 종류도 다양해져야 한다. 따라서 경영인은 가장 적은 돈으로 많은 이윤을 창출해 낼 수 있을 때 가장 효과적인 경영을 했다고 할 수 있다. 그러기 위해 종업원이 고객의 욕구에 따라 변할 수 있도록 교육하는 것도 호텔경영인의 책무이다.

(2) 리더십

미래를 내다볼 수 있는 안목이 있어야 한다. 질적 정보와 양적 정보를 이용해서 미래 업계의 동태를 파악할 수 있어야 하며 그 변화에 재빠르게 대응할 수 있어야 한다. 미래를 바라보지 않고 현재에만 안주해 있는 자는 결국 도태되어 선도적인 경영을 할 수 없을 것이다. 그러기 위해서는 리더십을 갖추어야 한다. 경영자에게 필수적으로 갖추어야 할 것이 바로 리더십이다.

경영자란 결국 작은 사회집단을 이끌어가는 것이기 때문에 선두주자로서의 리더십은 필수적이다. 급변하는 사회에서 선도적인 자리에 있기 위해 리더는 기다리지 않고 주도해야 한다. 그리고 호텔리어를 거대한 공동체를 이끌어 나가려면 리더십은 반드시 갖추어야 할 부분이다. 또한 회사 조직이 지향하는 방향을 분명히 제시할 뿐만 아니라 뚜렷한 목표의식을 가지고 설정된 목표달성을 위해 통솔해야 하며, 종사원들의 욕구가 무엇인가를 알아내어 보살펴 주며, 조직문화의 가치와 윤리 도덕의 중요성을 강조하는 등 타인의 모범이 되는 근무 자세를 실천하는 지도자가 되어야 한다.

(3) 상품 개발

호텔들이 갖고 있는 고유한 특징을 활용해야 한다. 호텔이 아무 특징도 없다면 그 호텔은 시장경쟁에서 뒤쳐질 수 없다. 그 호텔만이 가질 수 있는 특징적이고 중심적인 '고유의 것'을 만들어야 한다. 그래야만 그 호텔이 어려울 때라도 살아남을 수 있다. 호텔경영인은 고객의 만족을 도우면서 호텔의 양적·질적 수준을 최대로 늘리기 위해 노력해야 하며, 호텔이 비수기라도 패키지 상품을 개발하거나 혹은 그 호텔만의 특색을 살려서 그 이미지를 고객에게 심어 주어야 한다. 또한 호텔시장에서 선도할 수 있는 정도로 막강한 상품을 고객들에게 가시적으로 내놓을 수 있는 능력이 뒷받침되어야 할 것이다.

(4) 경영기법 도입

최근 호텔산업의 동향을 살펴보면 상품의 다양화, 체인호텔의 증가, 호텔 인적자원의 중시, 호텔 상품의 품질관리, 기술도입 등을 들 수 있다. 하지만 아직도 중규모 호텔 이하에서는 전문경영인의 참여폭이 넓지 않기 때문에 최근에 활용되고 있는 선진국의 호텔 관리 기술 도입의 과감성이 요구된다. 이러한 현실에서 미래의 호텔리어는 과감한 경영기술 도입과 소비자 지향적인 마케팅 시스템에서 그 시설과 경영기법을 개발하는 데 더욱 박차를 가해야 할 것이다.

(5) 고객맞춤 서비스 제공

지금이나 미래에도 호텔경영인은 철저한 서비스 마인드를 겸비하고 있어야만 관리자로서의 역량을 갖추었다고 할 수 있겠다. 즉, 자신만의 철저한 서비스 마인드를 가지고 있어야 하는데, 서비스 마인드는 모든 고객에게 똑같은 서비스를 제공하는 것보다는 고객마다 다른 서비스를 제공해야 한다. 고객마다 원하는 서비스가 다름에도 불구하고 지금까지는 모두 같은 서비스를 제공하며 그들이 만족할 것이라 생각해 왔다. 하지만 이제는 그들이 무엇을 원하고, 어떠한 서비스를 원하는지를 파악해서 고객마다 다른 서비스, 즉 맞춤 서비스를 제공해야 한다. 예를 들어 한 호텔을 자주 방문하는 고객은 자신을 알아봐 주고 이름을 불러주는 것을 좋아한다. 하지만 어떤 고객은 그것을 싫어할 수도 있고, 그 직원들을 부담스러워 할 수도 있다. 그렇기 때문에 고객마다 서로 다른 서비스를 제공해 그들을 만족시켜야 한다.

02

CHAPTER

호텔의 발전과정

1. 해외 호텔의 발전
2. 시대별 호텔의 특징
3. 우리나라 호텔산업의 역사

HOTEL
MANAGEMENT

02 CHAPTER 호텔의 발전과정

숙박시설의 역사는 인류의 이동과 관련된 사회활동에서 비롯되었다. 숙박업은 우리 인류가 수렵사회 이후 거주지를 떠나 이동을 시작하면서 생겨났다고 볼 수 있을 것이다. 당시 인류의 이동은 생존을 위한 필수적인 활동으로서 인류가 새로운 거주지를 찾을 때까지의 이동활동은 주로 생활필수자원의 획득이라는 생명보존 및 종족 유지를 위한 행위였다. 그러나 수렵사회에서 농경사회로 발전하면서 정착이란 새로운 현상이 시작되었고 부족한 생활필수품을 획득하기 위하여 비로소 물물교환이라는 인류 최초의 상거래가 시작되었다. 이러한 물물교환을 위한 과정에서 숙박시설이 등장하게 되었다.

역사기록에 의하면 인류 최초의 숙박시설은 현재 중동의 이라크 바그다드에 해당하는 메소포타미아 문명이 발생한 티그리스 강과 유프라테스 강 사이의 비옥한 충적토 지역에 거주하던 수메르인(Sumerians)에 의하여 건립되었다고 한다. 당시 수메르인들은 인류 최초로 문자를 사용하고 농업과 목축에 능한 부유한 종족이었다고 한다. 그런데 이들의 거주지역에 숙박시설인 태번(Tavern)이 존재하였다고 한다. 이 태번은 술집이나 회의 및 회합장소 등의 기능을 했다고 한다. 이후 숙박시설은 지구촌의 무역·상업·여행의 발전에 중요한 역할을 수행해 오고 있다. 최초의 숙박에 관한 법률은 B.C. 2000년경 바빌로니아에서 태번(Tavern)과 인

(Inn)의 운영에 관한 규칙을 담고 있다고 한다.

고대 서양사회의 여행에 관한 기록에서 성경을 보면 시바의 여왕이 솔로몬 왕을 알현하려고 예루살렘을 여행했다는 기록이 있으며, 기원전 5세기의 그리스 역사학자인 헤로도토스(Herodotus)는 고대 이집트의 관광현상에 대하여 기술했는데, 그는 후일 고대에서 가장 위대한 여행지로 칭송되었다. 당시 이집트에서는 중앙정부와 지방정부 간의 소통을 위한 관리들의 관용여행, 무역을 위한 상용여행, 종교적 행사를 위한 여행 등이 발전했다고 전해진다.

1. 해외 호텔의 발전

1) 고대 숙박시설

역사상 가장 오래된 산업 중의 하나가 숙박업으로 여겨질 만큼 아주 오래 전부터 여행자들의 기본 욕구를 충족시키기 위해 존재해 왔다. 숙박시설의 태동은 인간의 이동과 관계가 있으며 수천 년 전 인간이 여행을 시작하면서 휴식과 피난처 및 야간에 잠을 잘 곳을 필요로 하게 되어 이러한 수요에 따라 숙박시설을 만들게 되었다. 숙박시설의 역사는 길지만 20세기 이후부터 획기적인 발전을 하였다.

고대 서양사회의 여행 역사는 로마시대로 접어들면서 정점을 이룬다. 로마제국은 당시 정치・사회・문화 등 모든 면에서 세계의 중심 역할을 함으로써 로마를 중심으로 하는 여행활동이 더욱 활발히 이루어졌다. 고대 로마에서 여행이 활발해진 이유는 첫째, 제국 건설로 인한 도로와 수로의 개발, 둘째, 로마 화폐는 여행자들의 물물교환을 위한 이동조건의 매개물이 되었음, 셋째, 안정된 정부와 경제적 번영으로 인한 여가시간의 증가, 넷째, 당시 법률 시스템이 외국법정과 재판권으로부터 보호받게 됨으로써 더욱 성행하게 되었다. 로마제국의 전성시대에 이르러서는 인(Inn)과 태번(Tavern)이 로마제국 전체로 확대되었다. 또한 로마 귀족 및 부유층을 위한 적은 수의 고급 Inn과 고위 관리들을 위한 Hospital도 건립되었다. 로마제국이 최정점에 이르렀을 때 전체 약 51,000마일 길이의 도로가 건설되었으며 그리고 약 30마일마다 1개소의 Inn이 존재하였으며, 주요 도시마다 적당한 규모의 Inn들이 주로 정부기관에 의해 운영되었다고 한다.

그리고 로마제국의 거대한 영토로 인한 영향력의 확대는 경제성장을 촉진하여 상품에 대한 수요가 증가하게 되었으며, 무역·종교·휴양·위락 등의 여행 목적에 의한 중산층의 여행 증가는 세계인의 여행활동을 확대하는 결과를 초래하게 되었다. 이렇게 많은 여행객들의 이동에 따라 자연히 숙박시설도 민가 형태를 탈피하여 나폴리 같은 도시의 경치 좋은 해변이나 산언덕, 온천지역에는 휴양을 위한 별장(Villa)들이 건설되었고 이런 현상은 현대 관광산업에도 큰 영향을 미쳤다.

고대 이집트인들은 종교적인 목적으로 여행을 하였다. 또한 중앙정부와 식민지 간의 교류로 공무 수행을 위하여 내방하는 자들을 맞이하기 위한 출영소를 주요 도로나 도시에 설립하기도 하였다. 그러나 여행이 본격적으로 시작된 때는 그리스 시대로 이때의 여행은 주로 신전 참배를 위한 종교적인 목적과 올림피아에서 개최된 고대올림픽에 참가하기 위한 목적 그리고 에게 해의 여러 섬에 요양이나 즐거움을 추구하기 위한 목적 등으로 여행을 시작하였다. 이 시기에는 여행자들이 이용할 만한 숙박시설이 없어 주로 민박이나 수도원을 이용하였지만 로마시대에 들어와서 경제가 부강해짐에 따라 중산층이 형성되기 시작하였고, 공용화폐가 유통되어 여행자의 짐이 가벼워지고, 유럽 전역에 건설한 도로망이나 교통수단의 발달 등으로 상용, 관용, 관광, 휴양, 종교 등의 다양한 목적에 따라 여행이 빠르고 안전하게 이루어졌다. 그로 인한 숙박시설의 번성도 함께 이루어졌다.

2) 중세 숙박시설

로마제국의 멸망 후, 약 1000년간은 관광의 암흑시대(The Dark Age)로서 여행뿐 아니라 교역이나 물물교환을 위한 지역 간의 이동도 극히 제한되어 사기업으로서의 숙박시설은 일부 태번과 인을 제외하고는 도로시설과 함께 거의 황폐화되었다. 그러나 이 시기 내내 로마 가톨릭교회는 번성하였으므로 사람들의 가치관이나 생활양식에 종교가 정치적·영적으로 큰 영향력을 미쳐 세속적인 향락을 금기시하였고, 근검절약을 강조하여 경제활동이 쇠퇴하였으며 여행의 안락함과 편리함도 사라지게 되었다.

이 시기 여행자에게 숙박과 음식은 교회나 수도원을 통하여 제공되었다. 당시의 수도원은 성지순례자와 여행객에게 숙박과 음식을 제공하는 역할을 하였다. 12세기 무렵부터는 종교 세력의 쇠퇴와 더불어 그 수도 줄어들었고, 십자군의 원정, 대상들의 대규모 이동, 식민지 개척을 위한 해상여행자들의 증가로 인하여 주로 많은 현금을 기대할 수 있는 부유층과 기독교에서 자선정신을 구현하기 위하여 빈곤층을 대상으로 숙박을 제공하는 영리적이고 서비스의 실체적인 기업으로서의 숙박시설로 발전하게 되었다. 이로 인하여 중산층의 여행자들은 수도원에 더 이상 숙박을 할 수 없게 되어 예전에 거의 사라졌던 상업적 숙박시설인 태번(Tavern)과 인(Inn)이 부활하게 되었다.

3) 근대 숙박시설

최초의 근대 숙박업은 19세기 초 독일의 바디쉬 호프(Der Badische Hof)이며, 최초의 대형호텔은 1850년대 건설된 파리의 Grand Hotel이다. 미국의 최초의 호텔은 1794년 뉴욕에 건설된 City Hotel이며, 이것을 교두보로 보스턴에 Exchange Hotel, 뉴욕에 Delphi Hotel, 1829년에 보스턴에 초일류호텔인 Tremont Hotel, 뉴욕에서 세계 제일의 고급호텔인 Woldorf Astoria Hotel, 덴바에는 Brown Place Hotel이 건립되었다.

20세기 들어서면서 근대 호텔의 혁명 왕으로 호텔맨 중의 호텔맨이며 미국에서 최초로 체인호텔을 등장시킨 Ellsworth Milton Statler가 등장했다. 상업호텔로 유명한 Buffalo의 Statler Hotel은 1908년에 개업하였으며 이것이 상용호텔(Business Hotel)의 효시가 되었다. 호텔경영의 산실이라 할 수 있는 스위스에서 가장 오래된 호텔로 여겨지고 있는 Hotel Krone(Crown)은 1411년에 태번(Tavern)으로 건립되었으며 이 호텔 옆으로는 라인 강과 제네바를 연결하는 고속도로가 건설되어 활발하게 이용되었다. 이 호텔은 Ours성 성당 반대편의

Solothum에 위치하여 태번으로 운영되었던 것이 개발·확장되면서 현대적 호텔로서 면모를 갖추고 있었다. 또한, 14세기에는 Guild of Landlords가 있었는데, 이는 적어도 400여 년을 유지했었던 호텔이다.

루체른(Lucerne)의 Grand Hotel National은 1871년에 개업하여 6년 후에는 프랑스에서 Ritz가 27세의 나이로 지배인으로서 종사했던 유명한 호텔이기도 하다. 유럽 지역의 왕족들이 정기적으로 방문하기도 한 이 호텔은 특히 벨기에의 앨버트 왕과 왕비가 신혼여행 중에 투숙한 후 그의 왕족들이 정기적으로 호텔에 방문하였다. 그 후 스위스는 유럽인들뿐만 아니라 세계 각국에서 사랑받는 휴양지로서 무수한 고급호텔들이 속속 건립되기 시작하였다.

1908년에 증축된 Palace Hotel을 복합한 두 호텔은 Beau Rivage-Palace Hotel이라고 불렸으며, 그 호텔의 벽에는 평화 기념의 상징인 비문이 새겨져 있어 역사적으로 더욱 유명한 호텔이 되었다. 또한 그 벽에는 유럽의 지도와 위대한 국가를 상징하는 많은 그림들과 1912년 이탈리아와 터키 사이의 Tripoli에서 전쟁의 종식을 의미하는 “Peace of Lausanne”이 새겨져 있어 더욱 유명하다.

그리고 같은 시대에 또 다른 Beau Rivage가 있었는데 그것은 1863년에 건립된 Grand Hotel Beau Rivage이다. 이 호텔은 70개의 객실을 보유하고, 호수를 내다 볼 수 있는 전면에는 단 11개의 창문만 있었다는 역사적 기록이 있는데 1925년에 와서야 비로소 새로 단장하여 현대적인 시설을 갖추게 되었다.

4) 현대 숙박시설

이 책에서는 현대를 제2차 세계대전(1939~1945)이 종전되는 시점부터 현재까지로 규정하여 설명한다. 현대를 구분하는 시점에 대해서는 그 견해가 다양하지만, 제2차 세계대전 이후 제국주의 열강과 식민지배가 종식되었고, 호텔사에서도 새로운 숙박혁명이 시작되었다고 볼 수 있기 때문이다.

현대 호텔사를 대표하는 가장 큰 특징은 힐튼, 하얏트, 메리어트, 핸더슨, 노보텔, 라마다, 쉐라톤과 같은 체인경영의 거장들이 등장했다는 것이다. 과거와 같이 하나의 호텔을 독립적으로 경영하는 소규모 경영형태에서 탈피하여 수십 또는 수백 개의 호텔을 하나의 체인시스템으로 관리하는 체인경영이 본격적으로 시작된 것이다. 뿐만 아니라 객실 내 시설 또한 WIFI, AI(인공지능)를 이용한 서비스가 제공되는 시대가 되었다.

2. 시대별 호텔의 특징

숙박업의 발전사에 대한 학자들의 견해는 대체적으로 숙박업 발달을 여행자들의 단순히 투숙할 수 있었던 인(Inn)의 시대, 호화로운 시설물이 설치된 그랜드 호텔(Grand Hotel)의 시대, 상용을 목적으로 이용하는 커머셜 호텔(Commercial Hotel)의 시대, 최근 우리가 쉽게 이용할 수 있는 현대 호텔의 시대로 구분하고 있다. 다음은 시대별 특징을 설명한 것이다.

1) Inn 시대

고대 서양에서 인간의 이동은 생활 영위의 목적으로 물물교환을 위한 이동과 종교 순례지를 방문하기 위한 이동이 대부분이었다. 고대 이집트는 B.C. 5세기경 바빌로니아와 통상관계를 맺어 상인들의 왕래가 빈번하였고, 그리스인들은 에게해를 중심으로 한 해상진출로 식민지 개척과 교역활동을 시작하였다. 따라서 이 시기에도 여행자들을 위한 휴식과 피난처 역할을 담당하면서 숙소 문제와 음식을 제공한 장소가 존재하였을 것이다. 초기 숙박업은 종교, 경제, 군사적인 동기에 의한 여행 현상과 함께 발달하였다. 문헌에 나타난 여행자를 위한 최초의 숙박시설로 볼 수 있는 인(Inn)은 1400년경 영국에서 처음 등장하였고, 대중숙박시설이 19세기경 현대적 의미의 호텔로 발전함으로써 오늘날의 호텔이 등장하게 되었다.

하지만 우리가 얘기하는 산업이라고 말할 수 있는 숙박시설의 건설과 운영이 시작된 시기는 그리스와 로마시대였다고 볼 수 있다. 로마제국은 군사도로와 도시를 건설함으로써 인간의 이동이 급속히 신장되게 하였다. 교통수단의 발달은 인간의 장기간 이동을 가능하게 하였다. 이 당시에 여행자를 위한 숙소로 맨션(Mansions)이라는 숙박시설이 존재하여 여행자들은 관청에서 발행하는 증명서를 제시하고 숙박할 수 있었으며, 고대 동양의 실크로드에는 광장을 중심으로 많은 건물이 밀집한 형식의 카라반서리(Caravansary)가 상인들의 숙소로 사용되었다.

중세시대 십자군전쟁 때는 교회와 수도원이 숙소로 이용되었으나 나중에는 인(Inn)이 숙박시설의 역할을 감당하였다. 이 시대의 숙박시설의 주요 기능으로는 여행자들에게 숙박과 음식 제공, 그리고 생명과 안전을 지켜주는 일이었다. 14~17세기 사이에 일어난 무예부흥과 대항해, 여행 그리고 지리상의 발견은 유럽 중심의 세계관을 파괴하며 지중해 중심의 무역을 신대륙까지 확대시킴으로써 상업적 여행을 증가시켰다. 15세기에 접어들면서 숙박시설이 본격적으로 영리를 추구하는 상업적 부문으로 등장하게 되었고 16~18세기에는 상공업이 발달하게 되어 유럽 각지에 여인숙이 생기게 되었다. 또한 16세기 초에 나타나기 시작한 그랜드 투어(Grand tour)는 17~18세기가 되면서 귀족들에게 일반화됨에 따라 유럽에 장기간 순회 여행을 유행시켰다. 그러나 인(Inn)은 현대 호텔에 비하여 매우 시설이 빈약하였으며 여행에 최소한의 필요조건인 수면, 음식, 생명과 재산 보호에 관련된 사항만을 제공하였다.

반면에 유럽제국의 숙박업은 초기에 단순한 여행자 숙소로서의 역할과 외에 재판이나 회의, 종교단체 및 학교 단체의 집회 등 정치적, 사회적으로 이용 범위가 확대되었다. 즉, 초기와 달리 15세기경부터는 영리를 목적으로 하는 상업적 숙박시설이 등장하게 되었고, 18세기 산업혁명을 계기로 숙박업이 급속도로 발전하여 단순한 숙소만을 제공하던 기능에서 사회적인 역할을 담당하는 장소로 범위가 확대되었다. 또한 영국은 미국 식민지를 본국 상품의 판매시장 및 원료공급지로 보는 중상주의 정책을 채택하여 식민지의 상공업 발달을 억제하였다. 이러한 과정에서 자연히 영국에서처럼 태번(Tavern)이나 인(Inn)들이 생겨나게 되었다.

1607년도에 영국의 숙박시설 형태를 복제한 태번(Tavern)이 미국에도 생겨났으며 영국의 태번(Tavern)과 같이 좋은 시설을 갖추지는 못했지만 단지 여행자의 숙식만 해결해 주는 Jamestown Tavern도 존재하였다. 미국의 태번(Tavern)은 대부분 유럽 형태를 그대로 모방한 것이었지만 개척되지 않은 황량한 지역에 산재하였다는 것이 특징이다.

2) Grand Hotel 시대

18세기 산업혁명 이후 교통기관의 발달과 대도시의 출현으로 19세기 초에는 드디어 호텔이라는 새로운 형태로 대형 숙박시설이 등장하게 되었다. 이 시기에 유럽에서는 새로운 사상이 나타나면서 정치적으로 많은 변혁이 일어났다. 그 결과 왕정은 공화정으로 바뀌고 귀족세력의 붕괴현상으로 인하여 그들의 사교 모임이 궁전에서 밖으로 옮겨지게 되면서 새롭게 사교장으로 등장한 곳이 바로 호텔이었다. 호텔은 이들의 분위기에 맞추기 위하여 건물의 외관이나 내장, 가구, 요리, 직원의 복장, 서비스 방법 등을 궁전을 흉내 내어 호화스럽게 치장하였다.

최초의 근대적인 호텔은 독일의 온천 휴양도시는 바덴바덴에 1807년에 건립된 바디시 호프(Der Badische Hof)로 인(Inn)과는 다른 호화스러운 건축 양식을 취하고 있으며, 기둥이 있는 홀과 이동식 무대 장치, 연회장들과 로마풍의 목욕탕에 냉온수의 공급 등 현대 호텔의 초기적 모습을 띠고 있었다. 그래서 호프(Hof)라는 용어를 인(Inn)에서 호텔로의 넘어가는 가교로 평가하는 경우도 있다. 프랑스는 철도회사들이 부대시설로서 철도역이나 터미널 근처에 간이 숙박시설을 부설하여 운영하던 것이 점차 독립된 회사 조직으로 발전하면서 대규모 호텔의 건설을 맞이하였다. 이중 1850년 파리에 건립된 그랜드 호텔(Le Grand Hotel)은 회사 조직체에 의해 호텔을 경영한 최초의 호텔이며 이 호텔의 명칭은 고급호텔의 대명사로 세계에서 가장 호화로운 호텔로서 오늘날에도 사용되고 있다.

1855년에는 나폴레옹 3세의 요청에 의해 루브르 호텔(Hotel de Louve)이 세워졌고 1874년에는 독일 베를린에 카이저 호프(Kaiser Hof)가 세워졌다. 그러나 그랜드 호텔 시대의 대표적인 호텔경영자, 즉 체인호텔 시스템의 효시자는 세자르 리츠(Cesar Ritz)이다. 1897년 설립된 리츠 호텔(Ritz Hotel)은 호텔 역사상 최초의 프랜차이즈에 의한 체인화된 호화 호텔로서, 리츠는 이 호텔을 성공시켜 호텔업계에 많은 공헌을 하였다.

세자르 리츠는 1889년 사보이 호텔(The Savoy Hotel)을 경영하였으며, 1897년에는 리츠 호텔(Ritz Hotel)을 건립하였고, 1899년에는 런던에 칼튼(The Carlton)을 개업하여 성공을 거두었으며 그 후로 보스턴에 리츠칼튼이라는 호텔을 만들었다. 이 호텔들은 오늘까지 최고급 호텔로서의 명성을 유지하고 있다. 이 호텔은 "손님은 항상 옳다(Guest is always right)"라는 슬로건을 창시한 호텔로서 오늘날에도 리츠 호텔은 고급호텔의 대명사가 되고 있다. 리츠는 호텔경영에 탁월한 능력을 지니고 있었는데, 첫째로 서비스맨으로서의 탁월한 재능을 바탕으로 "Guest is always right"라는 경영 이념 아래 호텔경영의 모든 초점을 고객에 맞추어 고객의 행동 하나하나를 관찰하여 모든 서비스를 고객의 개성에 맞추고 제공하였다. 둘째로는 요리의 황제라고 불리는 에스코피에와 함께 조리방법을 체계화시켰으며, 여성 고객의 중요성을 인식하여 그들을 만족시키는 다양한 요리를 개발하였다. 셋째로는 법과 새로운 관행을 창출하였는데 당시의 법률로 금지되었던 일요일에 영업을 하여 부부동반으로 외식하는 습관을 정착시켰다.

오늘날 우리가 인식하고 있는 세계의 고급호텔들의 전통적인 호텔 서비스 방식인 화려한 외관과 실내장식, 호화로운 프랑스 요리와 식기류, 가구 및 비품, 호텔 직원의 유니폼 그리고 직원들이 고객들에게 서비스하는 방식과 내용은 프랑스의 왕족과 귀족들의 생활양식을 사업화한 것이며, 기존의 인(Inn)과는 전혀 다른 새로운 개념의 숙박시설로서 여행자의 피난처 역할과 같은 단순한 기능에서 벗어나 숙박과 음식에 관련된 사교장소가 되었으며 시민혁명 후에는 신흥 부유층의 사교장소로 이용되었다.

위에서 설명한 것처럼 그랜드 호텔의 특색은 호텔의 주요 고객이 특권층 및 부유층이 있으며 호텔경영자들은 이들의 허영심을 최대한으로 만족시켜주는 데 초점을 맞추었고 조직의 특징은 체인보다는 독립 호텔을 그리고 대규모 조직을 선호하였다. 그랜드 호텔은 다음과 같은 경영상의 한계로 인해 상용 호텔에 밀리게 되었다. 그랜드 호텔 시대의 경영상의 문제점은 첫째로는 수요자가 특권층 및 부유층에 한정되어 있어 일반인들이 호텔을 이용하기가 어려웠으며, 둘째로는 호텔에 근무하는 직원들에 대한 배려가 부족하였다는 점이다. 손님은 항상 옳다는 슬로건에서 알 수 있듯이 고객 만족을 최우선으로 한 것은 아주 훌륭한 경영 철학이었으나 이들을 서비스하는 직원들에 대한 배려 부족으로 진심에서 우러나오는 서비스를 기대하기 어려웠고, 이러한 한계점의 극복을 위한 의지와 더불어 미국의 경제적, 사회적 변화로 인하여 저렴한 가격에 만족스런 서비스와 시설을 갖춘 숙박시설이 발달하게 되었다.

3) Commercial Hotel 시대

근대 호텔산업의 발전을 위한 터전을 마련한 곳은 유럽이었으나 크게 성장하지 못하고 미국에서 크게 번성한 이유는 유럽에서의 호텔은 귀족이나 부호의 전유물로 인식되었으나 미국에서는 호텔은 지불 능력만 있으면 누구든지 쉽게 이용할 수 있는 자유스러운 분위기를 가지고 있어 일반 대중들이 자유로이 이용할 수 있었기 때문이다. 의례에 있어 거추장스러울 정도로 격식을 중요시하는 유럽에 반하여 실질적인 것만을 추구하는 실용주의적 사고를 가지고 있는 미국은 합리적으로 호텔을 경영하였다. 또한 유럽인들보다는 미국인들이 잦은 여행 성향을 가지고 있어 여행객들이 많았으며, 미국의 호텔 요금이 유럽에 비하여 훨씬 대중적이어서 일반 대중이 이용하는 데 부담이 없었고 미국의 숙박업자들은 유럽인들에 비하여 진취적으로 호텔산업을 발전시켰다.

미국에서 호텔이라는 용어를 처음 사용한 곳은 1794년에 건립된 뉴욕의 시티호텔(City Hotel)이지만 최초의 현대식 호텔은 1829년 보스턴의 트레몬트 하우스(Tremont House)이다. 이 호텔은 근대호텔산업의 원조가 되었다. 객실 170개를 보유한 트레몬트 하우스 호텔은 당시로선 미국은 물론 유럽에까지 가장 호화스럽고, 가장 많은 건축비가 소요된 근대적인 경영방식으로 운영하는 최초의 호텔로 유명해졌다. 그 당시 트레몬트 하우스는 200석 규모의 식당 홀을 구비하고, 객실에는 최초로 욕실을 설비함으로써 더욱 유명해졌다. 전 미국 및 유럽을 통하여 호텔경영에 있어 호텔의 규모, 구조, 설비, 투자액 및 경영기술 등의 최초의 창안자라고 해도 과언이 아닐 것이다. 이러한 트레몬트 하우스의 등장 이전까지는 대부분의 여관들이 한 개의 객실에 수 개의 침대를 설비하여 동시에 수 명을 투숙시켰으나 트레몬트는 종래의 경영방식을 과감히 혁신하여 현대의 호텔 객실처럼 충분한 프라이버시를 만끽할 수 있는 1인용 객실(Single Room)과 2인용 객실(Double Room)을 최초로 운영하여 호텔업계에 새로운 전기를 마련하였다. 또한 트레몬트는 객실뿐 아니라 각 객실에 열쇠와 체인을 부착하여 새로운 객실 관리의 아이디어를 최초로 제공하였으며 다음과 같은 경영기술을 창안하기도 하였다. 각 객실에 무료로 세면대(Bowl), 물주전자(Pitcher), 신문 및 비누를 제공하였고, 지배인 제도하에 고객을 정중하게 접대할 수 있도록 직원을 교육, 훈련시켜 자본과 경영의 분리제도 운영을 실천하였고, 프랑스 요리(French cuisine)를 처음으로 호텔에서 제공하였으며, 벨 보이(Bell boy)를 두고 객실 전화의 역할을 할 수 있는 호출기를 도입하였다. 트레몬트 하우스는 65년간 세계적인 호텔로서의 명성을 누렸으며 19세기에 호텔경영학자들에게 가장 많은 영향을 준 역사적인 호텔이 되었다.

미국에서 19세기 말부터 20세기 초반에 이르러 눈에 띄게 성장한 미국경제와 교통의 발달은 여행객 수요의 급증을 이끌게 되었고 일반 여행자들이 원하는 숙박시설의 형태, 서비스의 신개발, 중산층의 고객에 맞는 숙박시설과 서비스의 운영형태인 가격은 저렴하면서도 시설과 서비스는 만족스러운 호텔을 필요로 하게 되었다. 이때 그 당시에 호텔의 왕으로 불리던 엘스워드 밀튼 스타틀러(Ellsworth milton Statler: 1863~1928)가 1908년에 버팔로(Buffalo)에서 전 객실에 욕실을 완비한 300개 객실의 스타틀러 호텔(Statler Hotel)을 개관함으로써 상용 호텔의 시대를 열게 되어 미국 호텔산업에 새로운 전환을 가져오게 되었다. 스타틀러 호텔의 융성기(1910~1920)를 미국 호텔산업의 제2차 황금기라고 부르고 있다.

스타틀러는 호텔경영에 있어 많은 경영 기법과 서비스 개선의 혁명을 가져다 준 인물이며 '근대 호텔의 혁명 왕'으로 불리고 있다. 이 호텔은 "1.5불로 욕실이 달린 객실을 이용할 수 있다"는 슬로건으로 중산층이 자유롭게 이용할 수 있도록 하였으며 개업한 해에만 당시로는 엄청난 액수인 3만 달러의 순이익을 거두었다. 중산층 이하의 고객을 대상으로 쾌적하고 편리한 호텔 서비스를 제공하여 호텔의 비품들에 대한 표준화, 능률화 그리고 합리화를 추구하였으며 적정한 요금으로 호텔 이용의 대중화를 유도하였다.

스타틀러는 상용 목적의 중산층 여행자를 주 고객으로 하여 쾌적하고 편리한 호텔 서비스를 제공하며 호텔 시설들의 표준화 및 단순화, 능률화, 운영의 합리화를 추구하였으며, 호텔 요금의 저비용화를 추구하는 등 하드웨어 부문에 중점을 두어 대중화를 유도하였다. 스타틀러 호텔의 경영방식이 기존의 호텔과 다른 점은 계단에 화재를 대비한 비상구 설치, 어두운 곳에서도 쉽게 열 수 있는 객실 열쇠, "Do Not Disturb"라는 표시를 문고리에 걸어 두고 개인용 욕실, 어두운 곳에서도 쉽게 켤 수 있는 객실 내의 전등 스위치 설치, 전신 크기의 거울, 모든 객실에 얼음 물(Ice water) 제공, 고객들에게 조간신문 무료 배포 등을 들 수 있다. 이와 같은 서비스는 당시로는 파격적이었다. 이상과 같이 새로운 호텔 운영으로 성공한 스타틀러 호텔은 이후 40여 년간 근대 호텔 건립의 모델이 되었고, 안락한 서비스와 청결의 신조로서 많은 고객에게 좋은 평판을 얻게 되었다. 그리하여 이 호텔은 상용호텔(Business Hotel)의 효시가 되었고 거대한 기업(Statler Hotel Company)으로 발돋움하게 되었다.

스타틀러의 호텔경영은 여러 가지 의미에서 혁신적이었는데, 그는 호텔은 사치와 호화로움이 전부가 아닌 편리함과 쾌적함이 공존한다는 생각을 가지고 호텔산업의 사회적 중요성을 인식했던 최초의 호텔경영자로서 호텔업을 근대산업의 한 부분으로 끌어 올렸다. 또한 그는 경영자로서 창조력과 경영 이념을 갖추고 테일러(Taylor)의 과학적 관리 기법을 도입하여 직원의 조직과 업무, 원가관리, 채용과 교육 등을 과학적으로 접근하여 경영관리 체계를 능률주의에 입각한 철저한 단순화, 표준화와 과학적인 계수 관리를 추진하여 경영하였으며, 쾌적하고 편리한 서비스를 적절한 가격으로 판매하여 호텔의 대중화를 실현시켰다. 그리고 현대적 의미의 프랜차이즈를 처음 시작하여 규모의 경제를 이루었고 호텔산업의 경쟁력을 강화시켰다. 스타틀러 호텔은 1930년 초 대공황으로 인해 미국 내 호텔의 85%가 도산되었음에도 불구하고 하나도 도산하지 않고 건재하였으나, 1954년 스타틀러 호텔이 힐튼(Conrad Hilton)에게 인수됨으로써 스타틀러의 시대는 막을 내리고 힐튼 호텔(Hilton Hotel)의 시대가 되었다.

4) Modern Hotel 시대

현대 호텔의 역사는 미국 호텔의 역사라 해도 과언이 아닐 정도이다. 제2차 세계대전 이후의 호텔산업은 국제화되기 시작하였으며, 미국의 호텔산업은 체인호텔 시스템을 도입하여 'The Hilton Hotel Corporation'과 'Sheraton Corporation of America' 등의 대형 체인호텔들이 등장하였다. 20세기 중반 이후부터 숙박산업을 차지했던 현대 호텔 시대의 이용객 층은 관광 목적과 상용 목적자, 여행자 및 현지 주민에 이르기까지 다양했으며, 대자본 및 공공 투자를 증대시켜 다각도의 국민 복지를 꾀하고, 경영 다각화를 통한 가치 지향의 경영 방침을 추구하였다.

이러한 추세에 따라 호텔체인 시스템을 도입한 쉐라톤(Sheraton), 힐튼(Hilton) 등의 대규모 호텔체인이 등장하게 되었고, 이 호텔 체인화를 추진하기 위하여 기존 호텔들을 매입하여 신규호텔을 건축하고, 리스・프렌차이즈・경영 대리계약 등의 방식을 병행하여 체인 확대를 시도하였다.

현대의 호텔경영에 있어 가장 중요하게 대두되는 체인화는 여러 방법이 있겠으나, 힐튼(Hilton)은 경영 대리 계약(Management Contract) 방식으로 체인화를 하였고, 케몬스 윌슨(Kemmons Wilson)은 1952년 홀리데이 인(Holiday inn) 건설 이후 1968년 1,000여 개의 모텔을 경영함에 있어 저요금의 숙박시설과 컴퓨터 예약시스템을 도입하고 프랜차이즈(Franchise) 체인화 등을 꾀하여 크게 성공할 수 있었다.

한편, 미국인들의 휴가 증대와 철도의 확장 그리고 여행의 대중화 현상으로 인해 미국의 휴양지 호텔이 급격히 발달하였다. 서부 버지니아의 온천 지대에 리조트 호텔이 등장하여 미국 시민들은 점차 온천 휴양지를 중심으로 모여들게 되었다. 주로 하계휴양시설(Summer Resorts)로서 보양, 오락 등의 목적으로 안락하고 맛있는 요리를 제공하는 휴양지 호텔들이 세워졌다. 또한 캘리포니아와 플로리다, 위스콘신, 미시간 및 로키산맥 등을 위시하여 뉴잉글랜드 지역이 산악 휴양지(Mountain Resorts)로서 각광을 받게 되었다.

이후 Holiday Inn의 창업주 윌슨(Kemmons Wilson)에 의해서 모텔의 체인화가 활성화되면서 소규모의 모텔에서 100실 이상의 모텔을 건립하여 고객의 욕구를 충족시켜 주었다. 이러한 모텔들은 기존 호텔의 기준을 능가할 정도로 욕실, 연회장, 라운지, 식장, 냉난방, 수영장을 설비하고 카펫 등의 최신식 시설도 확보하였다.

San Francisco Hilton 같은 모텔은 주차장과 객실이 인접하도록 설계하여 자동차를 탄 채로 데스크에서 등록 수속을 한 후, 객실로 직접 자동차를 타고 가서 문 앞에 주차를 시키고 입실하도록 하였다. 그러나 이러한 모텔이 대형화되면서 투자의 위축과 고객들의 수요 감소로 인하여 1970년대부터는 객실을 좁히고 시설은 단조롭지만 고객의 성향에 의해서 더욱 저렴한 버짓 모텔(Budget Motel)이 성행하게 되었으며 이러한 버짓 모텔의 체인이 가장 거대한 체인으로 성장하였다.

3. 우리나라 호텔산업의 역사

우리나라 호텔에 있어 주목해야 할 점은 외국인의 필요에 부응하여 발전해 왔다는 것이다. 최초의 호텔인 대불호텔의 경우, 일제강점기의 배경 속에서 외국인의 필요와 산업을 위한 시설이었다. 우리나라의 극소수만이 사용하였고, 대부분은 한국을 방문한 외국인들만의 시설이었다.

해방을 맞이한 이후에도 우리나라의 호텔은 외화 획득을 목적으로 여전히 외국인을 위한 시설이었고, 그들의 생활양식과 문화에 맞는 시설로 발전하게 되었다. 이것은 다국적기업의 국내진출을 용이하게 하였으며, 선진 건축·경영기술을 가진 다국적기업은 국내 호텔시장에 대단한 영향력을 행사하고 발전할 수 있게 되었다. 이러한 상황은 호텔의 건축·경영 기술이 낙후된 우리나라 호텔기업들에게 존속위기감을 안겨주었고, 또한 호텔시장에 진출하고자 하는 사업자에게 다국적기업과의 제휴가 절실한 사항임이 당연한 일이 되게 하였다.

이러한 방식의 호텔 발전은 우리나라의 낙후된 숙박시설의 상당한 발전과 경영방식에서의 선진화를 이룩하는 데 견인차 노릇을 하였으나, 우리나라 고유의 독창성과 전통을 상실하게 하였다. 대부분의 숙박시설에서는 전통적인 면을 찾아보기 어렵고, 서양식 숙박시설의 구조를 닮고 있다. 이러한 현실을 인식하여 숙박시설에서 전통적인 변화를 시도해야 할 필요성은 당연하다. 기존의 호텔에서는 한국적인 모습을 보여줄 수 없으며, 따라서 관광객들에게 독창적인 매력을 주기에는 상당한 어려움이 있다. 반면, 한국적인 전통호텔의 경우, 그 자체만으로 상당한 매력을 가짐과 동시에 관광객들에게 한국적인 전통을 직접적으로 나타내기 때문에 한국적 전통문화에 대한 새로운 경험과 문화적 호기심, 신선함을 불러일으킬 수 있을 것이다.

1) 숙박시설의 역사

통일신라시대 때에는 장보고에 의하여 당나라에 정치·외교사절이나 유학을 하고 있는 신라인들에게 숙소로 제공하기 위하여 '신라방(新羅坊)'이 건립되었고 장안으로 가는 길목에는 '신라관(新羅館)'이나 '신라원(新羅院)'이 개설되어 여행객에게 숙식을 제공하였다. 고려시대에는 '참역제(站役制)'의 발달로 공문서의 전달, 곡물의 수송 등 공무로 왕래하는 관리들에게 교통편의를 제공하기도 했다. 또한 사찰에서도 여행객들에게 숙식을 제공하고 돈을 받았으며, 고려 말기에는 송나라와의 활발한 무역거래로 인하여 두 나라 사신과 상인들을 위한 숙식이 제공되는 숙박시설을 개설하였다.

조선시대에도 고려시대 '참역제'의 지속으로 전국에 약 537개의 '역(驛)'이 있었으나 왕래하는 관리들을 위하여 한성에서 의주까지 새로운 숙박시설인 '관(館)'이 설치되었으며, 하급 숙박시설인 '원(院)'이 생겨났지만 그 사용 범위가 제한적이었기에 폐지되고 일반 여행객을 위한 '주막(酒幕)'이 생겼다.

1876년 한국과 일본의 수호조약 체결, 1882년 미국과의 한·미 수호통상조약이 체결됨에 따라 숙박업은 주로 외국인들에 의하여 발전하였고, 그 수요자들도 대부분 외국인들이었다. 1887년에 요정과 숙박을 전문으로 하는 '시천여관(市川旅館)'의 건축이 효시가 되어 숙박시설이 점차 증가하게 되었다. 그로 인하여

1908년에는 전국의 '여관'이 123개에 이르렀고 1927년경에는 철도역을 중심으로 전국적으로 크게 확대되었으나 그 운영 형태는 대부분이 한식과 일식으로 호텔의 발전과는 다른 궤도였다.

2) 호텔의 역사

한국에서 근대 호텔의 형태를 갖추고 외국인을 대상으로 등장한 최초의 서구식 호텔은 1888년(고종 25년) 일본인 '호리 히사시타로'가 인천 서린동에 건립한 대불 호텔이며, 3층으로 객실 11개의 시설을 갖춘 서양식 벽돌 건물이다. 이용객은 주로 한국을 방문하는 외교관, 상인들이었으나 1899년 경인선 철도의 개통 이후 경영에 어려움을 겪다가 그 후 1918년 중국음식점(중화루)으로 활용되기도 하였다.

한편, 같은 시기에(연대 미상) 중국인 '이태호'라는 사람이 대불호텔 맞은편에 외국인을 상대로 객실 8개의 객실로 여관업을 시작하였는데, 이것이 스튜워드 호텔(Steward Hotel)이다. 이 호텔은 2층 건물로서 1층은 서양 잡화상을 하고 2층은 객실로 설계되어 주로 외국인을 상대로 영업을 하였다.

또한 서울에서 가장 먼저 건립된 서양식 호텔은 1902년 프랑스인 손탁(Sontag)이라는 여성에 의하여 서울 정동에 대지 184평 2층 양옥인 손탁 호텔(Sontag Hotel)이다. 서양 가구, 장식품, 서양 요리, 악기, 의류 등을 최초로 도입하여 운영하였을 뿐만 아니라 이 호텔의 2층은 황실의 귀빈을 모시는 객실을, 아래층에는 보통 객실 및 식장과 회의장을 구비하여 당시의 사교모임이나 외교모임이 정

〈우리나라 최초의 대불 호텔〉

〈손탁 호텔〉

동구락부가 이 호텔에 개설되었고, 기자 시절 영국의 처질(Churchill) 수상 등의 여러 인사가 숙박하는 등 그 명성이 알려졌다. 손탁 호텔은 건축설비 규모와 운영 면에서 볼 때 우리나라 최초의 근대 호텔로서 의의가 있다.

그리고 우리나라 호텔의 발달은 철도사와 같이 병행해서 발전했다 해도 과언이 아니다. 일본이 만주 대륙 진출을 위해 한반도에 철도를 개설함으로써 여행의 형태가 철도 여행으로 전환되었다. 1899년 9월 18일 경인철도 개통, 1905년에 경부선의 개통, 1908년에 경의선 개통으로 부산~신의주 간에 급행열차 융희호(隆熙號)가 운행되면서 열차 내에 식당이 생겨나 승객들에게 식사를 제공하였다.

3) 일제강점기의 호텔

1905년 경부선의 개통으로 1910년 2월, 부산역을 벽돌 2층으로 건축하여 1층은 대합실과 철도 사무소로 사용하고, 2층은 호텔로 시설하여 1912년 7월부터 영업을 하였으며, 같은 해 8월에는 신의주 호텔이 역사(驛舍)를 겸한 서구식 철도호텔로 영업을 시작하였으며, 2년 후인 1914년에는 서울에 서양식과 한국식을 겸한 4층 규모의 65개 객실로 개관한 조선 호텔이 생겼다.

〈일제강점기 조선 호텔〉

〈최근의 조선 호텔〉

1915년에 금강산 호텔, 1918년에 장안사 호텔, 1922년에 평양 철도 호텔 등 수많은 호텔들이 전국적으로 속속 개업을 하였다. 철도의 개통과 더불어 1929년에 일본의 항공 노선이 개설되어 교통이 더욱 편리해지자 1936년에 일본인 노구찌에 의해 국내 최초의 본격적인 상용호텔(Commercial hotel)인 반도 호텔(현재 조선 호텔 자리)이 개관되었다.

4) 현대 호텔의 발전

반도 호텔은 1930년 미국의 스타틀러(Buffalo Statler)의 상용호텔 방식을 도입한 우리나라의 최초의 호텔이며 대지 1,544평에 연건평 6,164평으로 8층 철근 콘크리트 건물로(객실 111개), 현 롯데 호텔 자리에 건립되었다. 이 반도 호텔의 탄생 비화는 입고 있는 옷이 남루하다 하여 조선 호텔 입장을 거절당한 당시 일본인 신흥부자 '노구치 준(野口遵)'이라고 하는 사람이 조선 최고 규모의 8층 건물을 세우고 이름을 '반도 호텔'이라 지었다고 한다. 이는 국내에서 최대의 시설 규모를 갖춘 호텔로 우리나라 호텔산업의 전환기를 가져왔다.

1953년 7월 휴전 후 많은 미군들과 군무원, UN 한국부흥단 의원 등이 한국을 방문하게 되자 점차 관광산업의 필요성을 인식하기 시작하여 여행사와 민영호텔들이 생겨나기 시작하였다. 1954년 교통부 육운국(교통부 관광과)에 관광산업 촉진을 위해 관광과가 설치되었으며, 1957년에 세계관광기구(WTO)의 전신인 국제관광기구에 회원으로 가입하였고, 1958년 3월에는 중앙 및 지방 관광위원회가 설립되면서 본격적으로 호텔산업이 발전하기 시작하였다. 또한, 국내 최초의 여행사인 대한여행사가 창업되었다.

1952년에는 민영호텔인 대원 호텔이 개관하였고, 1955년에 현 소피텔 앰배서더 호텔의 전신인 금수장 호텔, 그리고 1957년에 해운대 관광호텔, 사보이 호텔 등이 각각 개관하였다. 그 후 1960년대에는 정부의 지원과 민간기업인들의 꾸준한 노력으로 1963년에는 한국 호텔산업에 있어서 현대적인 감각과 254개의 객실에 레저 시설을 갖춘 최초의 리조트 호텔인 워커힐 호텔(Walker's Hill Hotel)이 건설되었고, 1978년에는 쉐라톤 체인 호텔(Sheraton Chain Hotel)로 확장해 운영되었다. 1966년에는 322개의 객실을 보유한 세종 호텔이 최초의 민간 자본에 의하여 건립되었으며, 중소 민영호텔도 많이 건립되었다.

1960년대에 들어서면서 관광산업은 정부의 정책적인 지원과 민간기업인들의 노력으로 외화 획득 산업으로서 괄목할만한 성장을 하게 되었다. 이 당시 시설을 기준으로 우수한 호텔을 선정하여 관광호텔로 분류하고 적극적인 행정 지원을 하기 시작하였다. 메트로 호텔(Metro Hotel), 아스토리아 호텔(Astoria Hotel), 뉴코리아 호텔(New Korea Hotel), 사보이 호텔(Walker Hill Hotel)은 한국 호텔산업에 있어 최초의 현대적인 호텔이라고 할 수 있는데, 당시 이 호텔은 254개의 객실을 보유한 동양 굴지의 리조트 호텔로서 한국관광공사에서 운영하였다.

1970년대에는 제3차 경제개발 5개년 계획에 따라 호텔산업은 더욱 빠른 발전을 하였으며 전국적인 관광호텔의 등급화제도가 시행되는 등 국제 수준의 대형 호텔들이 계속 개관을 하게 되었다. 또한 1970년 3월에는 조선 호텔 구관이 20층 규모의 호텔로 바뀌었는데 한국관광공사와 미국의 아메리칸 항공사(America Airlines)의 합작투자로 조선 호텔(Chosun Hotel)이 설립되었는데 국내에서는 처음으로 자본과 경영이 분리되어 운영되는 호텔이었다.

1972년 하반기부터는 국제관광공사가 운영하던 워커힐 호텔, 반도 호텔, 대한항공사 등이 민영화되었다. 1976년에는 서울의 프라자 호텔, 1978년에는 하얏트 호텔, 부산 조선비치 호텔, 코모도 호텔, 경주 코오롱 호텔 등이 각각 개관하였고, 1979년과 1980년 사이에 호텔 신라, 호텔 롯데, 경주 조선 호텔, 경주 도큐 호텔, 부산 서라벌 호텔, 서울 가든 호텔 등의 대규모 호텔들이 개관되어 국내 호텔산업의 중흥기를 이루었다. 1978년에는 남산 중턱에 하얏트 리젠시 호텔(Hyatt Regency Hotel), 1979년에는 호텔 신라(Hotel Shilla), 1983년에는 서울 힐튼 호텔(Seoul Hilton Hotel) 등 특1급(현재 5성급) 호텔들이 개관되었다.

86아시안게임과 88올림픽 등 대규모의 국제행사를 치르면서 정부는 호텔산업의 질적인 향상과 수용태세 정비를 위한 등급 제도를 대폭 개선하고 다가적인 행정적 지원과 함께 행정 규모도 강화하였다. 이에 대비한 숙박시설을 확충하기 위하여 이 시기에는 서울 르네상스 호텔(Seoul Renaissance Hotel), 스위스 그랜드 호텔(The Swiss Grand Hotel), 호텔 인터콘티넨탈 서울(Hotel Intercontinental Seoul), 호텔 롯데월드(Hotel Lotte World) 등 현대적이고 국제적인 시설을 갖춘 특

1급(현재 5성급) 호텔들이 확충되었고, 호텔들의 질적, 양적 중흥기를 거치면서 외국 관광객에게 국제화・표준화된 서비스를 제공할 수 있게 되었다.

▌표 2-1▐ 한국 호텔 발전과정

시 대	내 용
초기~고려시대	• 삼국사기: 숙박시설에 관한 최초의 기록 • 신라, 소지왕 9년 '역관': 관리들이 지방 순찰 시 숙소로 이용 • 통일신라, 장보고 '신라방': 당나라를 찾는 신라인의 숙소 • 고려시대, '역참제': 역마를 두고 공무로 왕래하는 관리에게 교통 및 숙박의 편의제공
조선시대	• 고려시대의 역참제 지속: 전국에 537개의 역 • 새로운 숙박시설인 '관': 공무여행자, 관리를 위해 지방관위에 설치 • 하급 숙박시설 '원': 점차 제한되어 점(주막)이 발달
개항~1950년대	• 19세기 말: 서구문물 유입, 외국인 방문 – 전통적 숙박시설의 변화 • 1888년: 인천 대불 호텔 – 우리나라 최초의 호텔 • 1902년: 서울 정동, 손탁 호텔 – 최초의 근대적 호텔, 처음으로 프랑스 요리 제공
철도호텔 등장	• 1912년: 부산 철도 호텔 – 최초의 철도 호텔 • 1912년: 신의주 철도 호텔 • 1914년: 조선 호텔 – 호텔이 처음으로 회의장소로 이용됨
상용호텔 등장	• 1936년: 반도 호텔 – 최초의 상용호텔 (이 시기는 우리 국민의 여행이 제한되어 일본인, 외국인을 위한 시설)
민영호텔 등장	• 1952년: 대원 호텔 – 최초의 민영호텔 • 1955년: 금수장 호텔 – 지금의 소피텔 앰버서더 호텔의 전신 • 1959년: 서울반도, 조선, 지방의 8개 호텔 등 총 10개
1960년대 이후	• 1961년: 8월 관광사업진흥법 – 시설 기준이 우수한 호텔을 관광호텔로 지정(메트로 호텔, 아스토리아 호텔, 뉴코리아 호텔, 사보이 호텔, 그랜드 호텔) • 1963년: 워커힐 호텔 – 최초의 휴양지 호텔 • 1965년: PATA총회 개최로 서울에 호텔의 중요성 인식
1970년대 이후	• 1970년: 조선 호텔 – 국내에서는 처음으로 자본과 경영을 분리 경영 • 1970년: 관광호텔 등급제도, 관광호텔 지배인 자격시험 제도 실시 • 1976년: 서울 프라자 호텔 개관 • 1978년: 하야트 호텔, 부산 조선비치 호텔 경주 코오롱 호텔 • 1970년: 호텔 신라 개관을 시작으로 1979~1980년 사이에 호텔 롯데, 경주 조선호텔, 경주 도큐 호텔, 부산 서라벌 호텔, 서울 가든 호텔 등 대형호텔 개관
1980년 이후	• 1983년: 힐튼 호텔 – 제53차 ASTA총회 개최 • 1986, 1988 이후 외국 체인호텔 개관 – 스위스그랜드 호텔, 인터콘티넨탈 호텔, 라마다 호텔, 롯데월드 호텔 등 • 1990년: 제주 신라 호텔이 Resort Hotel로 개관

이러한 발전에 힘입어 세계적인 대규모 호텔의 체인을 바탕으로 체인경영 호텔이 증가하고, 한국의 국제적 위상이 향상되었다. 그로 인하여 1999년 이후에는 코엑스 인터콘티넨탈 호텔(COEX Intercontinental Hotel), 2000년에 497개의 객실을 보유한 메리어트 호텔(JW-Marriott Hotel) 등의 대형호텔이 개관되었다.

03

CHAPTER

호텔 조직과 경영

1. 호텔 조직의 이해
2. 호텔 조직과 환경
3. 호텔의 분류
4. 호텔의 경영형태
5. 호텔기업의 환경

HOTEL MANAGEMENT

CHAPTER 03

호텔 조직과 경영

호텔의 조직구성은 호텔기업의 성공적인 경영관리를 위하여 장기적인 안목에서 직무를 세분화하고, 각자에게 맡겨진 업무를 효과적으로 처리할 수 있게 하는 과정이다. 호텔경영에서 관리를 하기 위한 조직은 효율성을 중요시하고, 고객서비스와 비용절감을 나타내며 호텔 규모에 따라 제공되는 서비스의 질적 또는 양적요소를 충분히 감안한 조직이어야 한다. 그리고 업무지시와 보고체계, 책임과 권한이 명확해야 하며, 직무에 관한 절차가 정확하게 정의되어야 한다. 또한 호텔기업이 제시하는 전반적인 서비스 질과 양, 업무량이 매뉴얼화되고 설정되어 있어야 한다.

호텔경영 관리조직은 권한과 책임이 어떻게 되는지와 부서와 나의 업무목표와 절차가 업무 매뉴얼에 의해 정리되어 있어야 한다. 즉, 호텔에서 좋은 조직이란 체계적인 구조와 교육·훈련, 인센티브, 후생복리 등 프로그램에 의해 동기부여를 받은 호텔 직원 구성원의 집합체라고 할 수 있다.

1. 호텔 조직의 이해

호텔의 조직은 조직의 목적 달성을 위해 능률적·효과적으로 운영하고, 호텔기업의 성장·발전을 도모하도록 구성되어 있는데, 제공하는 서비스의 유형 및 호텔의 규모에 따라 다양하게 운영되고 있다. 예를 들면, 모든 호텔들은 객실을 관리하기 위해 객실부서(Room Division)를 운영하고 있다. 그러나 특정 호텔이 레스토랑을 운영한다면 식·음료부서(Food & Beverage Division)의 운영은 필수적일 것이다. 각 부서는 나름대로 운영상의 특성을 지니고 있으며, 각 종사자들의 업무에 대한 책임과 권한은 호텔의 규모에 따라 다음과 같다.

1) 호텔 조직의 책임과 권한

(1) 담당업무 책임

소규모 호텔에서는 현관에 위치하는 직원이 고객을 맞이하고, 퇴실하는 고객에게 도움을 주는 서비스까지 모두 맡게 되지만 대규모 호텔의 직원들은 각각 맡은 해당 업무를 하는 것이 일반적이다.

(2) 모든 업무 책임자 보고

객실부서는 고객의 예약, 체크인, 체크아웃, 하우스키핑, 유니폼 서비스 및 전화, 인터넷 서비스 등을 주관하고 있다. 소규모 호텔에서는 위와 같은 기능들이 총지배인의 감독과 지시에 따르는 특정인에 의하여 수행이 되는 반면, 대규모 호텔의 객실부서 직원들은 모든 사람을 객실부서 책임자에게 보고한다.

(3) 총지배인의 총괄책임

소규모 호텔은 현관부서, 식음료부서, 건물 유지 및 보수, 하우스키핑 등의 4개의 부서로 운영되고 있으며, 각 부서별 기능은 각각 다른 권한과 책임을 보유한 특정인에 의하여 운영되고, 총지배인은 이들을 총괄하고 있다.

(4) 업무의 2분화

호텔은 크게 현관, 각 영업장 같은 현장부서(Front of the House), 그리고 이를 지원하는 지원부서(Back Office)로 구성된다. 좀 더 구체적으로 본다면 크게 매출이 발생하는 부서와 경영지원 부서로 구분할 수 있다. 현장부서는 고객에게 상품과 서비스의 판매과정을 통하여 호텔을 위해 수익을 창출하는 반면에 지원부서는 직접적으로 수익을 창출하지는 않지만, 매출센터에 속한 부서들이 정상적으로 기능할 수 있도록 지원하는 역할을 하고 있다.

최근에 호텔들이 발생하는 비용 중 인건비 비중이 크기 때문에, 호텔을 보다 효율적으로 운영하고 많은 이익을 창출하기 위하여 유사부서들을 통합하거나 중간 관리자층을 줄이고 있다. 몇몇 호텔에서는 객실부서와 식음료부서를 통합하여 운영하는 경우 영업부서라고 칭하고 있는데, 이 통합된 영업부서에서는 객실판매 및 예약, 출장 연회 등의 활동을 통하여 총매출의 역할관리를 수행하고 있고, 경영지원부서는 인사관리와 회계업무를 통합하여 업무를 관장하기도 한다.

2) 호텔 부서별 영업조직

호텔의 경영조직은 기업의 목적이나 각 조직 단위의 목적을 능률적으로 유효하게 달성하고, 호텔기업의 성장과 발전을 촉진하기 위하는 데 그 목적이 있다. 따라서 어떤 특정 조직은 호텔의 입지, 제공되는 서비스의 유형, 호텔의 구조적 형태, 지배인의 배경 및 훈련 정도, 경영진의 개성 및 능력, 호텔의 경영 형태, 직원의 인성, 능력, 배경 및 교육 등에 따라 달라질 수 있다.

호텔의 경영조직은 현장경험이 풍부한 전문경영인, 즉 총지배인을 중심으로 크게 객실부서, 식음료부서, 마케팅 부서, 조리부서, 관리부서로 구분할 수 있다. 이를 다시 업무기능에 따라 영업부서(Front of the House)와 지원부서(Back of the House)로 나눌 수 있다. 영업부서는 일선에서 직접 호텔 고객에게 상품을 제공하고 판매하는 부서로서 객실부서, 식음료부서, 마케팅 부서, 조리부서 등이다. 지원부서는 호텔경영 관리에 필요한 지원부서로서 총무부, 경리부, 시설부 등을 말한다. 본사에서는 호텔의 주요 부서를 업무기능에 따라 5개 부서로 구분하여 이를 살펴보기로 한다. 영업부문은 크게 객실부문과 식음료부문 그리고 조리부문으로 구분된다.

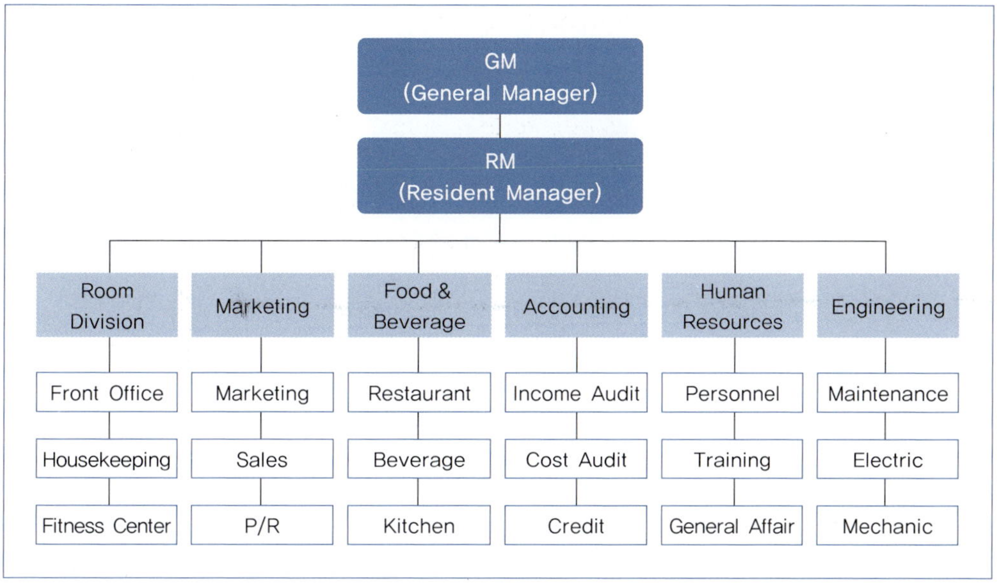

그림 3-1 호텔 조직도

(1) 객실부서

객실부서(Room Division)는 크게 프런트 오피스(Front Office)와 하우스키핑(Housekeeping)으로 구성된다. 프런트 오피스는 객실판매를 담당하는 부서로 현관 사무실과 유니폼 서비스 그리고 전화 교환실로 나뉘는데 현관 사무실에는 호텔에 따라 다소 차이가 있겠으나 대형 호텔을 기준으로 할 때 룸 클럭, 벨 클럭, 메일 클럭, 인포메이션 클럭, 예약 직원, 나이트 클럭, 프런트 캐셔가 소속되어 있다. 이들의 주요 업무는 고객영접, 객실지정, 객실 예약, 객실 열쇠관리 및 우편물의 취급, 정보제공, 체크아웃 처리, 수화물 처리, 차량안내, 전화안내 등이며, 하우스키핑은 객실상품을 생산하는 부서라고 설명할 수 있는데 하우스키퍼, 하우스맨, 룸메이드, 객실 청소원, 리넨 룸, 세탁소 등이 이 부서에 속한다.

한편 하우스키핑의 주요 업무에는 객실 및 공공시설의 청소와 침대 정리 그리고 고객이 객실에 투숙하는 동안에 고객의 생명과 재산을 보호하고 안전을 유지하며 안락한 분위기를 조성하는데 있으며, 하우스키핑, 룸메이드, 리넨실, 세탁실, 피트니스센터 등으로 구성된다.

호텔마다 차이는 있지만 도심지 호텔의 경우 전체 매출에서 객실 매출이 차지하는 비중이 55~65% 정도이거나 이를 상회하는 등 가장 핵심적인 부서이다.

(2) 식음료부서

식음료부서(Food & Beverage Division)는 음식 및 서비스를 판매하는 부서이다. 식음료부서의 조직은 연회, 레스토랑 그리고 음료부서로 나누어지며, 식음료의 구매 및 저장, 식사의 준비, 식사의 제공, 식음료의 통제 등의 직무를 담당한다.

식음료부서는 주로 음식과 음료를 판매하는 부서이다. 식음료부서는 크게 음식을 판매하는 식당과, 음료를 판매하는 음료과, 연회행사를 담당하는 연회과로 구분된다. 과거에는 식음료부서의 주 이용고객이 투숙고객 대상이었지만 최근에는 투숙객 이외에도 일반고객의 비중이 점차적으로 높아지는 추세이다. 식음료부서가 호텔 전체 매출에서 차지하는 매출비중은 평균적으로 50% 정도를 상회하고 있다.

국내 호텔산업의 경우 호텔수입을 객실 매출에 의존하였으나, 2000년대 이후부터는 생활수준의 향상과 외식문화의 확산, 식음료사업의 영업 다각화로 인해 식음료 매출의 비중이 점차 증가하고 있다. 하지만 최근에 들어서는 호텔산업 환경변화로 객실영업 의존도가 높아지고 있는 것이 현실이다. 또한 호텔 연회의 확산으로 각종 연회행사의 중요성이 대두되면서 특급 호텔일수록 식음료부서에서 연회과(Banquet)를 중요 부서 가운데 한 부서로 운영하고 있다.

(3) 마케팅 부서

호텔의 상품판매를 촉진시키고 광고 및 홍보를 담당하는 주요 부서이다. 주요 업무는 호텔의 객실판매를 위한 객실판촉 업무와 연회 및 세미나를 유치하는 연회판촉업무이다. 이외에도 대외홍보업무와 인쇄물 제작 등을 담당하는 광고업무 등이 있다. 최근에는 특급호텔일수록 마케팅 부서를 별도의 중요 부서로 운영하고 있다.

(4) 조리부서

조리부문은 주방에서 음식을 조리하는 업무이며 이 업무는 간단한 것이 아니고, 고객의 입맛에 맞도록 조리하려면 고도의 기술과 많은 경험이 있어야 한다. 호텔에서 조리부서가 차지하는 비중은 매우 높다. 조리부에서 나오는 훌륭한 음식은 훌륭한 시설, 훌륭한 서비스와 더불어 호텔의 3대 요소 중의 하나이며, 주방은 시설이나 조리기구를 현대적으로 설비해야 하고, 위생면에서도 식품위생, 환경위생, 개인위생 등을 철저히 유지해야 한다.

조리부서는 각 식당에서 고객이 주문한 음식을 만들어서 제공하는 부서인데, 각 식당 종류별로 주방이 있으며, 제과제빵을 만드는 베이커리 주방, 기본적인 아이템을 조리하여 각 주방에 공급하는 메인 주방(Hot Kitchen), 기본적인 찬 음식을 각 주방에 공급하는 콜드키친(Cold Kitchen), 모든 주방에 육류를 다듬어 제공하는 부처(Butcher), 접시 등의 기물을 세척하고 관리하는 기물관리실(Steward)로 구성되어 있다.

3) 호텔 부서별 관리조직

(1) 관리부서

관리부서(Administration Division)는 크게 직원 채용과 교육을 담당하는 인사부, 경비・공무・후생복지를 담당하는 총무부, 호텔 회계를 담당하는 경리부, 구매 및 창고를 담당하는 구매부, 전산망을 담당하는 전산실 그리고 기계・시설・안전을 담당하는 시설부 등으로 구분한다. 규모가 작은 호텔에서는 총무부 산하에 모든 업무를 담당하고 있지만, 규모가 큰 특급호텔일수록 별도의 부서로 운영되고 있다.

(2) 관리부문 조직

관리부문은 영업부서의 지원부서로서 영업부서 직원들이 대 고객서비스에 조금도 불편이 없도록 지원해야 하며, 상호협력을 통해 호텔기업의 목표인 수익창출에 기여할 수 있어야 할 것이다.

① 총무부서

총무부서는 관리부문의 중추기능으로서 인적자원관리업무, 즉 조직관리, 직원 채용, 이동, 배치, 교육 업무와 대내·외 행정업무, 직원들의 후생복지 등을 처리하는 부서이며, 그밖에 구내식당 관리, 비상사태, 경비실 관리업무 등을 담당하고 있다.

② 경리부서

경리부서는 일반 경리와 현장수납으로 구분하고 있으며, 경리는 출납회계와 세무, 급여 업무를 담당하여 처리하고, 현장수납은 호텔 각 영업장의 금전출납과 업장별 영업 수입을 집계하여 보고·처리한다.

③ 구매부서

구매부서는 호텔에서 소요되는 모든 상품을 구매 조정하는 부서로서 자재의 입고관리, 재고관리, 배달된 자재의 검수관리, 즉 배달된 물품의 내용 중 품질, 규격, 성능, 수량 등이 해당 식자재와 일치하는가를 검사하는 업무, 식자재 부문의 문제점에 대한 관리, 외주업체에 대한 관리업무를 담당한다.

④ 시설부서

시설부서는 호텔 전체의 건물과 시설을 관리하며, 건물, 기계, 전기, 열관리, 통신, 목공, 도장, 냉동, 안전 등에 관한 업무를 효율적으로 담당함으로써 호텔을 방문하는 고객들에게 쾌적한 환경과 시설을 안전하게 사용할 수 있도록 하는 업무를 한다.

⑤ 마케팅 부서

현대 호텔은 경영 규모가 커짐에 따라 각 부문별로 맡은 분야를 조직적으로 전개하지 않으면 안 되기 때문에 마케팅 부서의 마케팅 활동에 기대를 하게 된다. 특히 정보 수집에 유의하고, 조그마한 기회도 놓치지 말고 적극적인 활동을 전개하고 모든 서비스에 소홀함이 없도록 해야 한다.

2. 호텔 조직과 환경

환경이란 일반적으로 조직의 밖에 존재하는 모든 것, 즉 조직의 외부적인 조건을 총칭하는 말이다. 이것은 그 조직과 뗄 수 없는 관계를 가지고 있다. 환경은 유동적이며 이런 환경의 변화는 조직에 영향을 미치게 된다. 그 반대로 조직이 환경의 변화에 자극을 주는 요인을 제공할 수도 있다. 이렇게 조직과 환경은 서로에게 영향을 주고 있으며 호텔 조직의 경우 역시 예외는 아니다. 특히 세계가 점점 더 글로벌화 되고, 사이버 공간의 발달로 그 발전 정도가 급속하게 변화함에 따라 호텔 조직은 급변하는 사회에서 환경 변화에 아주 민감하게 반응하고 있다.

1) 호텔 조직과 환경과의 관계

호텔기업은 거시・미시환경에 영향을 많이 받기 때문에 매우 가변적이며, 복합적인 특성을 지니고 있어 조직의 목표를 성취시키기 위해서는 유동적일 수 있다. 이런 환경은 그 조직과 밀접한 관계를 가지고 있다.

- 호텔 조직과 객관적으로 표현되는 환경과의 관계인데 이는 조직이 환경의 자극에 의한 영향이 크다는 입장이다. 이는 호텔 조직이 큰 시스템일수록 조직에 더 많은 반응을 일으킨다고 보고 있다.
- 시대의 흐름에 따라 사회적, 문화적, 정치적 환경의 변화가 다르므로 그 시대의 유행에 따라 각기 다른 영향을 미친다는 것이다.
- 조직이 평가하는 환경과 실제적인 현실이 서로 관계되어 있다는 것이다. 그러므로 환경적 요인을 잘 파악하고 그것을 조직에서 원하는 목적에 잘 부합시키는 작업이 필요하다. 만약 환경적 요인을 잘 파악하지 못한다면 조직은 그들이 원하는 목적을 이룰 수 없을 뿐만 아니라 조직 자체에도 악영향을 미치게 될 것이다. 이렇게 볼 때, 환경적 요인을 잘 파악하고 그것을 조직이 원하는 요인으로 이끌어낼 수 있는 관리자, 즉 경영인이 꼭 필요하다.

2) 호텔 조직에 영향을 미치는 환경

(1) 인터넷의 발달

인터넷의 발달은 전 세계를 하나의 사회로 묶는 효과를 낳았으며, 인터넷 사용자의 급속한 증가는 호텔 조직에게 인터넷 이용의 중요함을 일깨워주었다. 실제로 항공사와 호텔 등의 예약은 물론 전 세계의 체인화된 호텔 조직은 본사의 인터넷을 통해 세계 각지의 호텔관리가 가능해졌으며 인터넷의 배너를 통해 사이버상에서도 광고효과를 보고 있다.

(2) 사회적 환경의 변화

의학의 발달로 인간의 수명이 증가함에 따라 전 세계적으로 노인층은 계속 늘어나고 있으며 노인층의 상품에 대한 수요 또한 크게 늘어나고 있다. 이는 사회적 환경의 변화에 영향을 미치며 연령층의 변화나 그 지역 인구의 경제적 환경 등을 들 수 있다. 이런 연령층이나 경제적 위치는 지역의 호텔산업에 크게 영향을 미치는 것이 아닐 수 없다. 그 예로 노인층을 대상으로 한 실버산업을 들 수 있다. 또한 월드컵, 아시안게임, 올림픽 등이 한 도시에서 개최되면 이를 관람하기 위한 관광 인구의 폭발적 증가로 숙박시설이나 외식산업 등이 크게 호황을 누리게 된다.

3) 호텔 조직이 환경변화에 요인 제공

지금까지 살펴본 것 같이 환경이 호텔 조직에 영향을 미치는 경우도 있지만, 반대로 조직이 환경의 변화에 요인을 제공하는 경우도 있다. 이 경우는 조직이 새로운 상품을 개발하거나 소비자들이 이전까지 경험하지 못했던 체험을 하게 하여 일반적인 생활에 영향을 미치는 것을 말한다.

한 예로 맥도날드의 외식산업이 생소하던 패스트푸드라는 개념을 일반화시켰고, 유사한 패스트푸드점들이 크게 늘어나는 데 많은 영향을 미쳤다. 또한 라스베이거스는 거의 불모지나 다름없던 사막을 카지노 도시로 탈바꿈시켜 세계적인 관광지로 명성을 떨치고 있다. 우리나라에서도 대표적으로 태백시의 폐광촌을 카지노사업을 포함한 가족관광휴양단지로 탈바꿈시킨 것을 들 수 있다.

그러나 두 가지 입장을 다 보았을 때, 환경이 조직에 영향을 미치는 경우와 조직이 환경의 변화를 일으키는 요인을 제공하는 경우를 나누는 기준이 확실하게 정해지지 않는다는 것을 알 수 있다. 조직이 환경에 영향을 미치는 요인을 제공한다 해도 그 요인 역시 환경의 영향을 받은 것이기에 그 기준을 나누기가 모호하다.

조직이 환경에 영향을 미치는 요인을 제공한 경우, 조직은 환경의 변화를 잘 관찰하고 빠르게 그것을 자신들의 목적에 부합되게 활용하는 것이 필요하다. 물론 조직이 환경에 영향을 미치는 자극 요소를 제공하여 성공한다면 조직은 더 많은 이점을 얻을 수 있다. 이를 위해서는 그 전에 빠르게 변화하는 환경을 어떻게 잘 파악하고 분석하느냐 하는 문제가 남아 있다. 조직은 그들이 환경에 주는 요인을 만들기 전에 환경의 변화를 잘 관찰하는 것이 필요할 것이다.

3. 호텔의 분류

호텔의 분류는 학자들마다 호텔의 규모, 구조, 입지, 숙박 목적, 경영방식, 체재기간, 목표시장, 숙박기간 등 특정 호텔의 시장을 형성하고 있는 고객의 유형 등 다양한 방법에 의해서 분류하고 있지만, 일반적으로 입지에 의한 분류, 숙박목적에 의한 분류, 숙박기간에 의한 분류, 요금지불방식에 의한 분류, 관광진흥법상에 의한 분류, 경영형태에 의한 분류, 기타 숙박형태에 의한 분류 등으로 구분할 수 있다.

1) 규모에 의한 분류

호텔의 규모에 의한 분류는 호텔이 보유한 객실 수에 의한 것으로서 규정되어 있는 것은 아니지만 일반적으로 다음과 같이 4개의 그룹으로 분류된다.

① 150실 미만: 소규모 호텔
② 150~299실: 중규모 호텔
③ 300~600실: 대규모 호텔
④ 600실 이상: 특대규모 호텔

이러한 분류는 유사한 규모의 호텔들 간에 호텔의 운영이나 경영에 대한 절차나 영업에 대한 통계적인 결과들을 서로 비교분석할 수 있도록 해준다.

2) 관광진흥법에 의한 분류

(1) 관광호텔업

관광객의 숙박에 적합한 시설을 갖추어 관광객에게 이용하게 하고 숙박에 딸린 음식·운동·오락·휴양·공연 또는 연수에 적합한 시설 등을 함께 갖추어 관광객에게 이용하게 하는 업이다.

관광호텔의 법적인 등록기준은 첫째, 욕실 또는 샤워시설을 갖춘 객실이 30실 이상이어야 하며, 둘째, 외국인에게 서비스 제공이 가능한 서비스 체제를 갖추고 있어야 하고, 셋째, 부동산의 소유권이 있어야 한다.

(2) 수상관광호텔업

수상에 구조물 또는 선박을 고정하거나 매어 놓고 관광객의 숙박에 적합한 시설을 갖추거나 부대시설을 함께 갖추어 관광객에게 이용하게 하는 업을 말한다.

수상관광호텔업의 등록기준은 첫째, 수상관광호텔업이 위치하는 수면은 공유수면관리법 또는 하천법에 의하여 관리청으로부터 점용허가를 받아야 하며, 둘째, 욕실 또는 샤워시설과 수세식 화장실을 갖춘 객실이 30실 이상이어야 한다. 셋째, 외국인에게 서비스의 제공이 가능한 서비스 체제를 갖추고 있어야 하며, 넷째, 수상오염방지를 위한 오수저장·처리시설 및 폐기물처리장을 갖추고 있어야 하고, 마지막으로 부동산의 소유권 또는 사용권이 있어야 한다.

우리나라에는 2000년 7월 20일 최초로 부산 해운대구에 객실 수 53실의 수상 관광호텔이 등록된 적이 있으나 태풍 피해로 인해 손실되어 현재는 전국에 하나도 존재하지 않고 있다.

(3) 한국전통호텔업

한국전통의 건축물에 관광객의 숙박에 적합한 시설을 갖추거나 부대시설을 함께 갖추어 관광객에게 이용하게 하는 업으로 주로 외국인 관광객의 수요에 대처하기 위한 숙박시설이다. 외국인 관광객에게 한국 고유의 전통 건축양식에 한국적 분위기를 느낄 수 있는 객실과 정원을 갖추고 한국 전통요리를 제공하도록 한 것이 한국전통호텔업이다. 제주도 중문 관광단지 내에 있는 30개의 객실을 보유한 중문 씨빌리지와 인천 송도 경원재 앰배서더 호텔, 전주한옥호텔, 남원예촌 켄싱턴 호텔 등이 운영되고 있다.

한국전통호텔업의 등록 기준은 첫째, 건축물의 외관은 전통가옥의 형태를 갖추고, 둘째, 이용자의 불편이 없도록 욕실 또는 샤워시설을 갖추고 있어야 한다. 셋째, 외국인에게 서비스 제공이 가능한 서비스 체제를 갖추고 있어야 하며, 마지막으로 부동산의 소유권 또는 사용권이 있어야 한다.

(4) 소형호텔업

관광객의 숙박에 적합한 시설을 소규모로 갖추고 숙박에 딸린 음식·운동·휴양 또는 연수에 적합한 시설을 함께 갖추어 관광객에게 이용하게 하는 업을 말한다.

(5) 의료관광호텔업

의료관광객의 숙박에 적합한 시설 및 취사도구를 갖추거나 숙박에 딸린 음식·운동 또는 휴양에 적합한 시설을 함께 갖추어 주로 외국인 관광객에게 이용하게 하는 업을 말한다.

(6) 가족호텔업

가족단위 관광객의 숙박에 적합한 시설 및 취사도구를 갖추어 관광객에게 이용하게 하거나 숙박에 딸린 음식·운동·휴양 또는 연수에 적합한 시설을 함께 갖추어 관광객에게 이용하게 하는 업을 말한다.

(7) 호스텔업

배낭여행객 등 개별 관광객의 숙박에 적합한 시설로서 샤워장, 취사장 등의 편의시설과 외국인 및 내국인 관광객을 위한 문화·정보 교류시설 등을 함께 갖추어 이용하게 하는 업을 말한다.

3) 호텔 등급에 의한 분류

(1) 호텔 등급결정

호텔업에 대한 등급결정을 위한 평정부문은 현관, 로비, 복도, 객실, 식당 및 주방 부대시설의 관리, 운영, 종사원 복지 및 설비, 전기 및 통신 소방 및 안전부문으로 분류하고 있다. 그러나 호텔의 상품은 물적 상품과 인적 상품으로 구별이 되므로 한국의 경우 호텔의 위치나 이용고객들의 선호도를 고려하지 않고 일률적인 규정에 적용하는 것은 모순이라 하겠다. 따라서 시대적 변화를 고려하여 등급편정을 위한 서비스 상태, 건축, 설비, 주차시설, 전기 통신시설, 소방, 안정, 소비자만족도의 관련 학계와 업계 평가단을 구성하여 운영함으로써 등급 평정에 대한 부문은 객관화하고, 기대적 상황의 변화에 대처하기 위한 방안이라고 하겠다.

한국은 5성급, 4성급, 3성급, 2성급, 1성급 호텔로 구분하고 있는데, 이는 이용자의 편의를 도모하고 시설 및 서비스 수준의 효율적인 관리를 도모하고 이용자의 취향과 필요에 따라 호텔 선택을 돕는 객관적인 목표로 시행하고 있다.

(2) 호텔의 등급결정 제도

호텔 등급결정은 호텔이 제공하는 서비스의 품질을 높이고 이용자의 합리적인 선택에 필요한 정보를 제공하기 위해 1971년부터 도입된 제도이다.

(3) 호텔의 등급결정 의무화

관광진흥법 개정에 따라 2016년 3월 22일부터 관광호텔업, 한국전통호텔업, 소형호텔업, 수상관광호텔업, 의료관광호텔업, 가족호텔업, 호스텔업은 3년마다 의무적으로 등급평가를 받아야 한다.

(4) 등급결정사업의 객관성 · 공정성 · 전문성 확보

호텔업 등급결정업무는 1999년 이전 정부(문화체육관광부 및 지방자치단체)에서 직접 수행하였으나, 1999년 민간위탁 정책에 따라 2개의 사업자단체(한국관광협회중앙회, 한국관광호텔업협회)로 위탁되어 왔다.

사업자단체가 등급을 결정함에 따라 업계의 자발적인 등급제 준수 및 호텔 서비스 제고를 유도할 수 있다는 장점도 있었으나, 이원화에 따라 등급결정의 일관성이 확보되지 못한 점이 있어 이에 대한 제도 개선이 꾸준히 제기되어 왔다.

(5) 호텔의 등급기준

호텔에 부여되는 등급은 호텔 서비스의 선진화를 위해 문화체육관광부장관이 호텔의 등급을 민간법인에 위탁하여 결정할 수 있도록 관광진흥법과 관광진흥법 시행령 및 규칙을 통해 규정하고 있다. 2014년 9월에는 등급평가를 의무화하도록 하였으며, 호텔등급 결정의 공정성과 신뢰성을 확보하기 위해서 공공기관인 한국관광공사에서 맡아 진행하고 있다.

등급별 결정은 서비스 상태, 객실 및 부대시설의 상태, 안전관리 등에 관한 법령 준수 여부에 따라 이루어지며, 심사기관에서 등급별 시설 기준 및 현장평가와 암행평가에 대한 심사를 통해 결정한다. 국내 별 등급제도의 등급결정 신청 절차, 평가기준, 평가방식 등은 호텔 등급결정 홈페이지(www.hotelrating.or.kr)에서 확인할 수 있다.

▌표 3-1▌ 호텔업별 등급평가 기준

관광호텔업	한국전통호텔업	소형호텔업
1~2성 : 현장평가 불시평가	1~5성 현장평가 불시평가	1~5성 현장평가 불시평가
3성 : 현장평가 불시평가		
4성 : 현장평가 암행평가		
5성 : 현장평가 암행평가		

※ 관광호텔업 1·2성은 통합 신청 및 접수방식으로 진행하며, 1·2성 평가표를 공통 적용

※ 한국전통호텔업과 소형호텔업은 1~5성 동일한 평가표를 적용

❖ 등급평가기준 내 필수항목, 감점항목 확인

- 필수항목 확인 필수 : 필수항목 미비 또는 매우 미흡 시 "등급보류"
  불편신고엽서 또는 고객이용만족카드, 고객등록카드, 비상대피 안내 지침서 또는 비상대피 안내도, PMS, 식재료 위생관리 및 유통기한 등
- 감점항목 확인 필수
  화재 발생, 범죄 발생, 영업상 행정조치(해당 지자체), 고객 불편신고(한국소비자원, 한국관광공사 불편신고센터 등), 호텔 등급표지 미부착 또는 허위부착, 입퇴실 시간에 따른 실시 등

▌표 3-2▌ 호텔업 등급결정 점수 안내

호텔업 구분	등급	현장평가	불시/암행평가	등급결정 기준
관광 호텔업	1성	현장평가(400점)	불시평가(200점)	600점 만점의 50% 이상
	2성	현장평가(400점)	불시평가(200점)	600점 만점의 60% 이상
	3성	현장평가(500점)	불시평가(200점)	700점 만점의 70% 이상
	4성	현장평가(585점)	암행평가(265점)	850점 만점의 80% 이상
	5성	현장평가(700점)	암행평가(300점)	1000점 만점의 90% 이상
한국전통 호텔업	1성	현장평가(400점)	불시평가(200점)	600점 만점의 50% 이상
	2성	현장평가(400점)	불시평가(200점)	600점 만점의 60% 이상
	3성	현장평가(400점)	불시평가(200점)	600점 만점의 70% 이상
	4성	현장평가(400점)	불시평가(200점)	600점 만점의 80% 이상
	5성	현장평가(400점)	불시평가(200점)	600점 만점의 90% 이상
소형 호텔업	1성	현장평가(400점)	불시평가(200점)	600점 만점의 50% 이상
	2성	현장평가(400점)	불시평가(200점)	600점 만점의 60% 이상
	3성	현장평가(400점)	불시평가(200점)	600점 만점의 70% 이상
	4성	현장평가(400점)	불시평가(200점)	600점 만점의 80% 이상
	5성	현장평가(400점)	불시평가(200점)	600점 만점의 90% 이상

(6) 호텔 등급 표지

외국의 경우에는 일부 국가를 제외하고 등급제도가 없으나, 대만은 국화인 매화를 호텔의 등급에 따라서 4~5개, 마카오는 별표제도(Star rating system)를 채택하고 있다. 영국은 시설과 제공되는 서비스에 의해서 등급이 부여되는데(잉글랜드, 스코틀랜드, 웨일즈), 등급은 왕관(Crown)의 수에 의해서 정해진다. 이중에서 높은 수준의 등급을 획득한 호텔에는 왕관등급 이외에도 승인(Approved)이라는 것을 부여받게 되는데, 등급체제의 가입 여부는 업계의 자유의사에 맡기고 있다. 스페인도 등급제도를 채택하고 있고, 헝가리의 경우에도 국제적인 관용에 따라 5등급으로 분류하고 있으며, 스웨덴의 경우에는 객실과 침대 수를 분류하여 호텔의 등급이 결정된다.

한국에서는 과거 무궁화 표시 방식을 사용하였으나 이 방식은 2015년까지 한시적으로 병행 운영하고, 2016년부터는 별 표시 방식으로 개편되었다.

① 5성급 호텔

최상급 수준의 시설과 서비스를 제공하며, 고객에게 최고의 맞춤 서비스를 제공하는 호텔이다. 호텔 로비는 품격이 있고, 객실에는 품위 있는 가구와 뛰어난 품질의 침구와 편의용품이 완비되어야 한다. 비즈니스센터, 고급 메뉴와 최상의 서비스를 제공하는 3개 이상(직영·임대 포함)의 레스토랑과 대형 연회장, 국제회의장을 갖추고, 24시간 룸서비스가 가능하며, 피트니스센터 등 부대시설과 편의시설을 갖춘 호텔이다.

② 4성급 호텔

고급 수준의 시설과 서비스를 제공하고, 고객에게 맞춤 서비스를 제공하며, 호텔 로비는 품격이 있고, 객실에는 품위 있는 가구와 우수한 품질의 침구와 편의용품이 완비된 호텔이다. 비즈니스센터, 고급 메뉴와 서비스를 제공하는 2개 이상(직영·임대 포함)의 레스토랑, 연회장, 국제회의장을 갖추고, 12시간 이상 룸서비스가 가능하며, 피트니스센터 등 부대시설과 편의시설을 갖춘 호텔이다.

③ 3성급 호텔

청결한 시설과 서비스를 제공하는 호텔로서 고객이 수면과 청결 유지에 문제가 없도록 깨끗한 객실과 욕실을 갖추었으며, 다양하게 식사를 해결할 수 있는 1개 이상(직영·임대 포함)의 레스토랑을 운영하고, 로비와 라운지 및 고객이 안락한 휴식을 취할 수 있는 부대시설을 갖추어 고객이 편안하고 안전하게 이용할 수 있는 호텔이다.

④ 2성급 호텔

고객이 수면과 청결유지에 문제가 없도록 깨끗한 객실과 욕실을 갖추었으며, 식사를 해결할 수 있는 최소한의 부대시설을 갖추어 운영되는 안전한 호텔이다.

⑤ 1성급 호텔

고객이 수면과 청결 유지에 문제가 없도록 깨끗한 객실과 욕실을 갖추고 있으며, 조식이 가능하고 안전한 호텔이다.

4) 숙박형태에 의한 분류

(1) 유스호스텔(Youth Hostel)

유스호스텔은 청소년을 위한 저렴한 숙박시설이다. 1912년 독일에서 시작한 것으로 시작된 것으로 여행하는 청소년들의 숙박에 적합한 구조 및 설비를 갖추어 이를 이용하게 하고 음식을 제공하는 숙박시설로서 영리를 추구하는 기업과는 달리 일종의 사회복지시설이다. 유스호스텔의 특징은 공공시설(식당, 강당, 도서실, 음악감상실, 운동장)을 갖추고 있어 남녀가 공동으로 이용할 수 있으나 객실은 엄격히 남·여로 구별되어 있고, 식당에서는 셀프서비스가 원칙이며 자기가 원하는 사람은 자취를 할 수 있도록 되어 있다. 또한 각종 운동기구와 등산장비가 구비되어 있다. 유스호스텔은 간소, 청결, 저렴한 것이 특징이며, 오늘날 세계 각국에서 고조되고 있는 소셜 투어리즘(Social Tourism)의 영향을 받아 여행경비가 제약된 일반인의 여행에도 이용되고 있다. 전 세계에 약 5,000개의 유스호스텔이 있고 미국에는 225개가 있다.

(2) 빵숑(Pension: 팬션)

빵숑은 유럽에서 발생한 전형적인 하숙식 여인숙으로 장기 체재형의 저렴한 숙박시설이다. 주변에 레스토랑 및 음식점이 많이 있는 곳에 위치하므로 조식은 제공되지만 석식은 제공되지 않는 것이 통례이다. 빵숑의 요금제도로는 흔히 빵숑 뿌랑(Pension Plan)과 더미 빵숑(Demi-Pension)이 있는데, 전자는 숙박에 3식이 포함된 객실요금이고 후자는 숙박에 1식이 포함된 요금제도이다. 가족적 분위기의 따뜻한 접대와 비교적 저렴하다는 매력이 있으나 노후화된 시설로 인하여 체재 중 상당한 불편을 감수해야 하는 경우가 있다.

(3) 민박(Bad and Breakfast: B&B)

민박은 영국 전역에서 이용 가능하며 우리나라에는 민박, 일본에서는 민숙(民宿)에 해당된다. 문자 그대로 침실과 조식을 제공하는 개인 가정이 많고 은퇴를 한 노부부가 자녀들이 독립해서 떠난 후에 몇 개의 방을 개조해서 숙박시설로 영업하고 있는 경우가 일반적이다. 외국에서는 B&B의 간판을 달고 도로에 접한 객실 창문에 전광판으로 '빈방 있음'이라고 표시하고 있다. 로비, 응접실, 식당, 욕실 등은 공용이다. 매우 저렴하므로 영국에서는 자가용 여행에 흔히 이용되고 있다. 사전에 예약 없이 현지에서 어둡기 전에 간판 로고를 보고 고르는 것이 숙박의 한 방법이다. 민박 고객들은 간단한 조식과 안락한 객실, 공동욕실을 이용할 수 있다.

(4) 파라도(Parador)

스페인어로 파라도(Parador) 또는 포르투갈어로 포라다(Porada)는 정부에 의해 호텔로 개조된 성(城)이나 역사적 건축물이다. 주로 휴가객을 대상으로 적정 가격으로 풍성한 식사를 제공한다. 더욱 호화스런 대저택 숙박시설은 프랑스(chateaux), 독일, 오스트리아(Schlosse)에서 체험할 수 있다.

(5) 인(Inn)

인은 우리말로 여관에 해당되지만 근대적 호텔 시설이 갖추어지기 이전의 숙박 시설 형태를 말한다. 최근에 특히 미국 등지에서 호텔을 인(Inn)이라고 부르는 이유 중에 하나는 호텔경영사의 인건비가 상승하고 서비스가 저하되기 때문에 고객에게 환대에 대한 복고적인 이미지를 창조하기 위한 전략이다. 호텔의 호화로운 시설과는 대조적인 간결한 내용의 숙박시설이며 제공되는 서비스는 일반 호텔과 다를 바 없다.

미국에서는 퀄리티인(Quality Inn), 홀리데이인(Holiday Inn)처럼 대형 체인 호텔 형태로 운영되는 경우도 있지만 고객의 복고적 취향에 영합하고자 출발하였거나 환대산업의 본고장인 영국의 인 키퍼(Inn keeper)를 인(Inn)이라는 명칭으로 부르기도 한다.

(6) 여텔

여관과 호텔을 복합한 형식의 숙박시설로서 객실은 양식과 한식을 배합하여 호텔 형식의 서비스를 가미한 것이다.

(7) 국민 숙사

일본에서 흔히 볼 수 있는 숙소로서 휴가철 숙사라고 하며, 가족 단위의 휴가 등을 즐길 수 있는 저렴한 공공숙박시설이다. 정부와 공공단체에 의해 운영되며 소셜 투어리즘(Social Tourism)의 일환으로 장려되고 있다.

(8) 로지(Lodge)

로지는 펜션과 별로 차이가 없으나 독특하고 아름다운 이미지를 갖는 프랑스의 시골 숙박시설로서 정부 당국의 육성과 지원을 받으며 전국적인 조직으로 통일된 표식을 갖고 발전하고 있다.

(9) 호스텔(Hostel)

호스텔은 빵숑보다 상위의 숙박시설로서 포르투갈에서 흔히 볼 수 있는 저렴한 시민용 호텔이다.

(10) 샤또(Chateau)

샤또는 일명 맨션이라고도 불리는데, 영주나 지주의 대저택 또는 호화저택을 지칭했으나, 오늘날은 관광지의 아담하고 소규모적인 숙박시설을 말한다.

(11) 샬레(Chalet)

샬레는 본래 스위스식 농가를 의미하는 열대지방의 숙박시설 형태로서, 규모는 방갈로보다 작고 건물 높이도 낮은 것이 특징이다.

(12) 마리너(Marina)

마리너는 유람선의 정박지 또는 중계항으로서의 시설 및 관리 차계를 갖춘 곳을 말한다. 기본적인 시설로는 선박 출입을 위한 외곽 시설, 정박지, 견인 시설, 계류장, 급유 시설, 수리장, 구난 사무실, 정화 시설 이외에 관리사무소 등 각종 유관설비가 있다.

(13) 콘도미니엄(Condominium)

객실 내에 취사시설이 되어 있고 투숙자에게 룸서비스(Room Service)가 없다. 투숙자가 식사를 하고자 할 때에는 외식을 하거나 혹은 룸에 설치된 취사시설과 장비를 이용하여 손수 취사를 해야 한다. 객실 내의 기본적인 청소는 투숙자 스스로 해야 하지만, 각 룸에 대한 메이드서비스(Maid Service)는 호텔처럼 받을 수 있다. 가격은 객실의 크기에 따라 차이가 많이 나지만 대체적으로 도심지역의 특급호텔 객실요금보다는 저렴하다.

5) 숙박시설에 의한 분류

(1) 모텔(Motel)

모텔이란 원래 자동차 여행자용 호텔이라는 Motorist's Hotel의 약어를 일컫는 말이며, 오늘날 다양한 여행 형태에 의한 자동차 여행객 증가 추세에 부응하여 도로 주변에 건설하여 운영되는 숙박시설의 모텔이다. 이러한 시설의 모텔은 1908년 미국 애리조나(Arizona)주 교외의 한 마을에서 시작되었고, 처음에는 주차장과 침실만을 설치하여 운영하였으나 근래에는 호텔과 같은 규모, 또는 그 이상의 규모를 가진 모텔도 등장하고 있다.

모텔은 도시나 교외에 위치하는 비즈니스 모텔과 고속도로 근처의 하이웨이 모텔로 구분되는데, 규모는 대개 객실이 50개 이하이다. 모텔은 대부분 셀프서비스(Self service) 형식으로 운영된다. 호텔보다는 비교적 이용하기 편리하고 간편하게 되어 있고 객실 바로 앞에 자동차를 주차할 수 있게 되어 있는 것이 보통이다.

모텔의 특징은 첫째, 구조가 수평으로 펼쳐져 있으며 호텔과 달리 단층구조이다. 둘째, 비교적 호텔보다 객실요금이 저렴하다. 셋째, 등록절차가 비교적 간편하다. 넷째, 대부분이 셀프서비스 형식이다.

(2) 보텔(Botel)

보트(Boat)로 여행하는 여행객을 위한 호텔로써 항해 중 해변에서 보트를 정박시켜 두고 투숙할 수 있는 시설이며 육지의 모텔과 성격이 같다.

(3) 요텔(Yachtel)

요트로 여행하는 사람들을 위한 숙박시설로 해안과 호반에 요트를 정박할 수 있는 설비를 갖춘 호텔이다.

(4) 플로텔(Floatel)

여객선이나 페리호 또는 유람선 등 해상을 운항하는 선상에 있는 플로팅 호텔을 일컫는다. 이 플로팅 호텔의 객실(선실)은 캐빈(Cabin)이라 하고, 이 캐빈에는 일반 호텔처럼 각종 시설이 갖추어져 있다.

6) 입지조건에 의한 분류

단지 고객들의 숙박기간으로 모든 호텔을 분류하는 것은 호텔의 규모, 모양 및 시설이 다양하다는 것을 생각하지 못하게 하며, 어떤 호텔이 어디에 위치하는지에 대한 이유를 이해하는 데 도움을 제공하지 못한다. 따라서 위치나 형태에 의해 호텔을 분류하는 것이 필요한 관계로 미국의 예를 들어 자세한 설명을 하고자 한다. 다음에 서술되는 내용은 주로 미국의 현상이지만, 이 현상이 한국에도 적용될 수 있으며 또한 그대로 적용되고 있다.

(1) 시티 호텔(City Hotel)

휴양지 호텔(Resort Hotel)과 대조적으로 불리는 호텔로서 도시 중심지에 위치하며 대도시의 메머드 호텔 등과 같은 부류에 속하면서 비슷한 경영방식으로 운영되고 있는 호텔이다. 또한 일반 여행자의 단기간 체류를 대상으로 하거나 도시의 사교적 집회 및 연회 등의 장소로 이용된다.

도심 시가지에 위치하여 호텔의 경영 측면에서 볼 때 사교적 집회나 연회에 의한 수입을 중요시하고 이에 따른 설비를 충분히 해야 하며, 특히 객실과 공공공간의 관계도 기능적으로 충분히 고려해야 한다.

시티 호텔의 특징으로는 다른 호텔들보다 식음료 매출이 높고 주중 개실 점유율이 주말보다 높다.

(2) 다운타운 호텔(Downtown Hotel)

도심지 호텔로서 도심의 비즈니스센터와 쇼핑센터 등의 중심가에 위치하며 교통의 편리와 손님의 왕래가 불편하지 않아야 한다. 교통의 불편과 공해, 지가의 상승과 주차장의 문제는 다운타운 호텔이 안고 있는 문제점이다. 그러나 이러한 호텔은 교통이 편리할 뿐 아니라 비즈니스를 위한 다양한 시설을 갖추고 있어서 주로 사용, 공용 또는 도시를 방문하는 관광객들이 많이 이용하며, 연회장, 전시장 등도 구비되어 있어서 도시민들의 사교의 장으로나 공공장소 등으로도 이용된다. 다운타운 호텔은 각종 연회, 집회, 회의, 결혼식, 전시회, 발표회, 및 쇼핑 등의 기능을 수행하며, 우리나라의 경우 힐튼 호텔, 조선 호텔, 롯데 호텔, 프라자 호텔, 로얄 호텔, 프레지던트 호텔, 세종 호텔 등이 이러한 유형에 해당된다.

(3) 메트로폴리탄 호텔(Metropolitan Hotel)

대도시에 위치한 수 천 개의 객실을 보유하고 있는 매머드(Mammoth) 호텔을 말한다. 한 번에 많은 숙박객을 수용할 수 있으며 대연회장과 전시장, 그리고 대연회장과 주차장 등을 모두 갖추었으며 컨벤셔널 호텔(Conventional Hotel)이라고도 하며, 회의 및 비즈니스상에 필요한 시설의 구비가 필수적이다. 미국의 뉴욕에 위치한 객실 2,000개의 아메리카나 호텔과 2,150개의 객실에 5,000명을 수용할 수 있는 회의실을 갖춘 힐튼 호텔, 그리고 시카고의 객실 3,300개의 콘드라 호텔 등이 메트로폴리탄 호텔의 예라고 볼 수 있다.

(4) 서버번 호텔(Suburban Hotel)

도시를 벗어나 한산한 교외에 건립된 호텔이며 자동차 여행자들이 급격히 증가하고 있는 요즘은 공기 좋고 주차가 편리한 교외 호텔의 이용도 가족단위로 많아지고 있다. 이 호텔은 도심지보다 지가가 저렴해서 건축비가 적게 들고 비교적 넓은 주차장을 가지고 있으므로 주차가 무료인데다가 전원 분위기를 만끽할 수 있어서 자동차 여행객의 증가와 더불어 급격한 증가 추세를 보이며 많은 호평을 받고 있다.

(5) 에어포트 호텔(Airport Hotel)

공항 주변에 위치하면서 비행기 사정으로 출발 및 도착이 지연되어 탑승을 기다리는 손님과 승무원들이 이용하게에 편리한 호텔을 말한다.

에어포트 호텔의 발전은 항공 여행객의 증가와 공항의 거대화에 따라 도심과 거리가 멀어져 도심지 호텔 이용을 기피하는 여행객의 증가에 따라 빠른 속도로 증가하고 있다. 최초의 에어포트 호텔은 미국의 마이애미 국제공항에서 시작되었다.

(6) 시포트 호텔(Sea Port Hotel)

에어포트 호텔과 동일한 콘셉트(Concept)를 지닌 호텔로서 항구 부근에 위치하고 있으면서 여객선의 출입으로 인한 승객과 선원들이 이용하기에 편리한 호텔이다. 최근에는 배로 여행하는 1등 선객 중 시포트 호텔을 찾는 경우가 있다.

(7) 컨트리 호텔(Country Hotel)

컨트리 호텔은 교외라기보다는 산간에 세워진 호텔로 마운틴 호텔(Mountain Hotel)이라고 부를 수 있으며, 시티 호텔과 반대되는 개념의 호텔이다. 특히 골프, 스키, 등산 등의 레크리에이션 기능을 하는 호텔이라고 할 수 있으나 일반적으로 해안에 있는 호텔은 이에 속하지 않는다. 우리나라의 설악산 호텔, 내장산 호텔, 속리산 호텔 등이 이에 속한다고 할 수 있다.

(8) 터미널 호텔(Terminal Hotel)

여행자를 위한 호텔로서 교통기관의 발착지점이나 근처인 철도역이나 공항 터미널 또는 버스터미널 근처에 위치하는 경우가 많으며 가까운 관광지까지 교통이 편리한 것을 이용하여 리조트 호텔의 형태를 취하는 것도 있다. 유럽에서는 국제철도(Eurail Pass)가 운용되고 있어 각 국의 주요 도시마다 터미널 호텔이 있어 여행객 등에게 편의를 제공하고 있다, 미국 터미널 호텔의 예로 뉴욕의 펜실베이니아 스테이션과 지하도로 연결되는 곳에 뉴욕 힐튼 호텔을 들 수 있다. 교통수단별로 보면 철도역 호텔(Station Hotel), 부두 호텔(Harbor Hotel), 공항 호텔(Airport Hotel) 등이 있다.

(9) 하이웨이 호텔(Highway Hotel)

고속도로 변에 위치한 호텔을 말하며, 자동차로 여행하는 사람들 위한 시설로 모텔과 유사한 호텔이라고 할 수 있다.

(10) 비치 호텔(Beach Hotel)

해변에 위치한 호텔을 말하며, 우리나라도 바닷가에 많이 비치되어 있고, 피서객과 휴양객을 위한 호텔로서 온난한 지중해, 카리브해, 남태평양에 많은 비치 호텔이 있다.

7) 목표시장세분화에 의한 분류

호텔기업의 마케팅 활동에서 가장 중요한 문제는 호텔을 주로 이용하는 대상이 누구인가 그리고 호텔 상품이 누구에게 매력을 가질 수 있는가를 밝혀내는 데 있다. 이러한 활동은 마케팅 연구나 전략을 통해서 목표시장을 설정하게 된다. 환대산업에 있어서 최근의 마케팅 활동 추세는 대규모 시장 내에서 목표대상을 특정 그룹이나 분야에 한정하고 이들을 만족시킬 수 있는 상품이나 서비스를 개발하고 있다. 이러한 시장세분화 전략은 특히 체인호텔들이 실질적으로 성장하는 데 많은 공헌을 하였다. 목표시장에 따른 가장 일반적인 분류는 커머셜, 에어포트, 레지덴셜, 리조트, 카지노, 컨벤션 호텔 등으로 구분할 수 있다.

(1) 커머셜(Commercial) 호텔

커머셜 호텔의 주 대상고객은 상용고객이나 단체관광객, 개별여행자, 소규모 회의 참가자들에게도 숙박하기에 편리한 호텔이다. 주로 도심지나 상업 중심지에 위치하며 체재기간이 비교적 단시간이기 때문에 일명 트랜지언트 호텔(Transient Hotel)이라고도 불린다. 제공되는 주요 서비스로는 신문, 모닝커피가 무료로 제공되기도 하며, 시내전화 또한 무료로 이용할 수 있다. PC, 팩스 등을 갖추고 있으며, 렌터카 공항 픽업, 세탁 등의 서비스를 제공받을 수 있으며 커피숍, 각종 식당, 칵테일라운지, 수영장, 헬스, 사우나 등의 설비를 갖추고 있다.

(2) 에어포트(Airport) 호텔

공항 주변에 위치하거나 공항에 접근하기 쉬운 곳에 위치하며 규모나 제공되는 서비스 수준도 다양하다. 주 이용고객은 환승고객, 항공사 직원 등이며, 일부 상용 고객도 이용한다. 직통전화를 통한 호텔의 예약이나 호텔의 소유한 리무진이나 밴을 이용한 공항픽업 서비스를 제공받을 수 있기 때문에 공항호텔을 이용하는 고객들은 상당한 여행비용을 절감할 수 있다.

(3) 레지덴셜(Residential) 호텔

장기체류객을 위한 호텔로서 아파트먼트 호텔(Apartment Hotel)이라고도 하며, 주로 장기 출장 투숙객을 대상으로 하기 때문에 모든 시설과 설비가 이에 맞추어져 있다. 일반 호텔과는 달리 객실 내에 주방설비를 갖추고 있기 때문에 대부분의 식음료업장은 소규모로 운영되고 있으며 주로 객실판매를 위주로 한다. 제한적이기는 하지만 하우스키핑, 전화, 프런트 데스크, 유니폼 서비스와 같은 호텔식의 서비스가 제공된다. 이러한 호텔을 미국 등지에서 리타이어먼트 호텔(Retirement Hotel)이라고 한며, 정년퇴직한 사람을 전문으로 수용하여 사회복지제도의 일환으로 활용하고 있다.

(4) 리조트(Resort) 호텔

산악지대나 온천, 해수욕장 등과 같은 휴양지에 위치한 호텔로서 주로 휴양을 즐기려는 여행객들을 대상으로 하는 호텔이다. 리조트 호텔은 겨울의 스키와 스케이팅, 또는 설경의 즐거움을 찾는 고객을 대상으로 추위를 피할 목적에 둔 윈터 리조트(Winter Resort)와 피서객들과 해수욕객을 수용하는 썸머 리조트(Summer Resort)로 구별된다. 대부분의 호텔들은 사우나, 수영장, 테니스장과 같은 스포츠시설과 스키와 눈썰매장 등의 시설을 갖추고 있으며 골프, 하이킹, 요팅 등 호텔의 위치 또는 주변의 환경적 조건에 따라 다양한 시설을 갖추고 있다. 우리나라에서는 경주, 해운대, 제주도, 설악산 등에 많은 리조트 호텔들이 있다.

리조트 호텔의 경영상 특징은 여행 시즌에 고객이 몰려드는 성수기와 이와 반대되는 비수기가 뚜렷하여 호텔의 수입이 불안정하며, 입지적 조건으로 인해 시설의 유지 및 보수가 다른 호텔이 비하여 빈번하기 때문에 상대적으로 경영의 어려움이 따르다. 최근에는 리조트 호텔들이 비수기 객실점유율을 향상시키기 위해 컨벤션 유치에 심혈을 기울이고 있다.

(5) 카지노(Casino) 호텔

카지노 호텔은 도박을 전문으로 하는 시설을 갖춘 독특한 호텔이다. 최고급 수준의 객실과 식음료업장들을 갖추고 운영하고 있지만 이러한 업장들을 통해 적극적으로 수익성을 추구하는 일반 호텔들과는 달리 이들 업장들의 기능은 원활한 카지노 운영을 위한 하나의 지원시설에 불과한 경우가 많다. 대부분의 대규모 카지노 호텔들은 카지노를 즐기는 고객들을 유치하기 위해 대규모 버라이어티쇼를 개최하기도 한다.

또한 갬블러(Gambler)들이 주로 찾는 호텔로서 우리나라는 아직 없지만, 외국의 경우 객실규모가 1,000실 이상에서 수천 실에 이르기까지 다양한 매머드급의 호텔이다. 호텔마다 나름대로 독특한 건축양식이나 각종 이벤트 혹은 상징물을 갖고 있는 것이 특징인데, 이러한 호텔 군을 형성하는 대표적인 도시가 미국의 라스베이거스(Las Vegas)나 홍콩 마카오 등에 위치해 있다. 오늘날 카지노 호텔들은 대규모 국제회의장과 각종 식당들을 갖추어 국제회의를 유치하거나 각종 박람회 및 이벤트 등을 개최하면서 이미지 개선을 위해 노력하고 있다.

(6) 컨벤션(Convention) 호텔

대규모 회의를 유치하기 위한 대형 호텔로서 객실의 대형화는 물론 대회의장 및 주차장 설비를 완비와 연회실과 전시장 등이 대규모로 확보되어야 한다. 뿐만 아니라 중·소규모의 회의장을 갖추고 각종 연회 및 회의에 필요한 화상설비, 사무, 통역서비스는 물론이거니와 카페테리아와 같은 셀프서비스 식당에서부터 최고급의 전문식당 서비스에 이르기까지 다양한 식음료 서비스가 제공된다. 타 유형 호텔 고객들에 비해 객실 이용, 식음료 판매, 임대 회의실 및 기타 쇼핑으로 인한 수입이 상당히 높으므로 회의 유치를 위한 호텔들의 경쟁이 치열하다.

8) 요금 지불방식에 의한 분류

(1) 미국식 호텔(American Hotel)

호텔 요금 계산 시 투숙객의 객실요금에 식대를 포함해서 하루 총 숙박요금으로 계산하는 방법을 사용한다. 즉, 1일 혹은 1주일 또는 1개월의 통산요금을 실요금으로 표시하는 방식이며, 객실요금에 2식 또는 3식의 식사요금을 사전에 포함시켜 요금표를 공표하고 손님이 개인 사정으로 하루 3식의 식사를 못한 경우에도 식사요금을 공제해 주지 않으며 균일요금(Flat Rate)으로 계산하여 받는다. 주로 휴양지 호텔 주변 지역에 식당이나 상가 등이 거의 없어 투숙객들이 전적으로 식사를 호텔에서 해결해야 되는 경우 이 방식을 채택한다.

미국식 호텔식사의 요금 계산 방식

- Full-Pension: 1일 3식을 객실요금에 포함하는 방식
- Half-Pension, Demi-plan: 조식과 석식을 객실요금에 포함시키는 방식 (이를 흔히 Modified American Plan이라고도 한다.)
- Continental Plan: 객실요금에 조식만을 포함시키는 방식

① 고객 입장의 장단점

- 장점: 식사를 위해 별도로 외출할 필요 없이 호텔 내에서 모든 식사를 해결할 수 있으며, 정해진 식사시간에 규칙적으로 식사를 할 수 있다.
- 단점: 메뉴가 한정되어 선택의 폭이 좁다. 식사시간이 제한되어 시간을 놓치기 쉽다. 또한, 일반 호텔의 식당을 이용하는 경우에 비해 획일적이고 소홀한 식사 서비스를 받을 수 있다.

② 호텔 입장의 장단점

- 장점: 메뉴가 한정되므로, 예상 식사 인원에 대한 수요 예측이 가능하여 해당 메뉴에 대한 식재료의 대량 구매에 의한 원가 절감을 할 수 있다. 식사 시간

이 정해져 있으므로 충분한 준비·정리 시간의 여유가 있어 예산을 쉽게 수립할 수 있고 회계절차가 간단하다.

- 단점: 투숙객에게 제한된 시간 내에 식사를 제공해야 하므로 충분한 공간 확보 및 서비스 인력이 필요하며 고객의 취향에 맞지 않는 메뉴를 제공했을 때 남겨진 음식이 많이 생겨 낭비의 요인이 되기 쉽다.

(2) 유럽식 호텔(European Plan Hotel)

우리나라 호텔들이 채택하고 있는 방식으로 객실요금과 식사요금을 분리하여 각각 계산하는 근대식의 경영방식이다. 이는 손님에게 식사를 강요하지 않고 손님의 의사에 따라 식사요금은 별도로 계산한다. 시티호텔이나 상용호텔 등에서 주요 고객이 바쁘게 활동하는 사업가나 비즈니스맨일 경우 적용하는 경영방식으로 우리나라 호텔의 경영방식이 이에 속한다. 유럽식 호텔 식사의 장점은 다음과 같다.

① 자유로운 식사시간을 가질 수 있다.
② 식성 및 취향에 따라 식당을 골라 식사를 할 수 있다.
③ 식사요금이 객실요금과 분리되어 계산되므로 경비를 절약할 수 있다.
④ 취향에 맞는 식당에서 충분한 시간을 갖고 직원을 훌륭한 서비스를 받을 수 있다.

(3) 복합식 호텔(Dual Plan Hotel)

한 호텔 내에서 아메리칸 플랜과 유럽피언 플랜의 두 가지 방식을 혼용하여 고객의 희망에 따라 선택하여 요금을 지불하는 방식이다.

(4) 대륙식 호텔(Continental Plan Hotel)

객실요금에 아침식사요금이 포함된 제도로서 유럽의 호텔들은 대부분이 콘티넨탈 플랜을 채택하고 있으며, 이때 아침 식사는 반드시 지정된 장소에서 해야 된다. 아침 식사 메뉴는 주스류, 커피, 홍차, 코코아 중에서 한 가지를 선택하며 빵, 버터, 잼 등이다. 우리나라는 여행사를 통해서 투숙하는 고객이나 패키지상품의 경우 콘티넨탈 경영방식을 적용하고 있다.

(5) 버뮤다 호텔(Bermuda Plan Hotel)

객실요금에 미국식 아침식사(American Breakfast) 요금이 포함되는 경영방식이며 American Breakfast의 메뉴는 커피, 주스 등의 음료와 계란 요리, 토스트 등이다.

(6) Semi Pension Plan(Demi Pension 혹은 Modified American Plan)

객실요금에 아침식사요금이 포함되고 거기에 중식이나 석식을 선택하는 요금제도이다.

4. 호텔의 경영형태

호텔기업을 분류하는 또 다른 방법은 소유형태나 제휴형태에 따라 구분하는 방법이며, 이를 일명 경영방식에 따른 분류라고도 한다. 이 방법에 따라 호텔기업을 구분하면 크게 독립경영호텔과 체인경영호텔로 구분할 수 있다.

호텔의 경영형태는 그 자본투입과 경영활동을 함께 하는지, 혹은 별도로 관리하는지에 따라 구분할 수 있다. 하지만 사회의 문화·발전에 따라 호텔 또한 다양한 양상을 띠면서 새로운 경영형태의 호텔이 나타나고 있는데, 각각의 특징에 따라 독립경영호텔(Independent Hotel), 임차경영호텔(Leased Hotel), 체인경영호텔(Chain Hotel)로 나눈다.

체인경영호텔은 다시 그 경영주체에 따라 프랜차이즈 호텔과 경영계약호텔로 나눌 수 있으며, 레퍼럴 시스템(Referal System)이나 조인트벤처 시스템(Joint Venture System)은 위에 언급한 경영형태에 다시 새로운 기법을 가미한 형태로서 각각 나누어서 살펴보고자 한다.

1) 독립경영호텔(Independent Hotel)

(1) 독립경영호텔(Independent Hotel)

소유주의 경영형태는 호텔을 직접 소유하고 경영하는 방식으로 제3자로부터 자금지원이나 경영지원 없이 독립적으로 운영하는 방식으로서 영업정책이나 절차, 그리고 기타 호텔경영 전반에 관한 의사결정은 타의 간섭이나 규제를 받지 않고 독자적으로 이행하기 때문에 비교적 자유로운 호텔경영방식이라 할 수 있다. 신속한 의사결정으로 시장의 변화에 따라 능동적으로 대처할 수 있는 장점이 있다. 그러나 자본의 영세성과 열악한 경영환경에 따른 경영상의 위험성과 호텔 건설 및 경영 노하우의 부족, 해외 마케팅의 한계 등의 단점이 있다.

(2) 임차경영호텔(Leased Hotel)

임차경영호텔도 단독으로 임차하여 운영하는 경영형태 중 하나이다. 임차경영은 제3자와의 건물계약을 통해 토지 및 건물에 투자할 만한 자금조달 능력이 없는 사람이 호텔을 일정한 계약에 의해 임차하여 운영하는 방식의 호텔을 말한다. 이 경우 건물주인 호텔의 임대인은 호텔 내·외부 시설뿐만 아니라 비품이나 가구 등에 대한 투자를 하고, 임차인은 임차계약에 의해 임차료를 지급하고 경영하는 것이 일반적이다.

이때 계약방법은 임차료의 지급도 영업실적과 관계없이 일정한 액수를 임차료로 지급하는 방법, 영업실적에 따라 일정한 비율로 지급받는 방법, 일정한 최소 액수의 임차료와 영업실적에 따른 매출액의 일정 비율을 혼합하여 지급하는 방법 등 계약방법이 다양하다.

2) 체인호텔(Chain Hotel)

체인호텔(Chain Hotel)이란 최소 2개국 이상의 국가에서 둘 이상의 호텔이 일정한 협약에 의해 경영기술을 공유하여 규모의 경제(Economics of Scale)를 최대한 살려 경영의 능률성과 수익을 향상하기 위하여 운영되는 경영형태이다.

호텔의 체인화 경향은 오래 전부터 세계적인 추세이며 이러한 추세에 따라 보다 호화롭고, 보다 대형화된 호텔이 발전할 수밖에 없는 것이다. 이러한 호텔의 건설은 대자본이 필요하기 때문에 자본조달방법에 있어서 연쇄적인 경영을 합리화하지 않으면 안 된다. 대량생산(Mass Production), 대량판매(Mass Sales) 등과 같은 대량수법의 전략으로 고객으로부터 얻어지는 신뢰감과 안전감으로 통일화시켜 충족시킬 수 있는 경영의 효과가 요구되는 것이다. 체인호텔은 경영계약호텔(Management Contract Hotel)과 프랜차이즈 경영호텔(Franchise Management Hotel)로 나뉜다.

(1) 경영계약호텔(Management Contract Hotel)

경영계약호텔이란 호텔의 경영 능력을 소유하고 있는 경영회사(Operator)가 호텔 소유주(Owner)와 계약을 맺어 경영회사는 호텔의 상호, 상표사용권과 경영의 노하우를 제공하고, 호텔 소유주는 그에 따른 수수료를 지불하는 형식이다. 호텔 소유주의 경영권이 상실된다는 것이 프랜차이즈 호텔과 차이점이 있다. 호텔경영에 대한 책임은 경영회사가 책임을 지지만, 운영자금, 영업비용, 금융비용 등 모든 재정적인 부담은 호텔 소유주가 지게 된다. 호텔 소유주를 대신하여 호텔 운영을 책임지는 호텔경영회사는 그 운영의 대가로 호텔 소유주와 합의한 일정한 수수료를 지불받는다.

경영계약호텔 방식은 일명, '관리운영위탁 방식' 또는 'Hilton 방식'이라고도 한다. 수수료의 형태는 광고·홍보 등의 마케팅비 그리고 손익에 상관없이 총 매출액의 1~3% 정도를 받는 경영수수료(Management Fee)와 영업이익(Operating Profit)을 올렸을 경우 인센티브 형식으로 10~15% 정도를 받는 경영성과 수수료(Incentive Fee) 등이 있는데 프랜차이즈의 수수료 비용보다 다소 높다.

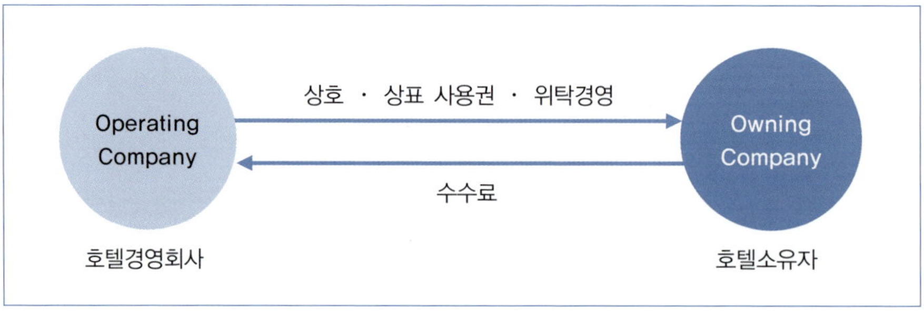

그림 3-2 경영계약 시스템

(2) 프랜차이즈 경영(Franchising)

프랜차이즈(Franchise)는 경영기술을 보유한 특허권자(Franchiser)가 경영 시스템을 갖춘 가맹점(Franchisee)에 운영권을 부여하고, 그에 따른 수수료(Franchise Fee)를 받는 방법으로 호텔 영업본부가 자사의 상표 이용권한을 계약 체결한 가맹호텔에게 부여하고 지속적으로 사업의 경영방법과 조직 형태를 지원해 주고, 그에 따른 체인 수수료를 받는 운영 형태이다. 즉, 가맹권 및 상품의 판매권 판매를 의미한다.

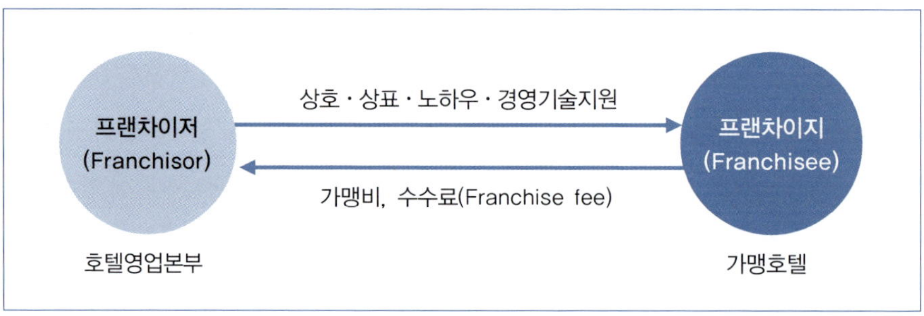

그림 3-3 프랜차이즈 경영 시스템

최근 들어, 호텔과 모텔업계가 빠른 발전과 성장을 이룩한 것은 프랜차이즈 경영, 즉 호텔 프랜차이징(Franchising) 때문이다. 프랜차이징은 하워드 존슨(Howard Johnson)이 식당 경영에서 성공을 거둔 기록이 있으나 이것이 본격적으로 모텔과 호텔 분야에 도입되어 이용된 것은 1950년대부터이다. 여기에서는 독립된 프랜차이즈 경영(Franchising)과 체인 경영(Chain Operation)을 구별하기가 어렵다.

왜냐하면, 건물의 외부 모양이나 구조, 시설, 객실, 설비, 장식, 비품, 메뉴(Menu)까지도 이 두 종류의 경영 형태가 거의 동일하게 운영되기 때문이다. 실제적인 차이점은 재무구조면에서만 상이하므로 이 점은 일반 고객들은 쉽게 알 수가 없다.

프랜차이징 조직에 독립된 기업의 경영자가 가입하면 자기 기업을 소유하면서 사업을 할 수 있고, 항상 조직의 도움을 받을 수 있다는 장점이 있다. 예를 들면, 그 모텔을 건축하기 가장 좋은 위치에 대지를 소유하고 모텔 사업을 하고자 할 경우에 그는 프랜차이징 회사를 찾아가서 사업 관계에 적절한 계약을 체결할 수 있다. 이때 대부분의 경우 프랜차이징 회사(Franchising Corporation)에 그가 회원으로서 특권을 갖는 데 대한 회비(License Fee)를 납부하게 되며, 보유 객실 수와 영업일수에 근거하여 광고·선전비를 부담하게 된다.

이와 같이 프랜차이징 조직에 회비와 광고비를 납부함에 따라서 그는 모텔 건축에 필요한 모텔 설계도부터 자금융자 알선까지도 받을 수 있다. 또한 모텔 경영에 관한 조직의 편성이나 종사자 직업 훈련, 판매, 회계 처리 등 모텔 경영 전반에 관한 기술적 도움을 프랜차이징 회사로부터 받게 된다. 그뿐만 아니라 프랜차이징 회사는 계열회사로 비품, 집기를 전문적으로 취급하는 회사를 두고 있으며, 이 회사를 통하여 모텔에 필요한 집기를 구입함으로써 비용 절감을 할 수 있다. 대부분 프랜차이즈 회사들은 여러 개의 직영 호텔이나 모텔을 소유하고 경영하지만 이 체인경영 회사 소속의 대부분의 호텔이나 모텔은 프랜차이즈(Franchise) 계약에 의하여 경영되고 있다. 이와 같이 프랜차이즈 계약을 통하여 호텔이나 모텔을 경영할 수 있으며, 어떤 개인이 독립적으로 호텔기업을 소유하고 경영하고자 할 때 큰 도움을 준다.

즉, 개인 단위 호텔이나 모텔은 체인경영에 의한 이점을 충분히 이용하고, 그 기업을 자기의 소유로 유지하면서 개발 경영을 하는 독립 경영자로서의 위치를 확보할 수가 있다. 모든 프랜차이징 회사는 회원 호텔이나 모텔에 높은 수준의 기준을 정하고 있으며, 이 기준에 맞는 시설과 서비스, 청결함을 유지하도록 정기적인 실태 조사를 하고 있다. 개별적으로 직접 호텔 시설을 경영하는 것처럼 시설과 상품의 수준을 유지하기는 어렵지만 대기업 프랜차이즈 사업에 참가하게 되는 원인은 이 분야에서 얻는 이익이 불이익보다 더 크기 때문이다. 프랜차이징 회사 경영의 이점은 다음과 같다.

① 프랜차이징 회사가 호텔의 객실 예약 및 숙박시설 안내 업무를 적극적으로 수행한다.

② 프랜차이징 회원 상호 간에 홍보 및 판매활동을 최소의 비용으로 신속하게 할 수 있다.

③ 호텔은 프랜차이징의 명성이 영업을 위한 충분한 영업권이 될 수 있다는 점에서 가입하게 되므로, 회비와 각종 비용을 프랜차이즈 회사에 납부하게 된다.

(3) 리퍼럴(Referral) 조직 호텔

리퍼럴 그룹이란 동맹호텔의 형태를 구성하게 되었는데, 리퍼럴 연합(Referral Organization)은 동업자 결합에 의한 경영방식으로서 각 업자들로 구성된 종합적 성격을 띤다. 리퍼럴 그룹은 프랜차이징과는 달리 기존의 호텔들이 공동의 상표를 사용하면서도 각각의 소유와 경영의 독립을 유지하며, 상호 협력하고 제휴하여 경영의 효율성을 높이는 형태이다.

본부의 지원이나 통제가 없으므로 체인 수수료 또한 지불할 필요가 없고, 각자 독립적인 경영 형태를 유지한다. 대신 그들만의 연합적인 공동상표를 사용하여 이미지를 향상시키며, 공동으로 판매촉진 활동과 예약 업무를 공유할 수 있다. 체인 경영은 거의 표준화된 건축 양식과 시설, 장치와 설비, 도로변 입간판(Road Sign)이나 광고 등에서 선전하는 상표를 통하여 쉽게 찾아볼 수 있다. 또한 체인 경영 호텔들은 여행하는 고객을 다른 도시나 지역에 있는 체인호텔에 숙박하도록 권장하고, 예약을 해주며 숙박 등록까지도 미리 해주는 이점을 지니고 있다.

미국의 리퍼럴 연합으로 규모나 지명도에서 대표적인 곳은 퀄리티 코츠(Quality Courts), 베스트 웨스턴(Best Western), 베스트 이스턴(Best Eastern), 마스터 호스트(Master Hosts) 등을 들 수 있다.

3) 조인트 벤처(Joint Venture)

보통 합작투자호텔이라고 하는데, 자본제휴를 통해 호텔을 설립하여 운영하는 것으로 경영방식에 초점을 맞추기보다는 일정지분의 자본이 투자되었음을 강조한 표현이다. 위에서 살펴본 프랜차이즈나 경영대리 계약의 형태가 기존에 영업 중인 호텔이 호텔경영에 있어서의 노하우를 갖지 못해 연계한 형태라면 조인트 벤처(Joint Venture)는 호텔의 건립시점부터 시작한다는 것에서 구별된다.

합작투자경영(Joint Venture Management)은 호텔소유회사와 경영회사가 자본과 경영을 공동으로 합작하여 경영하는 방식이다. 위탁경영이나 프랜차이즈가 경영을 위한 체인이라면, 합작투자는 호텔건설시점부터 자본과 경영을 동시에 합작하여 체인화하는 경우이다.

4) 업무제휴호텔(Affiliation Hotel)

단독 경영 호텔 간의 업무제휴를 통하여 서로의 경영노하우를 공유하는 형태로서 우리나라의 신라 호텔과 일본 오쿠라 호텔이 대표적 사례이다.

5. 호텔기업의 환경

호텔기업의 환경은 정치나 경제 등 대외적 환경뿐만 아니라, 기업조직의 직접적인 구성원인 노동조합이나 종업원(Employee) 등 대내적 환경에 영향을 받는다는 점에서 기타의 이해자 집단들과는 그 질적인 면에서 차이가 있다.

호텔기업은 과거와는 달리 불특정 다수의 고객들을 대상으로 경영활동을 전개해 나가고 있으므로 고객의 욕구를 파악하고, 그에 적합한 인적·물적 서비스를 제공해야 한다. 그러나 호텔기업의 입장에서 다양한 고객들의 욕구를 각각 만족시키는 데에는 많은 어려움이 따른다.

따라서 호텔의 마케팅 담당자는 고객의 욕구를 효과적으로 파악하기 위한 시장조사와 고객집단을 구별하기 위한 시장세분화 등의 과학적이고 체계적인 방법을 사용하여야 한다. 그러기 위해서는 고객인 소비자행동(Customer Behavior)에 초점을 맞추는 것은 매우 중요한 과정이다. 왜냐하면, 고객의 행동에 대한 분석 없이는 고객지향적인 의사결정이 내려질 수 없기 때문이다. 특히, 호텔기업은 인적·물적 서비스의 생산과 판매를 주로 하는 서비스업으로서 사람 산업(People Industry)이라고 불리는 만큼 고객관리는 무엇보다도 중요한 환경요인이다. 이에 호텔기업의 환경은 미시적 환경과 거시적 환경으로 나누어 살펴볼 수 있다.

1) 미시적 환경

(1) 고객(Customer)

고객(Customer)은 오늘날 이해 집단으로서 호텔기업의 환경에 가장 큰 영향을 미치는 요인이다. 따라서 모든 의사결정은 고객에서 출발하여 고객으로 끝나는 이른바 고객만족(Customer Satisfaction)을 지향하고 있다. 또한 어떤 기업이든 생산된 제품이나 서비스는 판매를 전제로 하고 있다. 더욱이 대량생산이 가능해지고 경쟁기업의 수가 늘어남에 따라 공급이 수요를 초과하게 되어 제품/서비스 판매는 기업경영의 중요한 부문으로 되었다. 따라서 제품과 서비스 구매자는 고객이며, 여러 개의 호텔기업환경 가운데 고객창조, 시장창조, 수요창조라는 호텔기업의 궁극적인 목적과 연결되는 직접적이고 혁신적인 집단이 바로 고객인 것이다. 따라서 호텔기업이 성장·발전하기 위해서는 고객들이 원하는 제품/서비스를 제공하고 그로부터 적절한 이윤을 획득할 수 있어야 한다.

고객과 소비자를 구분한다면 고객이란 현재의 시장을 구성하는 사람들이라면, 소비자란 장래 그것을 구성하게 되는 사람들이다. 다시 말해서 고객과 소비자를 총괄해서 보통 일반 소비자라고 광의로 해석하지만, 기업환경으로서의 1차적이며 직접적 환경은 고객이라 할 수 있다. 하지만 고객이나 소비자가 다 같이 기업환경의 이해집단으로서 의사결정에 영향을 미치게 된다.

(2) 종업원(Employee)

전통적으로 기업조직 내에서는 경영자들이 힘의 우위를 지키고 있고, 지금까지도 그러한 상황이기는 하지만, 근래에 와서 노동자들의 노동조합(Labour Union) 활동이 활발해져 그들의 단결된 힘이 기업의 성패에까지 영향을 미칠 수 있게 되었다. 노동자들이 법에 의하여 보장된 여러 가지 권리를 바탕으로 단체로서 경영자와 대항할 수 있게 된 것이다. 일반적으로 노사관계의 문제는 단체교섭과 노사협조라는 두 가지 국면에서 다루어지는 것이 대부분으로, 현대 기업들은 단체교섭이나 노사협조를 통해 의사결정을 수행하고 있다.

오늘날과 같은 기업사회에는 종업원이나 노동조합이 기업환경적인 이해집단으로서 미치는 영향이 크다고 할 수 있다. 물론 넓은 의미에서 단체교섭은 종업원이 단결해서 경영층에 대항하는 일체의 행위를 뜻하지만, 여기서 말하는 단체교섭이란 좁은 의미에서 주로 임금, 노동시간, 기타의 노동조건 등에 대해서 경영층과 종업원이나 이해의 대표자인 노동조합이 교섭하는 것을 뜻하며, 어느 나라에서든 경영자측은 정당한 이유 없이 단체교섭을 거부할 수 없게 되어 있다.

그러므로 기업이 성공적인 노사관계를 유지하기 위해서는 노사 쌍방 간의 우호적인 대화체제 구축이 꼭 필요하다. 특히 호텔기업은 종업원들의 서비스가 바로 상품의 일부가 되는 서비스업이기 때문에 인적 자원에 의존하는 바가 그 어느 기업보다도 크다. 다시 말해 노동조합의 일원으로서 뿐만 아니라, 개인종업원으로서도 호텔기업에 직접적인 영향을 미치는 요소인 것이다.

따라서 직접적으로 생산을 담당하는 종업원과의 이해관계를 원만하게 유지하기 위해서는 그들을 자발적으로 생산활동에 참여시키는 것이 중요하다. 그러기 위해서는 고용의 안정, 임금, 노동시간 및 기타 노동조건을 향상시키고 종업원을 인간적으로 대우하는 것이 필수적이다.

2) 거시적 환경

(1) 정부(Governments)

정부가 기업에 미치는 영향력은 그 나라의 경제발전 양상과 유사하다. 선진경제제도하에서는 정부의 영향력이 비교적 적지만 후진국이나 개발도상국의 경제제도하에서는 정부가 기업경영에 지대한 영향력을 행사한다. 이 경우 정부는 주로 기업의 제도와 규제, 나아가 산업구조 조정 등의 통제적 역할을 수행하게 된다. 고든(R. A. Gordon)에 의하면 정부는 기업의 의사결정에 대한 영향의 원천으로서 보통 다음과 같은 형태로 표현하면 다음과 같다.

① 기업에 대한 직접적 통제와 간접적 통제
② 기업에 대한 직접적 및 간접적인 보호육성
③ 기업이 활약하는 기반의 정비와 강화

그러나 무엇보다도 정부가 올바른 기업풍토를 조성해서 그것에 의해 기업활동을 촉진케 하는 것이 정부의 역할이라고 할 수 있다. 예를 들면, 재산 및 계약에 관한 법률, 상법, 파산법, 회사갱생법 등의 제정, 법률시행기구의 정비 등을 그 예로 들 수 있다. 나아가서 정부는 기업에 대한 조성 내지 보호의 시책을 밀고 나간다. 우리나라의 경우 호텔기업의 활동과 관련하여 정부의 개입은 크게 두 가지 형태로 나누어 볼 수 있다.

하나는 대개 호텔기업에 대한 기대로부터 출발하는 것으로 관광기업활동에 지원적 입장을 취하는 경우이다. 이러한 정부의 지원적 입장을 뒷받침하는 가장 우선적인 이유가 외화획득에 대한 기대이다. 이에 따라 정부는 호텔기업으로부터 국제 교류의 증진을 기대하며, 국민 여가수요의 해결을 기대하기도 한다. 이러한 호텔기업에 대한 정부의 기대는 정부의 지원적 개입을 유도해 왔다고 할 수 있다.

다른 하나는 호텔기업에 대한 정부의 구체적 개입이다. 이는 최근 한국 호텔기업들이 직접 경험했던 소비성 서비스업으로의 규정과 같은 경우이다. 이외에도 환경공해 문제라든지, 소비자보호 문제와 같은 사회문제들이 호텔기업활동에 대한 정부의 규제적 개입을 정당화해 준다.

이에 따라 호텔기업들은 정부와 바람직한 관계를 유지하기 위한 보다 적극적인 대응전략을 수립해야 할 것이다. 정부의 정책과정에 적극 참여해야 하는 것은 물론, 사회와의 공존적 존재로서 새로운 이미지를 창출해야 한다.

(2) 경쟁기업(Competitive Enterprise)

이해관계가 있는 경쟁기업(Competitive Enterprise)도 의사결정에 미치는 영향이 크다. 특히, 경쟁이 심한 상품과 서비스를 생산, 판매하는 업종일수록 경쟁기업은 기업환경에 매우 높은 비중으로 등장하게 마련이다. 그러므로 어떠한 의사결정으로 경쟁기업에 대응해야 할 것인가가 정해지지 않고서는 경쟁에서 이길 수 없다.

경쟁은 다수의 기업들이 제한된 시장에서 유리한 위치를 차지하기 위한 경영활동을 전개할 때 야기되는 것이다. 따라서 한 기업의 경쟁적 조치는 다른 기업들에게 심각한 영향을 미치기 때문에 자연히 보복적인 조치나 대응조치를 불러일으키게 된다. 이때 경쟁기업의 규모, 수, 전략내용 등은 어느 특정기업의 경영성과에 직접적인 영향을 미치게 된다.

한 예로 경쟁관계에 있는 대규모의 특급 호텔들이 객실요금 인하정책을 채택할 때 호텔은 가격인하 여건이 아님에도 불구하고 현존 시장점유율의 유지를 위하여 가격인하를 단행하지 않을 수 없는 경우이다.

(3) 지역사회(Community)

호텔경영에 영향을 미치는 환경 중 지역사회(Community)는 경우에 따라 협력관계 또는 적대관계로 변할 수 있는 양면성을 지니고 있다.

호텔과 지역사회가 원만한 협조체계를 유지할 수 있는 것은 지역사회가 호텔을 자기 지역에 유치함으로써 지역주민의 고용과 소득증대를 이룩하여 지역경제발전의 기반으로 삼고자 할 경우이다. 이 경우 지역사회는 우수 호텔기업을 유치하기 위하여 각종 세제혜택, 저렴한 호텔부지 제공, 저렴한 산업용 물 및 전력 공급 등의 각종 유인책을 사용하게 된다.

호텔기업 또한 지역사회의 발전에 일익을 담당한다는 긍지와 소명감을 갖고 동일지역 주민의 우선적 채용, 지역주민의 호텔 초청 및 간담회, 양질의 서비스를 지역주민에게 우선적으로 제공하는 등의 노력을 경주하면서 지역사회와 기업은 상호 신뢰하는 분위기를 조성할 수 있으며, 호텔기업 홍보에도 좋은 효과를 거둘 수 있다.

그러나 기업이 지역사회의 요구와 희망을 무시하고 지나치게 영리만을 추구하는 등 지역의 문화적, 교육적 여건에 역행하거나 장기간 세금을 체납함으로써 지방정부의 수입확보에 지장을 초래하는 등의 몰염치한 행위는 기업발전에 위협요인이 된다. 즉 지역주민들이 농성 등의 집단행동을 취한다거나 법정에 제소하여 보상금을 요구하면 영업활동의 중지나 막대한 금액의 보상금을 지급함으로써 회사의 재정상태가 치명적으로 악화되는 상황을 감수해야 한다.

(4) 언론매체(Mass Media)

오늘날과 같은 정보화시대에서는 개인이나 조직 모두가 신속하고 정확한 정보를 필요로 하며, 또한 자사의 정보를 고객이나 기타 이해집단들에게 알려줄 필요가 있다. 이러한 역할을 전문적으로 하는 조직을 언론매체라 할 수 있는데, 언론매체(Mass Media)란 전문적인 정보전달의 매개체라 하겠다.

언론매체가 호텔기업에 갖는 중요성은 크게 두 가지로 정리된다. 하나는 언론매체를 통해 새로운 이미지를 창출할 수 있다는 점이다. 언론의 호텔기업에 대한 태도는 균형적일 수 있으며, 한쪽으로는 편향되거나 왜곡된 보도를 방지할 수 있다. 이로써 호텔기업은 기업 본래의 모습을 여러 사람들에게 전달할 수 있으며, 기대하는 이미지도 창출할 수 있다. 다른 하나는 호텔기업은 스스로 가지고 있는 의도와는 전혀 다른 모습으로 사회에서 인식되는 경우가 많다. 따라서 호텔기업은 언론매체와의 관계를 새롭게 인식함은 물론 호텔기업의 입장을 언론에 바르게 전달할 수 있는 전략이 필요하다.

04

CHAPTER

호텔 식음료

1. 호텔 식음료의 이해
2. 호텔 식음료의 중요성
3. 호텔 레스토랑의 이해
4. 테이블 세팅
5. 호텔 레스토랑 서비스 실무
6. 메뉴 관리

HOTEL
MANAGEMENT

04 CHAPTER 호텔 식음료

인간생활의 3대 요소인 의·식·주는 소득과 의식수준의 향상과 함께 단순한 생존을 위한 요소라는 개념에서 탈피하여 새로운 가치를 부여한 문화가 변모하고 있다. 이 중 식문화의 창조에 일익을 담당하고 있는 호텔의 식음료부문은 객실과 더불어 호텔의 주종 상품을 이루면서 호텔 수익증대에 큰 기여를 하고 있다. 따라서 호텔기업은 이윤의 극대화를 유지하고, 새로운 식문화 창조라는 사회적 요구에 부응하기 위해 식음료부문의 효율적인 운영에 많은 노력을 기울여야 할 것이다.

특히, 다양한 고객의 욕구를 충족시켜 줌으로써 수익증대의 목적을 달성할 수 있는 식음료 서비스 담당 직원에 의한 인적 판매는 정보를 제공하고 고객을 설득하여 수요를 확산시키고 구매행동으로 유도하는 중요한 역할을 수행한다.

따라서 식음료부서의 모든 구성원은 고객의 물질적 기대와 심리적 기대를 동시에 충족시킬 수 있는 소비자 지향적인 차원 높은 서비스를 제공하고, 고객의 욕구변화에 대처하기 위한 시장조사와 목표시장을 선정하여, 서비스 품목의 개발과 판매를 위한 효율적인 마케팅 활동을 수행할 수 있도록 노력하여야 할 것이다.

호텔마다 경영전략이 다르긴 하지만 이익을 창출하는 부서로서 식음료부서를 강조하는 기업도 있다. 일반적으로 호텔 식음료부서는 객실부서와 비교할 때 매출상으로는 10% 정도 이내에서 차이를 보이고 있다.

최근에 우리나라의 경우 비즈니스호텔이 많이 생기고 있는데, 이러한 호텔일수록 식음료부서에 큰 투자를 하지 않는 경향이 있으며, 올 스위트 호텔(All-suite Hotel)에서는 식음료부서가 제한되거나 1곳의 카페만 운영하는 경우도 있다. 이 외에 일부 체인호텔에서는 제3자에게 임대하여 식음료운영을 배제하는 경우도 있다.

1. 호텔 식음료의 이해

고대 도시문명의 시작과 함께 식음료 사업도 시작되었다고 할 수 있다. 유목인들이 일정한 지역에 거주하면서부터 분업이 추진되었고, 도시가 형성되어 점차 발전해 나갔다. 고대의 이들 도시에서는 일정한 대사를 받고 조리된 식품인 요리를 판매하는 업종이 생겨났고, 그 전형적인 예로는 당시 그리스에서 발생한 타베루너(Taberuna)라는 음식 시설을 들 수 있다.

하지만 요리된 음식이 산업화된 오늘날의 호텔 식음료 산업은 식음료 상품뿐 아니라, 인적·물적 서비스와 분위기를 함께 제공하는 것으로 볼 수 있다. 또한 음식을 만든다는 측면에서는 제조업으로 볼 수 있지만, 최종 소비자에게 직접 판매한다는 측면에서는 소매업으로도 볼 수 있다. 게다가 인적 서비스가 포함되어 서비스를 중요시한다는 측면에서는 서비스업에 속한다 할 수 있다. 그러므로 서비스를 차별화한 호텔 식음료부문은 복합적 의미의 사업이라 할 수 있다.

1) 호텔 식음료의 개요

이전 음식점에서 제공되는 서비스는 식재료를 조리하여 제공하는 것뿐만 아니라, 요리와 술을 즐기고 분위기를 즐기는 등 레저의 기능을 겸비하여 현대적 의미의 식음료 기능과 별다를 바가 없었다. 하지만 오늘날 거대한 산업으로 성장한 식음료 산업은 고대의 원시적 음식점으로부터 오랜 역사를 거치면서 발전되어 온 것이라 할 수 있다.

현대의 호텔 식음료부문은 객실과 함께 호텔의 주 상품을 이루면서 탄력성이 강한 상품으로 호텔의 적정 이윤 확보에 가장 큰 기여를 하고 있다. 뿐만 아니라 투숙객은 호텔에 대한 전반적인 평가의 대부분을 식음료 서비스에 중심을 두고 있으며, 호텔에 대한 매력의 대부분이 레스토랑 등의 실내 장식과 분위기 및 서비스에 집중되어 있으므로 이는 호텔의 전반적인 이미지에 미치는 영향이 매우 크다는 것을 의미한다. 호텔 전체 매출에서 식음료부문은 상당한 비중을 차지하고 있으며, 객실에 이어 식음료부문의 매출이 두 번째로 큰 비중을 차지하고 있어 경쟁력을 갖추기 위하여 식음료 서비스는 필수적이다.

한편 식음료부서에서 관리하는 컨벤션과 같은 연회서비스 역시 호텔경영에 중요한 요소는 충분한 객실 및 회의 시설도 중요하지만 다양한 연회를 개최할 수 있는 능력도 중요한 요소이다. 이러한 식음료의 특성을 살펴보면 다음과 같다.

① 노동 · 기술집약적

식음료의 주 상품인 요리는 완전한 기계화가 곤란하고 접객 부문 또한 합리화 및 생략화가 곤란하므로 노동집약적인 산업인 동시에 기술집약적이라고 한다.

② 주문생산

주문이 짧은 시간에 이루어지기 때문에 고객의 주문에 즉시 응해야 되고, 그 장소에서 상품을 제공하지 않으면 안 된다. 따라서 주문, 제조, 판매가 직결된다.

③ 사전 연구 · 개발

음식이라는 상품의 특성에서 볼 때 음식의 질은 조리사의 기술을 반영한 것이며, 사전 연구 · 개발 등의 사전 투자가 요구된 것이다. 그럼에도 간단하게 평가받을 수도 있다.

④ 식문화 관습

음식은 식생활 관습이라는 문화적인 기반에 뿌리를 내리고 있기에 바꾸기가 어려운 반면, 안정된 시장일 수도 있다.

따라서 식음료부문의 역할을 보면 적극적인 판매활동을 통하여 호텔의 적정이익을 창조하고, 고객의 요구와 필요에 맞게 식음료를 제공하고 장시간의 밀착 서비스로 인하여 고객의 재방문을 이끌어냄으로써 호텔 이미지의 향상과 긍정적인 구전효과를 볼 수 있으며, 지역주민의 문화와 사교의 공간으로 발전시킬 수도 있다.

그러므로 식음료 상품은 호텔기업의 상품을 직접 생산하고 판매를 하는 핵심부서 중 하나로 고객들에게 식사와 음료를 제공함으로써 이윤 창출을 도모하는 호텔기업의 상품이라 할 수 있다.

2) 호텔 식음료부서 운영

대부분의 호텔은 카페테리아와 레스토랑을 갖추고 있는 한편, 특급호텔의 경우는 고객들에게 취향에 맞는 레스토랑을 선택할 수 있도록 5~6곳의 레스토랑을 운영하고 있다. 앞서 제시하였듯이 식음료부문은 객실부문과 함께 호텔의 대표적인 수익이 발생되는 부서이다. 그러므로 식음료의 효율적인 운영은 객실수입을 증가시킬 뿐 아니라 호텔의 이미지를 향상시켜 줌과 동시에 호텔 수익에 큰 영향을 미친다. 호텔은 카페, 커피숍, 한식, 프렌치 레스토랑, 일식, 중식, 이태리식, 바(Bar) 그리고 연회장 등 많은 영업장과 직원의 격조 높은 서비스를 통해 고객만족과 기업 이익을 달성하고자 노력한다.

호텔 식음료부서에서의 판매활동은 첫째는 호텔에서 고객의 필요와 욕구에 적합한 식음료 서비스를 제공하는 것이다. 둘째는 식음료의 생산과 판매활동을 통하여 호텔기업이 추구하는 적정 이윤을 창출할 수 있다. 셋째는 지역사화에 생활의 질을 보다 높게 향상시키는 사회적 책임을 완수하는 역할을 하고 있다. 그러므로 호텔의 식음료부서를 적합한 계획하에 운영하면 이익창출의 근원이 되고, 타 호텔과의 경쟁에서도 우위를 차지하게 될 것이다.

┃표 4-1┃ 식음료 및 연회부서의 운영

구 분	운영
레스토랑 (Restaurant section)	• 양식, 일식, 중식, 한식의 각 식당의 영업 및 고객 관리 • 각 식당의 집기, 비품, 시설물의 보존, 유지 및 관리 • 각 식당의 판매 메뉴 및 가격 결정, 자료 작성 • 각 식당 직원의 인사 관리 및 교육훈련 • 기타 각 식당의 영업에 필요한 제반 시설을 주 업무로 한다.
음료 (Beverage section)	• 로비, 라운지, 나이트클럽, 메인바 등 각 주장의 영업 및 고객 관리 • 각 주장의 집기, 비품, 시설물의 보존, 유지 및 관리 • 음료 판매 메뉴 및 가격 결정 • 각 주장 직원의 인사 관리 및 교육훈련 • 기타 주장 영업에 필요한 제반 사항을 주 업무로 한다.
연회 (Banquet section)	• 각 연회장의 시설 및 집기의 운용 및 관리 • 연회 행사 예약 및 행사 준비 • 연회 유치 판촉 활동 및 판촉부와 정보 교환 • 연회 행사 메뉴 가격 결정을 위한 조정 업무 • 연회서비스 개선 및 품질 관리

그러므로 호텔의 레스토랑은 일반 레스토랑과는 달리 차원 높고 질 좋은 서비스를 제공해야만 한다. 그러기 위해서 식음료부서의 조직은 경영조직의 기본 이념에 입각한 조직의 형태가 이루어져야 되고, 직원 각각의 업무가 할당되어야 하며, 책임과 권한의 한계를 명확히 해야 한다. 또한 호텔기업의 목표달성을 위한 식음료부문의 조직은 각 호텔의 특성에 따라 다른 경영방식에 따라 다르게 나타날 수 있으며, 호텔 식당의 위치, 영업시간, 레스토랑의 종류와 규모, 호텔 등급, 서비스 형태 등에 따라서 조직 편성이 달라질 수 있다.

호텔 식음료 레스토랑은 식사를 위해 운영하는 다이닝룸(Dining Room)과 음료를 판매하는 라운지(Lounge) 또는 바(Bar)로 구분되며 다양하고 전문적인 행사를 하는 일이 많기에 복합적인 운영을 한다. 그러므로 일반적으로 호텔의 식음료부문은 식료, 음료로 나누어진다.

식음료부서의 조직은 일반적으로 생산기능을 담당하는 조리(Kitchen), 판매 기능을 담당하는 서비스(Service) 부문으로 크게 분류할 수 있는데, 이들 부문은 독립적 혹은 상호 밀접한 관계를 가지고 목표 달성을 위해 노력하고 있으며, 대부분의 호텔에서는 식음료조직을 생산기능과 판매기능을 포괄적으로 관리하는 식음료 담당 이사를 두어 운영하고 있다. 이 두 부문을 독립적으로 각기 운영하여 생산기능은 총주방장이, 판매기능은 식음료부장이 운영하기도 한다.

호텔 식음료부문은 호텔경영상 충분한 이윤을 창출해 주는 독립된 부서로 조직을 구성하여 종전에는 1개의 식음료부서 위주로 모든 식당과 주장, 연회가 운영되었으나 현대의 호텔에서는 레스토랑, 음료, 연회로 구분하여 더욱 전문성을 갖춘 부서로 운영되고 있다.

3) 호텔 식음료 조직과 인적구성

(1) 호텔 식음료 조직

조직은 2인 이상 다수의 사람이 공동목표를 달성하기 위하여 계획된 의지 아래 협동해 나가는 공동체라 할 수 있다. 기업에서 조직을 어떻게 구성하느냐에 따라 공동목표, 성공 여부가 달려 있다고 할 수 있다. 또한 조직은 목표달성을 성취하기 위하여 개개인의 능력과 노력을 강화하기 위한 사회적인 협력단체이다. 그러므로 조직은 공동목표를 달성하기 위하여 업무를 분배하고, 분배된 각각의 조직원들은 하나의 목표달성을 위해 구성원 각자의 역할을 최대한 발휘하도록 합리적인 체계를 형성한다.

따라서 호텔에서는 식음료를 판매함에 있어 서비스도 함께 소비되는데, 식음료를 집중적으로 판매하는 시간은 약간의 차이는 있지만, 아침과 점심, 저녁시간에 편중되어 있다. 이러한 수요의 집중적 특성 때문에 정해진 시간 내에 서비스를 효과적으로 전달하기 위해서는 식음료조직이 체계적으로 형성되어 있어야 한다. 그래야만 짧은 시간에 최대한의 효과를 낼 수 있기 때문이다.

식음료부문의 조직은 고객의 욕구에 따라 음식과 음료 및 서비스로 고객의 욕구를 충족시키며, 각 조직을 구성하고 있는 직원을 효율성 있게 관리하기 위한 구조라 할 수 있다. 식음료부문의 조직구조는 독창적이고, 창조적으로 업무를 수행할 수 있도록 권한 부여와 감독 기능을 적절히 조절할 수 있어야 한다. 조직의 기능은 각 구성원들에 대한 업무량의 성과와 능률을 증대시킬 수 있기 때문이다. 식음료 조직의 적정 규모는 영업장의 면적, 테이블 수, 음식의 종류, 서비스 형태, 영업시간, 경영방식 등에 여러 가지 요인에 의해 결정된다.

일반적으로 식음료부문의 조직은 레스토랑 부문, 주방부문, 연회부문으로 구분되며, 서비스 방법에 따라 운영하는 방법이 다르고, 조직에 있어서도 운영방법에 따라 다르게 이루어져 있다. 무엇보다도 식음료부문의 조직 원칙은 어떻게 하면 식음료를 가장 효율적으로 제공할 것인가에 있으며, 고객의 욕구에 충족시킬 수 있도록 구성되어야 한다. 〈그림 4-1〉은 5성급 호텔의 식음료부문의 조직도이다.

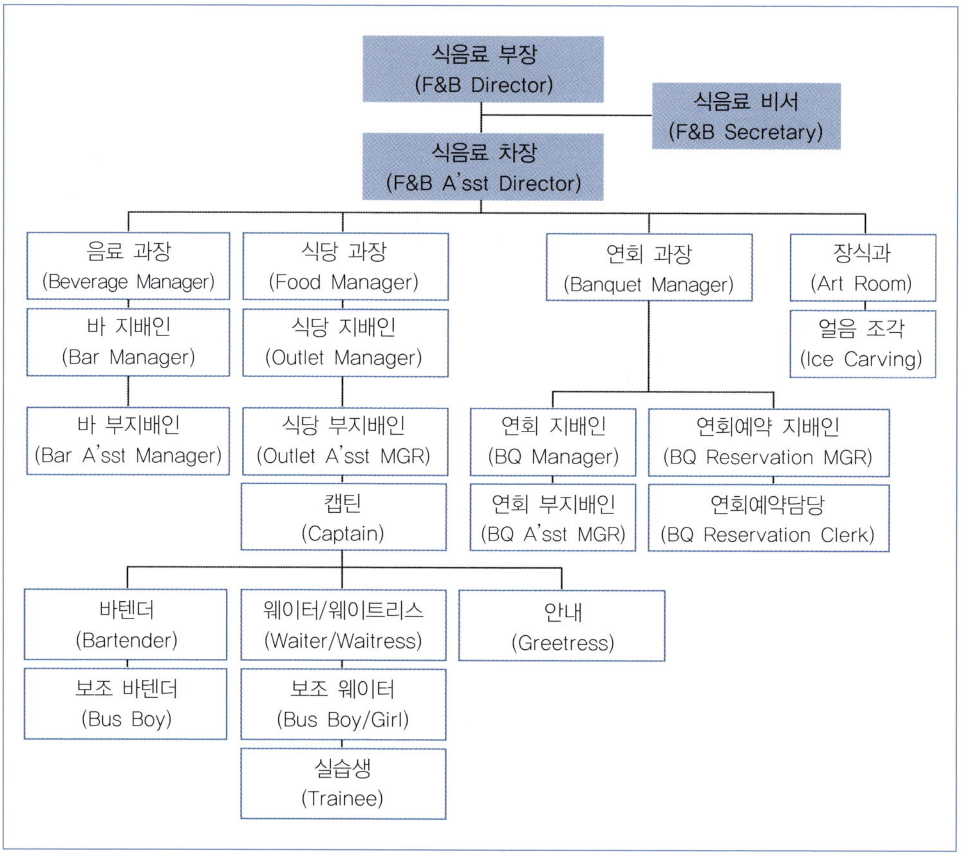

그림 4-1 호텔 식음료 조직

(2) 호텔 식음료 조직의 원칙

특정 목표를 달성하기 위해 집단행동을 관리하는 것을 조직이라 하는데, 식음료 서비스에서 조직은 음식과 서비스에 대한 고객의 욕구를 충족시켜 주는 것을 의미한다. 그러므로 식음료부문의 효과적인 기능을 발휘하기 위해서는 조직구성이 잘 되어 있어야 되는데, 직원 개개인은 자신의 직무, 책임, 권한을 이해하고 있어야 하며, 조직의 목표가 무엇인지 파악하고 있어야 한다. 따라서 다음과 같은 조직의 원칙이 있어야 한다.

① 간단한 조직 편성

조직은 불필요한 직위나 체계가 복잡한 구성없이 간단하게 편성되어 있어야 한다. 너무 많은 단계의 구조는 상위계층 보고 절차에 많은 시간이 소요될 뿐만 아니라, 경영진과 직원 간의 의사소통을 원활히 할 수 없다. 따라서 계층 간의 거리를 간단한 조직은 보고체계의 간소화로 의사결정이 빠르게 진행되며, 경영자의 지침과 상위보고가 신속히 전달되어 업무수행을 원활히 진행할 수 있다.

② 기능에 따른 조직 편성

식음료 상품을 만들기 위해서는 메뉴 계획, 식자재 구입, 조리, 서비스 등과 같이 식음료부문에서 수행되는 각 기능은 조직구성에 있어야 한다. 즉, 하나의 부분이 조직화되어 식음료 상품이 만들어지고, 판매되어 수익을 창출할 수 있기 때문에 각 기능에 따른 조직은 분명한 목적과 존재 이유가 있어야 한다.

③ 조직의 계통 유지

조직은 하나의 공동목표를 이루기 위해 직급별 업무를 수행하되, 체계적으로 보고하고 지시를 따라야 한다. 조직의 특징 중 하나는 목표달성을 위한 원활한 업무수행이라 할 수 있는데, 조직의 계통이 흐트러지면 업무지시가 중복되어 일에 혼선을 빚을 수 있다. 결국 목표를 달성하는 시간이 길어질 수 있고, 노동비용은 증가할 것이다.

④ 일정수준의 결정권 부여

조직에서 모든 직책은 업무의 양과 수행해야 할 일이 있으며, 담당 업무를 완수해야 할 책임이 있다. 또한 직책에 맞는 업무의 권한은 일정수준의 결정권 부여로 신속한 업무처리가 이루어지며, 계획된 일이 원만하게 처리될 수 있으므로 직책에 따른 업무의 권한이 주어져야 한다.

⑤ **직급 낮은 직원에게도 권한 부여**

대부분 업무를 수행함에 있어 책임과 권한이 없어, 모든 일을 처리할 때 직속 상관의 동의를 얻어야 한다. 동의를 구하는 시간은 업무처리가 늦어질 뿐만 아니라 업무의 능률도 떨어져 결국은 조직의 목표달성이 한발 늦어질 수 있다. 따라서 낮은 직급의 직원이라도 그에 맞는 책임과 권한을 부여하여 원활한 업무처리가 이루어질 수 있도록 해야 할 것이다. 책임은 담당직원이 해야 할 담당 업무와 처리해야 할 업무를 정확히 지적해 주는 의미가 있으며, 권한은 신속한 업무수행에 목적을 두고 있다.

(3) 호텔 식음료 인적구성과 업무

① **식음료 부장(Food and Beverage Manager)**

식음료부서의 최고 책임자로 식음료 서비스를 계획, 실행, 통제하는 최고 책임자이다. 식음료 부장의 업무로는 영업에 관한 정책 수립 및 계획, 영업장 관리, 적정 인사관리, 교육훈련, 고객만족에 근거한 메뉴관리와 새로운 메뉴 개발, 영업장에 대한 판매 촉진과 이익 관리, 기타 서비스 전반에 관한 책임 등 식음료부서의 전반적인 운영에 책임을 진다. 규모가 큰 5성급 호텔의 경우에는 식음료 부장을 보조하여 고객서비스와 고객관리를 전반적으로 책임지는 식음료 차장과 음료에 대한 전반적 업무를 관리하는 음료 지배인을 두기도 하며, 연회장에 대한 책임은 별도로 연회 담당 지배인을 두어 운영하기도 한다. 규모가 작은 3성급 이하 호텔의 경우에는 식음료 부장이 이러한 모든 기능을 동시에 수행하기도 하고, 경우에 따라서는 주방부서의 운영관리까지 수행한다.

② **식음료 차장(Food and Beverage Assistant Manager)**

식음료 부장을 도와 모든 식당의 고객만족과 관련된 운영상태 및 문제점을 점검할 뿐 아니라 각 영업장의 직원을 위한 인사관리와 서비스 교육도 책임진다. 고객의 불평불만을 해결하고, 영업에 필요한 비품 및 소모품 등의 청구 업무를 수행하는 등의 호텔 식음료부서의 서비스 책임자라고 할 수 있다. 부서장과 영업장 사이 중간에서 부서 내 문제점을 해결해야 하는 어려움이 있다.

③ 영업장 지배인(Outlet Manager)

캡틴, 웨이터, 웨이트리스에 대한 훈련과 감독을 하며 직원들에게 대한 업무와 영업 준비를 지휘·통제하며 책임을 진다. 직원의 근무 시간표를 작성하고, 예약사항과 준비사항을 점검하고, 각 담당자의 임무에 대한 세부 사항을 지시한다. 또한 고객들의 불평 처리와 식음료에 대한 권유, 식당 내의 모든 서비스에 대한 총괄적인 책임을 가지고 있음과 동시에 주방 요원과의 협동이 이루어지도록 조정한다. 또한 음향시설 또는 시설부, 객실부 등 타 부서와의 협조 사항이 필요할 때 그 사항을 의뢰하거나 조치를 취하는 역할을 한다. 과거에는 영업장마다 한 명의 지배인을 두어 관리하기도 했으나, 요즈음은 한 영업장뿐만 아니라 여러 영업장을 동시에 책임지는 새로운 스타일의 영업장 지배인도 있다.

④ 부지배인(Assistant Manager)

영업장 지배인을 보좌하며 영업장의 운영을 관리한다. 특히 대 고객서비스 관리를 주 업무로 하며 지배인이 부재 시에는 업무를 대행한다. 최근에는 식음료부문의 인건비 절감 차원에서 캐셔(Cashier) 업무를 동시에 수행하기도 한다.

⑤ 캡틴(Captain)

헤드 웨이터(Head Waiter)라 불리기도 하는데, 예전에는 수장이라고도 했으며, 규모가 작은 레스토랑에서는 부지배인이 없고 캡틴이 그 역할을 대신한다. 캡틴은 영업장에서 고객에 대한 접대 책임을 맡고 있는 책임자로서 직접 고객을 영접하고, 고객으로부터 정확한 주문을 받고, 식음료 서비스를 제공한다. 또한 웨이터나 실습생을 관리·감독하며, 식음료 서비스에 있어서 주문과 서비스를 담당한다. 캡틴은 항상 최선의 서비스를 제공할 수 있도록 만반의 준비를 해야 하며 다른 직원들이 바쁠 때에는 도와야 한다. 아울러 영업장의 청결 유지, 기물 관리, 영업 전 준비사항 등을 점검한다.

⑥ 소믈리에(Sommelier: Wine Steward)

와인을 전문적으로 다루는 직원으로 와인의 진열과 음료 재고를 점검하고 음료 창고를 관리한다. 또한 식사하는 손님에게 어울리는 와인을 추천하고 서브한다.

⑦ 웨이터 · 웨이트리스(Waiter · Waitress)

주로 주문된 음식을 서브하고 할당된 구역에서 스탠바이를 한다. 또한 테이블이 잘 정돈되었는지, 서비스 구역이 잘 정리되었는지 등의 영업 준비사항을 점검하고 버스 보이(Bus Boy)를 감독하고 도와주어야 한다. 그리고 영업 시에는 주문받은 식음료에 대해 절차와 순서를 고려하여 적절한 시간에 음식을 서빙해야 하고, 고객이 편안한 식사를 할 수 있도록 도움을 주고, 식사가 끝난 후에 고객 영수증을 제시하는 대고객서비스를 제공하는 일을 주 업무로 한다.

⑧ 보조 웨이터(Bus Boy)

웨이터와 웨이트리스를 보조하는 역할을 하며, 식당에 따라서는 어시스턴트 웨이터(Assistant Waiter)라고도 한다. 일반적인 업무로는 캡틴이나 웨이터의 지시에 따라 각종 식당의 기물을 준비하고 테이블을 정리 · 정돈하며, 고객의 식사가 끝난 후 기물을 치우고, 요리를 제공하는 웨이터를 돕고, 고객에게 디저트나 커피 · 차(Tea) 종류를 제공한다. 또한 업장 내 기타 기물관리와 정리 · 정돈 등의 업무를 수행한다.

⑨ 리셉셔니스트(Receptionist)

리셉셔니스트는 레스토랑에서 예약업무를 담당하며, 캡틴이나 지배인을 도와 고객을 영접하고, 좌석 안내 등을 주 업무로 한다. 예약업무, 좌석 안내 절차 등에 대해 능통하여야 하며, 지배인의 지시를 따른다. 예약을 받을 경우에는 행사 전에 충분한 시간을 두어 받도록 하고, 예약 접수 시에는 정확한 성명, 인원수,

도착시간, 특별 요구 사항, 전화번호, 예약자 성명, 회사명 등을 정확히 기록해야 한다. 또한 서비스 인원이 부족할 시에는 웨이터나 웨이트리스를 도와 서비스를 제공한다.

⑩ 룸서비스 캡틴(Room Service Captain)

객실에서 식사하는 고객들에게 식음료를 배달하는 웨이터를 지휘·감독하며 서비스에도 직접 참여하고 룸서비스 지배인을 돕는다. 필요시에는 주문을 받고 주문서를 작성하고 객실로 배달될 주문품들을 확인하며, 조원들의 서비스 절차를 지휘한다. 또한 고객의 불평이나 불만처리 업무를 도우며, 부서 내 일반 직무를 수행한다.

⑪ 오더테이커(Order Taker)

객실로부터 식음료 주문을 받으며, 메뉴와 음료 리스트, Door Knob Menu의 취급 절차, 귀빈들의 예우절차, 그날의 특별 권유 품목에 대하여 숙지해야 한다. 또한 식음료부서의 각 영업장과 영업시간, 연예 프로그램에 대한 설명도 할 수 있도록 해야 하며, 룸서비스 지역의 청결 유지와 웨이터들의 업무도 돕도록 한다. 오더테이커는 업장 서비스 규칙, 호텔의 비상시 상황 대처 등에 대하여도 항상 기억해 두어야 한다. 특히 다국적 고객들로부터 주문을 받아야 하기 때문에 외국어에 능통해야 한다.

⑫ 연회 캡틴(Banquet Captain)

연회 지배인을 돕고, 서비스 직원들을 독려하고 자발적으로 업무에 임한다. 특정 행사가 주어졌을 때 필요한 기물들을 준비하고, 행사장이나 파티 룸의 정리·정돈과 테이블 셋업을 지휘하고 감독한다. 메뉴를 제공하고 필요시에는 주문도 받으며 연회 지배인을 도와 주방, 바, 기타 관련 부서와 긴밀한 협조를 갖도록 하여 필요한 준비와 서비스를 원활하게 수행하도록 한다.

⑬ 연회 웨이터(Banquet Waiter)

행사를 위여 주어진 명세서에 의하여 홀을 정리하고 테이블을 배열하고, 행사에 필요한 청구된 기물과 소모품들을 수령하며, 테이블을 정리·정돈한다. 정확한 순서에 의해 정중하게 식사를 제공하고, 각 코스가 끝나면 접시 및 집기류를 정리한다. 필요에 따라서는 연회 캡틴의 임무도 수행할 수 있다.

⑭ 바 지배인(Bar Outlet Manager)

업장 직원들의 근무 편성과 영업에 책임을 지며, 고객 접대와 안내를 담당한다. 식음료의 관리와 재고 관리를 하며, 바 직원들의 교육훈련을 담당한다.

⑮ 바 캡틴(Bar Captain)

정확한 주문과 서비스를 담당하며, 필요시 지배인 업무를 보좌하며 담당 구역 및 준비사항 등을 점검한다. 또한 업장의 청결, 유지에 책임을 지고 감독한다. 고객으로부터 직접 주문을 받고, 바텐더 및 실습생의 교육을 담당하며 업장 내 행정 관리업무를 관장한다.

⑯ 바 웨이터(Bar Waiter)

담당 테이블과 그 주위를 항상 정리·정돈하고 청결하게 유지하며, 서비스는 정확하게 하며, 항상 고객을 주시하여 주문이나 필요시 즉시 도와줄 수 있도록 하여야 한다. 기물 취급, 상품 지식 등을 숙지하여야 한다.

⑰ 바텐더(Bartender)

적정 재고를 파악하여야 하고 보급 및 관리업무를 책임진다. 바 카운터 내의 청결을 유지하고 정리·정돈 등을 수시로 점검하여야 한다. 그리고 각종 기기의 작동 상태를 점검하며, 칵테일 부재료 등을 준비한다. 또한 모든 주류는 정확하게 제공되어야 하며 칵테일은 반드시 일정량에 의하여 제공되고, 지정된 계량기, 지정된 글라스를 사용하여야 한다. 영업 종료 후에는 재고조사를 실시하여 Inventory Sheet를 작성하고 보고한다.

2. 호텔 식음료의 중요성

호텔에서 식음료부문의 중요성을 살펴보기 위해 먼저, 호텔에 대한 전반적인 기능을 살펴보는 것이 이해가 빠를 것이다. 호텔의 근본적인 기능은 숙식을 제공한다는 것이다. 그 중 고객이 음식이나 음료를 즐길 수 있는 서비스를 제공하는 것이 호텔 식음료의 중요성이라 하겠다. 한때는 호텔경영에서 전체 매출 중 객실부문의 비중이 컸기 때문에 식음료부문의 중요성이 저평가되는 경우도 있었지만 실제로 호텔에서 식음료 서비스는 없어서는 안 될 중요한 서비스 중 하나라 하겠다.

앞에서 살펴본 바와 같이 호텔의 다양한 기능 중 식당, 주장(Bar), 연회장과 같은 식음료부문의 기능을 통하여 고객은 부가적으로 또 다른 것을 원한다. 즉 호텔 식음료부문을 이용하는 고객들은 호텔 밖을 이용하는 일반 식음료 고객과 달리 호텔이기 때문에 식사나 음료를 마실 수 있는 영업장도 쾌적하고, 맛이 있으며, 직원의 서비스가 좋고, 편안하면서 안락한 시간을 보내게 될 것이라는 생각으로 나름대로 기대치가 높다고 할 수 있다. 뿐만 아니라 호텔에서 제공되는 음식은 신선한 재료를 이용함으로써 잃었던 원기를 회복하고자 하는 마음을 갖게 된다. 따라서 이러한 욕구를 가진 고객을 만족시킴으로써 그 대가를 받는 역할을 하는 장소가 호텔 식음료부문이라 할 수 있다.

1) 호텔 식음료의 중요성과 성공요소

경제성장으로 인한 국민소득의 증가와 노동시간의 감소로 인한 잉여시간의 증가 등의 국민생활의 질적 향상은 현대인들에게 건강한 정신과 신체를 유지하려는 욕망을 더욱 강하게 만들고 있다. 만족스러운 개인생활을 위한 여러 가지 활동 중에서 다른 사람들과 여유롭게 어울릴 수 있는 장소를 찾게 될 것이며 또한 편안한 휴식공간을 찾게 된다. 손님들의 이러한 욕구가 호텔이라는 장소를 통해 해소되고 있다.

호텔산업의 발전은 호텔의 기능이 다변화되고 있음을 보여주고 있는데, 수면과 휴식을 취하는 숙박기능, 식음료를 판매하는 음식기능, 각종 모임이 이루어지는 집회기능, 교육과 문화 예술을 담당하는 문화서비스 기능, 스포츠 기능, 쇼핑을 할 수 있는 상업적 기능, 헬스와 미용을 할 수 있는 건강관리 기능, 회의와 전시를 할 수 있는 비즈니스 서비스 기능과 같이 세분화된 기능으로 나누어져 있다.

이 절에서의 주제인 식음료부문, 즉 식당, 주장, 연회장 등 식음료 시설물의 전반적인 서비스가 호텔식음료 이용객이 좀 더 편안하고 안락해져 많은 방문객이 찾는 호텔기업의 목표와 영리를 추구하는 사업으로 변하였다. 현재 식음료부문은 호텔 수익에서 그 지위를 굳히게 되었다. 이에 호텔 식음료의 중요성에 대하여 살펴보고자 한다.

(1) 호텔 식음료의 중요성

국내 호텔들의 영업 현황을 살펴보면 수익의 극대화라는 측면에서 볼 때 객실부문보다 식음료 판매에 더욱 적극성을 띠고 있는 것을 발견할 수 있다. 객실판매에는 객실의 수용한계가 엄연히 존재하고 있다. 하지만 식음료부서의 경우에는 수익 확대의 제약이 객실에 비해 훨씬 적다는 것을 알 수 있다. 또한 손님이 호텔을 선택을 할 경우에 식음료부문의 속성도 중요하게 생각하고 있다는 사실을 알 수 있다. 여기에는 손님이 호텔 레스토랑에서 경험하는 맛과 청결상태나 식사할 때의 아늑함 등이 포함된다.

그러므로 호텔에서 식음료부문은 여러 중요한 역할을 하고 있다. 첫째, 호텔 고객의 만족과 편의를 위해 고객이 선호하는 식사와 음료의 서비스를 제공한다. 둘째, 충성손님의 확보를 통해 긍정적인 이미지를 구축할 수 있다. 셋째, 식음료의 판매활동을 통하여 기업의 이윤창출에 기여한다. 넷째, 지역사회의 생활의 질을 보다 높이는 데 기여함으로써 기업의 사회적 책임을 다한다. 식음료부문의 중요성은 다음과 같다.

① 새로운 고객의 창출에 기여

호텔 식음료 서비스의 역할은 새로운 고객을 꾸준히 창출하고 유지하는 데 있다. 새로운 고객을 만드는 것은 매우 중요하다. 호텔의 기능에는 숙식의 기능 이

외에 모임이나 집회, 세미나, 학술대회, 전시회 등의 다양한 기능이 있다. 이러한 여러 가지 이유로 호텔 레스토랑을 찾는 손님을 위해 식음료부문에서는 품격 있는 식사와 훌륭한 서비스가 잘 조화될 수 있도록 지속적인 노력을 통하여 손님에게 좋은 인상을 심어야 한다. 식음료부문은 손님에게 단순히 식사만을 제공하는 곳이 아니라 호텔의 이미지 창출에 기여할 수 있는 마케팅 도구로써 중요한 위치를 차지하고 있다.

② 고객의 기대에 부응

레스토랑의 관리자들은 고급 레스토랑의 충성고객의 창출과 유지에 힘을 써야 할 것이다. 식음료부문의 고객방문 빈도수를 제고시키기 위해서는 과연 손님이 무엇을 기대하고 있는지를 먼저 파악하는 것이 중요하다. 또한 식음료 서비스의 높은 질을 유지해야 하며, 일관된 서비스는 호텔의 명성이나 긍정적 이미지의 창출에 크게 기여한다.

③ 호텔수익의 창출에 기여

호텔수입의 극대화에 큰 공헌을 할 수 있는 분야 중의 하나가 식음료부문이라고 할 수 있다. 대다수 호텔의 주요 상품은 객실부문과 식음료부문으로 나눌 수 있다. 그러나 호텔의 객실은 판매수량이 제한되어 있다. 즉 수요에 다한 판매탄력성이 매우 낮아 한정된 수입으로 만족할 수밖에 없다. 반면에 식음료부문의 상품은 수요에 대한 탄력성이 매우 크다. 현재 국내의 호텔산업에서 대규모 호텔일수록 여러 가지 식음료업장이 다양하게 운영되고 있는 것을 알 수 있다.

(2) 호텔 식음료 성공요소

초기에 호텔 식음료는 객실 고객을 위한 부대시설로 간주되어, 호텔매출에 특별한 영향을 미치지 못하였기 때문에 식음료의 경영목표도 손익분기점 유지 또는 최소의 손실에 목표를 두고 있었다. 이유는 객실영업 실적에 비해 상대적으로 낮기 때문에 경영자 측면에서도 큰 관심을 받지 못했다. 그러나 오늘날 호텔의 대중화, 외식문화의 발달, 라이프스타일의 변화로 호텔에 투숙하지 않고 호텔 레스토랑이나 바를 이용하거나 연회장을 이용하는 고객이 증가하여 호텔의 식음료 매출은 객실 매출과 큰 차이가 나지 않고 있는 실정이다. 또한 호텔 식음료 매출 증가의 또 다른 요인에는 소득수준이 향상되고, 주 5일 근무제를 이용한 소비자들의 문화적 욕구 수준이 향상되어 외식생활이 보편화됨에 따라 호텔 식음료부문에도 많은 관심을 증가되고 있는 것이 현실을 꼽을 수 있다.

호텔 상품 중에 한정되어 제약을 받는 정적인 객실상품에 대별되는 식음료 상품은 영업 상황에 따라 신축성이 강한 동적인 상품으로 호텔수익을 보다 더 올릴 수 있는 중요한 요인이다. 실제로 우리나라 특급호텔의 수년 동안 식음료 판매실적이 객실판매 총액에 육박하는 것으로 나타났다. 하지만 호텔 식음료 영업의 성공적인 운영을 위해서는 다음과 같은 3G's의 요소들이 서로 유기적으로 결합을 해야만 한다.

① 훌륭한 식음료(Good Food & Beverage)

호텔의 식음료업장을 성공적으로 이끄는 가장 핵심적인 것은 훌륭한 음식과 음료라 할 수 있다. 오늘날 음식의 맛 하나만으로 성공하기에는 한계가 있다. 그러므로 좋은 음식이란 먼저 음식을 눈으로 보고 판단하는 시각적인 맛과, 냄새로 맛을 보는 후각적인 맛, 음식을 먹어서 느끼는 미각적인 맛 등에 의해 판단된다.

따라서 식음료 영업의 성공을 위해서는 좋은 재료로 맛있게 요리한 음식, 음료 판매와 함께 레스토랑 나름대로 추구하는 이미지나 분위기, 직원의 친절한 인적 서비스가 수반될 때 고객들로부터 높은 평가를 받게 될 것이며, 이러한 서비스 조합만이 경쟁력으로 이어질 것이다.

② 훌륭하고 친절한 서비스(Good Friendly Service)

친절한 서비스란 직원의 헌신적인 서비스와 신속한 서비스 제공으로, 고객들로 하여금 최고의 서비스로 환영받는다는 느낌이 들게 하는 것이다. 이러한 요소가 호텔 식음료부문의 성공요소라 할 수 있는데, 직원의 훌륭한 외모와 인테리어가 좋은 서비스의 전부일 수는 없다. 또한 매니저의 태도와 역량 등 직원의 환대한다는 서비스 정신이 진심에서 우러나오는 서비스라는 것을 고객을 인식할 것이다.

그러므로 좋은 서비스 제공을 위한 직원 교육이 요구되는데, 일반 교육담당자는 일정 수준의 스킬이 필요한 식음료업장에서의 직접적인 교육은 한계가 있으므로, 각 식당에 맞는 서비스 매뉴얼을 통한 교육이 요구된다. 무엇보다도 중요한 것은 고객의 중요성을 인식하는 직원들의 자세이며, 친절한 서비스가 항상 제공될 수 있는 직원 교육이 요구된다.

③ 훌륭한 환경(Good Environment)

호텔 식음료가 성공하기 위해서는 외부적인 환경과 내부적인 환경 조성을 통하여 좋은 이미지가 조성되어 있어야 한다. 즉, 외부적으로는 식음료업장 주위 환경과 청결, 실외 조명시설 그리고 주차관리가 영업장 환경에 영향을 미칠 수 있는 요인이 될 수 있으며, 특히 식음료업장에서 보이는 수영장, 야경, 정원과 같은 외부 환경도 중요한 요소라 하겠다. 내부적으로는 특색 있는 메뉴, 인테리어, 실내 조명 시설, 에어컨이나 히터와 같은 냉·난방 설비, 직원의 유니폼, 식사 제공에 필요한 접시, 기물, 리넨 등과 함께 직원의 서비스가 조화를 이루어야 할 것이다.

2) 호텔 식음료 상품과 특징

상품이란 판매를 목적으로 생산된 재화라 할 수 있는데, 일반적으로 상품의 의미는 원료를 사용하여 만든 물건을 판매할 목적으로 사용할 때 쓰인다. 그러나 호텔에서의 식음료 상품 판매를 통해 수익이 발생하는 상품과 부대시설물을 판매하는 상품은 물론 추상적인 서비스를 판매하는 것도 있다. 또한 호텔 직원의 유용한 활동이 상품으로 판매되는 대상이 되기도 한다.

호텔 상품은 다른 제조업의 상품과 다르게 복합적인 요소를 지니고 있는 상품이라 할 수 있다. 즉, 고객의 욕구를 만족시키는 유·무형의 속성인 포장, 가격, 애프터서비스, 색체, 디자인, 엘리베이터 서비스, 주차시설 등 다양한 복합체로 구성되어 있다. 따라서 호텔 상품은 다양한 형태의 서비스를 통합하여 새로운 상품으로 형성하게 되는데, 호텔 상품 중 하나인 식음료 상품은 호텔 상품이 지닌 보편적인 요소를 지니고 있을 뿐만 아니라 그것이 지닌 고유한 특성도 있다. 식음료 상품을 크게 세 가지로 나누어 볼 수 있는데 식당 상품, 주장 상품, 연회 상품으로 나누어 볼 수 있으며, 다른 한편으로 해석하면 고객의 욕구를 충족시켜 주는 식음료 자체는 유형의 직접재이고, 식음료 상품의 유통을 위한 제반 활동인 인적 서비스는 무형의 간접재이다. 또한 장소적 공간인 업장 역시 시설이나 분위기 등으로 고객에게 접근하므로 무형의 간접재 역할을 한다.

(1) 호텔 식음료 상품의 의의

식음료 상품의 구성요소는 조리사가 만든 요리와 음료라는 상품, 호텔 레스토랑이 지닌 분위기, 직원의 친절한 서비스, 인테리어, 영업장의 설비형태가 어우러져 하나의 상품으로 제공된다. 이와 같이 호텔 상품, 특히 식음료 상품은 2000년대 이후 소비자의 생활패턴이 바뀌어 다양성을 띠게 되었다. 양적으로 충족하던 소비생활이 점차 개인의 특성이 중시됨에 따라 요즘 고객의 다양한 요구를 파악하기란 쉽지 않은 실정이다.

이와 같이 식음료 상품은 복합성을 띠고 있으므로 식음료, 인적 서비스, 시설이나 분위기 등 3요소가 유기적으로 잘 어우러질 때 식음료 상품이 되며, 이러한 상품이 고객의 욕구를 충족시켜줄 때 고객은 완전한 식음료 상품을 소비했다고 할 수 있다. 조리부에서 아무리 잘 만들었다 해도 고객에게 직접 서비스하는 인적 서비스가 만족스럽지 못하거나 레스토랑에서 느끼는 분위기, 청결, 편안함을 주지 못했다면 고객은 식사에 대하여 전반적으로 불만족할 것이다.

표 4-2 호텔 식음료 상품의 3요소

3요소	개념	상품 속성	서비스 속성
상품 (식음료)	고객의 식욕을 충족시켜 주는 음식과 음료	직접재, 유형재	물적 서비스
업장 (레스토랑&바)	식음료 상품을 판매하는 곳으로 고객에게 가치를 제공해 주는 곳	간접재, 무형재	환경적 서비스
서비스 (인적)	식음료를 고객에게 전달하기 위한 인적 서비스	직접재, 무형재	인적 서비스

(2) 호텔 식음료 상품 특징

모든 상품은 일반적인 특징을 지녔을 뿐만 아니라 나름대로의 특성을 갖고 있다. 특히, 호텔 식음료는 다양한 특성을 갖고 있는데, 이러한 특성을 이해할 필요가 있는 것은 한 장소인 호텔 내에서 생산과 소비가 동시에 일어나고 신속하고 정확한 서비스가 이루어질 필요성이 서비스를 담당하는 직원은 알고 있을 필요가 있기 때문이다. 또한 호텔에서의 식음료 상품은 소비자인 고객으로부터 주문을 받은 후 주문 상품인 음식을 조리부서에서 직접 만들어내는 생산적인 측면과 주문한 음식을 소비자에게 직접 전달하는 소비적인 측면이라는 양면성을 동시에 지닌 특성을 지니고 있다. 그러므로 식음료 상품의 특성을 생산적인 측면과 판매적인 측면에서 고려해볼 필요가 있다.

(3) 생산적인 측면에서의 특징

① 생산과 판매의 동시성

일반 제조업의 경우 판매 가능한 상품을 만들어, 일정비율을 창고에 보관하면서 소비자의 요구에 따라 판매하기도 하고, 도・소매상에 의해 생산과 판매가 이루어진다. 그러나 식음료 상품은 식자재를 구입하여 주문 즉시 조리부서에서 만들어 같은 장소에 판매되기 때문에 생산과 판매가 동시에 일어난다고 할 수 있다.

② 주문 생산의 원칙

일반 제조업에서의 상품은 판매 가능 상품을 예측하여 생산한 후 판매되지만, 호텔 식음료 상품은 원칙적으로 고객의 주문에 의해 음식과 음료가 생산되고 판매된다. 물론 예약 주문에 의한 서비스가 이루어지기는 하지만 미리 음식을 만들어 놓을 수 없기 때문에 고객이 레스토랑에 도착해야만 그때부터 음식을 만든다. 따라서 대량생산에는 한계가 있고, 수요 예측에 어려움이 있다.

③ 상품 표준화의 한계

식음료의 모든 상품 요리 시 표준이 되는 레시피(recipe)에 의해 만들어진다고 하지만, 사람이 하는 일에는 그날의 감정이나 성향에 따라 약간의 차이가 나타날 수 있기 때문에 표준화에는 한계가 있다.

④ 계획 생산의 한계

일반적으로 식음료 상품은 고객주문을 받은 즉시 요리를 하는 생산단계에 들어가기 때문에, 미리 고객주문을 예측하여 음식을 만들어 놓을 수 없다. 일반 제조업은 원활한 유통을 위하여 정확한 수요를 예측하고 계획적으로 생산하지만, 단시간 내에 생산하여 판매하는 식음료 상품은 계획적인 생산에 한계가 있다.

⑤ 시간적 제약

모든 음식은 고객에게 제공되기까지 요리하는 시간이 소요된다. 또한 다수의 주문을 같은 시간대에 고객으로부터 받게 되면, 일정공간에서 적절한 시간 내에 음식을 만들어 제공되어야 하기 때문에 시간적인 제약을 받는다.

(4) 판매적인 측면에서의 특성

① 시간적 제약

일반적으로 호텔의 레스토랑은 1일3식 또는 2식이라는 한정된 식사시간을 영업시간으로 정해 놓고 식음료를 판매한다. 물론 카페테리아나 라운지의 경우는 정해진 식사시간 외에도 영업을 하기도 하고, 저녁 12시 이후 룸서비스는 한정된 음식이 제공되지만 전반적인 식음료 상품은 시간적인 제약을 받는다고 할 수 있다.

② 장소적 제약

일반 제품은 고객의 요청에 따라 재고량에 이상이 없는 한 무제한의 판매가 가능하다. 그러나 호텔 레스토랑은 고객의 지접적인 주문에 의해 판매가 일어난다. 물론 요즈음은 테이크아웃(take out)이 생겨 한정된 음식만 장소적 제안을 받지 않은 경우도 있지만, 호텔의 식음료 상품은 한정된 장소에서 테이블 수를 기준으로 판매가 이루어지기 때문이다.

③ 유통과정이 없음

일반 제조업은 생산자와 소비자가 떨어져 있어도 유통과정을 통해 소비자가 원하는 곳으로 배달되어 소비가 이루어지나, 식음료 상품의 판매는 고객이 식당에 직접 주문하고 소비하지 않으면 구매가 이루어지지 않는다. 즉 식음료 상품은 고객이 식당에 찾아와 주문을 함으로써 식음료가 생산되고, 호텔 내에서만 판매를 하기 때문에 고객에게 전달되기까지의 중간단계인 수송이나 유통과정이 없음을 의미한다.

④ 부패 위험

판매하기 위해 만들어진 음식은 가능한 단시간에 판매하지 않으면 안 될 뿐만 아니라, 식재료 역시 부패의 가능성 있기 때문에 오래 보관할 수 없다. 따라서 식재료 구입에 있어서는 정확한 수요예측에 의해 식재료 구매가 이루어져야 하며, 구입된 식재료는 가능한 빠른 시간 내에 상품을 생산·소진해야 한다.

⑤ 인적 서비스 수반

호텔의 모든 상품이 그러하듯이 특히 식음료 상품은 좋은 재료에 의한 제품만으로는 완전한 상품이라 할 수 없다. 아무리 좋은 상품이라도 인적 서비스가 들어간 상품이 만들어질 때 완벽한 상품의 기능을 갖추었다고 할 수 있다. 즉 완벽한 식음료 재료라 하더라도 가장 중요한 인적 서비스가 겸비되어야만 완벽한 식음료 상품이 되는 것이다.

⑥ 메뉴에 의한 판매

음식은 고객이 구매결정을 쉽게 할 수 있게 도움을 주는 메뉴로 만들어져 있다. 즉 음식과 관련한 정보를 제공할 뿐만 아니라, 식당의 고객과 연결시켜 주는 커뮤니케이션의 도구라고 할 수 있다. 메뉴에 있는 식음료 상품은 계절이나 시장변동에 따라 수시로 바뀔 수 있으므로 식음료 판매에서 메뉴는 중요한 장점을 가지고 있다.

⑦ 반품과 재고가 없음

식음료 상품은 음식이라는 상품과 서비스라는 상품이 동시에 제공되어야만 비로소 완벽한 식음료 상품의 가치를 지니게 되는 것이다. 생산과 소비가 동시에 일어나는 특성에 따라 음식과 달리 서비스라는 상품은 반품을 할 수 없다는 뜻이며, 식음료는 예상고객을 대비하여 미리 음식을 만들어 놓지 않으며 주문받은 이후 생산이 이루어지기 때문에 이런 의미에서 재고가 없다고 할 수 있다.

3) 호텔 식음료 서비스 유형과 특성

(1) 호텔 식음료 서비스 유형

식음료 서비스란 선의를 갖고 식음료라는 상품을 고객에게 전달하기 위한 것으로, 식음료 서비스를 기능적 서비스와 정서적 서비스로 구분할 수 있는데, 기능적 서비스란 직원이 음식이나 음료를 직접 서비스하는 인적 서비스를 말하며, 정서적 서비스랑 친절, 미소, 용모, 예절, 복장, 인테리어, 분위기, 환대정신 등을 말한다. 따라서 호텔 식음료 서비스는 선의를 갖고, 호텔 고객이 만족하는 기능적 서비스뿐만 아니라 정서적 서비스까지 수반된 서비스라고 할 수 있는데, 여기서는 서비스를 하는 호텔리어가 어떠한 마인드로 서비스를 하느냐에 따라 서비스의 유형을 분류하였다.

① 무관심형

무관심형은 서비스를 하려고 하는 의지가 없는 유형으로 식음료 서비스 직원으로서의 자격이 매우 미달된다고 할 수 있다. 따라서 이러한 유형은 서비스 마인드를 향상시키고, 식음료 서비스 기술 교육, 대 고객서비스에 대한 정서적 서비스의 질을 제고시키기 위한 노력이 요구된다.

② 기능지향형

기능지향형은 고객에 대한 음식이나 음료를 서비스하는 기술은 높지만, 고객에 대한 적극적인 친밀성은 떨어진다고 할 수 있다. 따라서 이러한 유형은 친절 또는 매너 교육과 서비스 등 적극적인 서비스 정신을 향상시킨다면, 일반고객을 고정고객으로 유인할 수 있는 자질을 갖춘 직원으로 발전할 수 있다.

③ 정서지향형

정서지향형은 고객의 분위기를 빨리 파악하여 고객에게 쉽게 접근할 수 있는 반면에 서비스하는 기술이 떨어진다. 따라서 이러한 유형은 기능적 서비스 교육을 통하여 서비스를 향상시킨다면 판매실적을 향상시킬 수 있는 호텔리어가 될 것이다.

④ 고객만족지향형

고객만족지향형은 최고의 서비스를 갖춘 직원이라 할 수 있다. 따라서 이러한 유형은 자기계발을 위하여 항상 노력하는 형으로, 더 적극적이고 질 높은 서비스를 할 수 있는 동기부여를 주는 것이 중요하다고 할 수 있다.

(2) 호텔 식음료 서비스 특성

① 비유통성

식음료 서비스는 고객이 호텔 레스토랑으로 직접 방문해야 서비스를 받을 수 있으므로, 유통이 불가능하다. 그러나 최근에는 테이크아웃(Takeout) 또는 고객이 주문한 도시락을 전달 판매하거나 출장파티(Catering)처럼 고객이 원하는 시간과 장소에서 서비스가 이루어지기도 하므로 예외인 경우도 있다.

② 무형성

유형성 제품은 외형이나 색상, 기능 등을 기초로 하여 서비스가 이루어진다. 그러나 식음료 서비스에서 식음료 자체는 유형일 수 있지만, 서비스 자체가 무형이기 때문에 구매되거나 소비되기 이전에는 인지되거나 평가될 수 없으며, 경험을 통해서 감각적이며 심리적으로 느껴야 하는 특성을 갖고 있다. 즉, 호텔의 최고급 레스토랑도 이용한 이후에 그 실체를 파악할 수 있다. 따라서 식음료 서비스는 메뉴나 그 밖의 고객과 약속을 통해서 유형화하게 되며 이를 판매하게 되는데, 식음료 경영에 있어 고객에게 신뢰를 주는 것이 매우 중요하다.

③ 생산과 판매의 비분리성

일반적으로 제조업의 제품은 생산 후, 중간 유통과정을 통하여 판매되므로, 생산과 판매가 분리되어 이루어진다. 그러나 식음료 서비스는 고객의 주문에 의해 생산되며, 소비도 같이 이루어지기 때문에 생산과 소비가 동시에 이루어진다고 할 수 있다. 식음료 서비스의 생산과 판매 비분리성에서는 고객과 만나는 순간에 어떻게 서비스를 제공하느냐가 중요하다. 순간에 제공되는 서비스에 따라 고객은 향후 지속적인 거래가 이루어질지 구매의사결정에 영향을 미칠 수 있기 때문이다.

④ 매체성

식음료의 인적 서비스는 단독 상품으로 판매할 수 없고, 식음료 상품을 구매하려는 주체인 고객에게 객체인 식음료를 전달하기 위한 매체 역할을 필요하다. 즉 식음료 상품을 주체인 고객이 주문을 하게 되면 객체인 식음료 상품을 판매하는 과정에서 매체인 인적 서비스의 역할이 필요하기 때문에, 매체성은 서비스 산업에서 중요하다고 할 수 있다. 특히, 식음료를 판매함에 있어 중간 전달과정에 있는 매체인 인적 서비스는 직원에 따라 서비스가 달라질 수도 있고, 고객의 마음에 따라 제공된 서비스가 다르게 느낄 수도 있기 때문이다. 서비스가 전달되는 과정에서 고객에게 잘못 전달되는 경우에는 고객의 지각에 커다란 부정적인 영향을 미치게 된다.

⑤ 다양성

최근 들어 고객의 기호나 욕구는 매우 다양한데, 호텔에서는 건강식을 찾는 고객이 많을 뿐만 아니라 채식주의자가 많다는 것을 레스토랑에서 느낄 수 있다. 그 밖에 마늘이나 향료를 첨가하지 말라는 고객의 요구도 있으므로 식음료 서비스에서는 고객에 따라 다양한 서비스가 제공된다.

3. 호텔 레스토랑의 이해

레스토랑의 기원은 로마시대부터라고 하는 사람도 있다. 로마시대처럼 화려한 시대는 없었을 것이다. 당시의 로마의 왕은 많은 신하와 더불어 향연을 벌였을 거라고 판단되며 아울러 음식을 먹을 수 있는 장소는 호화스러웠을 것으로 예상된다. 그리고 A.D. 79년경에는 나폴리 주변의 경관이 뛰어난 곳에 레스토랑이 많이 있었다고 하며, 그 당시 로마인들은 목욕을 즐겨하여 유명한 카라카라(Kala Kala)라는 큰 대중목욕탕이 있었고, 이 주위에 휴게소와 집회소, 오락장과 음식을 제공하는 식당 등의 부대시설이 있었다고 한다. 그리고 같은 시대에 여행자를 위한 수도원이나 사원 등에서도 식사와 숙소를 제공했다고 하는데, 시간이 흐르며 현재의 레스토랑으로 거듭났다.

오늘날 호텔에서 레스토랑은 단순하게 식사 및 후식장소를 제공하는 것뿐만 아니라 맛과 영양이 풍부한 음식, 깨끗하고 위생적인 시설, 분위기나 시설 등의 물적 서비스, 친절하고 세련된 인적 서비스 등 상품과 서비스가 복합적으로 구성되어 판매되는 곳이다. 또한 레스토랑은 호텔의 영업활동에서 중추적인 역할을 담당하고 있다. 몇몇 5성급 호텔들의 영업실적을 보면 F&B부서의 매출액이 오히려 객실부서를 앞지르고 있는데, 이는 F&B부서의 레스토랑의 서비스와 음식의 질, 고객이 선호하는 세분화된 레스토랑 경영의 전략에 따른 것이다.

1) 레스토랑의 유래와 정의

(1) 레스토랑의 유래

인간은 태어나면서부터 먹지 않으면 살 수 없었기에 레스토랑이라는 곳은 인간과는 아주 밀접한 관계가 있다고 할 수 있다. 기록에 의하면 B.C. 512년경 고대 이집트에 오늘날 식당의 기원이라 할 수 있는 음식점이 있었다고 하는데 기록에 따르면 시리얼, 새고기, 양파 요리 등 단순한 요리만 제공되었다고 한다.

한편 영국에서는 12세기에 식당의 선구자인 선술집이 작은 요리점과 함께 런던에서 번창하였다. 1650년에는 영국 최초의 커피 하우스(Coffee House)인 옥스퍼드(Oxford)가 개업하였고, 그 후에도 식사와 커피를 즐겨 먹는 영국인들의 성향으로 인하여 영국 도처에 선술집과 커피 하우스가 출현하게 되었다.

미식가가 많은 프랑스에서는 1765년에 몽 블랑거(Mon. Boulanger)라는 사람이 레스토랑(Restaurant)이란 수프를 판매하면서 식당이 출현하게 되었다. 블랑거의 레스토랑이란 수프는 대단히 유명했고, 이 수프의 이름으로부터 식당의 대명사인 레스토랑이 전래되었다고도 한다. 최근의 프랑스 식당은 각각의 식당마다 강한 특색을 지니고 있어 고객이 취향에 따라 요리를 찾는 것보다는 식당의 취향에 따라서 고객이 찾아오는 실정이다. 식당들은 요리사들의 개성에 맞게 혹은 지역 특색을 살린 요리를 제공한다. 또한 요리는 예술로 인식되므로 식당마다 자기 식당을 대표할 수 있는 요리 개발에 몰두하고 새로운 아이디어를 창안하고 있다. 그러므로 지금은 세계적인 예술의 도시인 파리에서 요리도 예술의 한 분야로 평가하고 있다.

중국에서는 6세기경 '식경'이라는 전문서적이 발간되어 식당의 효시가 되었다고 하며, 청조 시대에는 본격적인 요리가 개발되어 '식관'이라는 식당이 출현하였다.

우리나라 삼국사기에 의하면 490년경에 신라의 수도 경주에서 처음으로 물물교환을 하는 시장이 형성되었고, 509년에는 시장 안의 장꾼들을 위한 음식 판매 장소가 생겨났다고 한다. 고려사에 의하면 고려시대 983년 개성에는 '성례', '약빈', '영액', '옥장', '연령', '희빈' 등의 이름을 가진 식당이 개설되었다고 한다. 시장 경제가 이루어지던 18세기 후반부터는 보부상의 활동 폭과 수의 증가로 인하여 숙식을 겸하는 장소로 활용되었으며, 19세기 말부터 20세기에 걸쳐서는 자본주의 경제로 인하여 숙박과 음식을 제공하는 장소가 구분하여 생기게 되었다.

1109년에는 지방의 각 고을에 술과 음식을 팔며 숙박을 겸하게 하는 상설식당이 개설되었고, 이것은 후일의 물상객주, 보행객주 등의 시초가 되었으며 오늘날의 식당에 숙박을 겸한 형태가 된 것이다. 1397년에는 성균관이라는 교육기관에 유생들을 위한 기숙사가 설립되어 식당이 자연스레 생겨났으며, 이때 선비들에게 음식을 날라다 주는 사람인 식당지기도 출현하였다.

근대의 레스토랑으로는 1888년 인천의 중화루가 있었고, 레스토랑이라는 말은 1902년 프랑스인 손탁이 정동에 건립한 손탁 호텔이 등장하면서 사용되었다.

호텔 F&B부서는 효과적·효율적으로 조리된 식음료 상품을 종사원의 적절한 서비스를 통해 고객에게 제공되어야 한다. 호텔의 레스토랑은 경험 많은 주방장에서 유래되는 질 좋은 음식의 제공을 통해 이윤추구뿐만 아니라 지역사회에서 호텔의 긍정적인 이미지 구축에 큰 역할을 하고 있다. 그리고 손님들의 소비성향과 라이프스타일이 변화하면서 F&B부서의 역할은 더욱 강조되고 있으며 또한 경쟁이 심화되면서 과학적인 관리방식의 중요성이 더욱 강조되고 있다.

(2) 레스토랑의 정의

프랑스 대백과사전에서 'Restaurant'의 어원은 'De Restaurer'에서 유래되었다고 하고 있으며, 'Restaurer'란 단어는 '기력을 회복시킨다.'라는 뜻을 가지고 있다. 이 사전에 의하면 Restaurant이란 "Establishment Public oul'on peut manager: Restaurant a la carte"라고 설명되어 있다. 즉, 사람들에게 음식물을 제공하는 공중의 시설이며 일품요리점이라고 표현하듯이 식당이란 음식과 휴식의 장소를 같이 제공하고 원기를 회복시키는 장소라는 것이다.

또한 미국의 웹스터 사전에서는 "An Establishment Where Refreshments or Meals May Be Procured By The public : A Pubilc Eating House"라고 표현되어 "대중에게 공개하여 그들이 가벼운 음료나 음식으로 식사를 할 수 있는 시설, 즉 대중들이 식사하는 곳"으로 설명되어 있다.

영국의 고전 옥스퍼드 사전에는 "An Esatblishment Where Refreshments or Meals May Be Obtained"라고 기록되어 있다.

우리나라 국어사전에는 "식사를 편리하게 할 수 있도록 설비된 방" 또는 "음식물을 만들어 파는 가게"라고 표현하고 있다.

레스토랑이란 '영리 또는 비영리를 목적으로 하는 업종으로 일정한 장소와 시설을 갖추어 인적 서비스와 물적 서비스를 동반하여 음식물을 제공하고 휴식을 취하게 하는 곳'을 말한다. 즉, 식당이란 '일정한 장소가 갖추어진 상태에서 고객을 맞이하여 음식을 제공하는 곳'이라고 할 수 있다. 그러나 현대 호텔에서의 식당이란 단순히 음식만 제공하는 물적 서비스가 아닌 식음료부문 직원의 숙련된 자세로부터 인적 서비스가 잘 조화되어 제공되어야 한다.

최근 선진국에서는 레스토랑을 EATS 상품이라 하는데, EATS란 더 이상 단순하게 먹는 장소로 그치는 것이 아니라 Enterainment(환대), Atmosphere(분위기), Taste(맛), Sanitation(위생)이 하나로 합쳐서 이루어진 상품을 판매하는 장소이다.

레스토랑 부문의 주요 상품은 식사와 음료인 것은 두말할 여지가 없지만 이 두 가지 유형의 상품 외에 중요한 상품은 무형의 상품인 인적 서비스이다. 그러므로 오늘날 호텔의 레스토랑은 고객 유치를 위한 중요 상품으로 인적 서비스를 내세우고 있는 실정이다. 따라서 현대 호텔의 레스토랑은 "호텔에 방문하거나 투숙한 고객에게 편의를 제공하기 위하여 일정한 시설과 영업장을 갖추어 고객을 대접하며 숙련된 직원의 인적 서비스가 잘 조화된 식사와 음료를 판매 제공하는 장소"라고 정의할 수 있다.

2) 호텔 레스토랑의 분류

레스토랑은 프랑스 어느 식당의 인기 있는 수프 이름이 전래되어 'Restaurant'이라는 식당의 통칭이 되었다고 전해지기도 하며, 또 프랑스는 휴식에 의해 체력과 건강을 회복시키고 원기를 돋운다는 의미를 가지고 있다고 한다. 미국에서는 레스토랑에 대한 정의를 '일반에게 공개된 식사와 음료를 제공하는 시설'로 설명하는데 종합해 보면 레스토랑은 영리 또는 비영리를 목적으로 일정한 장소에 고객이 휴식할 수 있는, 즉 원기와 피로를 회복할 수 있는 시설을 갖추고 잘 훈련된 접객원이 인적 서비스와 식음료를 제공하고 그 대가를 지불받는 업이라 할 수 있다.

(1) 명칭에 의한 분류

① Restaurant

일반적인 식당의 의미로서 식탁이 마련되어 있고 고객의 주문에 따라 서비스 직원에 의해 음식이 제공되는 고급 시설과 정중한 서비스는 물론 고급 음식이 제공되는 식당이다. 일반적으로 식탁과 의자를 마련해 놓고, 주문에 맞춰 직원의 테이블 서비스가 필수적인 식당이다. 이러한 레스토랑은 제공하는 음식의 종류에 따라 한식당(Korean style restaurant), 양식당(Western style restaurant), 일식당(Japanese style restaurant), 중식당(Chinese style restaurant) 등으로 구분된다.

② Dining Room

레스토랑 이용시간이 대체로 제한되어 있어, 아침을 제외한 점심과 저녁식사를 정해진 시간에 제공하는 식당으로, 주로 정식(Table D'Hote)을 제공하는 식당으로 고객이 이용하는 시간을 정하여 점심과 저녁을 제공한다. 그러나 최근에는 고유의 명칭이 붙은 전문요리 레스토랑 형태로 바뀌었으며, 정식뿐 아니라 일품요리(A La Carte)도 판매하고 있다.

③ Grill

A la carte나 daily special menu를 제공하는 식당으로 아침, 점심, 저녁식사가 계속해서 제공된다. 최근에는 Grill이라는 레스토랑 이름을 많이 사용하지 않는다.

④ Cafeteria

음식이 진열되어 있는 Counter Table에서 직접 요금을 지불하고 손님이 먹고 싶은 것을 스스로 가져다 먹는 Self Service 형식의 간이식당을 말한다.

⑤ Lunch Counter

음식의 조리과정을 직접 볼 수 있도록 Counter Table을 마련하여 놓고 고객이 이곳에 앉아 음식을 직접 제공받는 식당을 말한다. 일식당 내의 Sushi Counter가 좋은 예이며 고객이 직접 조리과정을 지켜볼 수 있기 때문에 식욕 촉진에도 도움을 주고 기다리는 시간도 덜 수 있다.

⑥ Buffet

일정한 요금을 지불하고 음식이 진열된 식탁에서 고객이 자유로이 선택하여 양껏 즐길 수 있는 셀프서비스 식당이다. 일식부문의 회 코너, 생산초밥 토너, 중식의 북경요리코너, 한식의 갈비코너 등에는 항상 조리사가 대기하여 즉석에서 서비스함으로써 질이 좋은 음식서비스를 제공하며 음료 및 커피는 직원이 서브해 주기도 한다.

⑦ Coffee Shop

고객의 왕래가 많은 곳에서 많은 종류의 메뉴를 준비하여 판매하고 있는데 가벼운 식사와 함께 커피 및 음료수를 판매하는 식당이다. 특히 우리나라에서는 인식이 잘못되어 아직도 커피숍 하면 다방을 생각하는 사람이 많은데, 엄연히 호텔 식음료업장 중에서도 매상이 많고 고객 수도 가장 많은 중요한 식당이다.

⑧ Drive In

교통이 편리한 도로변에서 여행객을 상대로 음식물을 판매하는 식당이며 여행자가 자동차를 타고 들어가므로 넓은 주차장 시설을 필요로 한다.

⑨ Dining Car

최근에 고속도로나 자동차 전용도로 등 간이휴게소에서 자동차 이용객을 대상으로 식당차에서 음식을 판매하는 곳을 말한다.

⑩ Snack bar

서서 음식을 먹는 간이식당으로 가벼운 식사, 음료, 술이 제공되는 식당이다.

⑪ Industrial Restaurant

회사나 공장 같은 곳의 구내식당으로 비영리 목적의 식당을 말하며, 학교, 병원, 군대의 식당이 여기에 속하는데 급식식당으로 더 잘 알려져 있다.

⑫ DePartment Store Restaurant

백화점을 이용하는 고객들이 쇼핑 도중 식사를 할 수 있게 만든 식당을 말한다. 이곳에서는 보통 셀프서비스 형식을 취하며 신속한 요리가 제공된다.

⑬ Delicatessen

간단한 샌드위치나 샐러드빵 등을 판매하는 곳으로 최근에는 케이크, 햄, 소시지 등의 가공식품도 판매한다.

⑭ Refreshment Stand

간단한 식사를 미리 준비하여 진열해 놓고 고객의 요구대로 즉석에서 서서 먹을 수 있는 식당이다.

(2) 서비스 형식에 의한 분류

① 프렌치 서비스(French Service)

조리기구와 요리 재료를 웨곤(Wagon)에 싣고, 숙련된 직원이 주문된 음식을 고객 앞에서 직접 만들어 제공하며, 주방에서 만들어진 음식이라 할지라도 은쟁반에 담아서 고객에게 직접 보여 준 다음에 게리동(Gueridon)을 이용하여 르샤(Rechaud: Hot Plate) 위에 올려놓고 식지 않도록 하여 각기 1인분씩 담아서 제공하는 서비스 형태로 고급스럽고 숙련된 서비스를 요한다.

Chef De Rang System으로, Commis De Rang의 도움을 받아 Chef De Rnag이 고객 앞에서 직접 요리하여 제공한다. 이와 같은 서비스가 제공되는 식당은 시설, 비품, 기물 등이 최상급이므로 고객의 부담이 다른 식당에 비해서 크다. 또한 프렌치 서비스를 제공하는 식당에는 Sommelier(Chef de vin)라는 와인 스튜어

드가 있어 고객의 모든 음료 특히, 와인 서비스에 전념함으로써 식당의 품위와 고객 만족, 매출 증대에 이바지하고 있다.

프렌치 서비스는 테이블 사이에 게리동(Gueridon)이 움직일 수 있는 공간이 필요하며, 주문된 요리를 정확하게 요리할 수 있는 숙련된 직원을 필요로 한다. 또한 사전에 정확한 요리 준비가 필요하며, 음식이 식지 않게 제공해야 하는 특징이 있다. Gueridon 서비스의 특징은 다음과 같다.

- A la Carte 메뉴를 사용하는 전문레스토랑에 적합한 서비스이다.
- 식탁과 탁자 사이에 Gueridon이 움직일 수 있는 충분한 공간이 필요하다.
- 숙련된 종업원으로 서비스가 이루어져야 하므로 인건비의 지출이 높다.
- 다른 서비스에 비해 시간이 오래 걸리는 단점이 있다.

② 러시안 서비스(Russian Service)

19세기에 유행했던 대단히 고급스럽고 우아한 서비스 형태로 연회 행사에 많이 이용되며 일정 시간에 많은 인원을 서비스하기 위하여 은쟁반을 사용하여 고객에게 일일이 서비스하는 형태이며, 프렌치 서비스와 비슷한 점이 많다. 요리는 주방에서 준비되고, 직원 1인에 의해 서비스된다. 직원은 음식이 있는 큰 접시를 고객 테이블로 옮기고, 고객이 원하는 양만큼 서비스를 한다.

러시안 서비스는 전형적인 연회서비스며 주문된 요리를 비교적 빠른 시간 내에 제공할 수 있다. 한 번에 많은 인원에게 서비스할 수 있으므로 직원 수와 시간이 절약된다. 또한 모든 요리가 주방에서 요리되므로 우아하고 아름답게 장식할 수 있으며 준비 기물이 필요하지 않는 특징이 있다.

- 전형적인 연회서비스이다.
- 혼자서 우아하고 멋있는 서비스를 할 수 있고 게리동(Gueridon) 서비스에 비해 특별한 준비기물이 필요하지 않다.
- 요리를 Platter에 고객의 왼편에서 오른손으로 서브한다.
- 게리동 서비스에 비해 시간이 절약된다.
- 마지막 손님은 식욕을 잃을 수 있으며, 남은 음식만으로 서비스 받기 때문에 선택권이 없다.

③ 아메리칸 서비스(American Service)

프랑스식과 러시안 서비스의 절충형으로 그만큼 화려하지는 않지만 일반적으로 식당에서 이용하는 서비스 형식이다. 모든 조리된 음식을 주방에서 접시에 담아 나가는 방법으로 일반 식당뿐 아니라 연회행사에서도 이용되는 서비스로 일명 플레이트 서비스(Plate Service)라고도 한다. 아메리칸 서비스는 서비스하는 시간이 빠르며 한 사람의 직원이 많은 고객을 서비스할 수 있고, 고객 회전이 빠른 식당에 적합한 특징이 있다.

- 주방에서 음식이 접시에 담겨 공급되어 직접 서브된다.
- 고급레스토랑에서보다 회전이 빠른 레스토랑에 적합하다.
- 종업원 한사람이 보다 많은 고객을 감당할 수 있다.
- 고객의 미각을 돋우지 못한다.
- 음식이 비교적 빨리 식는다.

④ 잉글리시 서비스(English Service)

일명 Host Service 또는 Holiday Service라고도 하며, 주로 주인이 고객의 접시에 요리를 일일이 덜어 서비스해 주거나 은쟁반에 담긴 요리를 고객이 돌려가며 직접 담는 셀프서비스로 이루어진다.

⑤ 뷔페 서비스(Buffet Service)

한군데 모아 놓은 여러 가지 음식을 고객의 취향대로 원하는 양만큼 직접 가져다 먹는 셀프서비스 형태로 Viking Service라고도 말한다. 이 서비스 형식은 고객을 많이 유치할 수 있고, 소수의 직원으로 다수의 고객을 서비스할 수 있다는 특징을 가지고 있다.

⑥ 트레이 서비스(Tray Service)

요리를 담은 접시를 전부 트레이(Tray)에 담아서 서비스하는 것으로 호텔의 룸서비스나 항공기의 기내 식사 제공에 많이 사용된다. 트레이 서비스는 플레이트 서비스보다 안전하며, 전체 코스 제공 시간이 단축된다.

⑦ 패밀리 서비스(Family Service)

러시안 서비스를 약간 변형한 서비스 형식으로 큰 접시나 볼(Bowl)에 담긴 음식을 고객에게 서비스한 후, 남은 음식을 접시 채 테이블 위에 올려놓으면 고객이 스스로 덜어 먹는 서비스 형태를 의미한다. 전통 중국 식당에서 음식을 회전판 위에 올려놓고 돌려가며 식사하는 모습을 볼 수 있는데, 이러한 서비스 형식이라 생각하면 될 것이다. 많은 고객에게 서비스할 수 있는 특징을 가지고 있다.

- 서비스 방법이 단조로워 숙련되지 못한 접객원도 쉽게 적응할 수 있다.
- 고객 스스로가 요리를 분배해서 식사한다.
- 접객원은 많은 고객을 담당할 수 있으며 좋은 서비스도 할 수 있다.
- 고객 스스로 덜어 먹기 때문에 종업원의 관심도가 적고, 요리가 다른 고객에게는 호화스럽게 보이지 않는다.

표 4-3 테이블 서비스의 특징

구분	특징
아메리칸 서비스 (American Service)	• 다른 서비스에 비해 빠른 서비스를 할 수 있다. • 한 사람의 종사원이 많은 고객을 서비스할 수 있다. • 서비스하는 시간이 짧다. • 고객회전이 빠른 식당에 적합하다.
패밀리 서비스 (Family Service)	• 고객은 자기 몫의 음식을 선택할 수 있다. • 남은 요리에 추가 서비스가 가능하다.
프렌치 서비스 (French Service)	• 식탁과 식탁 사이에 게리동(Guardino)이 움직일 수 있는 충분한 공간이 필요하다. • 주문된 음식을 정확하게 조리할 수 있는 숙련된 종업원이 필요 • 사전에 정확한 요리 준비가 필요하다. • 제공하는 시간이 오래 걸린다. • 음식을 식지 않게 제공할 수 있다.
러시안 서비스 (Russian Service)	• 일반적이고 전형적인 연회서비스다. • 서비스하는 인원 및 시간이 절약된다. • 주방에서 만든 음식을 직접 가져와 제공하므로 준비기물이 필요하지 않다.

(3) 국적에 의한 분류

① 프랑스식 식당

서양요리 중에서는 프랑스 요리가 세계적으로 유명하다. 프랑스 요리는 이탈리아에서 유래되어 16세기 앙리 4세 때부터 발전하여 오늘날 가히 요리의 천국을 이룩한 것이다. 각종 소스류만 500여 가지가 넘는다고 한다.

② 미국식 식당

서양요리는 각국마다 그 특색이 있는데 이탈리아에는 파스타 영국에는 로스트비프, 미국에는 비프스테이크를 대표 요리로 들 수 있다. 그 밖에도 바비큐, 햄버거 등도 들 수 있는데, 이들은 일반적으로 빵과 곡물, 고기와 계란, 낙농식품, 과일, 야채 등을 재료로 이용한다. 미국인들은 간소한 메뉴와 경제적인 재료, 영양본위의 실질적인 식생활을 하고 있는 것이 특징이다.

③ 이탈리아 식당

이탈리아요리는 14세기 초엽에 탐험가 마르코 폴로가 중국 원나라에서 배워온 면류 요리가 고유한 스파게티와 마카로니로 정착한 것이다. 또한 프랑스 요리를 총칭하여 파스타라고 하며 식사 전에 수프를 먹는다.

④ 스페인 식당

스페인은 주위가 바다로 둘러싸여 해산물이 풍부하며 생선요리가 유명한데 특히 왕새우 요리는 세계적이다. 스페인 요리는 올리브유, 포도주, 마늘, 샤프란 등 향신료를 많이 쓰는 것이 특징이다.

⑤ 한식당

우리나라는 궁중을 중심으로 발달한 궁중요리와 불고기, 신선로, 김치 및 전골요리가 대표적이며 음식에 여러 가지 재료와 양념을 사용하여 조리하므로 다양한 맛과 색깔을 나타내는 것이 특징이다. 그러나 음식의 보관방법과 다양한 반찬의 수 등으로 양식요리에 비해 표준식단 개발에 어려움이 있어 다양한 요리가 제공되지 못하고 있는 실정이다.

⑥ 중식당

음향오행설을 요리의 기초에 두고 요리하는 중국 음식은 맛과 질이 다양하며 역사도 깊어 그 수준은 세계 제일이라고 해도 과언이 아니다. 중국요리는 황궁과 민가의 합작요리라고도 할 수 있는데, 돈과 권력을 이용한 가장 최고의 음식과 민가의 생계를 위한 음식이 결합되어 현재와 같은 다양한 요리로 발전하였다. 특히, 주식과 부식의 구별이 없으며 광대한 면적으로 인해 각 지역마다 독특한 재료를 이용한 지방별로 특색 있는 요리가 발달하였다.

⑦ 일식당

일본은 섬나라인 관계로 생선요리가 발달하였으며 음식도 색・향기・맛을 살려 조미한 단백하고 깔끔한 점이 특색이다. 일본요리는 후지산을 중심으로 오사카 지방의 관서요리와 교토를 중심으로 한 관동요리, 요정을 중심으로 발달한 요정요리로 크게 구분할 수 있으며 상차림, 식사예법 등의 형식을 매우 중요시하는 것이 특징이다.

(4) 식사시간에 의한 분류

① 아침식사(Breakfast)

조식은 하루에 처음 제공되는 식사이며, 이 식사 서비스가 그날을 즐겁게 또는 기분을 상하게도 할 수 있다는 점에 세심한 주의를 요한다. 영국의 빅토리아시대(1837~1901년)의 조식은 주로 스테이크, 고기 다진 것, 뼈가 붙은 고기 등을 제공하였으나, 그 이후에는 음식을 간단하게 먹는 경향이 전해져 미국과 영국을 시발점으로 전 세계로 점차 경향이 확대되고 있다. 조식은 다음과 같이 분류할 수 있다.

- 미국식 조식: 계란요리를 중심으로 해서 가벼운 음식이 다양하게 제공되는 식사로 계절 과일, 주스류, 시리얼, 케이크, 음료, 빵, 커피 등이 제공되며, 계

란요리를 주문할 때에는 햄, 베이컨, 소시지 등이 곁들여 제공되므로 주문 시에 착오가 없도록 주의해야 한다. 특히 삶은 계란을 주문할 때는 삶는 시간도 함께 주문받는다.

- 대륙식 조식: 유럽식 조식이라고 하는 대륙식 조식은 계란, 육류가 서브되지 않는 조식의 형태로서, 간단한 식사를 원하거나 시간에 쫓기는 고객을 위해서 주스, 커피, 빵 정도로 간단하게 제공되는 식사이다. 호텔경영방식에서 대륙식 플랜에 의한 객실요금에는 이 대륙식 조식요금이 포함되어 있다.
- 영국식 조식: 미국식 조식과 같으나 육류를 제하고 생선요리가 추가되는 아침식사이다.
- 조식뷔페: 주스류, 계란요리, 케익, 빵, 곡물류, 샐러드, 과일, 음료 등을 테이블 위에 진열해 놓고 고객이 기호에 맞는 음식을 선택해 먹도록 하는 아침식사이다.
- 비엔나식 조식: 계란요리에 커피가 제공되는 식사를 말한다.

이상과 같은 조식에 있어서 최근 호텔에서는 예외 없이 매상을 증진하기 위해서 룸서비스에 많은 노력을 기울이고 있다. 일반적으로 호텔 식당에서 조식을 드는 고객은 전날 숙박객의 50% 정도라고 한다. 이것은 수용능력, 영업시간, 조기출발, 심야도착 등 여러 가지 원인도 있으나 대개의 경우 아침시간에 식당에서 식사를 하지 않고 객실에서 룸서비스에 시켜서 먹는 경향이 많아지고 있다.

② 브런치(Brunch)

브런치는 토요일이나 일요일, 공휴일 늦잠을 자고 일어나 아침과 점심 사이에 식사하는 형태로서 breakfast의 'Br'과 lunch의 unch'가 조합되어 만들어진 새로운 용어이다. 도시를 방문하는 관광객들이 밤늦게 호텔에 도착하여 아침 늦게 일어나 아침식사 시간이 끝난 후 식사를 요청한다거나 아침식사를 하지 않고 출근한 현대 생활인이 점심식사를 기다리지 못하고 아침과 점심 사이에 먹는 식사를 브런치라고 한다.

③ 런치(Lunch)

영국에서는 간단한 점심을 Tiffin이라 한다. 이것은 대개 정식의 메뉴로 구성되지만 내용적으로는 정찬보다는 간단한 약식 식사로 대개 3~4개 코스인 Soup, Entree, Dessert, Coffee 등으로 되어 있으며 정오 때부터 시작된다.

④ 오후다과(Refreshment)

이것은 전통적인 영국의 음식습관으로서 오후에 간식을 먹는 것을 말하며, 유명한 밀크 티와 시나몬 토스트로 간단하게 한다. 지금은 세계 각처의 식당에서 오후 티타임에 이러한 간식을 판매하고 있다.

⑤ 저녁식사(Dinner)

하루의 식사 중 가장 화려한 식사시간이라고 할 수 있으며, 내용적으로나 시간적으로 질 좋은 재료를 사용하여 충분한 시간을 갖고 식사를 한다. 일반적으로 디너는 5~6가지 코스로 제공하며 이러한 정찬식사에 어울리는 와인이나 알코올 음료를 곁들이는 것이 보통이다. 정식 디너코스에는 생선과 로스트를 추가하기도 한다.

⑥ 서퍼(Supper)

요즘은 늦은 저녁의 밤참으로 칭하나, 주로 저녁 늦게 끝나는 행사 후의 식사로서 부담되지 않는 가벼운 음식을 2~3가지 코스로 구성하여 제공한다.

(5) 식사구성에 의한 분류

① 정식(Table d'hote: Full Course)

정식은 정해진 메뉴(Set Menu)에 의해 제공되는 것으로 전채, 수프, 생선요리, 셔벗, 육류요리, 가금류, 샐러드, 치즈, 디저트, 커피나 홍차 등의 순서로 구성되어 있다. 일반적으로 정해진 정식코스를 모두 갖추어 제공하는 경우는 많지 않으며, 한두 가지의 코스를 생략하여 코스를 구성하기도 한다.

▌표 4-4▐ 정식의 순서와 요리 종류

순서	요리 종류
Appetizer(전채요리)	Smoked salmon, Snail
Soup(수프)	Cream Soup, Consomme
Fish(생선요리)	Halibut, Trout, Salmon
Sherbet(셔벗)	Strawberry, Bean, Ginseng
Main(육류요리)	Beef, Pork, Lamb, Veal
Salad(샐러드)	Green Salad, Tossed Salad
Cheese(치즈)	Roquefort, Camembert
Dessert(디저트)	Ice Cream, Fruit, Cake
Coffee or Tea(커피/홍차)	Irish, Vienna, Lemon Tea, Milk Tea

일반적으로 레스토랑에서 정식메뉴를 주문하면 일품요리를 주문할 때보다 유리한 점은 다음과 같다.

- 고객의 메뉴 선택이 용이하다.
- 가격이 고정되어 있어 저렴하다.
- 신속하고 능률적인 서브를 할 수 있다.
- 원가가 절약되고, 조리과정이 일정하여 효율적이다.
- 전체 매출에 기여한다.
- 메뉴구성에 있어 재료, 소스, 조리방법 등 중복되는 것이 없어 다양한 맛을 느낄 수 있다.

② 일품요리(A la carte)

품목별로 가격이 정해져 있고, 고객의 주문에 의해 조리사의 기술로 만들어진 개별 요리를 제공한다. 일품요리는 호텔의 그릴(Grill) 또는 전문식당에서 제공되고 있으나, 요즈음에는 정식 레스토랑뿐만 아니라 일반 레스토랑에서도 제공되고 있다. 일품요리는 고객이 자신의 기호에 맞는 음식을 자유로이 선택할 수 있는 장점이 있는 반면, 가격이 정식에 비해 다소 비싸다는 단점이 있다.

③ 뷔페(Buffet)

고객은 일정금액을 지불하면, 찬요리와 더운 요리 등을 분류하여 진열해 놓은 음식을 고객이 직접 자기 기호에 맞게 먹을 수 있는 레스토랑이다. 최근에는 고객의 다양한 욕구에 부응하기 위하여, 한식, 중식, 일식, 양식, 이태리 음식, 동남아 국가 음식, 베이커리, 바비큐, 각종 음료 등 각 나라별 세분화된 음식을 고객 앞에서 직접 조리를 하여 서비스를 한다.

4. 테이블 세팅

테이블 세팅이란 식사 제공에 필요한 일체의 준비기구인 식탁, 의자, 테이블 클로스, 냅킨, 기물류, 식기, 글라스류 및 각종 테이블용 기물을 바르게 갖추어 놓아, 식사하기 편리한 준비작업이라 할 수 있다. 이러한 테이블 세팅은 영업장의 테이블 배치와 조화를 이루어야 한다.

즉, 테이블 배치와 테이블 세팅과의 조화는 고객에게 완벽한 식탁서비스를 제공해 주는데, 고객이 즐길 수 있는 식사분위기를 조성해야 한다. 또한 식탁배열은 어느 정도 여유를 가지면서 서비스하는 종사원의 이동공간이 확보되어야 하며, 고객들 간의 대화 내용도 고려되어야 한다. 테이블 세팅은 식당의 종류 및 식사의 형태에 따라서 다양하나 일반적으로 기본차림(Basic Place Setting), 정식차림(Table d'hote Setting), 아침기본차림(Basic Breakfast Setting)과 같이 분류된다.

1) 테이블 세팅(Table Setting) 준비

(1) 테이블 세팅 준비

테이블은 고객이 식사하는 데 가장 중요한 시설로서 항상 고정되어야 하며 의자 또한 흔들리지 않도록 철저히 점검해야 한다. 테이블과 의자에는 여러 가지 종류가 있다. 테이블은 크게 구분해서 원형, 정사각형, 직사각형의 테이블이 있으며, 레스토랑에서는 주로 2인용 테이블과 4인용 테이블을 사용하고 있다. 테이블의 높이는 국제규격으로 보통 70~75cm가 표준이며, 의자의 경우 고객이 식사하기에 아무런 불편이 없는 의자를 배치해야 한다. 의자의 높이는 보통 40~50cm이며 넓이는 50×50cm가 적당하다. 고객이 앉기 전에 테이블과 의자를 배치할 경우에는 테이블과 의자의 간격이 너무 넓다거나 좁게 하지 말고 고객이 앉기에 편리하게 배치해야 한다. 식탁과 의자가 차지하는 넓이는 보통 2.3×2.3m가 가장 적당한 간격이다.

(2) 테이블 세팅 시 준비물

① Under Cloth

Silence Cloth 혹은 Table Pad라고도 하며 식탁 위에서의 모든 소음을 줄여주고 식탁보의 수명연장과 움직이지 않도록 고정시켜 주는 역할을 한다. Under Cloth는 겉으로 보이지 않아야 한다.

② Table Cloth

Table Cloth는 약 1000년 전 프랑스와 영국에서 사용하기 시작했다고 전해지며 19세기 직물법의 발달에 따라 일반화되기 시작했다. 원래 흰색의 바둑무늬 직물을 사용하는 것이 원칙이지만, 요즈음에는 다양한 디자인과 색상으로 사용하는 경향이 많아졌다. 테이블클로스는 위에 테이블 표면적과 같은 크기의 천을 까는데 이것은 Top Cloth라고 하며 테이블클로스가 쉽게 더러워지는 것을 방지하고 테이블의 품위를 높여준다.

③ Napkin

냅킨은 무릎 위에 올려놓고 식사 중 음식물에 의해 옷이 더러워지는 것을 방지하기 위해서 사용하는 것이 주목적이나, 이외에도 식사 중 입을 닦거나 또는 식사 도중 소스나 버터 등 음식물이 손에 묻었을 때 사용하기도 한다. 따라서 냅킨을 접을 때에는 위생적인 면에서 가급적 손이 많이 가지 않는 방법을 선택하는 것이 좋다. 냅킨의 모양과 색상은 레스토랑을 산뜻하고 고급스러운 분위기로 조성시켜 고객에게 레스토랑의 이미지를 높여주는 역할을 수행하기도 한다. 냅킨을 놓는 위치는 밑받침 접시 또는 도일리(Doily) 위에 놓거나 그대로 식탁 위에 놓는다.

④ Centerpieces

Centerpieces는 테이블 중앙을 장식하기 위한 제반 물건을 말하는 것으로 식탁을 돋보이게 하기 위한 꽃병과 재떨이, 촛대, 소금, 후추병 등이 있이 있다. 장소에 따라 과일접시, 쿠키, Bread Basket 등이 장식되기도 한다. 꽃은 병에 꽂거나 수반을 이용할 수 있으나 꽃의 높이가 너무 높아 상대방의 얼굴을 마주보는데 방해가 되어서는 안 된다. 촛대 역시 손님의 대화에 지장을 주는 높이는 피해야 한다. 소금과 후추병은 보통 2~3명에 한 세트씩 세팅하며, 내용물이 차 있어야 하고, 응고되거나 구멍이 막히지 않았는지 확인한다.

⑤ Arm Towel

Arm Towel은 서비스 타월 혹은 핸드 타월이라고도 부르며, 직원이 항상 소지하는 타월로서 냅킨을 3등분해서 왼팔에 걸쳐 사용하며 테이블에 물을 흘렸을 때나 또는 뜨거운 접시, 요리를 운반할 때, 서비스 플레이트 기물을 담아 운반할 때 미끄러지지 않도록 방지해 주는 등 그 용도는 다양하다. Arm Towel로 테이블 위의 먼지나 음식물 찌꺼기를 치운다든지 청소도구 대용으로 사용해서는 안 되며, 사이즈는 보통 40~60cm이 적당하고 재질은 면직류나 마직류로 만들어진다.

⑥ Doily

식탁 위에 세팅을 하며 원형 도일리는 음료를 서비스할 때 밑받침으로 사용된다. 꽃병 및 그 밖의 장식용 밑받침으로도 사용된다.

⑦ Apron

에이프런(Apron)은 어린이용 냅킨이며 접객원이 서브할 때 많이 착용한다. 불고기와 같은 즉석요리를 제공할 때에 사용된다.

2) 테이블 세팅 종류

테이블을 꾸밀 때는 우선 고객의 이용목적에 따라 식사와 부수되는 행사에 불편함이 없도록 하며 호텔식당에서 보유하고 있는 물적 자원용 상품화로 유도할 수 있도록 하는데 테이블 세팅은 식사의 종류와 식사형태에 따라 다양한 방법으로 세팅한다.

(1) 기본 세팅

고객 한 사람을 기준으로 해서 가장 기본적으로 갖추게 되는 기물의 세팅을 말하며, 아침 식사를 제외한 점심이나 저녁을 제공하는 식당에서는 고객에게 정해진 시간에 효과적으로 식사를 제공하기 위해서 사전에 테이블에 세팅을 하는데, 항상 테이블에 기본 차림을 세팅해 놓고 고객을 기다린다.

세팅방법은 먼저 냅킨이로 테이블 중앙을 잡아 놓고 왼쪽에는 Meat Fork, 오른쪽에는 Meat Knife와 그 옆에 Spoon을 배열한다. Fork 위에는 B&B Plate를 놓고 Butter Knife는 오른쪽 Meat Fork와 나란히 세팅한다. Service Plate 위쪽에 Dessert Fork와 Spoon은 반대 방향으로 나란히 놓으며, Meat Fork 윗부분에 Butter Bowl을 놓고 Butter Bowl 옆이나 위에 빵을 놓는다. Meat Knife

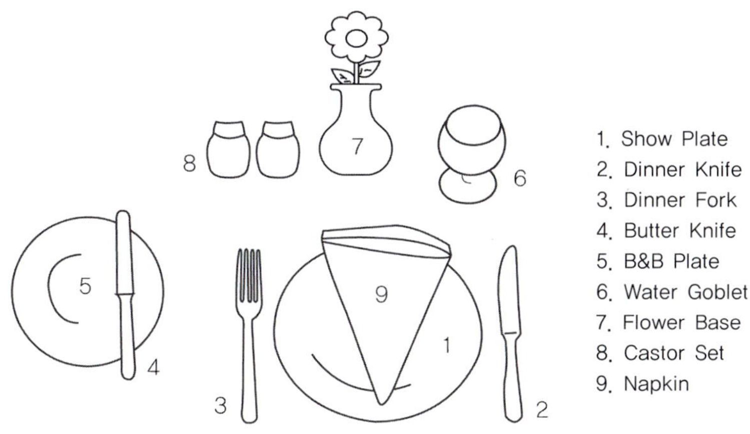

그림 4-2 테이블 기본 세팅

위쪽에 Tumbler 또는 Water Goblet을 놓으며 그 다음 테이블 중앙 부분에 Center Piece를 놓는다. 일반적으로 Coffee나 Tea Spoon은 세팅하지 않으며, Coffee나 Tea가 서브될 때 Saucer에 함께 내놓는 것이 원칙이다.

(2) 정식세팅

정식 테이블 세팅은 레스토랑에 따라서 조금씩 배열하는 방법이 다르다. Service Plate를 테이블 중앙에 놓고 오른쪽에 Knife를 놓는다. 배열순서는 Service Plate 쪽으로부터 Meat Knife, Fish Knife, Soup Spoon의 순서로 배열하고 이때 Knife 날은 안쪽으로 향하게 놓는다. 왼쪽에는 Service Plate 쪽으로부터 Meat Fork, Salad Fork, Fish Fork, Hors d'Oeuvre Fork 순으로 배열한다. B&B Plate는 Fork 옆 약간 위쪽에 놓고 Butter Knife는 B&B Plate 위 오른쪽의 Meat Knife와 나란히 셋업한다. Meat Fork 윗부분에 Butter Bowl을 넣는다. Dessert Fork와 Spoon은 Service Plate 위쪽에 놓고 Fork의 손잡이는 왼쪽방향 Spoon의 손잡이는 오른쪽 방향을 향하게 놓으면 안 된다. Dessert에 필요한 Spoon과 Fork는 Hot Sweet Dessert에 사용하는 것으로 Dessert가 제공되기 직전에 직원이 Spoon은 오른쪽 Fork는 왼쪽으로 나란히 내려놓으면 고객이 사용하기 편리하다.

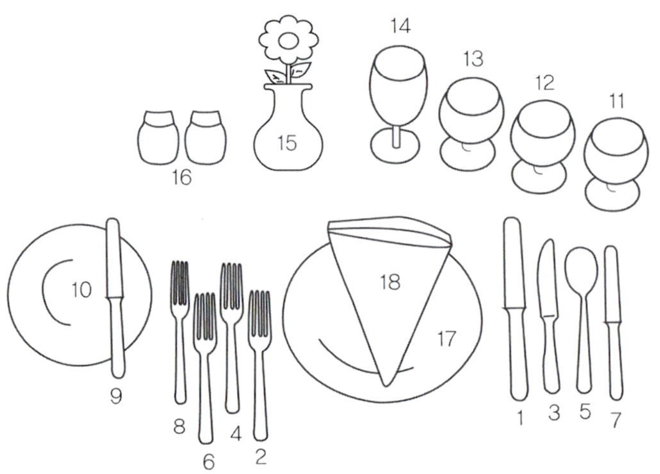

1. Meat Knife
2. Meat Fork
3. Fish Knife
4. Fish Fork
5. Soup Spoon
6. Salad Fork
7. Appetizer Knife
8. Appetizer Fork
9. Butter Knife
10. B&B Plate
11. Water Goblet
12. White Wine Glass
13. Red Wine Glass
14. Champagne Glass
15. Flower Base
16. Castor Set
17. Show Plate

그림 4-3 테이블 정식세팅

(3) 조식세팅

조식은 주로 간단하게 제공되기 때문에 테이블에 조식 제공에 필요한 기물만을 세팅하면 된다. 먼저 냅킨이나 도일리로 테이블의 중앙을 잡고 왼쪽에 Meat Fork을 놓고 오른쪽에 Meat Knife를 놓는다. Fork 옆 위쪽에 B&B Plate를 놓고 그 P2Late 위에 Knife를 올려놓는다. Knife 옆에는 커피 컵과 접시를 놓고 Saucer 위에 Teaspoon을 놓는다. Meat Knife 위에 Water Glass를 놓고 테이블 위쪽에 Caster Set를 놓는다.

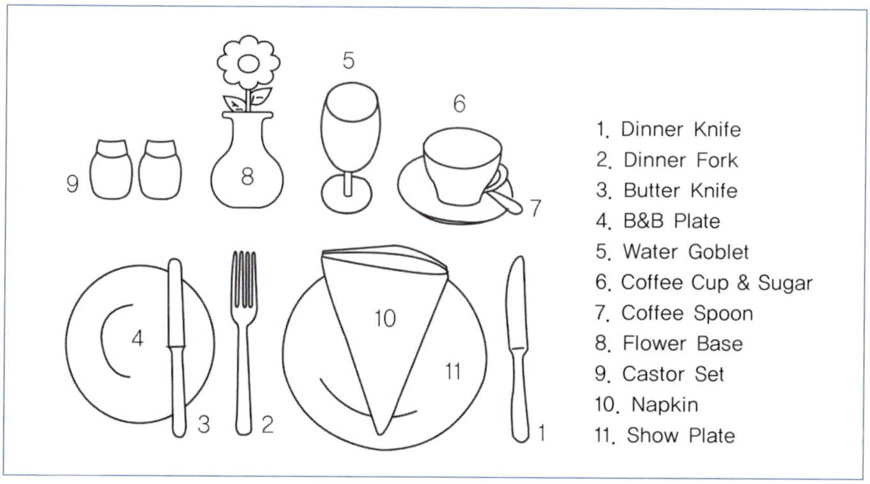

그림 4-4 테이블 조식세팅

5. 호텔 레스토랑 서비스 실무

레스토랑 서비스란 선의를 갖고 식음료 상품을 고객에게 전달하기 위한 것으로, 식음료 서비스의 기능적 서비스와 정서적 서비스로 구분할 수 있다. 기능적 서비스란 직원이 음식이나 음료를 직접 서비스하는 인적 서비스를 말하며, 정서적 서비스란 친절, 미소, 용모, 예절, 복장, 인테리어, 분위기, 환대정신 등을 말한다. 따라서 레스토랑에서 서비스 실무는 레스토랑을 이용하는 고객이 만족하는 기능적 서비스뿐만 아니라 정서적 서비스까지 수반된 서비스라 할 수 있다.

1) 레스토랑 직원의 기본요건

서비스 요원으로서 갖추어야 할 정신적 요건은 투철한 직업관과 올바른 정신자세이며, 접객업무를 성실히 수행하기 위한 전문지식의 습득을 위해 부단히 노력을 기울이는 것이다. 서비스 요원의 기본요건은 다음과 같다.

(1) 봉사성(Service)

봉사성이란 서비스산업의 생명으로서 환대산업의 주요 전략상품이며 고객에게 제공되는 물적 서비스와 진심 어린 마음으로 고객에게 부담을 주지 않는 인간미가 수반된 인적 서비스로 구성된다. 따라서 종사자는 어떤 고객에게라도 단순히 형식에 치우친 사무적이고 수동적인 서비스를 해서는 안 되며 진정한 마음에서 표출되는 최상의 친절로 고객 서비스에 임해야 한다.

(2) 환대성(Courtesy & Hospitality)

종사자는 항상 고객의 입장을 먼저 고려하며 고객이 영업장을 이용 시 진심으로 환영함과 동시에 끊임없는 관심과 애정으로 고객이 불편함이 없도록 도와주려는 종사자의 마음가짐에서 출발한다. 즉 고객의 만족은 자신의 기쁨으로 여기며 항시 즐거운 마음으로, 미소 띤 얼굴에 정중하며 반가운 태도로 고객을 맞이하여야 한다.

따라서 종사자의 예의바른 접객태도와 서비스는 고객으로부터 아낌없는 칭찬과 서비스의 가치를 인정받을 뿐만 아니라 그로 인해 파급되는 구전효과로 새로운 고객 확보 및 이용 빈도를 더욱 높여 주는 계기가 될 것이다 보편적으로 종사자의 환대 태도에 고객이 느끼는 감정은 아주 민감하고 평가기준 또한 냉정하다는 것을 종사자들은 알아야 한다.

(3) 청결성(Cleanness)

청결성은 가장 기본이라 할 수 있으며, 크게 나누어 공중위생, 개인위생으로 구분할 수 있다. 공중위생이란 출입구 주변에서부터 고객이 이용하는 영업장의 공간, 즉 테이블, 화장실, 각종 기기, 식음료 등 고객이 업장을 이용하고 육안으로 볼 수 있는 부분의 정리정돈 등의 모든 영업장의 청결을 의미한다. 개인위생이란 종사자의 청결을 의미하며 종사자의 신체, 즉 두발, 복장, 얼굴, 손 등이 항상 깔끔히 단정되어 있어야 한다.

(4) 경제성(Economy)

경제성이란 최소의 경비지출로 최대의 영업이익을 얻고자 하는 것이다. 즉, 만족하는 영업성과를 얻기 위하여 평소에 모든 종사자들은 투철한 절약정신과 주인의식을 갖고 운영에 소요되는 고정경비와 변동경비의 지출을 최대한 절감함 수 있도록 해야 하며 또한 모든 경비지출에 따른 낭비 등을 사전에 차단하며 매출 및 이익증대에 이바지하도록 노력해야 한다.

(5) 능률성(Efficiency)

능률성이란 주어진 시간 안에 맡은 바 업무를 정확히 파악한 후 최대의 능력을 발휘하여 얻어낸 성과를 말한다. 즉 모든 업무의 능률을 올리기 위하여 종사자들은 모든 일에 적극적이고 능동적인 자세로 업무를 수행해야 하며 업무의 흐름을 숙지하여 요령 있게 효과적으로 일을 처리할 수 있도록 전반적인 기능을 향상시켜야 한다.

(6) 정직성(Honesty)

정직성이란 인간의 근본정신 중에 가장 참된 것이라 할 수 있으며, 어느 누구에게라도 책임감 있는 행동을 취하여 신뢰받을 수 있도록 정직성을 생활의 신조로 삼아야 한다. 이러한 올바른 정신과 행동은 호텔기업과 종사자들 사이에 신뢰를 통한 원만한 협조체제가 이루어져야 할 것이며, 고객 또한 종사자들의 올바른 마음가짐과 행동에 더욱 신뢰감을 갖게 되어 기업의 명예를 높이고 아울러 영업 신장과 지속적인 발전에 크게 기여한다는 것을 종사자들은 명심해야 할 것이다.

2) 레스토랑 영업준비(Mise-en Place)

미즈 앙 플라스(Mise-en Place)는 프랑스어로 식사준비에 따르는 사전준비를 미리 마무리하여 내놓는 것을 말하는 것으로, 보통 호텔 레스토랑이나 외식업체에서 고객에게 식사 제공을 위해 사전 준비된 상태를 말한다. 이는 영업장 내의 청결상태에서부터 환경정리와 정돈, 식탁의 배치, 각종 테이블 리넨류 및 사이드 테이블 등 고객이 들어오면 즉시 서비스할 수 있게 모든 기물류가 충분히 비치되어 있는 상태이다.

고급 레스토랑이나 전문 레스토랑, 일반식당에서 아무리 훌륭한 식음료가 제공된다 하더라도 기물이나 양념통(뚜껑의 청결상태, Sugar Bowl, Salt, Pepper 굳은 것 등)이 제대로 준비되지 않을 경우, 그 식사는 가치가 떨어지게 된다. 따라서 영업이 시작되기 전에 모든 준비물을 완벽히 점검하여 고객에게 질 높은 서비스를 동반하여 영업을 시작하는 것이 정상이다. 그러므로 영업을 위한 준비 과정에 가장 주의와 관심을 기울여야 할 부분이 바로 청결 및 정리, 정돈이라고 볼 수 있다. 접객 서비스 직원들은 고객들에게 품격 높은 서비스도 중요하지만 Mise-en Place가 완벽하다면 고객들에게도 만족한 서비스를 제공할 수 있을 것이다.

3) 레스토랑의 예약업무

현대문명의 발달로 현대사회는 점점 복잡해지고, 정확한 시간을 정하여 행동하는 현대인에게 예약은 생활 중에 일반화되어 있는 것이 현실이다. 고객을 접대하거나 사업상 또는 인간관계를 나눔에 있어 우리 생활에 커다란 부분을 차지하는 식사 접대를 위해서 이용하는 레스토랑 역시 예약은 보편화되어 있어, 예약 없이 레스토랑을 간다는 것 자체가 이상할 정도이다.

사전예약을 함으로써 고객은 시간, 계획 등을 차질 없이 즐길 수 있는 여유를 가지며, 레스토랑에서는 예약고객에 대한 사전준비를 철저히 함으로써 양질의 서비스를 제공할 수 있다. 예약은 고객이 계획하고 있는 행사를 차질 없이 진행하기 위하여 레스토랑과 약속하는 것이다. 따라서 예약 담당자는 고객의 모든 요구사항을 정확히 접수하여, 철저한 사전 준비와 효율적인 서비스로 고객에게 즐거움과 만족을 주도록 최선을 다해야 한다.

고객이 예약하는 방법은 직접 방문하여 예약하는 경우도 있고, 전화에 의한 예약, E-mail, FAX, 직원을 통한 대리예약 등 다양한 방법이 있다.

4) 주문받는 방법

(1) 주문의 개념

주문이란 품명, 수량, 모양, 크기 등을 일러주고 제작을 의뢰하는 것을 의미하지만, 식당에서의 주문이란 고객의 기호와 취향에 맞게 판매 가능한 상품을 제공하기 위한 고객과의 계약행위라고 할 수 있다. 따라서 종사원들은 주문접수에 필요한 상품지식과 세련된 판매기법을 습득하여 효과적인 상품선전과 적극적인 판매활동을 할 수 있는 자세를 갖추어 항시 고객이 만족한 주문을 할 수 있도록 도와드리며, 고객으로부터 유능한 종사원으로 호평을 받을 수 있도록 연구 노력하는 자세를 가져야 한다.

(2) 판매자의 필수 조건

① 고객에게 상품(요리, 음료)을 팔기 전에 자신을 팔아야 한다.

② 항상 미소 띤 얼굴로써 서비스와 친절을 판다는 것을 잊어서는 안 된다.

③ 가격을 파는 것이 아니라 가치를 팔아야 한다.

④ 분위기를 함께 팔아야 한다.

(3) 주문받는 요령

메뉴는 고객의 우측에서 전달하고 주문을 받을 때는 고객의 좌측에서 주문을 받는다(경우에 따라 유동적일 때도 있다).

① 항상 메모용지와 볼펜을 지참하여 즉시 주문 내용을 받아 적는다.
② 주문 기록은 통일된 약자(Abbreviation)로 정확히 기재하며 반드시 복창하여 확인한다.
③ 주문을 받을 때는 양발은 모으고 양팔을 겨드랑이에 자연스럽게 붙인다.
④ 주문 순서는 시계 방향으로 여자(Hostess) 고객, 남자(Host) 고객 순으로 받는다.
⑤ 고객의 특별한 주문 요청이 있을 경우 주방과 신속히 연락하여 가능 여부를 확인한다.
⑥ 시간이 오래 걸리는 요리를 주문받을 때 반드시 소요시간을 알려야 한다.
⑦ 요리 주문이 끝나면 Wine List를 고객의 우측에서 건넨다.
⑧ Wine은 주로 주문된 주 요리에 잘 어울리는 품목으로 권유하여 주문받는다.
⑨ 주 요리(Main Dish) 식사가 끝나면 후식 주문과 음료 주문을 받는다.
⑩ 주문이 끝나면 감사의 표시로 정중하게 인사드린 후 물러난다.

(4) 주문받을 때 유의사항

① 상품 추천을 하기 전에 가능한 한 고객의 유형을 신속히 파악한다.
② 고객의 주문 여하에 따라서 매출이 결정되므로 효율적으로 설명한다.
③ 고객으로부터 고가품을 강매하는 인상을 주어서는 안 된다.
④ 추천 상품은 주로 그날의 특별요리(Daily Special Menu)로 한다.
⑤ 단골고객인 경우 고객의 기호에 맞는 식음료로 추천한다.
⑥ 고객관리 자료카드(Guest History Card)를 기록·유지한다.
⑦ 음료 주문은 매출 증진과 비례하므로 적극적으로 추천하고 판매하도록 한다.

(5) 주문의 확인

① 종사원들은 고객의 주문을 항상 복창한다.
② 사전에 문제요인을 예방하기 위해 주문 내용을 재확인한다.

5) 레스토랑의 테이블 매너

글로벌 시대가 되면서 다른 문화의 외국인들과 만날 기회가 많아지고, 때로는 그들과 비즈니스 관계로 식사할 경우가 잦아졌다. 그러나 처음 접하거나 낯선 문화의 사람들의 생활습관을 이해하지 못하면 결례들을 범할 수 있다. 따라서 세계화 물결에 동참하고, 세계인으로서의 자질을 향상시키기 위해서 최근에 기업체에서는 자사 직원들에 대한 호텔 이용방법과 식사 예절에 관한 프로그램을 참석시키고 있다.

그러므로 일부의 5성급 호텔에서는 이러한 고객의 욕구를 충족시키고, 올바른 식사문화 창출을 위해 테이블 매너라고 하는 프로그램을 상품화하여 판매하고 있다. 호텔에 숙박을 하면서 레스토랑을 이용하는 프로그램도 있을 뿐만 아니라, 레스토랑에서 식사를 하며 강의를 하는 형태의 상품도 있을 만큼 다양한 프로그램으로 구성되어 있다. 호텔 입장에서 보면 매출증진에도 기여하지만, 선진화된 올바른 외국문화와 식사예절의 통한 세계인으로서의 교육 선두에 서게 되므로 매우 바람직한 일이라 할 수 있다.

(1) 레스토랑에서의 일반적 예절

① 사전예약 및 예약 시간 지킴

손님과 약속을 하고 레스토랑에 갔는데 개인사정으로 인하여 상대편을 기다리게 하는 것은 큰 실례를 범한 것이다. 이는 약속한 사람과도 실례를 한 것이지만 레스토랑 측에 대해서도 실례를 범한 것이다. 시간약속은 대단히 중요한 일이며, 테이블 매너에서 가장 기본적인 일이다.

② 식사 중 불필요한 동작은 금물

레스토랑에서는 요리를 맛있게 먹고, 주위의 분위기를 더욱 즐겁게 하는 것이 목적이다. 식사에 동석한 사람이 이상한 행동을 한다거나, 본인 음식이 왼쪽과 오른쪽 어느 것이지 몰라 옆 사람의 음식을 먹기도 하고, 불필요한 큰 동작을 취하여 레스토랑 직원이 음식물을 엎질러 본인이나 동석한 사람에게 불편을 끼쳤다면 그 식사 모임은 모두에게 불쾌감을 주었을 것이다.

③ 매너는 자신 보호 및 안전

식사를 하다 보면 예상치 못한 실수를 하게 되지만, 레스토랑 직원에 의해 일이 생길 수도 있다. 옷을 더럽히거나 손을 데일 수도 있고, 물이나 와인을 쏟는 등 여러 가지 일들이 일어날 수 있다. 직원이 요리를 서비스할 때 좌측이나 우측에서 하는 등 각 코스마다 서비스 형태가 달라질 수 있다. 식사를 하는 동안 지나치게 손짓을 많이 하거나 상체를 좌우로 흔들면 직원이 서비스하려는 음식과 충돌하여 뜨거운 커피나 수프를 뒤집어 쓸 수도 있다.

④ 좌석을 정할 때는 주빈이 누구인지 고려

보통 주빈은 나이가 가장 많은 여성이다. 하지만 상황에 따라 사회적인 지위가 높은 사람, 인지도가 높은 사람이 될 수도 있다. 주빈의 친척, 가족, 친구 등은 말석에 앉는다. 남성과 여성을 섞어가며 앉힌다.

⑤ 지배인이나 직원의 안내에 따름

고급 레스토랑일수록 입구에서 직원이 고객을 영접한다. 혹시 아무도 없다고 자기 마음대로 입장하거나, 본인이 앉고 싶은 테이블에 자리를 잡는 것은 커다란 실례를 범한 행동이므로 반드시 기다려야 한다. 일반 커피숍이라 할지라도 입구에서 기다릴 수 있는 매너를 지킨다.

⑥ 고급 레스토랑에서는 정장

특별한 목적을 가진 모임이 아니라면 정해진 복장을 입지 않아도 된다. 그러나 상대편에 불쾌감을 주지 않도록 최소한의 복장 예절을 지켜야 한다.

⑦ 메뉴를 천천히 보는 것도 매너

잘 알고 있는 메뉴라 할지라도 의자에 앉자마자 주문하는 것보다는 천천히 메뉴를 보는 것도 매너이다. 메뉴를 천천히 보다보면 그 레스토랑에서 제공하는 다양한 메뉴를 이해할 수 있고, 직원으로부터 다른 정보도 얻을 수 있고, 식욕도 돋울 수 있다.

⑧ 초대를 받았을 때 요리 선택은 중간 가격으로 주문

요리를 선택함에 있어, 초대한 사람이 특별히 권할 때는 예외이지만, 초대받았다고 하더라도 초대한 사람의 입장도 고려하여 중간 가격으로 선정하는 것이 바람직하다. 주문을 할 때는 옆 테이블을 가리키며 저것과 같은 것을 달라거나 저것은 어떤 음식인가를 물어보며 주문하는 행위를 해서는 안 되며, 여성과 동반하였을 때는 그녀의 메뉴 선택을 도와주어 먼저 선택하게 한 다음, 자신의 요리를 선택하는 것이 무방하다.

⑨ 레스토랑 직원은 상석의 좌석에 도움

직원이 없을 때는 남성이 주빈 또는 여성, 노령 고객의 좌석을 도와드려야 한다. 상석을 지정받았을 때는 지나치게 사양하는 것도 결례이므로 주의해야 한다. 사람들의 왕래가 많은 쪽이나 출입문에서 가까운 쪽은 말석임을 인지하고 있어야 한다.

⑩ 식사 중 의자를 고쳐 앉는 행동 삼가

식사가 진행되는 도중 의자를 고쳐 앉는 행동을 삼가야 한다. 꼭 고쳐 앉을 상황이라면 주의를 잘 살펴야 한다. 왜냐하면 레스토랑 직원이 음식을 제공하는 중이라면, 움직이는 고객으로 인해 직원이 실수를 범할 수 있기 때문이다. 이러한 상황이라면 옆에 있는 다른 고객에게도 폐를 끼칠 수 있기 때문이다.

⑪ 클럭 룸(Cloak Room)을 이용

레스토랑에 들어갈 때는 가방, 외투, 모자, 우산 등은 가지고 들어가지 말고, 클럭 룸(Cloak Room Or Check Room)에 맡겨야 한다. 하지만 여성들이 가지고 다니는 핸드백의 경우는 예외이다. 이때 갖고 들어간 핸드백은 허리와 의자 사이(등 뒤)에 놓는 것이 가장 바람직하다. 하지만 의자 뒤에 구멍이 있거나 뚫려 있는 경우는 의자 다리 옆에 붙여 놓으면 된다. 휴대폰이나 핸드백 등 개인 소지품을 테이블 위에 올려놓아서는 안 된다.

⑫ 냅킨(Napkin)은 모두가 앉은 다음 무릎 위

어떤 사람들은 테이블에 앉자마자 냅킨을 펴는 경우가 있는데, 이는 좋지 않다. 모든 사람들이 의자에 착석한 후 냅킨을 펴지 않은 상태에서 무릎 위에 가져와 조용히 1/2로 펴서 무릎 위에 편다. 냅킨을 양복조끼 단추나 셔츠 목 부분에 걸치는 것은 매너 있는 행동은 아니다. 이러한 행동은 어린이나 노약자, 흔들리는 기차 안, 비행기 안에서는 이해가 된다.

⑬ 레스토랑 직원은 고객을 위해 존재

레스토랑 직원은 고객을 위하여 존재하는 것이며, 고객이 식사를 즐겁게 하기 위해 근무하는 것이다. 그러므로 직원이 옆에 있은 것을 거북하게 생각할 필요가 없다. 식사 중 필요한 것이 있다면 손을 들거나 부르는 몸짓만으로도 직원은 도움을 줄 것이다.

(2) 테이블에서의 일반적 예절

① 식사 중 얼굴이나 머리를 만지는 않음

빵을 손으로 먹는 서양인의 경우 머릿기름이나 머리때가 손에 묻는 것을 매우 비위생적이라 생각한다. 그러므로 손으로 입술이나 귀, 코와 같은 곳을 만지거나 긁는 것은 삼가야 한다.

② 식사 중 테이블 위에 팔꿈치를 얹거나 다리를 꼬아서는 안 됨

식탁 위에 팔꿈치나 손을 얹거나 Fork 또는 Knife를 든 채로 테이블 위에 팔을 얹어 놓아서는 안 되며, 남녀 누구나 식사 중 다리를 꼬는 일은 금물이다. 다리를 꼬게 되면 냅킨이 밑으로 떨어지거나 실수로 테이블을 발로 차서 수프를 엎지르는 등 위험이 따를 수 있다.

③ 바닥에 떨어진 Knife와 Fork는 줍지 않음

테이블 매너에서는 Napkin, Knife, Fork가 바닥에 떨어졌을 때는 본인이 주워서는 안 된다. 항상 지켜보는 담당 직원이 주울 것이며, 다른 것으로 바꿔줄 것이니 신경 쓰지 않아도 된다는 것이다. 그러나 같은 테이블의 여성이 물건을 떨어뜨려 주우려고 하면 남성이 빨리 주워서 직원에게 전해주어야 한다.

④ Fork는 좌측과 우측 양손으로 사용해도 무방

왼손잡이나 오른손잡이를 막론하고, 오른손에는 Knife, 왼손에는 Fork를 잡도록 엄격한 습관이 필요하다. 그러나 콩이나 가늘게 썬 야채 등은 Fork를 오른손으로 이용하여 먹어도 무방하다.

⑤ Napkin을 수건으로 사용해서는 안 됨

Napkin의 주목적은 무릎 위에 올려놓고 음식물이 떨어져 옷이 더럽혀지는 것을 막는 것이다. 또한 입 주위를 닦는 것, 식사 도중 Sauce나 Butter, Jam 등이 묻었을 때 닦는 데 사용한다. 그러므로 절대로 얼굴이나 목의 땀을 Napkin으로 닦아서는 안 되며, 자신의 손수건을 이용하여 닦는다. 그러나 식사 후 Napkin 대신 자신의 손수건으로 입을 닦는 것은 레스토랑의 Napkin이 불결하다는 뜻이므로, 초대한 사람에게 미안한 느낌을 주는 실례가 되므로 삼가야 한다.

⑥ 손에 쥔 Knife와 Fork를 세워서는 안 됨

식사를 하면서 이야기를 하는 것은 즐거운 일이다. 그러나 이야기에 열중하다 보면 무의식중에 양손에 Knife와 Fork를 쥔 채, 테이블 위로 팔을 올린다든지, 흔들면서 이야기하는 경우가 있는데 이는 옆 사람에게 불안감을 줄 뿐만 아니라, 교양 없는 행동이므로 삼가야 한다.

⑦ 식사를 마치면 Knife와 Fork는 나란히 오른쪽

Knife와 Fork를 어떤 형태로 접시 위에 놓는가에 따라 직원에게는 하나의 신호가 된다. 요리를 다 먹었다면 Knife는 바깥쪽, Fork는 안쪽으로 나란히 놓아둔

다. 식사가 끝나지 않더라도 Knife와 Fork를 이렇게 놓으면 직원은 식사가 다 끝난 것으로 간주하여 접시와 기물을 치우게 된다.

⑧ 접시를 돌리거나 움직여서는 안 됨

일반적으로 레스토랑에서의 접시는 크고 무게도 있다. 이는 움직여서는 안 된다는 것을 의미한다. 그러므로 스테이크에 붙어 있는 지방질을 제거하기 위하여 접시를 이쪽저쪽으로 돌려서는 안 된다.

수프 접시를 직원이 가져간 후 빵 접시를 좌석 정면 앞에 옮겨다 놓고 먹는 것은 예의가 아니다. 요리의 순서나 식기의 자리는 먹기 쉽고, 편리하도록 합리적으로 고안된 것이므로, 접시의 위치를 옮겨 놓아서는 안 된다. 또한 식사 후 직원의 수고를 덜어준다는 뜻에서 접시를 포개는 것은 실례이므로 삼가야 한다.

⑨ 무작정 조미료나 소금을 넣어 가미하는 것은 예의가 아님

테이블 위에는 Salt, Pepper, Mustard, Tabasco, Hot Sauce 등이 있는데, 대개 요리는 조미해서 제공되므로, 일단 맛을 본 후에 조미료나 소금을 가미하는 것이 원칙이다.

⑩ 부득이한 경우를 제외하고는 입에 넣은 음식을 삼키는 것이 매너

이물질이나 생선뼈는 손으로 빼거나 Fork로 받아서 접시 귀퉁이에 놓으면 된다. 입에서 뺄 때는 Napkin으로 가볍게 입을 가려야 한다. 입에서 빼낸 이물질은 접시 위에 있는 감자껍질 등으로 덮어 놓아 불쾌한 것을 숨긴다.

6. 메뉴 관리

레스토랑의 특성과 분위기를 창출하는 도구로서의 역할을 하는 메뉴 계획은 고객의 필요와 욕구 그리고 조직의 목표를 평가한 후에 행해야 하는 단계로서 그 주방의 책임자 또는 요리장의 책임하에 이루어져야 하며. 조리사들은 이 메뉴에 의하여 그때그때의 요리를 조리하게 되는데, 특히 데일리 메뉴는 1년간을 통해서 계절별, 월별, 요일별, 명절 등에 따라서 고려되어야 한다. 특히 잊어서는 안 될 것은 재료 재고의 유무와 조달 가능성을 잘 검토해서 그때그때의 메뉴를 구성해야 한다는 것이다.

성공적인 메뉴가 되려면 우선 판매 목표시장을 선정하고 고객의 욕구를 충족시킬 수 있을 만한 내용과 외양을 갖추어야 한다. 즉 판매시점에서의 고객욕구는 물론 미래 고객, 고객의 환경까지도 면밀히 검토하여 작성되어야 하며, 메뉴계획은 그 메뉴로 인하여 레스토랑의 광고와 선전효과까지도 고려하여 계획, 작성되어야 한다.

1) 메뉴 개념

메뉴(Menu)란 단어의 어원은 라틴어의 Minutus에서 온 말로써, 이 말은 영어의 Minute에 해당되며, 그 의미는 '상세하게 기록한 것'이다. 원래는 요리장에서 요리의 재료를 조리하는 방법을 설명한 것이라고 하며, 요리장에서 식탁으로 나오게 된 것은 1541년 프랑스의 앙리(Henri) 18세 때 블랑 위그(Blanc Hugues) 공작이 베푼 만찬회 때부터였다고 한다. 주인인 공작은 여러 가지 음식을 접대함으로써 생기는 복잡함과 순서가 틀리는 불편을 해소하기 위해, 요리명과 순서를 기입한 리스트(List)를 작성하여 그 리스트에 의해 음식물을 차례로 즐겼는데, 연회에 참석한 손님들도 그 편리함을 깨닫고 요리목록을 사용하게 됨에 따라 널리 전파되었으며 그 후 19세기에 이르러 프랑스의 파리에서 메뉴의 명칭이 일반화되어 사용되었다고 한다.

메뉴의 정의에 대해서 'Webster's Dictionary'는 메뉴를 "식사에서 제공되는 음식의 상세한 목록(A detailed list of the foods served at a meal)"으로 설명되어 있다. 즉 "식사로 제공되는 요리를 상세히 기록한 목록표"라 할 수 있다. 메뉴는 서비스 제공자의 입장에서는 다음과 같은 최소한 세 가지의 의미를 가지고 있다.

① 제공되는 음식은 다양한 코스가 포함되는 음식 품목의 범위를 나타낸다.

② 메뉴에 의하여 품목이 제공되는 정렬표이다.

③ 고객들이 메뉴로부터 선택하도록 품목의 목록이 적혀 있는 물리적 실체이다.

메뉴는 우리말로 '차림표' 또는 '식단'이라고 부르는데, 그 어원은 라틴어의 miutus로서 요리 하나하나에 대해 상세히 기록해 놓은 것이라는 뜻이다.

최근 레스토랑의 메뉴를 보면 화려하고 특색 있는 메뉴를 작성하여 업장에 비치하고 있는데 요리명과 가격은 물론이고 요리에 대한 설명을 써넣기도 하며 요리의 사진을 넣기도 한다. 이러한 오늘날의 메뉴에 대한 정의를 내리자면 '고객이 알기 쉽도록 식음료의 품목과 가격을 작성·기록하여 고객이 주문할 때 필요한 정보를 제공하는 차림표'라고 할 수 있는데, 그 역할은 다음과 같다.

① 레스토랑의 개성과 이미지

메뉴에는 품목, 특별요리, 가격 등이 기재되어 있다. 최근에는 서비스 방법까지도 상세하게 기록한 메뉴도 있으며 그것에 의해 레스토랑의 특징 또는 개성을 표현하고 레스토랑의 이미지를 만든다.

② 레스토랑의 경영방침이 함축

메뉴가 기초가 되어 레스토랑의 주방시설, 접객업수, 재료선택과 원료구입 등이 결정된다. 따라서 타 식당의 것을 모방해서 만든다든지 또는 적당히 만들어서는 안 되며 레스토랑의 경영방침을 기초로 메뉴작성이 이루어져야 한다.

③ 고객과 종업원 간에 마음을 연결시켜 주는 역할

고객은 메뉴를 보고 요리를 주문하지만 종업원은 그 메뉴를 고객에게 건네주고 고객이 요리를 선택하기까지 기다리기만 하는 것은 아니다. 메뉴를 보고 주문을 망설이는 고객에게 접객원은 메뉴를 통해서 고객에게 요리를 권유하기도 한다. 이때 종업원은 자신을 가지고 요리를 권유하게 되면 고객은 그 요리에 대해서 호감을 가지고 주문을 하게 되며, 이때부터 본격적인 서비스가 시작된다. 이렇듯 고객과 종업원 간에 마음을 연결시켜 주는 것 또한 메뉴가 가지고 있는 기본적인 역할이다.

④ 요리연구의 기초자료

메뉴는 요리를 연결하는 재료이다. 메뉴는 레스토랑 이용객의 기호를 가르쳐 준다. 주문이 많은 요리와 그렇지 않은 요리를 분석함으로써 고객의 기호를 판단하고 그것을 기초로 하여 요리를 연구하고 메뉴를 개정할 수가 있다.

2) 메뉴의 중요성

메뉴는 레스토랑에서 생산되는 품목과 가격을 표시하고, 상품을 전달하고자 하는 단순한 홍보물이라고 할 수 있지만, 고객의 소비욕구를 자극하고 수요를 창조하는 기본적인 판매촉진의 역할도 하고 있다. 따라서 메뉴판의 로고와 디자인, 색상 등은 그 업장의 메뉴와 분위기를 연출할 수 있도록 디자인해야 한다.

레스토랑은 메뉴를 통하여 영업장의 품격이 결정되며, 메뉴의 구성에 따라 그 업장의 주방설비와 주방요원, 서비스 요원, 재료의 선택과 구매 등이 결정되고, 메뉴에 수록된 요리에 따라 생산할 수 있는 기술력을 알 수 있다. 또한 레스토랑에서는 메뉴를 이용하여 고객들이 가격에 대하여 고민하는, 즉 가격저항을 줄이기 위해 다양한 가격을 제시하고 있으며, 품질과 선택의 구매저항을 최소화하기 위해 축제메뉴, 계절메뉴, 그날의 특별요리 등 다양한 메뉴를 개발하여 제시함으로써 고객의 구매저항을 감소시키고 있다.

고객과의 약속에서 레스토랑의 상품은 고객이 직접 눈으로 모든 것을 확인하고 음식을 구매하기가 어렵다. 레스토랑이라는 상품을 대표적으로 표현하는 도구가 바로 메뉴이며, 고객은 메뉴를 통하여 자신이 구매하고자 하는 가치를 확인하고 주문하게 된다. 또한 메뉴는 레스토랑에서 판매하는 상품에 대하여 고객에게 그 가치를 보장한다는 고객과의 중요한 약속의 매개수단이기도 하다.

3) 메뉴 기능

메뉴란 고객과의 커뮤니케이션에 사용되는 가장 중요한 마케팅 도구이며, 식음료업장의 충성고객과 고객의 잠재적 욕구에 가장 큰 영향을 주고 있어, 식음료 경영에 주요한 부분을 차지한다. 또한 메뉴로써 소개되는 제품 및 서비스는 고객의 메뉴 선택에 많은 영향을 주며, 식음료업장의 경영 방법 및 서비스 타임 등을 결정한다. 이러한 메뉴의 기능을 서술하면 다음과 같다.

① 판매도구: 메뉴에는 영업품목과 가격, 서비스 제공방법이 상세히 기록되어 있기 때문에 웨이터의 상세한 서비스보다 메뉴를 대함으로써 그 식당의 분위기와 영업행위를 파악할 수 있다. 따라서 메뉴는 고객의 욕구를 충족시켜 줄 수 있는 방향으로 구성하며, 내용이나 가격설정에 있어서도 고객의 입장에서 세심한 관찰이 이루어져야 한다.

② 레스토랑의 얼굴이며 상징: 식당경영은 메뉴를 개발하고 세분화하여 시장차별화 전략을 통하여 고객의 욕구를 충족시키고 이윤을 창출하는 마케팅 행위이다. 식당은 메뉴로 통하듯이 메뉴는 간판이며 상징체계로서의 의미를 갖는다.

③ 식당의 분위기를 표현: 메뉴의 형태, 색채, 크기, 문자구성 등이 식당의 분위기와 조화를 이루면서 균형을 유지하도록 노력하여야 한다.

④ 레스토랑과 고객을 연결해 주는 커뮤니케이션 수단

⑤ 주방 및 업장의 디자인과 설계에 영향 미침

⑥ 업장에서 필요한 종업원을 결정

⑦ 영업장의 실내디자인 및 인테리어가 결정

⑧ 원가통제 절차를 결정

⑨ 구매하여야 할 식재료 지시서

⑩ 제공되는 식음료의 영양분 설명서

⑪ 주방 및 업장 종업원의 기술수준을 의미

4) 메뉴 계획 시 기본사항과 원칙

(1) 메뉴 계획 시 기본사항

메뉴 계획자는 메뉴에 사용되는 식재료가 언제든 구입 가능하며, 구입이 가능한 품목과 현재 보유하고 있는 재고품목을 활용할 수 있도록 하여야 한다. 또한 식재료 구매자는 시장조건에 대한 정보를 메뉴 계획자에게 제공하여야 하는데, 다음과 같은 기본사항을 인지하고 있어야 한다.

① 고객의 욕구 파악

고객에 따라 메뉴가 계획되어야 하며, 그들이 좋아하는 것이 무엇인가를 분석하여야 한다. 그러기 위해서는 시장조사가 선행되어야 할 것이다.

② 영양적 요소

영양적 요소에 대한 고객들의 관심이 점점 높아지므로, 건강식에 대한 깊은 배려가 있어야 한다.

③ 원가와 수익성

아무리 좋은 메뉴라도 원가가 높은 식품들로 구성되어 고객에게 부담이 클 경우 그 메뉴는 실제로 사용이 불가능할 것이다. 메뉴 계획자는 항상 원가의 목표율을 염두에 두고 계획함으로써 적절한 이윤을 얻음과 동시에 매출도 늘릴 수 있을 것이다.

④ 조리기구 및 시설의 수용 능력

메뉴 계획자는 주방에서 사용가능한 조리기구와 시설, 인력의 한계를 감안하여 계획에 임하여야 한다.

⑤ 다양성과 매력성

고객의 선택의 폭을 넓히기 위해 다양한 품목을 갖추어야 하며, 호기심과 식욕의 매력이 있어야 한다.

(2) 메뉴 계획 시 기본원칙

메뉴 계획은 요리장(Chef)에 의해 이루어지는 것이 일반적이지만, 식음료 제품의 공급과 고객만족이라는 마케팅 차원에서 전략적으로 이루어져야 한다. 즉, 메뉴 계획은 레스토랑의 영업 유형이나 입지조건, 고객의 욕구 등 다양한 요소에 의해 영향을 받는다는 측면에서 마케팅 요소를 고려하여 고객만족과 원가절감의 차원에서 세심한 주의가 요구된다. 다음은 메뉴 계획 시 고려해야 할 기본원칙이다.

① 동일한 색의 요리를 반복시키지 않는다.
② 동일한 재료의 요리를 중복시키지 않는다.
③ 요리와 곁들여지는 재료(Garniture)와의 배합과 배색에 유의한다.
④ 동일한 조리방법(Cooking Methods)을 두 가지 이상 같은 요리에 사용하지 않는다.
⑤ 비슷한 소스(Sauce)를 중복해서 사용하지 않는다.
⑥ 계절감각과 특산물을 고려하여 작성한다.
⑦ 요리제공의 순서는 경식(Light Dish)에서 중식(Heavier Dish)으로 균형을 맞춘다.
⑧ 메뉴의 표기문자는 요리의 내용에 따른 각국의 고유문자를 사용하나 양식인 경우 불어 표기를 원칙으로 하며, 나라명, 지방명, 사람의 이름 등 고유명사는 대문자로 표기한다.

5) 메뉴의 마케팅적 가격결정

(1) 기대가격

기대가격(Expectation Rate)이란 고객이 예상하거나 기대하고 있는 가격을 고객 스스로 책정하는 가격이다. 시장에서는 어떠한 메뉴이건 소비자들이 수용할 수 있는 가격의 범위가 있다. 아무리 좋은 메뉴라도 그 범위를 초과하면 소비자들의 가격저항감(Price Resistance)을 유발하게 되며, 반면에 가격이 지나치게 낮으면 소비자들은 메뉴의 품질을 의심하게 된다.

(2) 촉진가격

판매촉진(Sales Promotion)의 일환으로 메뉴의 양적 판매를 촉진하기 위해 가격할인에 중점을 두는 전략이다. 특히 몇 가지 메뉴를 희생시킴으로써(Loss Leader: 특매가격, 유인상품) 주 판매대상 메뉴의 촉진을 극대화시키는 것이 촉진적 가격전략의 목표이다. 카지노에서는 주 수입원인 카지노 매출의 극대화를 위하여 식사와 음식 등을 무료로 제공한다.

(3) 심리적 가격

심리적 가격(Psychological Rate)은 가격저항이 덜할 것 같은 소비자의 심리를 교묘히 이용한 가격책정 방법이다. 품위유지 가격과 같은 것들은 일종의 심리적인 가격에 속한다고 볼 수 있다. 즉 어느 제품의 가격을 10,000원으로 책정하는 것보다 9,980원으로 가격을 책정하는 것이다. 10,000원과 9,980원은 단지 20원 차이지만 9,980원이 10,000원보다 심리적으로 더 싼 것 같은 느낌을 줄 수 있기 때문이다.

(4) 추종가격

추종가격(Going Rate)이란 시장선도자 가격, 혹은 경쟁사 가격을 모방하는 가격을 의미한다. 추종가격은 소비자들이 제품 간의 차이를 크게 인식하지 못할 때, 경쟁사의 가격책정이 합리적일 때, 시장의 지불의사가 있는 적정가격일 때 효과적으로 적용될 수 있다.

(5) 시장 침투가격

시장 침투가격(Market Penetration Rate)은 제품의 도입기에는 저가격 전략을 지향하다가 시장의 점유율이 향상됨으로써 가격을 점차로 올리는 방법을 말한다. 이 전략은 여러 경쟁 제품이 치열하게 포진되어 있는 상태에서 신제품을 론칭(Launching)할 때 사용하는 가격전략으로 저렴한 가격이지만, 경쟁제품과 비교하여 손색없는 품질과 서비스를 무기로 시장에 진입할 때 활용해 볼 수 있다.

(6) 프리미엄 가격

프리미엄 가격(Premium Rate)은 고급화 전략으로 브랜드 이미지와 상품을 고급화한 후 경쟁사보다 가격을 높게 책정하는 전략이다. 최근에는 경쟁사의 제품과 차별화를 시도하는 프리미엄 마케팅이 각광받고 있다.

(7) 거품가격

거품가격(Skimming Rate)은 다른 말로는 흡수가격 전략이라고 하는데, 이는 제품이 시장에 도입된 초기단계에서 고가격으로 접근하면서 점차 성장기, 성숙기, 쇠퇴기에 이르면서 계속적으로 가격을 하락시키는 방법을 말한다.

(8) 제품 다발가격

제품 다발가격(Product Bundling Rate)은 여러 메뉴를 패키지로 판매하는 가격전략이다. 국내 호텔들이 비수기에 판매촉진을 위해 객실, 조식, 피트니스 등을 하나의 가격으로 묶어 패키지 형식으로 판매하는 것이 좋은 예이다.

05

CHAPTER

호텔 바(Bar) 관리

1. 음료의 이해
2. 호텔 바(Bar)의 조직과 직무
3. 칵테일

HOTEL
MANAGEMENT

05 CHAPTER

호텔 바(Bar) 관리

오늘날에는 우리의 식생활도 점차 서구화되면서 식습관도 변모하고 있다. 서양의 각국에서는 방문하는 고객에게 먼저 술 한 잔을 권하는 것이 예의이다. 그러므로 식사와 함께 호텔식당 매출의 한 축으로 자리 잡은 음료의 중요성을 간과하여서는 안 된다.

호텔 식음료부서에서는 음료를 즐기는 고객의 욕구를 충족시켜 주기 위하여 고객이 편안하게 술과 음료를 즐길 수 있도록 분위기 제공과 다양한 주류를 제공하는 전문적인 바를 운영함과 동시에 주류에 대한 전문지식과 서비스 방법을 습득하여 고객에게 제공해야 한다.

인간의 신체는 약 70%가 물이라고 한다. 모든 생물이 물로부터 발생하였으며 또한 인간의 생명과 밀접한 관계를 가지고 있는 것이 물, 즉 음료라는 것을 생각할 때 음료가 우리 일상생활에 얼마나 중요한 것인가를 알 수 있다. 그러나 현대인들은 여러 가지 공해로 인하여 순수한 물을 마실 수 없게 되었고 따라서 현대문명 혜택의 산물로 여러 가지 음료가 등장하게 되어 그 종류가 다양해졌으며 각자 나름대로의 기호음료를 찾게 되었다.

음료(Beverage)라고 하면 우리 한국인들은 주로 비알코올성 음료만을 뜻하는 것으로 알고 있고, 알코올성 음료는 '술'이라고 구분해서 생각하는 것이 일반적이다. 그러나 서양인들은 음료에 대한 개념이 우리와 다르다. 물론 음료라는 범주에서 알코올성, 비알코올성 음료로 구분을 하지만 마시는 것은 통칭하여 음료라고 하며, 어떤 의미로써는 알코올성 음료로 더 짙게 표현되기도 한다. 또한 와인(Wine)이라고 하는 것은 포도주라는 뜻으로 많이 쓰이나 넓은 의미로는 술을 총칭하고 좁은 의미로는 발효주를 뜻한다.

일반적으로 서양에서는 술을 총칭하여 리큐어(Liqueur)라고 하는데 이는 주로 증류주(Distilled Liquor)를 표현하며, 증류주(Hard Liquor) 또는 시피리츠(Spirits)라고도 쓴다.

음료란 크게 알코올성 음료(Alcoholic Beverage; Hard Drink)와 비알코올성 음료(Non-Alcoholic Beverage; Soft Drink)로 구분되는데 알코올성 음료는 일반적으로 술을 의미하고 비알코올성 음료는 청량음료, 영양음료, 기호음료로 나눈다.

1. 음료의 이해

인간이 생활하는 데 필요한 생명의 수단으로서 물이 일반 성인의 경우 개인에 따라 다소 차이는 있으나 1일 필요한 물의 섭취량은 2~3L 정도를 섭취하는데 이중 47% 정도는 음료수로 충당된다고 한다. 이와 같이 인간은 생명을 유지하고 생활을 영위하는데 음식과 더불어 음료가 일상생활에 얼마나 중요한 것인가를 알 수 있다. 옛날 사람들은 순수한 물을 마시며 갈증을 해소하고 만족하였을 것이나 그러나 현대인들에게는 문명의 발전과 함께 순수한 물을 넘어서 기호품으로서의 음료에 대한 개념이 더 높아지고 있다.

그로 인하여 단순한 물의 섭취에 만족하지 않고 각종 음료를 개발하여 즐기게 되었다. 재미있는 현상으로 음식은 일정량을 판매하면 더 이상 판매하기가 어려우나 음료는 경우에 따라서는 무한정 판매할 수 있으며, 음식(Food)에 비하여 단가가 낮기 때문에 식음료부문에서 음료(Beverage)가 차지하는 수익성은 음식부문보다 더 크다고 할 수 있다. 따라서 레스토랑의 성패는 음료 판매 여부에 달려 있다 하여도 과언이 아닐 것이다.

서양 음식을 기본으로 하는 호텔식당에서의 식사과정을 보면 식사 전에 반드시 식전 음료를 마시고, 식사 중에도 와인(Wine)이나 칵테일(Cocktail) 등을 곁들이는 등 우리의 식사 습관과는 다르게 수시로 음료를 섭취하는 경향을 보이고 있다.

1) 음료의 개요

음료(Beverage)란 '알코올성(Alcoholic) 음료와 비알코올성(Non-Alcoholic) 음료를 포함하여 마실 수 있는 모든 것'을 의미한다. 우리나라에서는 음료라고 하면 음료수만을 생각하지만, 호텔에서의 음료는 술을 포함하는 넓은 의미로 사용된다.

알코올성 음료는 크게 4종류로 분류할 수 있는데, 효모를 발효시켜 만든 양조주, 양조주를 증류시켜 만든 증류주, 증류주에 향료·과즙·당분 등을 혼합하여 만든 혼성주, 두 가지 이상의 음료를 섞은 조주(칵테일)로 분류하고 있다. 양조주 중에서도 포도를 주재료로 하여 만든 술을 총칭하여 와인(Wine)이라고 한다. 이에 비해 비알코올성 음료는 크게 3가지로 분류할 수 있는데, 기호음료, 청량음료, 영양음료 등으로 구분하고 있다.

호텔의 식음료부서는 크게 식당부서, 연회부서, 음료부서로 구분한다. 그중에서 음료부서는 모든 종류의 음료를 판매하는 부서이다. 음료는 식당에서 식사와 함께 곁들여 판매하는 경우도 있지만 주장의 경우는 술을 주 상품으로 판매하고 있다.

호텔의 음료부서는 타 부서에 비해 순이익이 높은 것이 가장 큰 장점이다. 식당부서에서 판매하는 식사메뉴는 평균재료원가(Cost)가 30~50%에 이르고, 주방 조리사와 서비스 요원에 대한 인건비 지출이 높은 반면에, 음료는 평균재료원가가 10~20% 수준으로 현저히 낮으며, 주방요원이 필요 없다는 점에서 공헌이익이 높다. 이러한 차원에서 호텔의 음료업장을 살펴보고 음료의 종류를 알코올성 음료와 비알코올성 음료로 구분하여 살펴보기로 한다.

2) 음료의 분류

일반적으로 음료는 크게 '알코올성 음료'와 '비알코올성 음료'로 분류된다. 하지만, 인간의 가치관 변화와 문화 수준의 향상에 따라 수요계층의 욕구 또한 다양해져 그 욕구 충족을 위한 음료의 분류는 일반화되었다. 알코올성 음료는 1% 이상의 알코올 성분을 함유한 술이라고 호칭하는 것으로 효모를 발효시켜 만드는 양조주(Fermented), 그리고 양조주를 증류시켜 만드는 증류주(Distilled)와 증류주에 설탕, 시럽, 과실류, 약초류를 혼합하여 만든 혼성주(Compounded)로 분류된다. 비알코올성 음료는 알코올 성분이 없는 것으로 청량음료(Soft Drink), 영양음료(Nutritious), 기호 음료(Fancy Tasted)로 분류된다.

(1) 알코올성 음료(Alcoholic Beverage)

① 양조주(Fermented Liquor)

주원료로 곡류(Grain)에 함유되어 있는 전분(Starch)이나 과실류에 함유되어 있는 과당을 발효, 양조하여 만든 알코올이 함유된 음료를 말하며 이것을 발효주라고도 한다.

양조주는 술의 역사로 보아 인간이 태고로부터 마셔온 가장 오랜 전통을 가진 술이라고 할 수 있다. 양조주는 두 가지로 분류해 볼 수 있는데, 곡류와 과실 등 당분이 함유된 원료를 효모균에 의하여 발효시켜 얻어지는 와인(Wine)과 사과주가 있고, 전분을 원료로 하여 그 전분을 당화시켜 다시 발효 공정을 거쳐 얻어지는 맥주와 청주가 있다. 양조주는 보편적으로 알코올 함유량이 3~18%까지 강화된 것도 있다.

양조주에 포함되는 주류는 다음과 같다.

- **포도주**: Natural, Sparking
- **과실주**: Cider(Apple)
- **곡류주**: Beer, Ginger-ale, Sake(청주), 막걸리, 중국술 등
- **기타**: 식물의 수액, 용설란을 원료로 발효한 술, Pulque 등

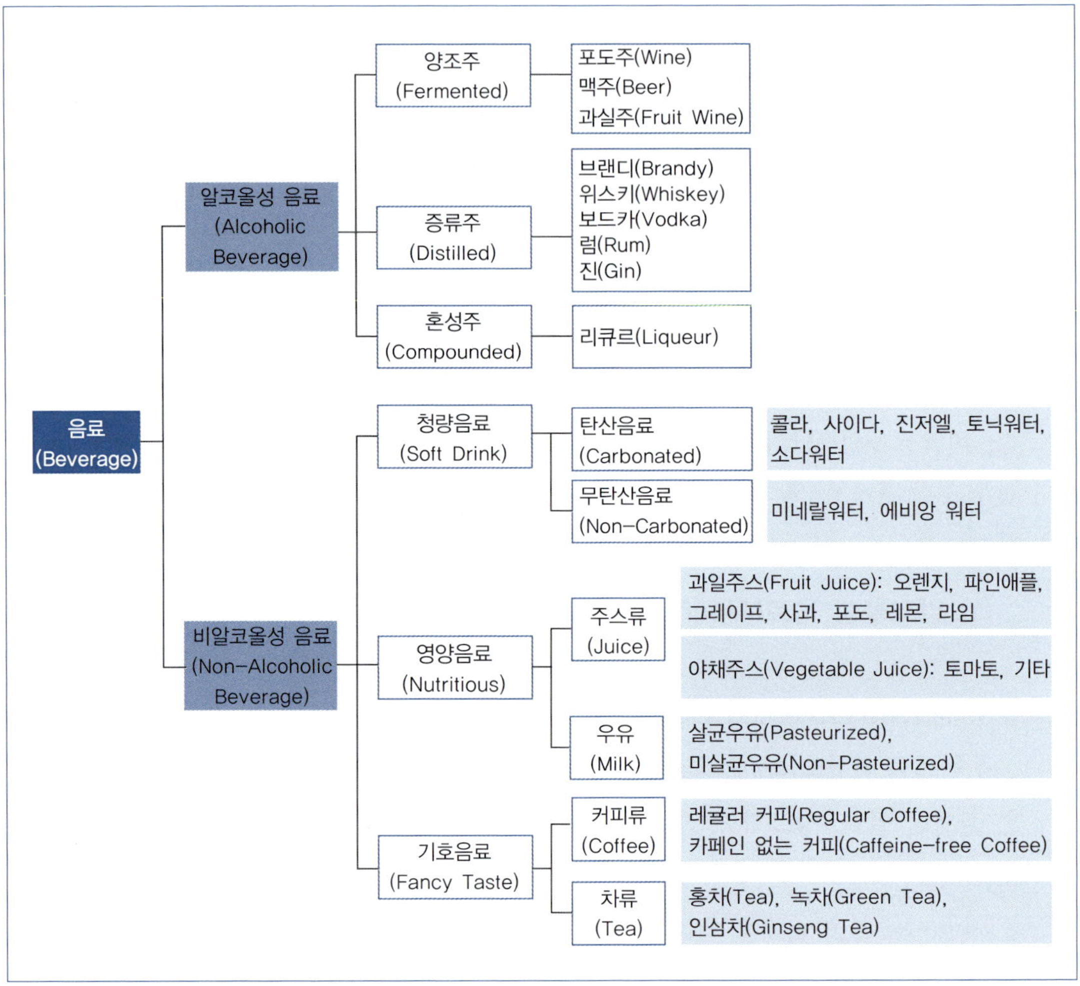

그림 5-1 음료의 분류

② 증류주(Distilled Liquor)

양조주보다 짙은 알코올음료나 순도 높은 주정을 얻기 위해서 양조주에 포함되어 있는 알코올을 분리해 내는 방법을 사용하므로 양조주보다 알코올 함유량이 높은 술이며, 양조주와 마찬가지로 곡물이나 과실을 원료로 하여 단식 증류법인 포트스틸(Pot-Still) 법과 몇 개의 방을 탑 모양으로 만들어 증기의 비중을 이용한 연속 증류식인 파텐트 스틸(Patent-Still) 법을 사용하여 발효한 다음 먼저 알코올 정도가 약한 양조주를 만들고 다시 증류기에 의해 증류하여 도수가 높은 알코올인 증류주를 만들어 낸다.

곡물이나 과실 또는 당분을 포함한 원료를 발효시켜서 약한 주정분(양조주)을 만들고 그것을 다시 증류기에 의해 증류한 것이다. 양조주는 효모의 성질이나 당분의 함유량에 의해 대개 8~14° 내외의 알코올을 함유한 음료를 산출하는데 이를 보다 더 강한 알코올음료나 순도 높은 주정을 얻기 위해서 증류하는 것이다.

대표적인 증류주는 당질을 원료로 하는 브랜디(Brandy)와 럼(Rum)이 있으며, 전분질을 원료로 하는 위스키(Whisky), 보드카(Vodka), 진(Gin) 등이 있다.

• 진(Gin)

보리, 옥수수, 호밀 등을 주원료로 하며, 이것을 발효・증류시킨 후 노간주나무(Juniper Tree) 열매를 넣고 다시 증류하여 향을 첨가한 술로 대부분의 진은 무색투명하고 향이 상쾌한 드라이 진(Dry Gin)을 의미한다. 진의 종류로는 영국 진(English Gin), 네덜란드 진(Holland Gin), 아메리카 진(American Gin), 드라이 진(Dry Gin), 슬로 진(Sloe Gin)이 있으며, 이 외에도 플레이버 진(Flavored Gin), 골든 진(Golden Gin)이 있다.

• 브랜디(Brandy)

광의로는 다양한 과실을 발효시켜 증류한 술을 의미하지만 협으로는 와인을 다시 증류하여 만든 술로, 독특한 방향과 감미가 있는 45~50%의 강한 알코올성의 증류주를 의미한다. 프랑스의 Cognac 지역에서만 생산되는 코냑(Cognac)은 브랜디 중 대표 주류이다. 코냑은 여러 곳의 포도를 혼합하여서 만들므로 출고하는 회사의 이름이 중요하다. 브랜디의 종류로는 코냑(Cognac), 알마냑(Amagnac)이 있다.

• 위스키(Whisky)

신선한 물을 사용하며 다양한 미네랄이 첨가되는 위스키는 종류가 가장 많으며 애주가들에게 인기 있는 술이다. 위스키의 발효 과정은 맥주를 발효시키는 과정과 거의 비슷하지만 효모를 첨가하지 않고, 보리, 밀, 호밀, 옥수수 등을 원료로 하여 발효된 것을 증류하여 만든 것이다. 세계적으로 수많은 종류의 위스키가 생산되고 있으며 각 나라의 제조법에 따라 정의가 다르며, 스코틀랜드산의 스카치 위스키(Scotch Whisky)가 세계적인 명주로 알려져 있다. Whisky는 생산지에 따라 스카치 위스키(Scotch Whisky), 아이리시 위스키(Irish Whisky), 아메리칸 위스키(American Whisky), 캐나디안 위스키(Canadian Whisky) 등 4개의 위스키로 분류되며 제조 원료에 따라 구분할 수 있다.

• 보드카(Vodka)

보드카는 오래 전부터 러시아의 국민주로 애용되다가 칵테일의 보급과 함께 세계적으로 널리 알려진 술이다. 보드카는 보리, 밀, 호밀, 옥수수 등의 곡물과 감자, 고구마 등을 원료로 하고 있으며, 당화 발효시킨 후, 연속 증류기로 증류해 주정도수를 95°로 맞춘 다음 자작나무 숯 등의 탄소층으로 여과하여 병에 담을 때는 도수를 40~55°로 낮추어서 출고한다. 보드카는 연속 증류로 대량 생산이 가능하여 가격이 저렴하며, 무색, 무미, 무취의 특성으로 인하여 칵테일의 기초로 널리 이용된다.

• 럼(Rum)

럼의 주원료는 사탕수수이며, 롤러로 사탕수수를 부순 뒤 여과한 당액을 그대로 사용하거나 제당 공정의 부산물인 당밀을 사용하는 두 가지 방법을 이용한다. 주정도는 70~80° 정도이나 다시 증류하여 40°로 고착시킨다. 럼의 대표적인 산지는 자메이카, 쿠바, 미얀마 등지이다. 럼을 맛으로 분류하면 라이트 럼(Light Rum), 미디어 럼(Medium Rum), 헤비 럼(Heavy Rum), 플레버드 럼(Flavored Rum)으로, 색깔에 의하여 분류하면 화이트 럼(White Rum), 골드 럼(Gold Rum), 다크 럼(Dark Rum)으로 볼 수 있다.

③ 혼성주(Compounded Liquor)

혼성주는 양조주와 증류주를 혼합 또는 양조주와 증류주에 과실이나 각종 약초와 향료를 배합하여 적정량의 감미와 착색하여 만든 술로 많은 종류가 있다.

리큐르(Liqueur)는 과일이나 곡류를 발효시킨 주정을 기초로 하여 증류한 스피리츠(Spirits)에 정제한 설탕으로 감미를 더하고 과실이나 약초류, 향료, 초근목피의 침출무로 향미를 붙인 혼성주이다. 즉, 생채, 향기, 감미, 알코올의 조화가 잡힌 것이 리큐어의 특징이다. 식후주로 즐겨 마시며 간장, 위장, 소화불량 등에 효력이 좋은 술이다.

식후에 즐기는 혼성주의 특징은 비교적 강한 알코올 성분을 가지고 있으나 순수해야 하며, 사탕이나 시럽 등의 당분이 함유되어 있고, 향기가 있어야 한다.

혼성주에 포함되는 주류

① 비터(Bitter)류: 베르무트(Vermouth)와 마찬가지로 식전주로 이용되는 비터류와 앙고스트라 비터(Angostra Bitter)처럼 칵테일 등의 부재료로 사용되는 비터류로 나누어진다.

② 리큐어(Liqueur)류: 아름다운 색채가 있는 단술을 의미하며 일반적으로 식후주로 사용된다. 대표적인 리큐어는 살토루스(Charteuse), 큐라소(Curacao), 베네딕틴(Benedictine), 페퍼민트(Peppermint), 크림디 카카오(Cream De Cacao), 체리 브랜디(Cherry Brandy), 드람뷰(Drambuie), 슬로우 진(Sloe Gin)이 있다.

(2) 비알코올성 음료(Non-alcoholic Beverage)

① 영양음료(Nutritious Drink)

영양음료란 사람의 건강에 도움을 줄 수 있는 영양성분을 많이 포함하고 있는 음료를 일컫는데 일반적으로 주스와 우유 등이 있다.

② 청량음료(Soft Drink = Nonalcoholic Drinks)

청량음료는 탄산음료와 비탄산음료 및 탄산음료 및 과실음료로 분류할 수 있으며, 탄산음료는 콜라(Cola), 소다수(Soda Water), 토닉수(Tonic Water), 사이다

(Cider), 진저엘(Ginger Ale) 등이 있으며, 비탄산음료는 탄산 성분이 없는 광천수(Mineral Water), 비키수(Vicky Water), 에비앙수(Evian Water), 셀처수(Seltzer Water) 등이 있으며, 과실음료는 과실즙을 사용한 각종 음료가 있다.

③ 탄산음료

- 콜라(Cola): 미국의 대표적인 음료로 콜라 열매를 사용하여 만들어지며, 콜라두(Cola Bean)를 가공 처리하여 콜라 엑기스를 만들어 여기에 물과 각종 향료를 넣고 탄산을 함유시킨 것이다.
- 소다수(Soda Water): 탄산가스와 무기염류를 포함한 천연광천과 인공탄산을 주입시켜 만드는 것으로 주로 칵테일에 사용한다.
- 토닉수(Tonic Water): 오렌지, 키니네 껍질 등으로 엑기스를 만들어 당분을 배합한 것이다. 진과 같이 혼합한 음료로 즐겨 마신다.
- 사이다(Cider): 사과를 발효하여 제조한 일종의 고실주로 탄산성분이 함유되어 있다.
- 진저에일(Ginger Ale): 소다수에 생강향과 클로버, 레몬, 시나몬 등의 향료와 함께 당분과 캐러멜을 넣어 만든 음료로 칵테일을 만들 때 위스키나 브랜디와 섞어 마신다.

④ 비탄산음료

- 광천(Mineral): 광천수를 말하며, 칼슘, 인, 칼리, 마그네슘, 철 등의 무기질이 함유되어 있는 인공 광천수이다.
- 비키(Vicky): 비키수를 말하며, 프랑스 중부의 Alier 지방의 Vicky 시에서 나오는 광천수로 중탄산수이다.
- 에비안(Envian): 에비앙수를 말하며, 레만호 부근의 Evian 시 근처에서 나오는 광천수이다.
- 셀처(Seltzer): 셀처수를 말하며, 독일의 비스바덴 지방 Nieder Selters 마을에서 나는 천연광천수이다.

⑤ 과실음료

- 과실즙으로 만든 음료로 알코올을 함유하고 있지 않으며, 과즙의 함유량에 따라 다양하게 생산되고 있다.

(3) 기호음료

일반 대중이 일상생활을 하면서 즐길 수 있는 음료로 커피, 녹차, 홍차, 코코아 등이 여기에 속한다. 기호음료 중에서 커피는 일반적으로 즐겨 마시는 음료이다.

2. 호텔 바(Bar)의 조직과 직무

호텔 바는 일반 레스토랑의 분위기와 다르게 조명의 밝기도 낮으며, 아늑하게 조성된 장소이면서 조주사(바텐더: Bartender)에 의해 술을 팔거나 서비스를 제공하는 장소이다. 하지만 주장이라고 불리기보다는 일반적으로 바(Bar)라고 불리는데 이 말의 어원은 불어 'Bariere'에서 온 것으로, 고객과 바텐더 사이에 가로 막혀 있는 Bar라고 하는 개념이 현재에 와서는 술을 파는 장소의 총칭으로 사용되고 있다. 이 책에서는 주장이라는 언어 사용에 있어 주장과 바를 같은 의미로 사용하고자 한다. 즉, 주장은 음료나 술을 판매하는 곳으로, 레스토랑이 음식을 통하여 고객의 식욕을 충족시켜 주는 물적 공간이라면, 주장은 각종 음료를 제공하면서 인테리어와 같은 시설적인 면과 분위기, 엔터테인먼트(Entertainment) 요소를 가미한 환경적인 서비스를 통하여 고객에게 심신을 회복시켜 주는 정신적 공간이라 할 수 있다.

1) 바(Bar)의 정의

오늘날 음료(Beverage) 서비스를 제공하는 주장은 이것이 존재하는 사회상을 반영하며 빠르게 성장하여 변화와 경쟁을 겪고 있는 수익이 많이 나는 사업이다. 즉, 급속한 서구문명의 전래와 함께 국민생활 수준의 향상으로 음료, 특히 알코올음료(Alcoholic Beverage)가 우리의 생활에서 중요해짐에 따라 호텔 식음료 경영에서 주장은 필수적인 부분이 되었으며 고객에게 휴식과 즐거움을 제공하는 장소가 되었다.

현대에서 바는 여러 가지 형태를 취하고 있는데 그것들은 다음과 같다.

① 단순 음료 바(Beverage Only Bar)

② 유흥제공(Bar Entertainment Combinations)

③ 식음료제공(Food And Beverage Combinations)

④ 호텔 바(Hotel Beverage Operations)

⑤ 항공기내 바(Airline Beverage Service)

⑥ 기타

이러한 바(Bar)들은 유사한 점들을 가지고 있는데, 첫째, 유사한 상품을 판매하고, 유사한 조직구조를 가지고 있으며, 유사한 구매 및 재고 패턴을 가지고 있고, 유사한 상품통제 방식을 가지고 있으며, 예산상의 항목도 비슷하고 회계처리 방법도 비슷하다.

이 책에서는 호텔 바(Bar)를 중심으로 전개가 되는데, 오늘날 현대 호텔에서는 단순히 술만 판매하는 것이 아니라 시설·분위기에 있어서 각 호텔의 성격에 알맞은 고조와 디자인으로서 주장을 갖추고 특징 있는 조명, 시설과 음악으로써 고객을 유지하고 있다.

호텔의 바를 정의하면 "호텔 내외에 고객이 이용하기 편리한 장소에 일정한 바 시설을 갖추어 놓고 각종 음료 및 서비스를 제공·판매하는 곳"이라고 할 수 있다.

호텔 바는 단순 바나 식음료를 제공하는 바와는 다른 측면을 가지고 있다. 즉, 한 호텔 내에 다른 목적과 분위기를 가지고 있는 여러 개의 바를 가질 수 있는데, 예를 들어, 로비 바(Lobby Bar), 칵테일 라운지(Cocktail Lounge), 레스토랑 바(Restaurant Bar) 및 디스코 클럽(Disco Club) 등이 있다. 이외에 고객의 욕구에 맞추어 이동식 바(Portable Bar)로 서비스가 제공되는 회의 및 집회가 포함되는 연회가 있다.

이밖에 다른 점은 현대 호텔에서 바의 효율적인 운영을 위해서는 각 바의 특성을 최대한으로 살려 종래의 술만을 즐기는 요소에서 벗어나 음악이나 노래를 즐기는 요소를 가미하였다. 또한 호텔 내의 투숙객 외에 외래객을 유치할 수 있는 소지를 충분히 갖추어 놓고 바를 하나의 독립된 상품으로서 판매하고 있다.

2) 호텔 바(Bar)의 분류

호텔 바는 지휘계통과 책임의 한계를 확립시켜 주는 것으로, 홀의 넓이와 테이블 수, 영업시간, 서비스 형태, 경영방침 등에 따라 달라질 수 있으나, 일반적으로 계획하에 만들어진 조직이라도 호텔의 환경이나 영업장 내의 변화가 있으면 조직에 맞는 특수성이나 현실에 적합한 형태로 수정되어야 있다.

(1) 로비 라운지(Lobby Lounge)

로비 라운지(Lobby Lounge)는 호텔의 1층에 위치하면서 다양한 종류의 커피와 차, 계절별 칵테일, 와인, 알코올 음료 등을 판매하고, 간단한 경양식도 판매한다. 낮 시간에는 피아노연주 등을 즐길 수도 있고, 저녁시간에는 다양한 장르의 음악과 라이브 연주도 즐길 수 있다. 또한 호텔의 로비에 위치하기 때문에 그 호텔의 로비 분위기를 좌우하며, 호텔의 품격과 첫인상을 결정하는 가장 상징적인 업장이다. 매출 측면에서도 식음료업장 중 가장 많은 이윤을 기대할 수 있는 업장이며, 고객들에게는 비즈니스를 할 수 있는 가장 편안한 장소이다.

최근에는 5성급 호텔들이 과거와 달리 커피숍을 별도로 운영하지 않고 로비라운지 한 곳에서 카페와 바의 역할을 겸하여 운영하는 추세이다. 실제로 서울 지역의 주요 5성급 호텔들 대부분은 커피숍 대신에 로비 라운지만을 운영하고 있다.

(2) 카페테리아(Cafeteria)

카페테리아(Cafeteria)는 다양한 종류의 커피와 차, 칵테일 등의 음료를 판매하고, 이외에도 간단한 경양식과 함께 일품요리도 제공하여 레스토랑의 기능도 수행하며, 호텔에 따라서는 커피숍으로 불리기도 한다.

또한 호텔의 식음료업장 중 크게 격식을 요구하지 않는 업장으로 고객들이 가장 편하게 대중적으로 이용할 수 있는 업장이다. 특급호텔에서는 커피숍 대신에 카페테리아를 운영하는 것이 일반적이지만, 반대로 중급 규모 이하의 호텔들은 로비라운지 대신에 카페테리아를 운영하는 것이 일반적이다. 또한 양식당을 별도로 운영하지 않는 소규모 호텔에서는 카페테리아에서 양식당의 기능도 대신한다.

(3) 멤버십 바(Membership Bar)

멤버십 바(Membership Bar)는 호텔 투숙객이나 호텔 회원제에 가입된 고객과 일행들이 주로 편리하게 이용할 수 있도록 만들어진 주류전문 음료부서이다. 일반적으로 멤버십 바에서는 라이브 공연을 즐길 수 있어 흥겨움을 만끽할 수 있는데, 호텔에 따라서는 신선한 기분을 느낄 수 있는 펍 바, 감미로운 재즈가 흐르는 뮤직바 등을 운영하는 곳도 있다.

주 이용고객은 젊은 층은 물론이고 중장년층까지 이용하고 있으며, 모든 주종에 대해 병 판매가 가능하고, 'Bottle Keeping Box'를 별도로 설치하고 있는 것이 특징이다.

(4) 펍 바(Pub Bar)

펍 바(Pub Bar)는 'Public House'의 약칭으로 대중적 사교장소란 의미인데, 영업적 콘셉트는 재즈풍의 장식을 갖추고 라이브 공연이나 재즈연주 등을 즐길 수 있는 바이다. 즉 영국식 선술집 형태로 운영되는 업장이다.

예를 들어 그랜드 하얏트 서울 호텔에서 운영하는 J. J. Mahoney's의 경우 라이브밴드 공연이 펼쳐지는 뮤직 룸과 최신음향 및 조명시스템이 갖추어진 댄스플로어, 중앙의 아일랜드 바 등을 갖추고 있다. 이외에도 다트와 당구를 즐길 수 있는 레포츠 룸을 갖추고 있으며, 간단한 식사를 즐길 수 있는 룸과 야외테라스 등 9개의 각기 다른 공간으로 이루어진 시설을 갖추고 있어 젊은이들의 명소로 인기가 높다.

3) 호텔 바(Bar)의 조직과 직무

호텔에서 식음료 판매를 총 담당하는 식음료부서(F&B Department)의 하위부서로 음료만을 담당하는 바(Bar)라고 하는 업장(Outlet)이 일반적으로 있다. Bar에는 지배인과 팀원들로 구성되어 있다.

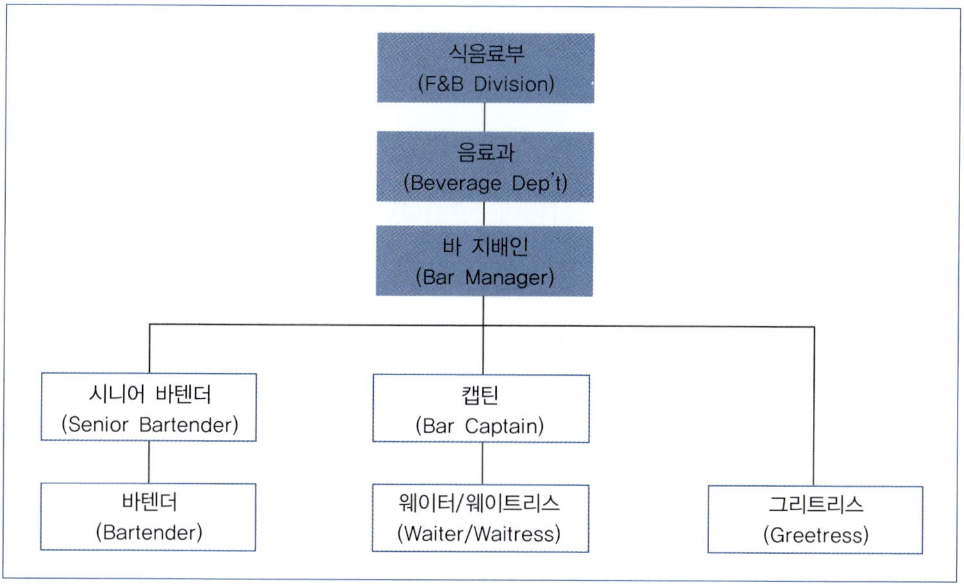

그림 5-2 호텔 바의 조직도

(1) 매니저(Manager)

업장 내의 모든 서비스와 직원에 대한 책임과 권한을 갖고 고객뿐만 아니라 직원까지 관리해야 하는 책임이 있다. 따라서 호텔 영업에 대한 제반사항을 통제하며 직원들을 교육한다. 또한 시설부, 객실, 객실관리부, 판촉부 등 타 부서와의 협조사항이 있을 때, 협조를 요청하여 영업장이 원활할 수 있도록 조치를 취한다.

(2) 부매니저(Assistant Manager)

지배인 부재 시 업무를 대행하며, 대 고객서비스 관리를 주 업무로 하며, 업장 운영관리에 만전을 기한다.

(3) 캡틴(Captain)

수장 또는 헤드 웨이터(Head Waiter)라고 불리기도 하는데, 부지배인 부재 시 그 역할을 대행한다. 캡틴의 경우는 접객을 주 업무로 하며, 웨이터나 실습생을 관리 감독한다. 특히 영업을 함에 있어 문제가 없는지 준비사항과 구성원에 대하여 점검하고, 영업장 사용 기물과 리넨류를 관리한다.

(4) 바텐더(Bartender)

소믈리에(Sommelier)라고도 불리는데, 양식당에서 와인(Wine)을 담당하고 감별하는 사람을 지칭하기도 한다. 바텐더는 음료 및 부재료에 대한 적정재고를 파악하고 보급 및 관리업무를 한다. 또한 바 내부, 진열대, 작업장 내부의 청결과 정리정돈 등을 수시로 점검하며, 칵테일을 제조할 때는 제조법(Recipe)에 의해서 만들되 계량기와 글라스를 이용하여 영업 종료 후 판매량과 재고조사(Inventory)에서 차질이 없도록 한다.

(5) 웨이터(Waiter)

주문된 식음료를 직접 취급하여 고객에게 제공하며, 영업 준비 및 정리정돈을 하여 대 고객서비스를 함에 있어 이상유무를 확인한다. 그리고 와인뿐만 아니라 주류에 대한 충분한 지식과 칵테일 제조법을 숙지하고 있어 고객의 질문에 충분한 대답을 할 수 있어야 한다.

3. 칵테일

칵테일은 두 가지 이상의 알코올성 음료를 혼합하거나 알코올성 음료에 비알코올성 음료를 혼합하여 마시는 음료를 총칭하는 것으로 혼합주(Mixed Drink)를 말하는데, 이를 칵테일(Cocktail)이라 한다.

세계 각국에서 공통적으로 사용하는 기본 주에는 위스키, 브랜디, 진, 보드카, 럼, 데킬라의 6대 기주라고 불리는 술이 있으며, 그 밖에 리큐르, 포도주, 맥주 등도 기주로 사용되기도 한다. 부재료에는 탄산음료, 주스, 향신료, 시럽 등이 주로 쓰이는데, 기본 주와 부재료를 어떻게 혼합하여 조화를 이루게 하느냐에 따라서 칵테일의 맛은 수백, 수천 가지로 달라질 수 있다.

1) 칵테일 개요

칵테일(Cocktail)은 일부 책에서 조주라고 불리는데, 알코올성 음료에 과즙 혹은 비알코올성 음료 및 각종 향을 혼합하여 만든 혼합주이다. 칵테일은 세계 각국의 술을 그대로 마시지 않고 마시는 사람의 기호와 취향에 맞추어 독특한 맛과 빛깔을 내도록 혼합하여 마시는 '술의 예술품'이라 할 수 있다.

칵테일의 기주로는 양조주, 증류주, 혼성주, 샴페인 등이 사용된다. 특히 칵테일의 기주로는 6대 증류주인 위스키, 브랜디, 진, 보드카, 럼, 데킬라가 많이 사용되고, 혼성주인 리큐어도 칵테일을 하면 맛이 좋아 많이 애용된다. 양조주로는 샴페인이나 스파클링 와인이 기주로 사용된다.

2) 칵테일 유래

칵테일이란 어원이 어느 시대 어느 곳에서 유래되었는지 뚜렷한 정설은 없으나, 몇 가지를 소개하자면 칵테일(Cocktail)의 영어 풀이는 말 그대로 수탉(Cock)과 꼬리(Tail)이다. 그래서 장닭의 꼬리 깃털로 장식한 글라스에서 비롯되었다는 설이 있다. 또 하나는 미국 독립전쟁 때 '베티플레나건'이라는 미망인이 버지니아

기병대의 주보로 일하고 있었는데, 어느 날 반미 아일랜드인의 정원으로 몰래 들어가 아름다운 꼬리를 가진 수탉을 훔쳐다가 닭고기를 병사들에게 대접하였다고 한다. 한 병사가 그녀에게 술을 섞어서 한 잔 만들어 달라고 부탁하자 혼합한 술을 벽에 장식된 장닭의 꼬리로 저어서 만들어 주었다고 한다.

이를 본 병사들은 수탉의 꼬리로 술을 젓는 것을 보고 "오! 브라보 칵테일."이라고 환성을 질렀다. 그 이후부터 믹스드 드링크(Mixed Drink)는 칵테일이라고 불리게 되었다는 설이 있다.

3) 칵테일 기법

(1) 세이크 방법(Shake Method)

세이크 방법은 잘 섞이지 않는 재료나 아주 차게 할 때 쓰는 것으로, 세이커에 얼음과 재료를 넣고 혼합하여 만드는 방법이다. 주로 리큐르, 계란, 크림 등의 비교정 비중이 무거운 재료를 사용한 칵테일을 만들 때 사용한다. 재료를 넣는 순서는 맨 처음 얼음을 6부 정도 넣고 그 다음은 기본 베이스, 계란, 크림 등의 부재료를 넣는다.

(2) 브랜드 방법(Brand Method)

믹서기의 기구를 이용하는 방법으로, 프로즌 스타일의 칵테일이나 과일을 사용하는 트로피칼 칵테일류를 만들 때 사용하는 것이다. 대부분 셔벗(Sherbet) 형태의 칵테일이 많다.

(3) 스터 방법(Stir Method)

믹싱 글라스에 얼음 6부 정도를 넣고 기본 베이스와 부재료를 넣어, 바 스푼으로 저어서 만드는 간단한 방법이다. 재료의 비중이 가벼운 대부분의 칵테일이 해당된다.

(4) 플로트 방법(Float Method)

술이나 재료의 비중을 이용하여 서로 섞이지 않도록 띄우는 방법으로, 무지개 무늬를 만들 수 있다. 바 스푼을 뒤집어 글라스 안쪽에 대고 조심스럽게 따라서 만든다.

(5) 빌드 방법(Build Method)

셰이크나 스터 방법을 사용하지 않고 글라스에 직접 얼음과 재료를 놓아, 바 스푼으로 저어서 만드는 방법이다. 대부분 하이볼(High Ball)류를 이용한 칵테일이 이 방법으로 주조된다.

4) 칵테일 분류

수백 종의 칵테일 종류는 크게 롱드링크(Long Drinks)와 쇼트드링크(Short Drinks)의 2가지로 나눌 수 있다. 롱드링크는 장시간에 걸쳐 마시는 칵테일로 텀블러 같은 큰 잔을 사용하며, 탄산수・물・얼음 등을 섞어서 만든다. 하이볼, 진 피즈 등이 롱드링크에 속한다. 쇼트드링크는 단시간에 마시는 적은 양의 칵테일로 작은 작을 사용한다. 맨허튼, 드라이 마티니 등이 쇼트드링크에 속한다. 이외에도 칵테일을 용도에 따라 분류하면 다음과 같다.

(1) 애피타이저 칵테일(Appetizer Cocktail)

애피타이저란 식욕 촉진이라는 뜻이며, 식사 전에 한두 잔 마시는 칵테일이다. 단맛과 쓴맛이 각각 나도록 만드는데, 단맛을 위해서는 체리, 쓴맛을 위해서는 올리브를 장식해서 낸다. 어느 것이나 다 술과 같이 먹어도 좋다.

(2) 크랩 칵테일(Crab Cocktail)

정찬의 오되브르(Hors d'Oeuvres) 또는 수프 대신 내놓는 것으로 먹는 칵테일이다. 신선한 어패류와 채소에 칵테일소스(브랜디, 비터스, 토마토케첩을 섞은 것)를 얹은 것으로, 샴페인 글라스나 슈림프스 글라스 등에 담아낸다. 크랩 칵테일, 오열 클로버 등이 이에 속한다.

(3) 식전 디너 칵테일(Before Dinner Cocktail)

식사 전의 칵테일로 상쾌한 맛을 내는데, 마티니 미디엄 칵테일, 맨해튼 미디엄 칵테일 등이 있다.

(4) 식후 디너 칵테일(After Dinner Cocktail)

식후의 칵테일로 먹은 음식물의 소화를 촉진시킬 수 있는 리큐어를 쓴다. 브랜디 칵테일, 알렉산더 칵테일 등 단맛 나는 것이 많다.

(5) 서퍼 칵테일(Supper Cocktail)

만찬 때 마시는 것이지만 일명 식전 미드나이트 칵테일(Before Midnight Cocktail)이라고도 하며, 이 경우에 단맛 나는 양주를 쓴다.

(6) 샴페인 칵테일(Champagne Cocktail)

연회석상에 제공하는 칵테일로 각각의 칵테일들이 글라스에서 만들어져 제공된다. 그러나 복잡한 여러 가지 종류의 양주를 배합해야 하는 경우 한 번에 큰 셰이커에서 흔들어 만든 후 각각의 샴페인 글라스에 따르고 각각의 글라스로 제공한다.

06

CHAPTER

호텔 연회서비스

1. 호텔 연회의 이해
2. 호텔 연회의 분류와 진행순서
3. 호텔 연회의 예약과 경로

HOTEL
MANAGEMENT

CHAPTER 06

호텔 연회서비스

연회(Banquet)란 사전적 의미로는 축하, 위로, 환영, 석별 등을 위하여 여러 사람이 모여 베푸는 잔치를 뜻한다. 하지만 호텔에서 연회의 의미는 각종 회의, 전시회, 세미나, 교육, 패션쇼 등 다목적의 의미도 내포하고 있다. 한편 연회장(Banquet Room)은 식음료를 판매하기 위한 제반 시설이 완비된 별도의 장소에서 단체고객에게 식음료와 기타 부수적인 사항의 목적을 달성하도록 도와주고, 그에 따른 응분의 대가를 수수하는 곳이라 할 수 있다. 따라서 연회장을 Banquet Room이라고 하고, Function Room이라고 부르기도 하는데 이는 다목적 기능을 가진 룸으로서의 의미도 강하기 때문이다.

우리나라 호텔들은 호텔의 총수입에서 식음료 매출액 비율이 비교적 높은 것으로 나타나고 있다. 식음료부문 중에서 연회(Banquet)행사 수입은 매우 크기 때문에 어느 호텔이나 연회행사 유치를 위한 각종 판촉활동을 전개하고 있다. 그러므로 식음료와 관계된 세일즈는 그 대부분이 연회, 회의, 결혼식 등이라 하여도 지나친 표현이 아니다.

호텔 영업에 있어서 객실, 식음료, 부대시설의 3요소가 주종을 이루고 있지만, 객실의 경우 공간(객실 수)이 한정되어 있고, 고정자산 투자비율이 식음료부문보다 훨씬 높다. 반면에 식음료부문 중에서도 연회부문은 시장성이 매우 높으며,

서비스의 정도에 따라 행사량이 증감될 수 있으므로, 연회장에서의 서비스는 중요하다고 하겠다. 특히, 이들에 대한 적극적인 서비스는 호텔이 추구하고자 하는 매출증진의 효과를 가져올 수 있다고 하겠다.

1. 호텔 연회의 이해

연회업무는 호텔에서 다양한 연회장(Banquet Room)을 준비하여 원래의 의미인 축하, 환영, 피로연, 석별에서 확대된 개념으로 회의, 전시회, 설명회, 세미나, 교육, 패션쇼 등의 각종 행사를 유치하여 행사를 수행하는 다목적인 기능을 가진 확대된 개념이다. 현대호텔경영에서는 수입과 규모, 경영의 탄력성으로 연회의 비중이 점진적으로 증가하고 있기에 과거에는 반드시 식음료부서에 소속이 된 경우가 많았으나 호텔 연회의 수요가 점차 증가함에 따라 각 호텔의 연회부가 독립되어 기능을 맡고 있으며 연회만을 전문적으로 취급하는 호텔이 출현하고 있다.

또한 행사장을 방문한 고객은 잠재적인 고객화가 될 수 있어 호텔의 홍보나 판촉에 지대한 기여를 하고 객실이나 다른 업장의 파급효과도 크다. 식음료부서에 소속이 된 경우라도 가장 큰 면적과 수입을 올리는 영업장으로 내부적으로는 대, 중, 소의 연회룸을 가지고 있으며, 출장연회도 활발하게 이루어지고 있다. 출장연회(Outside Catering Service)는 호텔연회장과 상관없이 고객이 원하는 외부의 장소에서 이루어지므로 점진적으로 시장의 규모는 증가하고 있다.

1) 연회의 정의

연회(Banquet)는 호텔의 입장에서 상당한 매출액을 올릴 수 있는 사업부문이다. 그러나 모든 호텔들이 그러한 혜택을 얻는 것은 아니다. 어떤 호텔에서는 연회부문의 매출액이 계속 감소하고 있고, 다른 호텔에서는 객실부문과 식당의 매출액이 상당히 증가하는데 비하여 연회부문의 매출액은 조금씩 증가하는 경우도 있다.

그러나 오늘날 호텔의 성격이 대중화되어 감에 따라 일반대중이 호텔을 이용하여 많은 연회행사를 가질 뿐만 아니라, 또한 국제적인 행사의 증가로 인하여 호텔의 연회장 사용이 빈번해짐에 따라 호텔 식음료부서에서의 연회는 중요한 수입원이 되므로 오늘날 대형 호텔에서는 식음료부의 조직에 연회과를 편성하여 연회의 접수와 진행, 관리 등을 일괄적으로 맡아서 처리할 수 있도록 하고 있다.

오늘날 호텔 연회행사의 성공적인 열쇠는 연회의 특성에 따른 충분한 사전교육과 인원의 적절한 배치에 따른 스케줄에 의하여 완전히 준비하는 데 달려 있는 것이다. 따라서 이러한 행사를 준비하는 데 필요한 충분한 조직을 갖추어야 한다.

연회란 호텔 또는 식음료를 판매하기 위한 제반시설이 완비된 구별된 장소에서 2인 이상의 단체고객에게 식음료와 기타 부수적인 사항을 첨가하여 행사의 본연의 목적을 달성할 수 있도록 하여 주고 그에 따른 응분의 대가를 수수하는 행위를 말한다.

2인 이상의 단체고객이란 동일한 목적을 위하여 참석한 일행을 지칭하며, 구별된 장소란 별도로 준비된 장소를 말하며, 부수적인 사항이란 고객이 식사 이외의 목적을 달성하기 위한 행위 및 시설 등의 요구사항을 말한다. 오늘날의 연회는 사회가 복잡해지고 경제가 발전함에 따라 대형화되고 다양하게 이루어진다. 따라서 호텔 연회행사도 점차 방대하게 다발적으로 이루어지기 때문에 그에 따른 대형 연회장을 완벽히 갖추고 연회를 전담하는 부서를 조직화하여 연회 유치에 심혈을 기울이고 있다.

현대의 연회 시장은 아직도 연회 발생 잠재력이 무궁하므로 개발 여하에 따라서 보다 많은 연회 행사를 유치시킬 수 있는 매력적인 상품이며, 또한 연회 매출도 상당히 중요한 부분을 차지하므로 행사 유치에 필요한 홍보 및 활동이 적극적으로 이루어져야 한다.

연회장(Banquet Room)은 일반 레스토랑과 같이 테이블과 의자가 준비되어 있는 것이 아니라 일정한 장소에서 고객의 요구, 행사의 성격, 인원, 방법에 따라 다양한 행사를 수행하는 식음료 영업장 중 하나이다.

특히, 오늘날에는 사회가 복잡해지고 경제가 발전함에 따라, 연회 역시 대형화되고 다양하게 이루어지기 때문에 호텔 연회행사도 점차 방대하고 다발적으로 이루어진다. 때문에 그에 따른 연회를 전문으로 담당하는 부서가 조직화되어 있고, 호텔경영 차원에서도 연회 유치에 많은 관심을 갖고 있다.

2) 연회의 특성

최근 들어 경제의 발전과 더불어 사회 활동이 활발해지면서 호텔의 연회행사는 다양화, 대형화, 조직화되고 있으므로 호텔은 그에 따른 대형연회장을 마련하고 연회를 전담하는 부서를 조직화하여 연회의 유치와 성공적인 행사진행을 해야 한다.

호텔의 중추적인 수익성을 창출하는 영업장이 연회장이다. 과거에는 호텔 수익성의 대부분은 객실과 식음료 영업장 몇 군데에서 매출이 발생되었지만, 현재의 호텔 사업에서는 연회장의 광범위한 업무들로 높은 매출의 수익성을 창출하고 있는 연회장의 하나의 부서로 자리를 잡고 있다. 따라서 다음과 같은 특성을 생각해 볼 수 있다.

(1) 불규칙한 매출

호텔 연회장의 매출 측면으로 볼 때 그 폭이 탄력적인 변화가 심하다. 연회장 수입은 일정한 것이 아니고, 계절과 주변 정세에 따라 영업의 굴곡이 많은 특성이 있다. 계절적으로 볼 때, 예식행사는 봄과 가을에 이루어지며, 각종 학술대회 역시 봄과 가을에 춘계학술대회, 추계학술대회를 개최하고 있다, 겨울철에는 연말연시의 기업 송년회와 각종 모임행사 및 디너쇼, 콘서트, 송년특집 행사들로 점유되며 여름에는 큰 비수기에 접어들며 큰 폭으로 하락하는 특성들이 있다. 한편, 성수기에는 출장연회 행사까지 겹쳐 큰 폭으로 뛰어오르는 탄력성이 강한 특성이 있다.

(2) 호텔의 홍보 효과

호텔에서 열리는 연회는 그 중요성에 따라 언론이나 방송을 통한 직・간접적인 홍보효과가 높다. 그래서 호텔의 주요 고객이 누구인가는 호텔의 차별성을 결정하는 중요한 요소로 작용한다. 특히 APEC 같은 국제적 행사에 참가한 대통령들이 어느 호텔에서 숙박하였는지, 세계적으로 유명한 연예인이 어느 호텔에서 숙박하였는지, 유명 연예인이 어느 호텔에서 결혼식을 올렸는지 등의 문제는 사회적으로 크게 주목받기 때문에 행사장소인 호텔이 자연스럽게 언론에 노출됨으로써 간접적인 홍보효과를 높일 수 있다.

세계적으로 유명한 VIP 고객을 한 번이라도 유치했던 호텔들은 타 호텔에 비해 세일즈 마케팅에서도 유리한 위치를 차지한다. 세계적인 유명인사를 유치한 호텔들은 경호상의 안전성이나 서비스 수준 및 호텔의 명성 등이 이미 검증되었기 때문에 다른 유명 인사들에게 심리적인 안정감과 유대감을 형성시켜 고객들의 구매를 자연스럽게 유도할 수 있다. 이와 같이 호텔의 홍보효과를 얻어낼 수 있는 곳이 바로 연회의 특성이다.

(3) 비수기 극복

매출에 탄력성이 강한 연회장에서는 재미있는 아이디어로 기획을 잘하면, 비수기인 대형 연회장을 비수기로부터 타개하여 매출에 기여할 수 있게 된다. 따라서 계절적으로 도저히 판매가 되지 않는 연회장을 어떻게 하든지 판매가 가능하도록 유인하면 비수기를 극복할 수 있다. 예를 들면, 매년 10월에 축제를 하는 옥토버페스트(Oktoberfest)와 같은 세계적으로 유명한 독일축제를 연회장에서 개최함으로써 비수기 극복과 매출도 올릴 수 있다.

연회행사는 한 장소에서 고객의 취향이나 행사목적에 따라 테이블 배치와 각종 소품 등을 이용하여 다양한 분위기와 행사장소를 연출할 수 있다. 그래서 연회영업은 무에서 유를 창조하는 호텔의 종합예술이라 할 수 있다. 예를 들어 평상시 텅 빈 연회장은 행사목적에 따라 컨벤션 행사장이나 결혼 예식장, 칠순연 및 가족돌잔치, 패션쇼, 디너쇼, 전시회 및 발표회 장소 등으로 얼마든지 연출할 수 있으며, 연회파티의 서비스 형식에 따라서도 테이블 서비스 파티, 칵테일 리셉션 파티, 뷔페파티, 출장파티, 가든파티, 티파티 장소로 연출할 수 있다. 연회행사가 이처럼 목적에 따라 다양하게 연출될 수 있는 것은 장소와 목적에 따라 테이블과 의자배치, 데커레이션(Decoration), 소품, 조명 등을 통한 시각적·공간적 연출이 가능하기 때문이다.

(4) 식자재 원가절감 효과

연회행사의 업무는 사전예약에 의해 이루어지며, 충분히 예측할 수 있는 부분이기 때문에 대량으로 식자재를 구매할 수도 있고, 또한 판매도 한꺼번에 모두 소비할 수 있다.

식자재를 항상 비축해 두어야 하는 호텔이 식자재 창고이기에 어느 날 갑자기 재고정리라도 하듯이 많은 물량을 출고시킬 때, 식자재 원가는 낮아지는 것이 당연하다. 또한 똑같은 메뉴로 공급을 하는 매력이 식자재 원가절감과 관리에 많은 도움이 되는 것도 특징이 된다.

(5) 예약에 의한 진행

호텔 연회행사를 위해서는 사전에 미리 예약을 통하여 정확하게 예약대장에 기록하고 연회예약 지시서(Event Order)를 발행하여 관련부서에 알려야 한다. 여기에는 행사주최자(Organizer)가 요구하는 데코레이션(Decoration)과 테이블 배치(Layout)의 표기가 반드시 있어야 하며, 행사의 분위기를 연출할 수 있는 특별한 공간이므로, 예약에 의하여 사전에 행사장 준비와 진행까지 잘되어야 성공적인 행사를 할 수 있다.

(6) 연회의 다변화

호텔 내에서 이루어지는 연회뿐만 아니라 출장연회가 많이 이루어지고 있으며, 외부 판매활동이 가능한 것이 큰 매력이다. 가장 중요한 것은 장소가 없어도 매출을 달성할 수 있는 출장연회 행사가 계속적으로 늘어나고 있으며, 시간적으로

나 공간적으로 제약이 없는 특성으로 가족모임 행사 등의 외부연회가 많아지는 것이 현실이다.

(7) 호텔 매출에 기여

호텔 연회장에서 대형 행사가 이루어지면 그에 대한 파급효과는 무궁무진하게 적용된다. 수백 명에서 수천 명의 고객이 참여할 때면 어느 호텔이나 할 것 없이 주변도로는 정체 현상이 발생된다. 거의 동시에 수많은 고객이 오기 때문에 커피숍과 로비라운지, 델리 등 영향을 받지 않는 곳이 없을 정도로 대성황을 이룬다. 특히, 주말 결혼식은 연회장을 비롯한 레스토랑과 뷔페식당 등의 매출에 큰 파급효과를 주게 된다.

뿐만 아니라 연회행사기간 동안 컨벤션 참가자들과 그의 가족들은 자유 시간을 이용하여 커피숍, 바, 사우나, 피트니스 등의 부대시설을 이용할 것이다. 이와 같이 한 건의 연회행사를 유치할 경우 호텔 내 타 부서인 객실부서, 식음료부서, 부대업장 등의 매출증대에도 크게 기여하는 장점이 있다.

(8) 가격의 다양성

연회상품은 경우에 따라서는 가격이 가변적인 것도 특징이다. 예를 들면, 어떠한 행사를 주최할 때 호텔영업과 광고에 지대한 영향을 미치는 행사라면 가격은 특별요금이 될 수도 있다는 것이 연회상품의 매력이다.

만약, 유명 연예인이 어떤 특징 호텔에서 결혼식을 하게 되면 TV, 신문, 잡지 등에 호텔에 대한 홍보가 자연적으로 이루어지며, 그것으로 인한 호텔의 홍보효과는 엄청난 파장을 일으킬 수 있으므로 연회장 이용가격은 다양하게 구성될 수 있다.

(9) 용도의 다양성

연회업무는 행사가 있을 때는 연회장이 운영되지만, 연회예약이 없을 경우에는 레스토랑에서도 활용할 수가 있다. 레스토랑에 인접해 있는 소규모 연회장은 레스토랑 단체 고객들에게 좋은 반응을 얻고 있다.

연회장 영업은 고정적이지 않고 탄력적인 특징이 있다. 또한 사전예약에 의한 영업으로 고객과의 조율이 가능하다. 예를 들어 호텔은 보유한 연회장 수와 최대 유치 인원을 달성했을 경우 예약을 하지 못한 단체에게는 행사날짜를 사전에 조율하여 다른 날짜로 변동시킬 수도 있으며, 1개의 회의장을 두고 2~3개의 단체가 필요한 시간대를 조율하여 사용할 수도 있다. 또한 호텔 내 행사가 어려울 경우 단체와 협의하여 단체가 원하는 장소로 출장파티(Outside Catering)를 나갈 수도 있다. 이런 점에서 연회 영업은 탄력적인 특징이 있다.

(10) 전 부서의 협조

연회가 성공적으로 이루어지기 위해서는 호텔의 모든 부서가 관련되기 때문에 구성원 모두가 협조를 해야만 원만하게 이루어진다. 도어 데스크와 컨시어지(Concierge), 하우스키핑, 교환, 주차서비스, 건축, 기계, 방재, 전기, 음향과 조명, 꽃과 아이스 카빙, 각 조리주방, 바, 캐셔(Cashier)까지 정확하고 책임감 있게 업무를 수행하여야 되며, 모두가 협조해야만 성공적인 연회가 된다.

2. 호텔 연회의 분류와 진행순서

연회행사는 목적에 따라 다양하게 이루어지고 있는데, 크게 식음료를 판매를 목적으로 하는 식음료연회 행사와 장소 판매를 목적으로 하는 임대연회 행사가 있다. 식음료 연회 행사는 주로 파티형으로 정찬파티, 리셉션 파티, 칵테일 파티 등이 있으며, 임대연회 행사로는 전시회, 회의, 패션 등이 있다. 그리고 연회행사 통보서가 현장에 도착하면 연회담당 지배인은 서비스 진행 계획, 인원확보 계획을 수립하여 행사가 성공적으로 이루어질 수 있도록 반드시 아래와 같은 상황을 점검하여 사전 대비하여야 한다.

1) 연회행사 목적에 따라 분류

호텔 식음료부서 중 하나인 연회장은 식사, 회사행사, 국제회의, 가족모임, 이벤트, 디너쇼 등 다양한 행사를 하는 곳이다. 평상시에는 넓은 대강당으로 보일 수 있지만 연회행사 목적에 따라 다양한 변신을 하게 되는데, 크게 기능별, 장소대여 목적별, 장소별, 목적별, 시간별에 따라 다양한 행사가 이루어지는데 그 분류를 보면 다음과 같다.

(1) 기능별 분류

① 식사와 음료판매 목적의 연회

조식(Breakfast), 점심(Luncheon), 저녁(Dinner), 정찬파티(State Dinner Party), 칵테일 파티(Cocktail Party), 뷔페(Buffet Party), 티 파티(Tea Party), 리셉션 파티(Reception Party) 등이 있다.

② 장소대여를 목적으로 한 연회

박람회(Exhibition), 패션쇼(Fashion Show), 세미나(Seminar), 회의(Meeting), 국제회의(Conference), 심포지엄(Symposium), 프레스 미팅(Press Meeting), 연주회(Concert), 상품설명회, 강연, 간담회 등이 있다.

(2) 장소별 분류

① 호텔 내의 연회장 파티(In House)

고객들을 호텔 내에 준비된 연회장을 이용하여 고객들의 행사를 수행한다.

② 출장 연회(Outside Catering)

고객의 요청에 따라서 고객들이 원하는 장소를 섭외하고 파티의 목적에 알맞은 연회행사를 호텔 밖에서 유치하길 원할 때 호텔의 음식과 기물 인력을 동원하여 목적지에 도착하여 연회행사를 한다.

(3) 목적에 의한 분류

① 가족모임: 약혼식, 회갑연, 칠순, 금혼식, 돌잔치, 결혼피로연

② 회사행사: 창립기념행사, 개점기념행사, 이·취임식, 사옥 이전

③ 정부행사: 국빈 영접 파티, 정부수립기념회, 국가조찬기도회

④ 각종 협회행사: 국제적 회의, 심포지엄, 정기총회

⑤ 학교관계행사: 입학, 졸업축하 파티, 사은회, 동창회, 동문회

⑥ 디너쇼: 식사와 함께 가수들의 노래와 쇼 진행

⑦ 수상 파티: 각종 시상식 행사

⑧ 기타 행사: 신년하례식, 간담회, 체육행사, 각종 이벤트 등이 있다.

(4) 시간별 분류

① 조찬파티(Breakfast Party): 06:00~10:00

② 런치파티(Lunch Party): 12:00~15:00

③ 브런치파티(Brunch Party): 10:00~15:00

④ 디너파티(Dinner Party): 17:00~22:00

⑤ 만찬파티(Supper Party): 22:00~24:00

2) 연회의 종류

연회가 국가적인 행사나 국제적인 대규모의 성격을 띠고 있을 때도 있으므로 연회서비스 담당자는 사전에 그 내용과 목적을 잘 파악하여 업무수행에 최선을 다하고 고객서비스에 만전을 기하여 연회행사가 성공적으로 이뤄질 수 있도록 최선을 다해야 한다.

(1) 테이블 서비스 파티(Table Service Party)

테이블 서비스 파티(정찬파티)는 가장 정식적인 연회(Formal Party)로서 경비의

규모가 클 뿐만 아니라 사교상의 중요한 목적을 띠는 연회행사이다. 별다른 언급이 없더라도 통상 예복을 입고 참석해야 하는데, 초대장에 연회의 취지, 주빈 성명, 복장에 대해 명시를 하기도 한다.

연회서비스 직원들은 고객이 참석하기 전에 좌석배치도가 결정되면 좌석카드를 각각의 식탁에 배치하여 지정된 좌석에 앉도록 안내하여야 한다. 많은 고객이 초대되었을 경우에는 연회장 입구에 좌석배치도를 부착하여 참석자들이 혼잡을 일으키지 않고 자리를 안내받을 수 있도록 한다. 테이블 서비스 파티의 테이블 세팅은 연회장의 넓이와 참석자의 수, 연회의 목적에 따라 테이블의 배치가 달라진다. 좌석의 배열로 사회적 지위 및 연령의 상하가 구분되기 때문에 주최자와 충분한 사전협의가 이루어져야 하고, 특히 외국인의 경우는 부인을 위주로 하며 상석은 입구에서 가장 먼 내측이다.

(2) 칵테일 리셉션(Cocktail Reception)

칵테일 리셉션이란 고객들이 입식형태로 각종 주류와 음료를 주제로 전채를 곁들이면서 행하여지는 연회를 말한다. 칵테일 리셉션은 정찬파티에 비해 비용이 경제적이고, 자유롭게 이동하면서 자연스럽게 담소할 수 있다. 또한 참석자들의 복장이나 시간도 별로 제한받지 않기 때문에 현대인에게 더욱 편리하고 특히 사교모임에 적당한 파티이다. 고객들은 연회장 입구에서 주최자와 인사를 한 후 입장을 하고, 연회장 내에 준비되어 있는 바에서 좋아하는 칵테일이나 음료를 주문한 후 격식 없이 고객들과 어울리게 된다. 연회서비스 직원들이 특히 준비해야 할 점은 고객에게 직접 다가가 적극적으로 주문을 받도록 한다.

(3) 출장연회 파티(Outside Catering Party)

출장연회란 호텔의 한정된 장소를 탈피하여 고객이 원하는 장소, 시간에 따라 호텔 외부에서 행해지는 연회행사로 음식, 음료, 식기, 테이블, 글라스, 리넨, 각종 비품 등 연회행사에 필요한 집기, 비품들을 준비하여 고객이 지정한 장소에 운반하여 고객이 만족할 만한 연회행사를 실시하는 것을 말한다. 이 행사 역시 최근 들어 시장의 신장률이 점차 높아지고 있는 행사이다. 출장연회 행사 전 현장 책임자는 반드시 장소를 사전에 답사하여 행사규모, 주방시설 및 위치, 엘리베이터 이용 가능 여부, 전기, 차량 대기 장소, 약도 등을 파악하여야 한다. 또한 야외행사 시 기상변화에 따른 대비책도 강구되어야 한다.

(4) 뷔페 파티(Buffet Party)

뷔페는 Standing Buffet와 Sit Sown Buffet가 있으며, Standing Buffet인 경우는 칵테일 리셉션에 나오는 음식보다 많기 때문에 충분한 한 끼의 식사가 될 수 있다. 참석자 중에 여성이나 노약자가 있을 경우 가장자리에 약간의 의자를 준비해 놓아야 한다. 최근에는 여러 가지 음식이 제공되는 퓨전 스타일(fusion style)로 식사가 제공된다.

Sit Down Buffet의 경우 Open Buffet(일반 뷔페 레스토랑의 뷔페)는 충분한 음식이 제공되기 때문에 문제가 되지 않지만, Closed Buffet(연회 뷔페)는 간혹 음식이 충분하지 못하여 문제가 일어날 수 있기 때문에 이러한 사정을 고객들에게 알려줄 필요가 있다.

(5) 패밀리 뷔페(Family Buffet)

우리나라도 눈부신 경제성장과 더불어 국민의 소득이 증대됨에 따라 가족모임을 호텔에서 갖는 일이 많아지고 있다. 가족모임은 글자 그대로 가족들과의 행사를 호텔에서 행하는 것이다. 보통 가족모임이라면 약혼식, 결혼식, 돌잔치, 회갑연, 칠순, 생일파티, 결혼기념 파티 등이 있는데, 가정에서 직접 가족행사를 했던 예전과는 달리 최근에는 호텔의 시설을 빌려서 하는 경우가 많아지고 있다. 호텔의 정원이나 수영장 등에서 특별히 하는 가든파티(Garden Party)도 가족모임의 일환으로 개최되는 경우가 있다. 가족모임 뷔페는 최근 들어 부쩍 신장률이 높아지고 있고 시장잠재력이 높은 연회행사로써 호텔에서 행사 유치에 전력을 기울이는 전력품목 중의 하나이다.

(6) 가든파티(Garden Party)

정원이나 경치 좋은 야외에서 칵테일 리셉션, 뷔페 등의 연회파티를 개최하는 것을 말한다. 자연의 경치나 풍경을 만끽하며 행하여지는 연회라 색다른 분위기를 느낄 수 있으며, 실내에서 하는 파티와 동일하게 진행한다.

야외에서 행사가 이루어지기 때문에 바이킹(Viking), 갈비나 바비큐(Barbecue) 등을 직접 구워도 문제가 될 것이 없으며, 새로운 분위기의 파티를 느낄 수 있다. 주의해야 할 것으로 우천 시 대비책도 강구해야 한다.

(7) 티파티(Tea Party)

티파티는 일반적으로 휴식시간(Break Time: 오후 3~5시) 사이에 양식 다과만으로 하는 경우와 한식 다과만으로 간단히 하는 경우 그리고 한·양 다과를 혼합하는 경우가 있다. 또한 과일, 샌드위치, 대형 케이크를 잘라 한 쪽씩 음료수나 차와 함께하기도 한다. 티파티에서는 커피, 홍차, 인삼차와 같은 더운 음료와 주스, 콜라, 사이다 등과 같은 찬 음료가 제공된다.

(8) 기타

각종 회의를 진행하는 동안 잠깐 쉬는 시간에 미리 준비한 커피 및 음료를 제공하는 커피 브레이크(Coffee Break), 어떤 공식적인 행사를 진행하기 전에 서로 모르는 사이인 참석자들이 자신들을 소개하면서 친근감을 가질 수 있도록 가벼운 음료와 다과를 함께 나누는 상견례의 일종인 아이스 브레이크(Ice Break) 등도 있다.

3) 연회의 진행순서

연회행사 통보서가 현장에 도착하면 연회담당 지배인은 서비스 진행 계획, 인원확보 계획을 수립하여 행사가 성공적으로 이루어질 수 있도록 반드시 아래와 같은 상황을 점검하여 사전 대비하여야 한다.

(1) 서비스 인원 확보

서비스 방법에 따라 다소 차이는 있으나 모든 업무에 숙련된 웨이터가 접객할 수 있는 인원은 보통 10~15명 정도이며 정식(Formal Party)인 경우에는 4~8명이다. 지배인은 연회 성격에 따라 종사원을 확보 배치하여야 한다. 연회부서 인원만으로 부족할 경우에는 식음료부 또는 인사과에 협조를 의뢰하여 지원받도록 한다.

① 행사 최소 3일 전에 행사 당일 필요한 서비스 인원과 총 매출액을 산출한다.
② 산출 근거를 연회예약 사무실로 발송
③ 연회예약 사무실에서 업무협조전을 작성하여 담당 부서장 결재를 받음
④ 인사과에 업무협조전 발송
⑤ 담당 부서장 결재 후 인사과나 담당자에게 발송

(2) 서비스 진행 계획

사전에 알맞은 배역과 서비스 진행 계획을 완전히 숙지시킴으로써 연출자와 연기자가 훌륭한 작품을 일사 분란하게 처리할 수 있도록 하는 것이다. 현장에서 접수한 연회행사통보서와 테이블 배치도(Event Order & Layout)를 세부적으로 분류하여 점검하고, 문제되는 사항은 연회예약 담당자와 상의하여 내용을 정확히 파악한 후 서비스 진행 계획을 수립한다.

① 일시(날짜, 요일, 시간)
② 주최자와 초청받는 고객 명단
③ 연회 성격(목적)
④ 참석 인원수
⑤ 일인당 단가(예산)
⑥ 장소 및 장식
⑦ 메뉴
⑧ 테이블 세팅
⑨ 서비스 방법
⑩ 기타 특별 요구사항 〈무대장치, 안내표시(Signboard), 특수조명 및 음향〉

⑪ 지불방법

(3) 서비스 준비

연회행사 통보서를 기본으로 하여 지배인은 연회가 시작되기 전에 연회의 성격, 메뉴 내용, 테이블 배치, 진행 순서 등을 종사원에게 설명해 주고 서브가 일관성이 있도록 교육을 한다.

① 연회장의 청소(카펫, 가구, 비품)
② 비품의 파손 확인
③ 리넨류의 점검
④ 메뉴와 일치하게 테이블 세팅의 점검
⑤ 장식(Decoration), 얼음조각(Ice Carving)과 그에 따른 장식
⑥ 실내온도, 조명, 음향관계
⑦ 음악(피아노, 전자설비)
⑧ 안내판
⑨ 꽃(Flower) 장식
⑩ 좌석 배치도
⑪ 메뉴 확정(Menu Set-up)
⑫ 접수 테이블
⑬ 플레이스 카드(Place Card)
⑭ 명찰과 명패(Name Card)

(4) 대기

연회가 시작되기 20분 전에 종사원은 각자 맡은 지역에서 대기 자세를 취하며, 지배인, 캡틴은 연회장 입구에서 고객영접을 기다린다. 연회장에 입장하는 고객에게 착석 보조 등 모든 제반적인 서비스를 할 수 있도록 마음의 자세를 취한다.

고객이 입장하기 전에 웨이터, 웨이트리스는 연회장 입구에 정렬하여 손님의 입장을 기다린다. 정렬할 때는 키 순서로 혹인 웨이터가 입구 가까운 쪽으로 웨

이트리스는 그 다음에 잇달아 정렬한다. 경우에 따라서는 오른쪽으로 웨이터, 왼쪽으로 웨이트리스와 같은 정렬 방법도 있다. 고객을 맞이할 때 웨이터, 웨이트리스는 순서를 지켜 손님을 연회장 안으로 안내하며, 좌석이 정해져 있으면 좌석명 또는 좌석번호를 물어서 좌석으로 안내한다. 이때 헤드 웨이터 또는 캡틴은 입구에 서서 참가하는 고객 영접을 주시하며, 손님의 수를 파악한다.

(5) 테이블 서비스

연회의 메뉴는 식당처럼 일품 요리(A La Carte)를 서브하는 것이 아니라 동일한 요리(Set Menu)를 서브하기 때문에 연회 책임자는 특히 서비스 연출에 운영의 묘를 살려야 한다. 또한 연회장의 전반적인 업무의 흐름을 보아 진행사항 등에 관해서도 주방과의 긴밀한 협조가 이루어질 수 있도록 한다.

(6) 연회장 서비스 요령

연회장은 일반 식당에 비하여 서비스 형태가 일정하지 않으므로 서비스 요령에서도 주의를 요하는 사항이 많다.

① 행사준비는 충분한 시간을 두고 완료한 후에 철저한 테이블 점검
② 테이블 배열을 비롯한 행사는 고객의 선호도에 맞춰서 진행
③ 행사 중에 필요한 비품은 사전 준비
④ 식사를 비록한 모든 서브는 주빈부터 시작
⑤ 서브는 테이블 단위로 하여 실시
⑥ 서비스의 통일과 원활한 흐름을 위하여 서비스 책임자에게 지시받음
⑦ 행사 중에 서비스를 해야 할 때는 행사 흐름을 막으면 안 됨

(7) 연회 중 서비스

연회에서 고객에 대한 식음료 서비스는 테이블 서비스와 입식 서비스로 대별되며, 연회성격에 따라 준비된 서비스 형식으로 고객에게 식음료를 제공하게 된다. 그 외에도 연회 중에 행사에 필요한 여러 가지를 보살펴야 하는데, 특히 연회행

사가 진행 중일 때 다음 같은 사항에 유의하여야 한다.

① 지각손님의 안내

연회에 늦게 참석한 손님에게는 성명을 확인하고 조용히 좌석으로 안내한다. 요리는 연회의 상황에 따라 다르나 많은 사람이 참석한 연회의 경우에는 진행 중의 코스부터 시작한다.

② 도중에 퇴장하는 고객서비스

사정이 있어서 일찍 퇴장하는 손님이 있을 경우, 미리 부탁을 받은 시간이 되면 담당자는 그 손님 곁으로 가서 낮은 목소리로 손님에게 시간을 알린다. 기념품, 경품 등이 있을 경우에는 일찍 퇴장하는 손님에게 잊지 않고 전해준다.

③ 스피치를 위한 서비스

스피치를 하는 손님에 대하여서는 협의단계에서 미리 파악해 두었다가 스피치 손님의 객석과 순서를 메모해 둔다. 앞 손님의 스피치 도중에 다른 마이크를 다음 스피치 손님의 좌석에 준비하는 일도 있다.

④ 전화 페이징 서비스

외부에서 전화가 걸려왔을 경우에는 객석을 살펴보고 손님에게 전화가 걸려와 있음을 알린다. 뷔페 등의 경우에는 페이징 보드에 손님의 성명을 적어서 회장을 돈다.

⑤ 실내 환경의 조정

공기조절, 음향, 조명 등에 대하여서는 항상 주의를 기울이고 파티의 무드를 깨지 않게 조심한다.

⑥ 시간의 조정

연회의 진행사항에 항상 신경을 쓰고, 시간이 크게 초과되지 않게 배려한다.

⑦ 사회자의 보좌

연회를 성공적으로 마치기 위하여 주최자 측 또는 사회자를 뒤에서 보좌하는 것 등이다.

(8) 연회 종료 후 서비스

연회가 끝나면 웨이터, 웨이트레스는 손님을 전송하고, 좌석 등에 잃은 물건이 없는가를 체크한다. 헤드 웨이터 또는 접객조장은 주최자 측에 정중한 인사를 하고, 회계카운터로 안내를 하여 청구서의 확인 및 사인 또는 정산하게 한다. 또한 손님이 혼잡을 이루고 있을 때는 손님의 흐름을 조정한다.

① 연회장 출구에 정렬하여 고객 환송
② 주최자 측으로부터 요리 및 서비스에 대한 의견 청취
③ 파티에 반입된 각종 물품 유・무 확인
④ 고객의 분실물 점검

(9) 회계

연회행사 통보서를 참고하여 청구서를 작성하고, 추가 발생한 식음료를 확인하여 최종 청구서를 완성시킨다. 캐셔에 의하여 완성된 청구서를 고객에게 제시하고, 현금 또는 신용카드, 후불 등으로 분류하여 최종 청구서를 캐셔에게 통보한다. 후불일 경우에는 주최자의 연락처, 회사명을 정확하게 파악하여 캐셔를 경우 후불 담당계(Credit Office)로 통보한다.

(10) 최종 작업

고객이 모두 연회 행사장을 떠난 후 고객의 분실물의 여부를 확인하고, 입구에 설치한 접수 테이블, 카펫(Carpet), 얼음조각(Ice Carving) 등을 철거한다. 각종 집기류 및 장비 등의 관리 상태를 점검하고, 다음 행사를 위하여 스케줄 및 쓰레기 처리, 청소 등 최종 점검을 한다.

① 입구에 설치한 접수 테이블, 전화기 제거 및 철거
② 카펫과 얼음조각(Ice Carving) 철거

③ 귀중품의 보관증 유·무 확인
④ 각종 집기류, 장비 등 관리상태 점검
⑤ 내일 업무에 대비한 종사원 근무계획 및 연회행사통보서 점검
⑥ 화재 예방, 쓰레기 처리 등 최종 점검

3. 호텔 연회의 예약과 경로

연회판매는 주로 판촉사원에게 의뢰하고 예약담당자는 정보제공, 서류정리, 자료작성 등을 주관하며, 판촉사원과 상호 협력하여 예약업무의 착오가 없도록 하여야 한다. 연회예약의 접수는 고객이 직접 내방하거나 판촉사원을 통하여 또는 전화, 팩스, 인터넷, 편지 등으로 이루어지는데, 근래에는 적극적인 판촉활동을 통해 고객 확보에 최선의 노력을 해야 하는 경쟁시대에 들어섰기 때문에 경쟁업체보다 우위를 유지하기 위해서는 최고의 시설, 특징 있는 요리, 친절한 서비스를 항상 유지해야 한다.

특히 연회예약을 접수하기 위해서는 연회의 구성 요소를 충분히 사전에 숙지할 필요가 있는데 연회장의 규모, 시설이나 기자재, 식음료의 메뉴와 가격, 좌석배치, 무대 등 전반적인 사항을 파악하고 있어야 한다. 더구나 연회행사는 요금이 정해진 상품만을 판매하는 곳이 아니고 연회행사라는 상품을 창조하여 판매하기 때문에 연회예약 종사원의 역할은 매우 중요하다. 또한 연회는 사내 관련부서와의 긴밀한 협조하에서 이루어지는 특성을 가지고 있기 때문에 관련부서와의 연락이 정확하게 이루어져야 한다.

만약 관련부서와의 사전 연락이 불충분이나 관련부서의 착오로 인해 한 가지라도 실수를 하게 되면 식음료 상품의 특성상 완벽한 상품을 창조하지 못해 고객의 불만이나 불평을 사게 되므로 연회예약 시간은 사전에 관련부서와의 협조를 충분히 하여야 한다. 따라서 고객이 연회예약을 문의하면 제일 먼저 연회의 성격과 규

모를 파악한 다음 연회장의 사용 여부를 확인하고 고객과 여러 가지 사항을 연회예약서(Function Reservation Sheet)를 토대로 하나씩 상담하고 협의(Negotiation)하면서 관련 부서와의 업무 협조를 한다.

연회예약이란 요금이 정해진 상품을 판매하는 것이 아니라 연회라는 상품을 창조하여 판매하는 것이므로 다음과 같은 사항에 유의하여 접수를 받는다.

1) 연회예약의 중요성

연회예약은 고객의 직접 내방하거나 판촉직원에 의한 전화 혹은 E-mail, 팩스 등으로 이루어진다. 근래에는 주위에 있는 호텔보다 경쟁우위를 점해야 될 뿐만 아니라, 고객 확보를 위한 적극적인 판촉활동을 통해 최선의 노력을 해야 하는 경쟁시대에 들어섰다.

따라서 친절한 서비스를 바탕으로 최고의 시설, 선택 가능한 다양한 요리, 주차와 같은 부가서비스가 제공되어야 고객은 관심을 갖게 된다. 또한 정중한 예절과 언어구사, 상품지식 등을 습득하여 고객에게 좋은 이미지를 심어주는 것도 연회상품을 판매하는 데 중요한 요인이 될 수 있다.

연회예약이 성립되기 위해서는 예약담당자와 판촉사원 간의 밀접한 협력체계를 갖추고 능률과 기능을 최대한 발휘하여 최대의 효율성이 있도록 해야 한다. 오늘날에는 고객의 예약을 기다리는 시대는 지났으며, 적극적으로 판촉활동을 하여 고객 확보에 최선의 노력을 기울여야 한다. 그리고 경쟁업체보다 우위를 유지하려면 최고의 시설, 특징 있는 요리, 품위 있는 장식, 최고의 서비스를 지속적으로 개발하여 예약 시에 하나의 상품으로 판매될 수 있도록 유도한다.

호텔 내의 연회예약부서는 주로 워킹고객이나 전화문의 고객에게 안내를 돕거나 행사를 예약, 진행하고, 그 결과를 분석하며 고객창출과 고객관리를 위해서 새로운 판촉물까지 기획하며 그 호텔만의 노하우를 개발한다.

연회예약은 호텔 내에서 이루어지는 국제회의, 연회, 가족모임 등을 유치하고 진행시키기 위한 시작단계라고 할 수 있다. 이때 국제회의나 연회 등의 행사들이 개최됨으로써 각 관련분야의 국제화 내지 자질 향상은 물론, 일반 국민의 자부심을 향상시키고 관광진흥, 문화선양, 환경개선, 의식수준의 향상을 꾀할 수 있다. 뿐만 아니라 호텔 홍보와 객실, 영업장, 기타 부대시설의 매출 증진에도 크게 기여하고 있으므로 연회예약의 업무는 매우 중요하다고 하겠다.

2) 연회예약 경로

연회예약을 접수받기 위해서는 연회를 구성하고 있는 요소, 즉 연회장의 규모, 시설, 기자재, 좌석배치(Lay Out), 무대, 조명, 식음료의 메뉴와 가격을 사전에 충분히 숙지하고 있어야 한다. 연회장에서의 식음료 상품은 일반 레스토랑과 달리 요금이 정해진 상품만 판매하는 것이 아니고, 행사에 맞는 상품을 만들어 판매해야 하기 때문에 연회예약 담당자의 역할은 매우 중요하다.

또한 연회는 연회를 담당하는 부서 단독으로 행사를 치룰 수 없기 때문에 사내 관련부서와의 긴밀한 협조가 있어야 고객이 요구하는 만족스러운 행사를 수행할 수 있다. 만약 관련부서와의 불충분한 협의는 완벽한 상품을 만들 수 없고, 그것으로 인한 고객의 불평과 불만족은 재방문 고객으로 기대하기는 힘들 것이다. 그러므로 연회예약 담당자는 연회예약에 의한 행사지시서(Event Order)를 바탕으로 관련부서와의 충분한 협조가 이루어져야 한다.

(1) 전화 예약 접수

예약 접수방법 중 가장 신중을 기해야 하는 것이 전화 예약 접수다. 고객과 직접 대면하지 않기 때문에 소홀히 할 우려가 있으며, 고객은 예약 담당자의 말만으로 음식, 장소, 행사 전반에 걸친 안내를 받아야 하기 때문에 충분한 상품 지식과 예의 바른 전화응대로 고객을 설득하여 유치하도록 해야 한다.

(2) FAX, E-mail 예약 접수

FAX, E-mail 의한 예약 접수는 예약의 가부를 정확히 고객에게 통보해 주고, 고객에게 메뉴, 도면, 견적서 등을 첨부해 주어 고객이 서류만으로도 행사를 결정할 수 있도록 자세한 자료를 보내 주어야 한다. 또한 예약을 접수하는 과정에서 차후 행사 시 문제가 발생하지 않도록 정확한 예약이 되도록 한다.

(3) 방문 예약 접수

호텔에 직접 찾아오는 고객은 그만큼 그 호텔에 대해 잘 알고 있으며, 그 호텔을 이용하려는 마음의 결정을 한 고객이라고 할 수 있다. 따라서 내방객은 99% 그 호텔을 이용할 고객으로 볼 수 있다. 그리고 예약 담당자는 올바른 자세와 단정한 용모, 고운 말씨로 고객을 맞이하여 풍부한 상품지식으로 고객에게 신뢰감을 주어야 한다.

그러므로 고객으로부터 날짜, 시간, 인원 등을 확인하고 적절한 연회장을 소개한 후에 예약 상담을 한다. 예약 절차가 끝나면 고객에게 연회장으로 안내하여 확인할 수 있도록 한다. 그리고 예약전표(예약접수) 기록을 하고, 고객으로부터 예약금을 받아서 행사에 차질이 없도록 하고 Control Chart에 기록하도록 한다.

(4) 판촉직원에 의한 예약 접수

판촉직원이 거래처에 가서 예약을 수주하는 경우이다. 담당 판촉직원이 출사중에 예약 접수 전화가 오거나 긴급을 요하는 경우에는 같은 업무를 담당하는 다른 직원이 직접 찾아가서 예약을 접수하기도 한다.

3) 연회행사 준비

연회행사의 준비는 사전의 준비 작업으로서 대단히 중요한 사항이다. 주최자 측의 입장에서 보면 당연히 큰 행사이고 이벤트화된 업무로서 서비스를 제공하는 회사 측의 입장에서도 이벤트 업무라고 할 수 있다. 연회가 접수되면 접수된 내용에 의하여 연회예약 명세서를 작성하고 책정된 예산에 의한 메뉴 및 인원, 행사일, 행사시간이 기록된 연회행사 통보서를 관련부서에 보내고 서비스 방법에 따른 세부 계획을 작성한 다음 연회 성격에 맞는 장식과 식탁을 배열한다.

식탁 배열은 연회 성격에 맞는 장소와 인원, 분위기 등을 고려하여 알맞게 배열하여야 하며 출입문과 창문, 기둥과 무대의 위치 등 공간을 최대한 이용한다.

식탁 배열이 연회의 성격에 따라 결정되며 서비스 방법에 따라 다소 차이가 있겠으나 웨이터, 웨이트리스의 식탁 배정이 이루어져야 한다.

일반적으로 8~10인용 원탁을 사용하거나 타원형 식탁 또는 장방형 식탁을 사용할 경우 숙련된 종사원이 접객할 수 있는 인원은 한 사람이 10~12명 정도이나 차원 높은 서비스를 요구할 경우 6~8명이 가장 적당하다. 식탁 배열이 이루어지면 그에 알맞은 서비스 계획을 작성하여 연회행사에 차질이 없도록 한다.

(1) 예약의 접수

행사를 위한 최초의 단계는 연회예약을 담당하는 부서의 예약원이 연회상품을 설명하고 견적에 의해 계약을 하게 되면 연회예약 시 접수된 고객의 모든 행사정보를 행사지시서(Banquet Event Order)에 표기하여 연회서비스 부서를 비롯하여 관련부서에 송부하게 된다. 연회서비스 부서에서는 행사 지시서에 의거, 행사를 준비하게 되고 행사 당일 최종적으로 예약한 각종 연회 상품을 판매한다.

판촉활동을 담당한 직원이 열심히 영업활동을 하는 동안 예약담당자는 정보의 제공, 서류정리, Table Plan, 자료의 작성 등을 주관하면서 판촉담당직원과 일체감을 가지고 상호협력하면서 판매이윤의 증진 및 연회예약의 활성화를 위해 합심·노력해야 한다. 연회예약을 접수할 때에는 반드시 다음의 사항을 확인해야 한다.

① 날짜와 시간(Date&Time)

② 주최자와 초청받은 손님(Organizer&Guest of Honor)

③ 연회의 성격 및 목적(Type of Function)

④ 참가인원(Number Of Guest)

⑤ 약정된 예산(Budget: Price Per Cover)

⑥ 연회장소 및 장식(Room & Decoration)

⑦ 차림표와 주류(Menu & Wine)

⑧ 식탁 배치(Table Arrangement)

⑨ 좌석 배치(Seating Arrangement)

⑩ 연회장 도면(Function Ray-Out)

⑪ 서비스 방법(Method of Service)

⑫ 가격 안내(Price Information)

⑬ 지급방법(The way of Payment)

- 개인지급-현금후불(지급조건)
- 회사지급-현금후불(지급기일)
- 신용카드 지급 및 가계수표

⑭ 견적서(Quotation)

⑮ 기타 특별사항(Others, Special Requirement)

(2) 견적서 작성(Banquet Quotation)

견적서를 작성할 때에는 고객의 예산에 맞는 제출하는 것이 매우 중요하다. 특히 식음료의 요금은 봉사료와 세금을 포함한 가격으로 하며, 무료로 제공되는 품목이 있으면 원래의 가격을 기록하고 비고란이나 가격기록란에 무료라고 표시해 주어야 고객이 내용을 파악할 수 있다. 또한 견적서를 작성할 때에는 연회장의 도면과 좌석배치(Layout) 등을 동시에 제출한다.

(3) 연회장의 배정

보통 호텔은 대, 중, 소규모의 연회장을 다수 가지고 있으므로 연회장을 적절히 배정하는 것도 연회장의 효율적인 운영과 매출의 극대화를 기할 수 있는 부분이다. 따라서 연회장을 배정할 때에는 행사의 인원수와 성격 등을 고려하여 배정한다.

(4) 예약서 작성과 예약금

고객과의 모든 협의가 끝나면 계약서를 작성하고 예약금을 받는데 액수는 보편적으로 총 금액의 30% 정도로 한다. 연회계약서나 예약금을 받고 난 뒤에는 반드시 고객의 사인이나 도장을 받는다.

(5) 연회요구서 작성 및 배부

연회예약서를 작성하고 난 뒤 행사가 유치되려면 컨트롤 차트(Contorl Chart)를 재확인하여 확정된 내용을 기록하는 연회요구서(Banquet Event Control)를 작성한다. 연회행사 관련부서에서 고객과의 대화나 대면 없이 연회요구서에 의해서만 행사를 추진하기 때문에 고객과 협의한 모든 사항을 연회요구서에 기록하여, 관련부서에 배부하여야 한다.

(6) 예약의 취소

연회예약이 취소되었을 때 즉시 예약 컨트롤 북(Control Book)을 정정한다. 취소의 경우 훗날의 예약판매를 위하여 취소사항을 확인하는 것이 중요하다. 컨트롤 북(Control Book)을 정정한 후에는 접수서에 스탬프를 찍고, 취소일시, 취소자 이름, 취소접수자의 서명을 기입한 후 파일에 철하여 관계부서에 취소사항을 연락하면 된다. 호텔 간의 판촉경쟁은 갈수록 심화될 추세이고 연회부문의 수익성은 더욱 중요하므로 차기의 연회장 판매 노력을 경주하여야 한다.

(7) 접수된 예약의 공유

행사 주최측과 견적서를 주고받고 행사가 결정되면, 컨트롤 차트(Control Chart)를 재확인하여 확정한 내용을 기록하고 Event Order(E/O)를 작성한다. 행사진행 관련부서에서는 고객과의 대화나 대면도 없이 E/O에 의해서만 행사를 진행하기 때문에 고객과의 협의내용과 필요한 사항 등 Event Order에 기록할 내용이 많아서 난이 부족할 경우에는 별도의 업무연락 혹은 회의를 통하여 행사내용을 관련부서에 배부하고 협조를 구한다.

4) 연회장 테이블 배열

연회에 필요한 테이블 배치작업을 말하는데 연회장의 연회내용과 참가고객의 인원수를 고려하여 분위기 연출에 신경을 써야 한다. 연회행사에서는 어떤 테이블, 어떤 의자를 사용하느냐에 따라 분위기와 기능에서 많은 차이가 난다. 연회의 성격에 따라 의자와 테이블의 배치가 달라지므로 어떻게 하는 것이 가장 적합하며 효율적인지 많은 생각과 창의력을 통해 다양한 연출을 할 수 있도록 해야 한다. 우선 연회용 테이블은 크게 나누어 사각테이블과 원형테이블 두 가지로 나눌 수 있다. 특별한 경우 또는 중요한 행사시에는 Table Lay Out을 제시해 두는 것이 원칙이다. Table Lay Out 도면 작성 시 각 연회장 축적도면에 사실적인 도면을 그려서 행사 주최측에 제시하고 또한 Copy는 현장에 보내서 행사 진행 준비에 차질이 없도록 한다.

(1) 극장식 배열(Theater Style)

좌석을 극장식으로 배열할 경우, 의자와 의자 사이를 공간이라 하며, 의자의 앞줄과 뒷줄 사이를 간격이라 한다. 부대 테이블 위치가 정해지면 의자의 첫 번째 줄은 앞에서 2m 정도의 간격을 유지하고, 좌석배치는 통로가 1.5m 넓이의 간격이 유지되도록 한다. 의자의 배치를 똑바로 하기 위해서는 긴 줄을 이용하거나 카펫 무늬를 이용하여 가로 세로를 맞춘다.

(2) 강당식 반월형 배열(Auditorium, Center Aisle)

무대의 테이블은 일반 배열과 동일하나 의자를 배열할 때는 무대에서 최소 3.5m 간격으로 배열하고, 중앙 복도는 1.9m 간격을 유지하도록 의자를 양쪽에 한 개씩 놓아서 간격을 조절한다. 이러한 의자 배열은 큰 공간을 차지하기에 많은 인원을 수용하는 데 어려움이 있다.

(3) 원형 테이블 배열(Round Table Shape)

많은 인원을 수용하여 식사와 함께 제공하는 디너쇼나 패션쇼 등의 테이블을 배치할 때 많이 쓰이며, 테이블 간격은 3.3m 정도, 의자와 의자 사이의 간격은 90cm 정도로 하고, 양쪽 통로는 60cm 공간을 유지하도록 한다. 테이블은 무대를 중심으로 중앙 부분을 고정한 뒤 앞줄부터 맞추면서 배열하고, 뒷줄은 앞줄이 중앙 부분이 보이도록 맞춘다. 원형 테이블은 2~14인용까지 있다.

(4) U자형 배열(U-Shape)

U형에서는 일반적으로 150×75cm 정도의 직사각형 테이블을 사용하는데, 테이블 전체 길이는 연회 행사 인원에 따라 다르며, 대체 의자와 의자 사이는 50~60cm의 공간을 유지하며, 식사의 성격에 따라 넓은 공간을 필요로 할 경우도 있다. 테이블 크로스는 양쪽 드레잎스(Drapes)를 쳐서 다리가 보이지 않게 해야 한다.

(5) T자형 배열(T-Shape)

T자형은 많은 손님이 Head Table에 앉을 때 유용하다. Head Table을 중심으로 T형으로 길게 배열할 수 있으며, 상황에 따라서 테이블의 너비를 2배로 늘릴 수 있다.

(6) 타원형 배열(Oval Shape)

타원형 배열은 1자형 테이블 모형과 비슷하게 배열하나, 달걀모양의 타원형 테이블을 이용하여 1자형 또는 사선형으로 배열하는 것을 말한다. Oval 테이블이 없을 경우는 양쪽에 Half Round를 붙여 사용하기도 한다.

(7) 공백 사각형 배열(Hollow Square Shape)

공백 사각형 배열은 U자형 테이블 모양과 비슷하게 배열하나, 테이블 사각이 밀폐되기 때문에 좌석은 외부 쪽에만 배열해야 한다.

07

CHAPTER

호텔 객실

1. 호텔 객실의 이해
2. 호텔 객실의 분류
3. 호텔 객실요금의 종류
4. 현대호텔 객실의 변화

HOTEL
MANAGEMENT

07 CHAPTER 호텔 객실

호텔 건축은 호텔경영의 단위와 척도가 되는 객실을 중심으로 설계 후 건설이 되며, 호텔영업에서 주 판매대상도 객실이다. 호텔의 규모도 객실의 면적과 수에 의해 결정되며 이 규모에 의해 각종 부대시설의 종류와 규모도 결정된다. 호텔에서 객실부서의 비용은 객실의 판매 여부에 상관없이 지급되므로 판매되지 않은 빈 객실은 손실이 되어 호텔영업에 크게 악영향을 미친다.

그만큼 호텔 객실은 호텔의 규모와 수준을 평가하는 기준으로 삼고 있는 것이 현실이다. 최근의 호텔 객실은 잠을 잘 수 있는 수면 공간, 사무를 볼 수 있는 비즈니스 공간, 편안한 휴식을 취할 수 있는 휴식 공간, 오락을 즐길 수 있는 공간과 같은 다양한 기능을 갖춘 복합적인 공간이라 할 수 있다.

1. 호텔 객실의 이해

호텔의 객실은 객실상품이라는 물적이며 시설적인 상품을 고객에게 제공하는 기본적인 서비스와 객실부서 종사원의 인적 서비스에 의해 종합적으로 만들어낸 상품이라 하겠다. 따라서 객실상품을 구성하고 있는 요소는 객실이라는 시설서비스와 인적 서비스에 의해 이루어진 것이라 할 수 있는데, 호텔 객실은 고객들이 요구하는 시설, 소모품, 청결, 안전, 정숙 등 고객들의 욕구를 충족시켜 줄 수 있는 상품으로 구성되어 있다.

1) 호텔 객실의 개념

호텔에서 객실이란 호텔을 방문하는 고객에게 숙박과 식사를 제공하는 곳이며, 숙박을 하는 객실은 호텔의 가장 대표적인 상품이다. 그러므로 대부분의 호텔에서 객실 매출은 가장 큰 단일소득원이며, 다른 모든 서비스에 매출액을 합한 것보다 더 많다. 특히 객실은 높은 마진을 주기 때문에 호텔경영 이익의 주요 부분을 차지한다. 또한 숙박의 주요 영향 요인인 객실은 고객이 호텔에 투숙하여 퇴숙할 때까지 전 과정을 걸쳐 관련되는 종합적인 부문이다.

이렇게 호텔 내에서 주요한 부문을 차지하고 있는 호텔 객실의 개념을 살펴보면 객실(Guest Room)은 글자 그대로 손님을 위한 방이다. 사전적 의미는 손님에게 숙식을 제공하거나 접대하는 방으로 설명되고 있다. 웹스터 사전에서 "객실은 벽에 의해 분리된 건축물 내의 공간 또는 유사한 공간의 벽 등에 의해 분리된 공간"으로 정의하고 있다. 현대적 의미에서 호텔의 객실은 식·음료, 연회, 집회, 문화, 레저, 쇼핑, 비즈니스 등의 기능과 고급의 인적 서비스 기능을 갖춘 영리사업체가 고객에게 편안한 휴식과 조용하고 안락한 잠자리 장소로 제공하는 건축물 공간의 일부라고 할 수 있다.

2) 호텔 객실의 중요성

호텔 객실은 다른 지역을 여행하는 사람들에게 업무와 휴식을 위한 공간제공과 이에 부수되는 서비스를 제공하여 수익을 발생시키는 호텔경영에서의 중요한 상품이다. 그리고 호텔 객실은 초기 투자비용이 많이 들어가지만 원가의 비중이 낮고, 운영비용이 적게 들어가기 때문에 호텔의 여러 영업장 중 가장 수익률이 높다.

객실판매로 인한 수익은 객실료 수입만으로 끝나는 것이 아니라 객실 내에 비치된 냉장고와 미니바(Mini Bar) 사용, 식음료 영업장과 부대시설 이용 등으로 호텔 영업 전반에 지대한 영향을 미친다. 즉 객실점유율이 높으면 호텔 내 부대업장 이용률이 높아져 호텔수익에도 상관관계가 있기 때문에, 호텔에서는 경영적 측면에서 중요한 정책으로 여겨지고 있다. 그러므로 호텔을 경영함에 있어, 궁극적인 목표가 기업의 가치 확대와 이윤극대화라면 호텔 객실은 호텔의 전반적인 수익에 커다란 영향을 미친다고 할 수 있기 때문에 호텔 상품 중 가장 핵심상품이라 하겠다.

따라서 호텔 객실은 고객의 욕구에 따라 계속적으로 변화되어야 주위의 경쟁호텔에서 우위를 점할 수 있다. 때문에 호텔의 경영전략에 따라 차이는 있지만, 인건비나 식자재 비용이 많이 들어가는 식음료업장의 수를 줄이고, 객실영업에 중점을 두는 호텔이 증가하고 있다. 즉 다음과 같은 상관관계를 살펴볼 수 있다.

(1) 판매 객실 수와 호텔 수익과의 관계

객실판매는 객실부서 자체의 수익으로 그치는 것이 아니라 호텔의 전반적인 영업수익에 영향을 미치는 것으로 식음료업장과 부대사업장들의 판매 기회는 투숙객 증가에 따른 객실 수익에 상당부분 의존하게 된다. 즉 특정 호텔에 객실 투숙객이 증가하면 그만큼 식음료 및 부대시설의 이용도가 높아지고 결국 영업실적이 향상되기 때문에 대부분 호텔에서는 객실 수익의 증대 방안을 주요한 경영전략으로 채택하고 있는 실정이다. 여기서 객실 수는 판매 가능 객실 수로 호텔의 손님 수용능력을 나타내며 객실점유율은 현재 판매가능 객실 수에서 판매된 객실의 비율을 측정하는 지표로서 호텔은 판매가능 객실 수, 투숙객 수, 객실요금을 각각 최대화함으로써 최대의 객실 수익을 달성할 수 있다.

(2) 고정비용과 수익률과의 관계

객실 수익은 호텔의 자체적인 원가 측면에서 볼 때 건축비와 객실 운영에 대한 고정비가 객실판매실적의 여하에 상관없이 일정하게 높게 유지되는 특징이 있다.

이런 이유 때문에 만일 충분한 객실이 판매되지 않을 경우 객실부분의 수익률과 호텔 전체 수익률 등이 이중으로 떨어지게 되어 큰 손실을 초래하게 된다.

(3) 객실점유율과 손익과의 관계

객실이란 상품은 일반 상품과 달리 저장할 수 없으며 판매에서 신축성도 없다. 따라서 호텔경영에서 객실점유율(Room Occupancy)이 중요시되고 있으며, 결국 객실경영의 손익분기점도 객실점유율과 높은 상관관계를 나타내고 있다. 국내에서 호텔의 객실점유율은 판매관리의 유효성 여하에 따라 결과가 결정되고 있다. 현재 대다수 호텔들이 판촉부를 두고 객실부문, 식음료부문, 부대사업부문 등에서 판매활동을 수행하고 있다. 효율적이고 유능한 경영자가 되기 위해서는 결국 각 영업부문에 대한 철저한 경영분석과 창의적인 판매관리에 대한 경쟁적인 지식과 실무 경험이 요구되고 있다.

(4) 매출액과 영업이익과 관계

매출액의 변화에 따라 영업이익의 변동성이 매출액의 변동성보다 더 높게 나타난다는 것이다. 호경기가 계속해서 유지된다면 더할 나위 없이 좋겠지만, 호텔들의 경쟁이 점차 가열·심화되고 있어서 이런 확률은 그다지 높지 않은 편이다. 이와 반대로 심각한 불경기가 도래하면 호텔은 영업이익이 급격하게 축소되어 최악의 경우 존폐의 위기를 맞이하게 된다.

(5) 청결한 객실상태와 고정고객과 관계

경쟁적인 객실판매에 영향을 주는 요인은 쾌적하고 청결한 객실상태의 지속적 유지와 종사원에 의해 제공되는 인적 서비스의 품질에 달려 있다고 해도 과언이 아니다. 깨끗하게 잘 정비되지 않은 객실은 손님에게 불만요인이 될 뿐만 아니라 객실 수익의 증감에 큰 영향을 미친다. 만약에 손님이 불결한 객실과 낮은 인적 서비스를 경험했다면 이 손님에게 다음 기회를 바라는 것은 무리일 것이다. 그러므로 객실의 청결과 정비 유지는 매우 중요하며, 지속적인 객실상품의 품질 향상과 경쟁적인 객실요금의 유지도 중요한 도전과제이다.

(6) 객실판매와 호텔이익과의 관계

객실판매는 호텔의 영업이익(Operating Income) 향상에 가장 지대한 영향을 미치며, 또한 많은 수의 손님들을 끌어 모을 수 있어 식음료 및 기타 부대시설의 판매기회를 확대할 수 있다. 이렇게 객실판매의 꾸준한 신장은 호텔에서 판매기회를 최대화하여 이윤의 최대화를 통한 기업가치의 극대화란 기업목표를 달성하는데 큰 공헌을 한다.

(7) 호텔 전략과 객실판매 전략과의 관계

호텔 객실은 초기 투자비가 많이 소요되지만 판매 시 식음료 상품에 비해 훨씬 적은 원가비용이 발생하므로 대부분 선진국 호텔들은 객실 위주의 영업 전략을 고수하고 있다. 호텔영업은 일반적인 기업에 비하여 상대적으로 높은 고정비용이 소요된다. 예를 들어 호텔관리에서 한 층에 한 사람의 손님이 투숙하더라도 전기·수도·냉난방 등 기본적인 시설은 계속 가동시켜야 하며, 보험료와 세금을 물어야 하며, 또한 객실부 등 여러 부서에서 직원들이 계속해서 근무를 해야 한다. 이와는 반대로 호텔 객실은 식음료 상품에 비해 변동비용 매우 적게 소요되는 구조를 가지고 있는데, 손님이 퇴실한 후 객실청소와 여러 가지 소모품 등의 교체에는 비용이 그다지 많이 소요되지 않기 때문이다. 이러한 고정비와 변동비의 구조를 봤을 때 호텔사업에서 손익분기점 이상의 객실이 판매되면 이후 추가로 판매되는 객실은 판매비용(변동비용)이 매우 적게 소요되어 매우 큰 이익수준을 창출할 수 있다. 반대로 객실수요가 심각하게 축소되는 비수기 등에는 일부 객실층을 폐쇄하여 고정비를 낮추려는 시도를 하기도 한다.

3) 호텔 객실의 기능

호텔에 투숙한 고객의 생활 측면의 기능을 보면 잠을 자고 휴식을 취할 수 있는 수면공간, 휴식공간, 자신만의 공간에서 자유롭게 행동할 수 있는 자유공간,

건강과 직결된 위생공간과 같은 기능으로 생각해 볼 수 있다.

(1) 수면공간 기능

호텔 객실은 안락한 침대와 편안한 침구류를 고객에게 제공하게 되는데, 고급 호텔일수록 고객의 욕구충족을 위해 베개와 다양한 종류의 이불을 준비하는 경우가 많다.

기본적으로 오리털 이불이 제공되지만, 민감한 고객을 위해 거위털이나 양모의 이불을 준비하기도 하고, 깃털 알레르기 손님을 위해 목화로 만든 솜이불을 준비하기도 한다. 베개 또한 오리털 베개, 한실 베개와 라텍스(Latex) 베개 등을 다양하게 준비해 놓기도 한다.

(2) 휴식공간 기능

대부분의 객실에는 편히 휴식을 취할 수 있도록 소파가 제공되고, 레스토랑까지 가지 않고도 객실에서 식음료를 주문하면 원하는 시간 언제든지 룸서비스를 통하여 서비스를 제공받을 수 있다. 또한 편안한 수면과 안락한 휴식은 조명에 따라 다르게 느껴질 수 있으므로, 객실의 전등은 밝기를 조절할 수 있도록 되어 있다.

(3) 자유공간 기능

호텔에 투숙한 고객의 객실은 자신만을 위한 공간이므로 자유롭게 행동할 수 있다. 또한 집과 거실의 기능을 갖고 있어 TV나 영화 시청이 가능하고, 음악을 들을 수 있는 시스템도 갖추고 있다. 또한 다양한 정보공유와 비즈니스를 할 수 있는 회의실, 인터넷과 팩스 등을 갖추고 있어 업무도 볼 수 있는 다목적의 공간으로 자유롭게 이용할 수 있는 기능도 있다.

(4) 위생공간 기능

객실은 고객이 장시간 머무르는 공간으로 청결하지 않으면 고객의 건강을 해칠 수도 있으므로 위생적으로 관리할 필요가 있다. 따라서 카펫으로 된 객실바닥은 매일하는 카펫 청소와 정기적인 카펫 샴푸를 통하여 관리할 필요가 있다. 또한 객실 내의 욕실공간은 고객건강과 직결된 위생공간으로, 고객의 생리적 욕구를 해결할 수 있도록 설계된 공간이다. 최근에는 모든 객실에 비데를 설치하는 호텔도 있고 로션, 샴푸 등 욕실용품도 고급화하고 있다.

이상과 같이 호텔 객실은 한정된 하나의 작은 공간이지만, 고객들이 휴식을 취하고, 편안하도록 위생적 기능을 갖추어야 되는 복합적 기능을 갖고 있다. 따라서 정해진 공간을 편리하게 사용하기 위해서 고객의 동선을 고려한 구성이 절대적으로 필요한 곳이다.

(5) 화물공간 기능

일정한 양의 고객의 수하물을 보관할 수 있는 공간은 반드시 필요하다. 휴식공간이나 자유공간에 침해를 주지 않으며 고객이 쉽게 이용할 수 있어야 한다.

4) 호텔 객실의 특징

최근의 도심에 있는 호텔 객실 영업은 높은 점유율을 유지하고 있어 환경 변화에 영향을 덜 받고 있는 것 같지만, 일반적으로 요일이나 월별, 계절에 따라 수요의 변동이 심하다. 호텔 객실의 경영은 다양한 특성에 따라 다르게 평가되기도 하지만, 보통 객실점유율(Room Occupancy), 객실 평균단가(Room Average Rate), 객실판매 수(Sold Room)에 따라 실적이 평가된다.

객실 수익의 극대화를 위해서는 성·비수기에 따라 상품이 개발되어야 한다. 성수기에는 공표요금(Tariff) 정책을 적용하여 객실단가를 높이고, 비수기에는 패키지(Package) 상품을 만들어 객실점유율을 높이는 마케팅 전략 수립이 요구된다. 다음은 호텔 객실 경영에서 나타나는 몇 가지 특별한 특성을 간단히 정리하였다.

(1) 객실의 고급화

호텔 객실은 이용하는 고객의 취향이나 목적에 따라 다양화되어, 호텔마다 차별화 전략을 취하고 있다. 객실을 구성하고 있는 시설이나 설비, 소모품 등을 고급화하여 외형적인 면을 강조하여 고객만족을 유도하고, 차별화 전략을 통하여 욕구를 충족시키며, 고객 재방문을 위한 노력을 하고 있다. 그러기 위해서는 침대, 응접실, 욕실 등을 최고급화하고 있는데, 침대의 크기를 넓히거나 응접실의 가구와 카펫을 현대적 감각으로 고급화하고, 욕실의 경우 욕조보다는 샤워부스(Shower Booth)를 설치하여 고급화에 치중하고 있다.

특히, 호텔을 새로 개관하거나 보수(Renovation)하는 경우는 표준객실 수를 줄이고, 스위트 룸(Suite Room)과 같은 특실 수를 늘리는 것으로 볼 때, 객실의 고급화 전략에 치중하고 있음을 알 수 있다.

(2) 객실요금의 다양성

같은 넓이와 크기, 같은 층의 객실을 이용하더라도 고객이 지불하는 금액은 이용시간과 횟수, 예약시기, 숙박기간, 계약조건 등 여러 가지 상황에 따라 차등 적용된다. 동일한 회사 직원이 호텔을 투숙하는 경우에도 매년 조금씩 다른 요금체계를 적용받을 수 있다.

객실요금은 예약 담당자나 프런트 직원에 의해 할인된 요금을 책정하기보다는 호텔관리자(Management)에 의해 정해진 요금을 적용받게 된다. 왜냐하면 호텔 직원의 직급에 따라 객실요금이 적용되는 경우, 객실경영에 있어 일관성을 잃을 수 있기 때문이다. 따라서 객실점유율을 높이고, 매출을 극대화시키기 위해서는 객실 예약과 같은 단일창구 부서에서 관리할 필요가 있다.

(3) 객실구조의 표준화

호텔 객실은 초기 설계부터 표준화에 중점을 두고 있다. 왜냐하면 호텔 객실은 막대한 자본이 들어가기 때문에 원가절감이라는 차원과 객실공간을 최대한 활용하기 위해서이다. 또한 차후 객실 보수 시에도 표준화된 객실은 동일한 제품을 다량 구입하여 사용함으로써 비용을 절감할 수 있기 때문이다. 그러므로 고객이 욕구를 충족시켜 줄 수 있는 객실을 만들기 위해서는 고객의 다양한 취향 반영은 필수이고, 같은 형태의 침대나 가구, 커튼, 색상, 조명 등 설비도 관광객 또는 상용고객에 따라 표준화된 설계를 하고 있다.

(4) 객실상품의 변화

호텔 객실은 다양화된 고객의 욕구를 파악하여, 고객들이 요구하는 어메니티(Amenity), 인테리어, 무선통신 시설 등 새로운 서비스와 시설을 추가하고, 객실 형태와 크기를 주기적으로 보수(Renovation)하여 고객의 욕구에 접근하고 있다.

상용고객을 위하여 객실 내에서 무선 인터넷을 무료로 이용할 수 있는 객실상품을 내놓기도 하고, 장기 투숙객을 위한 조리가 가능한 객실을 운영하기도 한다. 또한 세계적으로 확산되는 금연운동에 따라 호텔에서도 금연층(Non Smoking Floor)이 증가하고 있는 추세이다. 그리고 여성들의 사회활동이 증가함에 따라 여성 전용층을 운영하고 있는 호텔이 있는가 하면, 호텔이 근접해 있는 주위환경에 따라 어린이를 위한 객실을 운영하는 호텔도 있다.

(5) 가치의 소멸성

객실상품은 이동시켜 판매할 수도 없고 저장할 수도 없다. 즉 당일 판매하지 않으면 가치가 소멸되는 상품이라 하겠다. 또한, 객실 수가 한정되어 있기 때문에 객실 수를 초과해서 판매할 수도 없다. 즉, 호텔에서 객실상품은 시간적, 양적 제한을 받고 있으므로 객실상품은 당일 판매를 해야만 가치가 있는 것이다. 그렇지 않으면 자연 소멸되기 때문이다.

(6) 높은 고정비용

호텔 객실은 일반 제조업과 다르게 상대적으로 높은 고정비용이 투입되는데, 모든 서비스가 인적 서비스에 의해 이루어지며 자동화하는 데는 한계가 있기 때문이다. 또한 객실점유율에 상관없이 객실부서는 24시간 근무자가 있어야 하는데, 객실 층에 한 사람의 고객이 투숙을 해도 전기는 물론 수도, 냉・난방을 공급해야 하기 때문에 고정비용이 매우 높다고 할 수 있다. 따라서 일부 호텔에서는 고정비용을 낮추기 위하여 비수기에 일부 층을 폐쇄하기도 한다.

5) 호텔 객실부서의 조직

호텔 객실부서(Room Division)는 크게 객실영업(Front Office)과 객실정비를 담당하는 객실관리(Housekeeping)로 나누어진다. 객실영업부서는 객실판매와 관련된 업무를 하는 곳으로 프런트 데스크, 현관서비스, 예약실, 교환실, 비즈니스센터로 구성되어 있고, 객실관리는 객실상품을 만드는 하우스키핑, 세탁실 등으로 구성되어 있다.

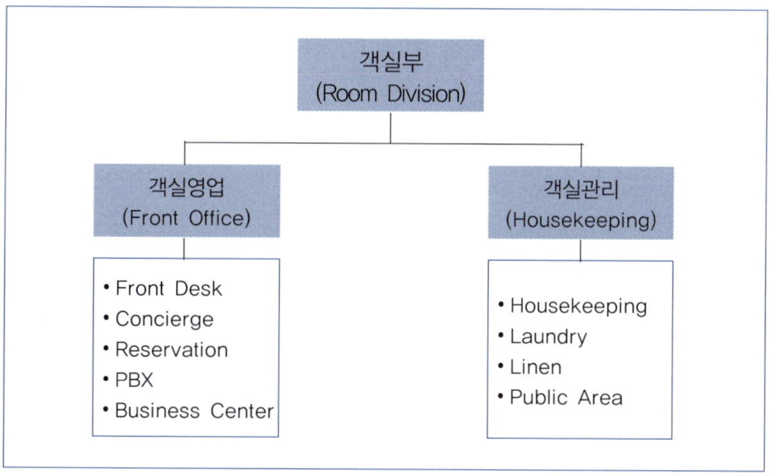

그림 7-1 객실부서 조직도

2. 호텔 객실의 분류

호텔 객실은 침대의 종류와 크기 그리고 상품의 위치에 따라 구분할 수 있다. 침대 수는 곧 객실에 투숙 가능한 인원수를 의미하며, 침대의 크기는 제조회사마다 약간의 차이는 있지만 대체로 보통 싱글, 퀸 사이즈, 킹사이즈 등으로 구분된다. 그리고 객실이 위치하고 있는 곳, 즉 객실 내부에서 외부의 경관을 감상할 수 있느냐와 객실의 크기에 따라 객실요금에 차등을 두는 것이 일반적이다.

1) 침대 종류 및 크기에 의한 분류

(1) 싱글룸(Single Room)

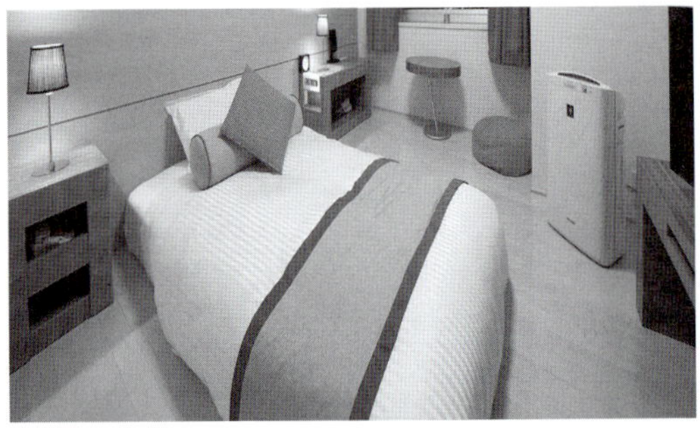

1인용 침대 1개가 비치된 객실로서 한 사람이 투숙할 수 있도록 갖추어 놓았다. 국내의 경우는 싱글베드(Single bed)의 크기를 90×195cm 이상으로 추천하고 있으며, 객실의 크기는 $13m^2$ 이상으로 제도화하고 있다. 욕실의 유무에 따라 Single without Bath와 Single Room with Shower 등이 있다.

(2) 더블룸(Double Room)

싱글베드의 1.5배에서 2배 크기의 침대 하나를 비치하여 2인이 투숙할 수 있도록 만든 객실로서 두 사람이 투숙할 수 있다. 객실의 크기는 $19m^2$ 이상으로 규정하고, 침대의 크기는 138×195cm 이상의 것을 설치하고 있다.

(3) 트윈룸(Twin Room)

한 객실에 2개의 침대를 비치한 룸으로, 싱글베드 2개를 비치하거나 싱글베드 1개와 더블베드 1개를 비치하여 동시에 2인이 한 객실에서 각각의 침대를 사용할 수 있는 룸

이다. 이 객실은 같이 여행하는 단체의 일행 등이 사용하기 편리하다. 국내 관광사업진흥법상 객실의 크기는 19m² 이상으로 규정하고 있다.

(4) 트리플룸(Triple Room)

트윈룸에 한 사람이 추가로 투숙할 수 있도록 엑스트라 베드(Extra Bed)를 하나 더 비치하여 3인용 객실로 만들어 놓았다. 이는 주로 가족용으로 사용하기에 좋다.

(5) 스튜디오룸(Studio Room)

상용 호텔에서 흔히 볼 수 있는 객실로, 일반 침대와는 달리 주간에는 쇼파로 사용하고 밤이 되면 침대로 사용할 수 있도록 한, 다목적용의 침대를 비치하여 침대를 벽면에 부착시켜 붙이면 객실의 넓은 공간을 활용할 수가 있고, 반쯤 빼면 소파로 이용되고, 완전히 끌어 당겨 펼치면 침대로 사용할 수 있는 룸이다.

(6) 디럭스 트윈룸(Deluxe Twin Bed Room)

싱글베드 하나와 더블베드 하나 또는 더블베드 2개가 비치되어 있어 가족 여행자를 위하여 판매되는 객실이다.

(7) 스위트룸(suite room)

SuitE Room 또는 Suite Room With Bath로 표현하며 Sut/R, Sut/B 등의 약자로 표기하기도 한다. 스위트룸의 크기는 일반적으로 보통 객실의 2배 이상이며 침실과 거실이 분리된 형태이다. 우리나라에서는 이러한 객실을 특실이라 부르기도 하며 대부분의 호텔들은 상징적으로 이러한 객실을 보유하고 있다. 객실 명칭 또한 Presidential, Royal Suite 등과 같이 화려하고 거창한 명칭을 부여하고 있다.

2) 객실 위치에 의한 분류

(1) 아웃사이드룸(Outside Room)

일반적으로 아웃사이드룸이란 객실 내부에서 외부의 경관을 감상할 수 있는 객실로서 흔히 전망 좋은 객실을 말하며, 호텔이 어디에 위치하고 있느냐에 따라 다양한 명칭을 사용하기도 한다.

예를 들어 해변에 위치한 호텔의 경우 객실 내부에서 확 트인 바다의 경치를 볼 수 있으면 Sea Side, 호수 주변에 위치한 호텔 객실에서 호수의 경관을 감상할 수 있으면 Lake Side, 객실 내부에서 산의 전경을 감상할 수 있으면 Mountain Side 등으로 부르지만 이들 모두는 아웃사이드룸 개념에 속하는 것들이라 볼 수 있다. 대부분의 고객들이 전망 좋은 객실을 선호하는 것은 당연하기 때문에 호텔건물 설계 시 가능하면 전 객실에서 외부의 경관을 감상할 수 있도록 설계하는 것이 바람직하다.

(2) 인사이드룸(Inside Room)

인사이드룸이란 아웃사이드룸의 반대 개념으로써 객실 내부에서 외부 경관을 감상할 수 없는 객실을 말한다. 대부분의 호텔들이 아웃사이드룸을 많이 확보하는 방향으로 건물을 설계하지만 건물구조상 인사이드룸의 확보가 불가피한 경우도 있다.

이러한 경우 호텔경영자는 인사이드룸을 아웃사이드룸보다 약간 저렴한 가격으로 판매하거나 단체를 인솔하는 가이드에게 배정하거나 또는 하우스 유스룸 등으로 활용하는 것이 바람직하다.

(3) 커넥팅룸(Connecting Room)

커넥팅룸이란 서로 인접한 객실이지만 객실과 객실 사이에 내부에서 서로 통하는 문이 있어 복도를 통하지 않고도 자유롭게 서로 왕래할 수 있는 객실을 의미한다. 가족단위의 여행객 또는 신변보호 목적이나 업무수행을 위해 수행원을 많이 대동하는 고객들이 사용하기에 편리한 객실이다. 2객실 사이에는 내부에서 서로 왕래 할 수 있는 통로가 있고, 3개의 객실을 연결하는 경우는 또 하나의 커넥팅룸이 되는 것이다. 이러한 경우, 고객의 사정에 따라 커넥팅룸을 한 개의 객실단위로 판매할 수 있지만 호텔의 객실 사정이 여의치 못할 경우 커넥팅룸일지라도 따로 분리해서 판매할 수도 있다.

(4) 어드조이닝룸(Adjoining Room)

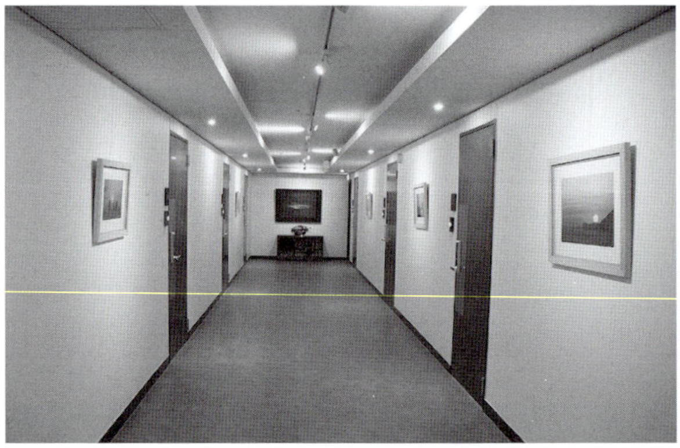

어드조이닝룸은 같은 방향으로 나란히 연결된 객실을 말하지만 커넥팅룸과는 달리 객실과 객실 사이에 서로 통하는 문이 없다. 따라서 객실과 객실 사이를 왕래할 때는 반드시 복도를 이용해야 한다. 이러한 객실의 구분은 특히 단체고객에게 객실 배정을 할 경우 룸 블로킹의 좋은 참고가 된다.

3) 침대구조와 용도에 의한 분류

(1) 킹 베드(King-Size Bed)

일부 몸이 큰 사람을 위해서 만들어진 침대로 보통 침대보다 상당히 크다. 이와 비슷한 크기로 여자용을 퀸 사이즈 베드(Queen-Size Bed)라고 부르며, 길이 78인치(세로 195~200cm), 넓이 80인치(가로 200cm)로 세미더블베드 두 개를 맞붙여 놓은 크기가 된다.

(2) 엑스트라 베드(Extra Bed)

엑스트라베드는 싱글베드와 동일하고 Rollaway 베드라고도 한다. 트리플 룸(Triple Room)에 이용될 수 있는 침대로서 헤드 보드와 풋 보드가 없는 간편한 침대이다. 이 침대는 바퀴가 달린 이동식의 침대로 접고 펼 수가 있어 한 객실에 추가로 한 사람씩 더 투숙할 때 비상용으로 쓰인다.

(3) 베이비 크립(Baby Crib)

어린이용 침대(Baby Bed)로 베이비코트(Baby Cot)라고도 한다. 작은 침대로 여러 가지 규격이 있으며, 1세 미만의 아이를 동반한 가족용 베이비 크립은 특수침대로 침대의 사면 위에는 아이가 떨어지지 않도록 가름대를 걸쳐 놓는다.

(4) 할리우드 베드(Holly-Wood bed)

일반 호텔의 침대로서 풋 보드(Foot Board)만 없다. 매트리스를 프레임 속에 끼워 넣지 않고 프레임과 같은 넓이로 만들어 위에 올려놓게 된 침대이다. 걸터앉기가 편하고 높이 조정이 가능하며 소파 대용으로 쓰일 수도 있고, 두 개를 이어 놓으면 더블베드가 될 수도 있는 장점이 있다.

(5) 스튜디오 베드(Studio Bed)

스튜디오 베드는 미국 스타틀러 호텔(Statler Hotel)에서 처음으로 사용했다 하여 Statler Bed라고도 부른다. 이것은 소파 베드의 결점을 보완한 침대로서 침대 자체를 객실 한 면에 부착시켜 놓고 반쯤 밀어붙이면 소파가 되며 침대로 이용할 때에는 완전히 끌어 잡아당겨 펼치면 되는 것이다. 이것 역시 상용 호텔에서 객실의 공간을 효과적으로 활용할 수 있기에 많이 사용하는 침대이다.

(6) 소파 베드(Sofa Bed)

소파 베드는 데이 베드(Day Bed)라고도 하는데, 주간에는 소파로 사용할 수 있고, 야간에는 1인용 침대로 사용할 수 있는 수동식 침대이다. 사용하기에 다소 불편한 점이 있으나 좁은 객실 공간 활용에 좋다.

(7) 컨벤셔널 베드(Conventional Bed)

재래식 구조로 된 침대로 헤드 보드(Head Board)와 풋 보드(Foot Board)가 붙어 있다. 이것은 침대의 프레임(Frame)에서 약간 낮게 매트리스(Mattress)가 꼭 끼어 들어가게 되어 있는 침대이다.

(8) 온돌룸(Ondol Room)

한국 고유의 객실로서 침대가 없는 한국식 온돌방을 의미하며, 우리나라 호텔에서만 볼 수 있다. 일반 가정과 같이 방바닥을 온돌 형태로 방바닥이 데워져서 한국 고유의 정취를 느끼며 휴식할 수 있도록 설비한 객실이다.

또한 침구도 보료, 요, 이불 등으로 갖추어 놓고 또한 한국적인 청취가 풍기는 나전칠기의 가구로 구비하여 놓는다. 대부분의 호텔 객실은 양식이지만 온돌방을 선호하는 우리나라 사람들과 단체관광객을 위하여 몇 개의 온돌 객실을 보유하고 있다.

3. 호텔 객실요금의 종류

호텔의 객실요금은 다른 제품과 다르게 복잡한 구조를 갖고 있다. 주무관청에 신고한 순수한 공표요금(Tariff)이 있기는 하지만, 마케팅적 요금에 따라, 시간에 따라, 계약에 따라, 시즌에 따라, 각각 다르게 적용된다. 뿐만 아니라 손님이 지불하는 요금에는 순수한 객실요금(Net Price)에 서비스 요금과 부가세가 포함되어야 하므로, 결국 고객은 21%를 추가 지불해야 하는 경우가 발생된다. 왜냐하면 객실상품은 특성상 보존할 수도 없고, 공급의 신축성 역시 없으므로, 호텔경영에 있어 객실요금과 점유율에 대한 관리는 매우 중요한 부분이라 하겠다. 객실경영의 손익분기점도 객실요금과 함께 점유율에 따라 결정된다. 그러므로 이상과 같이 상이한 호텔 객실요금을 알아보고자 한다.

1) 객실요금의 중요성

객실은 호텔 설립과 함께 경영상에 있어 가장 중요한 척도와 기준이 된다. 따라서 호텔을 건축하기 위한 설계도 객실에 기준을 두고 있으며, 판매 대상 또한 객실이 주가 된다. 즉, 일반적으로 호텔의 수입은 식음료와 객실수입으로 양분된다고 하지만, 실질적인 주요 수입은 객실판매수와 객실판매금액에 따라 영향을 받으며, 호텔경영의 평가 또한 이 요인에 의해 결정된다고 해도 과언이 아니다. 하지만 호텔경영에 있어, 객실판매와 상관없이 지급되는 비용이 크므로, 객실부분에서 발생하는 비용을 얼마만큼 줄이느냐가 과제인데, 판매되지 않은 객실은 결국 손실로 남기 때문이다.

따라서 유능한 경영자는 판매관리자와 경영분석에 대한 지식과 실무경험을 겸비한 사람이라 하겠다. 왜냐하면 객실판매로 인한 수입은 단순히 객실수입 자체로만 취급되는 것이 아니라, 호텔 영업수익 전반에 걸쳐 영향력을 미치기 때문이다. 투숙객의 증가에 따른 식음료 매출은 물론 부대적인 사업장의 매출에도 민감하게 반응하게 된다. 따라서 호텔에서는 객실수입의 증대방안은 호텔경영 전반의 주요한 과제라고 하겠다.

2) 객실요금의 분류

객실요금은 성수기나 비수기의 수요량에 따라 할인율이 차등 적용되며, 객실의 크기에 따라 다르게 적용될 수도 있다. 또한 비즈니스 고객의 경우는 관광시즌과 관계없이 특정기간의 목적지에 머물러야 하고, 업무상 객실을 이용해야 하기 때문에 할인율 적용이 낮은 반면 관광객의 경우 비시즌에 객실을 이용하게 되면 높은 할인율을 적용받을 수 있다.

앞서 설명한 바와 같이 객실요금은 여러 가지 환경에 따라 다르게 적용되기 때문에 공표요금, 특별요금, 무료요금, 할인요금, 추가요금, 기타 요금으로 나누어 분류할 수 있다. 이러한 요금은 호텔의 경영정책에 따라 분류하지만 영업 전략에 따라 융통성 있게 적용되는 것이 일반적이다.

(1) 공표요금(Tariff)

공표요금은 비공식 비밀 요금과 반대되는 요금 개념으로 생각되나 실제로는 그 의미와는 달리 일반적으로 호텔에서 공식적으로 발표한 요금을 말한다. 공표요금은 풀 차지(Full Charge) 혹은 풀 레이트(Full Rate)로서 할인(Discount)되지 않은 정상적인 요금인 정찰 가격을 말하는 것으로 객실요금이 명시된 호텔의 Brochure를 Tariff 또는 Room Tariff라 부르는데, 이 Tariff는 원래 미국에서 수입품에 부과시키는 관세율표(Tariff)로 사용되던 것이 발전되어 현재 철도운임표, 호텔의 요금표로도 사용되고 있다. 즉, 호텔이 요금을 책정하여 담당 행정기관에 신고한 후 Brochure에 게시하여 일반인에게 공시한 요금을 말한다.

공표요금은 객실의 종류에 따라 달라질 수 있고 특히 휴양지 호텔에서는 성수기와 비성수기에 따라 요금이 다르게 책정되고 있다. 또한 식사요금을 같이 병기하고 있는 것이 보통이다.

(2) 특별요금(Special Rate)

특별요금은 공표요금을 호텔의 영업정책 또는 그 밖의 이유로 지배인의 권한으로 나름대로의 기준에 따라 특별히 무료로 하기도 하고, 공표요금에서 할인을 하기도 하여 고객을 유치할 때 사용하는 요금제도이다.

객실요금 무료제공 제도는 Complimentary 유형과 Special Use 유형이 있다. 또한, 객실할인요금(Room Discount Rate)에는 싱글할인요금(Single Discount Rate), 비수기요금(Off Season Rate), 커머셜요금(Commercial Rate), 단체할인요금(Group Discount Rate), 가이드요금(Guide Rate) 등이 있다.

(3) 무료요금(Complimentary Rate)

호텔에서 특별히 접대해야 할 고객이나 단체고객을 인솔하는 안내인(Guide) 또는 여행사 직원, 호텔의 판매촉진을 목적으로 초청한 고객(행사를 주관하는 실무담당자, 행사진행요원, 거래회사나 여행사의 임원 및 간부, 사전답사자 등)에게 베푸는 무료요금을 흔히 'Free'라고 표현한다.

그리고 객실을 무료로 제공할 경우에는 초대 손님에게 객실요금만 무료로 할 경우(Complimentary on Room)와 식사요금만 무료인 경우(Complimentary on Food) 또는 객실요금과 식사요금 모두를 무료로 제공(Complimentary on Room and Food)하는 세 가지의 경우가 있다. 객실요금만 무료인 경우는 보통 단체 15명에 한 사람을 "Conductor Free"라 하여 객실을 무료로 제공하고 있다.

(4) 할인요금(Discount Rate)

할인요금은 정상 또는 공표요금에서 일정액만큼 할인해 주는 요금으로서 싱글할인요금, 비수기할인요금, 커머셜요금, 단체할인요금, 가이드요금 등으로 구분한다.

① 싱글할인요금(Single Discount Rate)

호텔의 객실요금은 계약에 의한 단체고객의 숙박을 제외하고는 투숙객 개개인에 대한 요금계산이 아닌 객실당 요금계산이 일반적이다. 예를 들면 2인용 객실에 1명이 투숙한다 하더라도 객실요금은 투숙인원 수에 관계없이 정해진 요금이 부과된다. 싱글할인요금은 싱글룸을 제공하지 못하고 이보다 가격이 높은 더블이나 트윈룸을 제공하고 싱글룸 가격을 적용하는 경우를 말하며, 이러한 경우를 일명 업그레이딩이라 한다.

② 비수기할인요금(Off Season Rate)

비수기할인요금은 호텔의 이용률이 낮은 계절에 한하여 정상적인 요금에서 일정액만큼 할인해 주는 요금을 말한다. 특히 사계절의 변화가 뚜렷한 우리나라 호텔의 이용률이 낮은 계절에 도심지호텔을 비롯한 많은 휴양지호텔들이 경영 활성화의 일환으로 20~50% 할인된 비수기 요금을 적용하고 있다. 그러나 비수기 요금의 적용에 있어 주의할 점은 할인율을 얼마로 할 것인가는 전적으로 호텔경영자의 판단에 따르겠지만 업체 간의 과다경쟁에 따라 지나친 할인율을 적용함으로써 발생할 수 있는 호텔의 이미지 손상을 염두에 둘 필요가 있다.

③ 커머셜요금(Commercial Rate)

커머셜요금은 호텔이 정한 특정 기업체나 공공단체 등과 상업적인 목적으로 정기적으로 장기간 투숙을 원하는 고객에게 계약에 따라 일정한 금액을 할인해 주는 요금이다. 특정 기업체나 공공단체에서 투숙하는 고객에게 계약에 따라 일정한 할인혜택을 제공함으로써 해당 업체의 고객들은 정기적으로 투숙시킬 수 있는 장점이 있다. 그러나 객실 사정이 여의치 못한 상황에서는 특정 업체나 공공단체가 요구하는 객실 수와 할인율을 수용하더라도 당일 요구분에 한해서는 지불보증을 요구함으로써 No Show에 따른 호텔의 일방적인 피해를 미연에 방지할 수 있다.

④ 단체할인요금(Group Rate)

단체할인요금은 국내외 여행사에서 보내주는 단체관광객이나 혹인 정부기관이나 각종 단체에서 개최하는 각종 컨벤션이나 세미나에 단체로 참가하는 고객들에게 특별히 할인해 주는 요금이다. 이들 단체에게는 객실의 형태에 관계없이 동일한 요금을 적용하므로 이를 일명 균일요금 또는 Flat Rate이라 한다. 객실요금에 식사가 포함되며 객실당 요금계산이 아닌 고객 개개인당 요금으로 계산하는 것이 일반적이다. 여행사의 단체요금은 호텔과 거래여행사 사이에 서로 계역에 따라 매년 초에 결정하며 일반적으로 1년을 유효기간으로 한다.

⑤ 가이드요금(Guide Rate)

가이드요금은 여행사단체를 유용하는 호텔 측과 고객을 보내주는 여행사 사이에 계약되며 우리나라의 경우 대부분 가이드에게 제공되는 객실은 스페셜 유스로 처리하며 무료로 제공한다.

(5) 추가요금(Additional Charge)

추가요금은 정상 또는 공표요금 이외에 별도로 추가되는 요금을 말하며 Midnight Charge, Hold Room Charge, 초과요금, Extra Charge 등이 있다.

① 미드나이트 차지(Midnight Charge)

예약을 접수한 고객이 사정상 새벽에 도착한 경우 호텔은 전일부터 객실을 다른 고객에게 판매하지 않고 기다렸으므로 요금을 부과하게 된다. 이러한 경우 호텔은 전일부터 객실요금을 부과하여 고객이 아무리 늦게 도착하더라도 차질 없이 객실을 이용할 수 있도록 하기 위한 것이며 예약을 접수할 때 미리 고객과 합의해 두는 것이 바람직하다.

② 홀드 룸 차지(Hold Room Charge)

일명 키핑 룸 차지(Keeping Room Charge)라고도 하며 홀드 룸 차지는 다음과 같은 두 가지 경우에 발생한다. 하나는 투숙한 고객이 단기간의 여행을 떠나면서 수화물을 객실에 남겨 두고 가는 경우 이 객실을 고객이 계속 사용할 의사가 있는 것으로 간주하여 요금을 부과하게 되며, 또 다른 경우는 고객이 객실을 예약하고 호텔에 도착하지 않았을 경우 그 객실을 타인에게 판매하지 않고 보류시킨 경우에 부과되는 요금이다.

이러한 경우 고객이 항공편의 지연이나 개인사정으로 호텔 도착이 늦어진 경우 당초의 예약조건대로 요금을 부과하게 된다. 이러한 추가요금의 적용을 호텔의 예약담당자와 고객 간에 사전 합의되어 개런티(Guaranteed)된 경우에 한하여 이루어지는 것이 바람직하다.

③ 초과요금(Additional Charge)과 엑스트라 차지(Extra Charge)

초과요금은 호텔이 정하고 있는 퇴숙시간을 넘겨 객실을 사용하는 경우에 부과되는 요금을 말한다. 일반적으로 대부분이 호텔은 정오 12시까지를 퇴숙시간으로 정하고 있으며 고객이 Check-Out Time을 연장하면 연장된 시간만큼 별도 요금을 징수하게 된다.

엑스트라 차지의 경우 실제 등록인원 또는 예약된 인원보다 투숙인원이 추가되어 Extra Bed를 투입해야 될 경우 발생하는 요금을 말한다. 그러나 단골고객이나 VIP 고객인 경우에는 객실부문 책임자의 재량에 따라 이러한 요금을 부과하지 않을 수도 있다.

(6) 기타 객실요금

① 취소요금(Cancellation Charge)

취소요금은 예약신청자가 숙박 당일 혹은 하루 전에 예약을 취소할 경우에 호텔에서 부과하는 취소요금이다. 취소요금에 대한 규정은 호텔마다 차이를 두고 있으나 이에 대한 상세한 사항은 일반적으로 숙박 약관에서 정하고 있다.

② 분할요금(Part Day Charge)

호텔현장에서는 흔히 데이 유스 차지(Day Use Charge)라고 하며, 낮 시간 동안만 객실을 이용하는 고객에게 부과하는 요금이며 정상요금의 50% 정도를 부과하는 것이 일반적이다.

③ 옵셔널 레이트(Optional Rate)

미결정요금이라고도 하며 예약시점에 정확한 요금을 결정할 수 없을 때 사용하는 용어이다. 예를 들면 예약신청자가 내년의 객실 예약을 신청해 온 경우 예약을 접수한 현재로서는 내년의 정확한 객실요금을 확정해 줄 수 없을 때 예약은 수요하되 요금은 미결정상태로 두게 된다. 또한 예약신청자가 특별할인을 요구하여 왔지만 결정권자가 부재중이어서 요구사항을 즉시 수용할 수 없을 때에도 미결정요금으로서 옵셔널 레이트(Optional Rate)로 표시한다.

④ 패밀리 플랜(Family Plan)

가족여행객을 우대하기 위한 요금으로써 가족과 동반한 14세 미만의 어린이에게 extra bed를 제공하고 요금을 부과하지 않는다거나 초과되는 투숙인원에 대해 별도의 추가요금을 적용하지 않는 요금제도를 말한다.

⑤ 업그레이딩(Upgrading)

호텔의 사정에 의해 고객이 예약한 객실보다 가격이 비싼 객실을 제공하고 요금은 고객이 예약한 객실요금을 적용하는 경우를 말한다. 호텔이 중요고객을 접대하기 위한 수단으로 많이 활용하고 있으며 앞에서 설명한 Single Discount Rate도 일종의 업그레이딩에 속한다고 할 수 있다.

⑥ 다운그레이딩(Downgrading)

전술한 업그레이딩과 반대되는 개념으로써 고객이 예약한 객실보다 가격이 낮은 객실을 제공하는 경우를 말한다. 이러한 경우 고객의 기분을 상하게 할 우려가 있으므로 신중을 기해야 하며, 선불고객인 경우에 차액은 당연히 고객에게 반환해야 한다.

⑦ 호스피탈리티룸(Hospitality Room)

호텔의 영업목적상 무료로 제공하는 객실을 말하며 총지배인이나 객실담당 지배인의 허락하에 단체의 수화물을 임시보관한다거나 행사 주최자의 일시적인 편의를 도모해 주기 위한 목적으로 제공되는 객실로 대부분 Comp 처리한다.

⑧ 하우스유스룸(House Use Room)

하우스유스룸은 호텔 자체의 필요에 의해 객실을 다른 용도로 사용하는 것을 의미한다. 예를 들면 사무실 공간이 부족하여 특정객실을 사무실로 활용한다거나 임원의 숙소로 이용하는 경우 이는 호텔 자체의 필요성에 따라 사용하는 것이므로 객실요금은 계산하지 않는다.

3) 객실요금의 결정방법

객실요금은 수익을 창출하는 원천으로 그만큼의 수익을 얻기 위한 비용이 투입되어 그 수익의 일부가 이익으로 축적된다. 그러나 수익을 통제하기란 쉬운 일이 아니다. 하지만 호텔의 객실 수익을 최대로 올리기 위해서는 높은 가격에 객실점유율을 최대로 높일 수 있어야 한다.

객실요금이 너무 높거나 너무 낮게 책정되면 이익극대화에 실패할 수 있고, 요금이 너무 높게 책정이 되었을 때는 수요를 위축시켜 매출이 감소를 되어 객실요금이 너무 낮게 책정되면 원가를 상쇄시키지도 못하는 매출로 이익이 저하되어 수익성이 위협받게 될 수 있다. 그러므로 기본적으로 객실요금의 책정은 모든 영업비용을 충당하고, 투자에 대하여 타당한 수익을 제시할 수 있는 수준에서 수요를 고려하여 책정되어야 한다.

객실의 요금을 산정할 때, 호텔기업의 투자자본, 인건비, 간접비 그리고 경쟁호텔의 객실요금 등을 고려해야 한다.

(1) 비공식 요금결정

객실판매를 위한 요금 설정에서 상품의 원가를 무시하는 요금결정 접근법이 몇 가지 있을 수 있으며, 이들 방법은 과학적 접근법과는 거리가 있는 것이므로 비공식요금 결정방법(Informal Pricing Approaches)이라 한다. 비공식 요금결정방법에는 대표적으로 경쟁적 요금결정, 직관적 요금결정, 심리적 요금결정, 시행착오적 요금결정이 있다.

① 경쟁적 요금결정

경쟁적 요금결정방법은 경쟁자의 객실요금에 근거하여 자사의 객실요금을 결정하는 방법이다. 이러한 상황에서는 요금별화를 주도하는 요금선도 기업이 있게 마련이다. 시장이 심각한 경쟁상태에 있는 상황이라면 이 방법이 합리적이라 할 수 있다. 그러나 호텔의 위치, 객실의 품질, 분위기, 고객의 선호도 등과 같은 호텔 상호 간의 차이는 무시된다. 더구나 판매되는 상품 및 서비스의 생산에 소요된 원가도 무시되고 있다.

그러므로 서로 상이한 여건에 처해 있는 호텔에 있어서는 자신들의 비용구조를 토대로 요금결정에 임해야 한다. 만약, 자신들의 비용구조를 무시하고 경쟁적 접근 방법을 택하게 될 경우, 낮은 비용구조를 가진 우수한 경쟁호텔에는 합당한 요금이지만, 자신의 호텔에게는 파산에 이르게 하는 요금이 될 수도 있으므로 신중하게 고려해야 한다.

② 직관적 요금결정

직관적 요금결정은 고객이 기꺼이 지급할 것이라고 생각하는 경영자의 직관에 근거하는 요금을 결정하는 방법이다. 일반적으로 경영자는 요금에 대한 고객의 반응을 염두에 두고 그들의 과거 경험에 기초하여 요금을 결정한다. 그러나 경쟁적 요금결정방법과 마찬가지로 직관적 요금결정은 원가를 무시하여 원가를 상쇄할 수 있는 타당한 이익 산출에 실패할 가능성이 높기 때문에 좀 더 치밀하게 생각하여 요금결정을 해야 한다.

③ 심리적 요금결정

심리적 요금결정방법은 고객이 지급하고자 하는 요금에 근거하여 객실요금을 결정하는 방법으로, 고객들이 '비싼 것이 더 좋을 것이다.'라고 믿을 것으로 생각하는 경영자들과 상대적으로 독점적 입지를 가진 경영자들에 의해 적용되어 왔다. 심리적 요금결정방법 역시 이로운 점이 있지만 비용이 무시되어 이익 극대화에는 실패할 가능성이 많다.

④ 시행착오적 요금결정

시행착오적 요금결정방법은 우선 객실의 요금을 결정하고 고객의 반응을 조사한 후, 다시 고객의 반응에 근거하여 객실요금을 수정하는 방법이다. 이 방법은 고객을 최대한 고려하는 것이지만 다음과 같은 몇 가지 문제점을 내포하고 있다.

- 고객 반응은 경영자가 생각하는 것보다는 장기간이 지난 후에 나타난다.
- 잦은 요금변동은 고객들에게 혼란을 줄 수 있다.

(2) 회계학적 요금결정

① 호워즈(Horwath)에 의한 요금결정

적절한 객실요금을 결정하기 위하여, 호텔투자의 가장 큰 부분을 차지하는 토지 및 건물건축비용에 근거한 요금결정방법으로 평균 객실건축비용의 1/1,000에 해당되는 금액을 평균 객실요금으로 책정하는 방법이다.

이 방법은 비교적 큰 호텔이어야 하고 연평균 객실 이용률이 70% 이상일 때 가능하다. 그러나 오늘날의 호텔은 객실뿐만 아니라 식음료, 연회장, 공공부문 등에 많은 자본을 투자하고 있기 때문에 이 방법으로 객실요금을 결정하는 것은 다소 문제점이 있다고 하겠다.

② 로이 휴버트(Roy Hubbart) 모형에 의한 요금결정

휴버트(Hubbart) 공식은 객실요금 결정의 역산법(Bottom-Up Approach)으로 불리는 것으로 평균 객실요금 결정 시에 비용, 기대이익, 예상 객실판매 등을 고려한다는 것이다. 즉, 이 방법은 기대이익을 결정하고 그것에 법인세, 고정비, 직접영업비를 합산하여 객실요금을 결정하는 방법이다. 이 방법에서 제일 먼저 고려되는 이익은 손익계산서상에 가장 밑에 나타나는 항목이고 법인세는 그 위에, 고정비는 또 그 위에 마지막 매출액을 처음에 나타나는 항목이라는 점에서 역산법이라고 한다.

(3) 마케팅적 요금결정

효율적인 요금 관리를 위해 가장 우선적으로 고려해야 할 것은 요금 목표인데 이는 마케팅 목표에 의해 결정된다. 기업의 마케팅 목표는 기업이 장기 목표에 맞게 전략과 마케팅믹스를 설정하는 기본이 되는 것으로 이러한 목표 범위 내에서 객실요금 정책이 결정되게 된다. 이때 기업의 마케팅 목표는 수익성 목표와 시장점유율 목표이다. 전통적 관점에서 기업의 수익성 목표가 이익 극대화라고 할 때, 시장점유율 목표는 매출액 증대를 통한 수익성 향상에 기여하고 장기이익의 극대화를 달성할 수 있다.

4. 현대호텔 객실의 변화

최근에 급변하는 환경 변화 속에서 과거의 호텔경영방식으로는 고객의 다양한 기호와 욕구를 충족시키는 데 한계성을 보이고 있다. 따라서 호텔의 핵심 상품인 객실의 시설 및 경영방식도 급변하는 시장 환경에 따라 고객지향적인 방향으로 변모시켜 나가지 않으면 심화되는 경쟁상황에서 도태되는 현실 앞에 놓일 수밖에 없다.

불과 10년 전의 호텔 객실과 현재의 호텔 객실을 비교해 보더라도 상상을 초월하는 변화된 객실 형태를 보이고 있다. 이에 따라 현대 호텔 객실의 변화과정을 살펴보고자 한다.

1) 객실의 시스템화

(1) 객실 내 상품판매 촉진

고급호텔에서는 숙박고객을 대상으로 상품판매를 촉진하기 위해 객실에 미니바(Mini Bar), 면도기, 치약, 칫솔, 양말 등을 비치하고 편리하게 구매할 수 있도록 하고 있다. 이렇게 판매된 미니바 매출은 전체 객실매출의 2~3%를 점유하고 있다.

하지만 호텔기업의 객실 내 상품판매 촉진은 더욱 발전하고 있는 추세이다. 일부 5성급 호텔에서는 미니바 외에도 객실 내 온라인 쇼핑을 추가하고 있다. 면세점에 직접 방문하지 않고도 객실 내에서 인터넷을 통해 면세점의 상품들을 쇼핑할 수 있도록 객실 내 온라인 쇼핑 판매를 시도하고 있다. 이러한 판매촉진 전략은 고객을 대상으로 편리함을 제공하는 동시에 호텔의 매출 증대를 위한 전략으로 다양하게 시도되고 있다.

(2) 컴퓨터 시스템의 설치

현대 호텔의 가장 두드러진 경영혁신은 객실 내 컴퓨터 시스템의 개발과 도입이라고 할 수 있다. 경쟁 호텔과의 차별화 전략으로 각 호텔에서 가장 많은 투자를 하고 있는 분야이기도 하다. 호텔 객실 내 컴퓨터 시스템의 적용 시스템의 적용분야는 초고속 인터넷 설치, 객실 내 자동 온도 관리, 룸 인디케이터(Room Indicator), 메시지 서비스(Message Service), 유료 TV, 비상호출, 도난방지, 자동 계산식 냉장고, 자동 국제전화, TV를 통한 식사주문, TV를 통한 체크아웃, 무인 체크인 시스템 등 다양한 시스템을 도입하여 활용할 수 있게 되었다.

최근 서울 중구에 있는 노보텔 앰배서더 호텔의 경우는 음성으로 명령을 하는 AI(인공지능) 호텔 서비스가 첫선을 보였다. 실내온도를 조절하고 전용 스마트폰을 통하여 해외관광객들에게 관광편의를 제공하는 것이다. 또한 노보텔 앰배서더 동대문의 경우는 음성명령은 물론 객실마다 마련된 스크린 패드를 통해 서비스 명령을 제어할 수도 있는 현실까지 왔다. 그러나 이러한 컴퓨터 시스템의 도입은 호텔 입장에서는 인건비 및 운영비의 획기적인 절감효과를 가져오지만, 한편으로는 호텔산업이 인적 서비스 산업이라는 특성을 고려할 때 최고의 대안이라고 말하기는 어려울 것이다.

2) 객실공간의 효율화

(1) 객실공간의 효율적 활용

호텔 객실 하나가 완성되기까지는 막대한 건축비가 투자되기 때문에 이러한 고가의 객실공간을 최대로 활용하는 것은 호텔경영의 비결이 되지 않을 수 없다. 하나의 객실을 가지고 낮에는 사무실로 사용하고, 야간에는 침실로 사용될 수 있는 스튜디오 룸(Studio Room)식의 활용법이라든지, 좁은 공간을 최대한으로 사용할 수 있도록 화장대와 라이팅 테이블(Writing Table)의 겸용이라든지, TV와 냉장고를 벽 속으로 넣을 수 있도록 설치한다든지, 수하물 받침대(Baggage Stand)를 의자로 겸용하도록 하여 객실을 최대한 효율적으로 활용하는 추세이다. 이렇게 객실의 스페이스를 효과적으로 활용하면 공간면적을 늘릴 수 있으며, 냉・난방에 소모되는 에너지도 절감되는 장점이 있다.

(2) 객실의 대형화

호텔의 객실면적이 넓어지고 있다. 기존 23~26m^2(7~8평)이던 객실이 최근에는 33~40m^2(10~12평)로 그 규모가 상향되는 추세이다. 객실의 형태도 종래의 싱글룸(Single Room)과 더블룸(Double Room)의 구성 비율이 최소화되고, 고객의 기호성향에 맞는 트윈룸(Twin Room)과 더블더블룸(Double-Double Room)으로 구성 비율이 증대되고 있다.

이러한 형태의 침대 배치는 자연적으로 객실의 면적을 크게 요구하게 되며, 침대의 사이즈도 점점 커지는 경향으로 객실의 대형화는 계속되고 있다. 또한 객실의 형태도 스탠다드룸이 주를 이루던 구조에서 디럭스룸, 비즈니스룸, 스위트룸의 구성 비율이 더 많아지는 추세이다.

(3) 객실의 융통성

현대의 호텔기업들은 객실의 융통성을 발휘하고 있다. 예를 들면 스위트룸의 경우, 침실과 거실의 문을 열고 연결하면 소회의장으로 활용할 수가 있고, 반대로 객실이 필요한 경우에는 거실을 객실로 판매할 수 있도록 연결된 문을 밀폐시키고 베드를 투입하여 또 하나의 객실로 판매할 수 있다.

리조트호텔 등에서는 대형 세미나 단체 등을 유치하여 소규모 분임토의장을 필요로 할 때, 한실(온돌방)에 테이블 및 의자를 투입하여 소회의장으로 사용하기도 하는데, 이러한 경우 객실을 융통성 있게 사용하는 예로 볼 수 있다.

(4) 객실의 표준화

호텔 객실상품의 표준화와 규격화는 경영의 합리화에서 기인하고 있다. 과거에는 동일한 크기의 객실에서도 침대, 가구배치, 실내장식 등이 각기 다르고, 각 층의 객실 배치와 분위기도 조금씩 달랐다. 그러나 최근에는 객실의 규격이 표준화되고 동일한 비품 및 가구를 사용하며, 가구의 배치와 디자인도 똑같은 형식으로 배열되는 객실의 표준화 경향이 뚜렷하다.

객실의 표준화 및 균일화는 호텔의 프랜차이즈(Franchise) 경영방식에서 기인하기도 한다. 프랜차이즈 호텔들은 동일한 제품의 자재를 대량 구입함으로써 원가의 절감을 가져올 수 있고, 동일한 규격과 제품, 단일 브랜드를 사용함으로써 규모의 경제성과 체인호텔의 이미지를 부각시키려는 전략으로 표준화를 시도하기 때문이다.

3) 객실상품의 세분화

(1) 금연객실

호텔기업은 객실을 금연객실과 흡연객실로 구분하여 판매한다. 최근에는 호텔의 전 객실을 금연객실(Non-Smoking Room)로 운영하는 호텔들도 생겨나고 있다. 즉 금연 고객만이 이용할 수 있는 객실이다. 반대로 담배를 피우는 흡연자들은 흡연객실을 이용하면 된다. 이러한 배경에는 전 세계적으로 금연운동이 활발히 진행되고 있는 상황에서 호텔업계가 금연 고객에 대한 서비스의 일환으로 금연객실을 운영하는 것이다.

(2) 여성 전용객실

시대적으로 여성 비즈니스 여행자들이 증가하면서 호텔에서는 여성 비즈니스 고객을 유치하기 위하여 여성 전용객실(층)을 운영하고 있다. 국내에서는 서울롯데호텔이 국내 최초로 여성 전용층 '레이디스 플로어'를 운영하고 있다.

롯데호텔의 레이디스 플로어는 20개의 객실로 이루어져 있으며, 여성고객의 취향에 따라 객실은 그린(Green)과 레드(Red) 분위기의 두 가지 컬러를 선택할 수 있다. 객실 내에는 여성용 헤어관리세트와 전신거울, 여성취향의 객실용품 등을 비치하였고 다림질 서비스를 제공하고 있다. 고객이 원할 경우에는 미용 스팀기, 화장품냉장고, 족욕기 등도 유료로 대여해 주고 있다. 또한 복도 입구에는 여성전용층 투숙객만 출입이 가능하도록 투명 유리문을 설치하였고, 여성전용 라운지도 운영하고 있다.

(3) 어메니티류의 다양화

어메니티(Amenity)의 사전적 의미는 '기분 좋음, 쾌적함, 사람을 유쾌하게 하는 일' 등으로 해석된다. 호텔에서 사용하는 어메니티의 의미는 '고객에게 추가적으로 제공하는 매력물로서 일반적인 서비스 외에 부가적인 서비스의 제공'을 의미한다. 즉 객실과 욕실의 비치하는 소품류를 의미하는 것으로 고급호텔일수록 다양한 종류의 고급 어메니티가 제공된다.

호텔에서 제공하는 어메니티의 종류로는 객실비품과 욕실비품이 있다. 객실비품으로는 바느질함, 운동기구, 구두닦이 천, 구둣솔, 구두약, 구두주걱, 옷솔 등이 있으며, 욕실비품으로는 비누, 샴푸, 린스, 샤워젤리, 스킨로션, 밀크로션, 면도기, 칫솔, 치약, 헤어드라이기, 빗, 헤어캡, 귀이개 등이 있다. 이와 같이 현대의 호텔들은 고객이 필요로 하는 다양한 종류의 어메니티류를 비치하여 섬세하고 고객지향적인 서비스를 제공하고 있다.

(4) 캐릭터룸

호텔기업은 증가하는 가족단위 고객들을 유치하기 위하여 캐릭터룸을 확대하여 운영하는 추세이다. 호텔기업이 캐릭터룸을 운영하는 이유는 다양한 엔터테인먼트가 늘 함께하는 호텔이라는 이미지로 가족단위 여행객에 대한 차별화 마케팅을 수행하기 위해서이다.

대표적으로 롯데 호텔 월드에서는 롯데월드 어드벤처 캐릭터인 '로티와 로리'

를 활용한 독특한 인테리어를 갖춘 캐릭터룸을 선보이고 있다. 2007년 오픈한 캐릭터룸은 호텔의 7~8층 캐릭터 전용층에 위치하며 총 30실 규모로 운영되고 있다. 캐릭터룸은 가족단위 고객을 표적시장으로 한 객실인 만큼 기존 객실과는 달리 일반침대에 서랍식 보조침대 또는 소파형 침대 등을 배치하여 가족끼리 안락하게 투숙할 수 있도록 하였다. 이 밖에도 어린이 고객을 위해 플레이스테이션 게임과 어린이용 세면대 및 좌변기 등을 갖추고, 어린이용 치약·칫솔세트, 어린이용 목욕가운, 캐릭터 컵까지 작은 객실소품에도 신경을 썼다.

08

CHAPTER

호텔 현관 서비스

1. 호텔 현관 서비스의 기능
2. 호텔 현관 유니폼 서비스

HOTEL
MANAGEMENT

08 CHAPTER

호텔 현관 서비스

호텔 현관에서 제공되는 직원들의 예의와 친절 그리고 정확한 직무를 수행하는 직원들의 서비스는 호텔의 분위기 조성, 주위환경에 도움을 주어, 고객과 호텔의 관계가 밀접하게 연결된다. 어떻게 보면 호텔 현관에서의 안내, 정보제공 등 단순한 서비스라고 생각되고, 매출 향상과 관련이 없기 때문에 중요한 업무라 생각하지 않을 수도 있지만, 고객과 직접적으로 대면서비스가 이루어지는 현관업무의 기능은 객실판매뿐만 아니라 식음료 매상의 촉진과 부대시설의 이용효과에 전력을 다할 수 있다.

그리고 '호텔에서의 현관 서비스'라고 하면 숙박 또는 객실부문만을 생각하기 쉬운데 실제로 현관업무는 객실에 투숙하는 고객에게만 업무와 서비스가 제공되는 것이 아니라, 호텔을 이용하는 전체 고객을 대상으로 호텔을 대표하여 중개역할을 담당하는 곳이라 할 수 있다.

1. 호텔 현관 서비스의 기능

기본적인 호텔 현관의 기능으로서는 숙박을 하고자 하는 고객에게 객실 예약 및 등록업무를 위한 적절한 안내 서비스를 제공하고, 고객이 필요로 하는 호텔의 내·외적인 신속, 정확한 각종 정보제공, 통신관련 업무 서비스 제공이 있는데, 고객과 호텔 현관 부문의 중요기능을 살펴보면 다음과 같다.

(1) 고객의 정보와 수집 기능

현관은 객실상품 판매와 관련된 서비스를 제공하는 업무 외에, 호텔 방문객 등 각종 통계자료와 정보 등을 산출하고 수집하는 기능을 한다.

(2) 호텔과 고객의 중계 기능

현관은 호텔과 고객과의 커뮤니케이션을 중계하는 기능이 있다. 현관은 방문객과 투숙객은 물론, 여러 가지 문의를 하는 다국적 모든 고객과 관계가 있기 때문이다.

(3) 고객의 정보기록 기능

현관은 투숙했던 고객의 History(호텔이용 실적)를 통하여, 고객에 대한 호텔 이용정보, 신상정보 등을 기록하고 보관하여, 고객의 욕구를 파악하여, 향후 재방문 고객에게 완벽한 서비스를 제공한다.

(4) 부서간의 협조 기능

현관은 객실을 판매함에 있어 타 부서와 협조를 하는 기능을 담당하며, 객실에 투숙하는 고객은 객실만 이용하는 것이 아니라 투숙객의 필요에 따라 연회장, 식음료업장, 세미나, 부대시설을 이용하게 되는 것이다. 따라서 타 부서와의 협조 기능에 의해 각종 모임의 참여자로 방문할 수도 있고, 또는 주체자로 연관을 맺어 다수의 고객이 호텔을 방문할 수 있는 기회를 만들 수 있기 때문에 협조 기능도 중요하다.

2. 호텔 현관 유니폼 서비스

호텔 현관에서 유니폼을 착용하고 근무하는 직원의 서비스를 세분화할 수 있는데, Door Desk, Bell Desk, Concierge, GRO, Cloak Room, Airport Desk 등으로 나누어진다.

1) Door Desk

(1) Door Desk의 개요

호텔을 방문하는 고객은 현관에 도착하면 정문에서 가장 먼저 영접을 받게 되는 곳이 도어 데스크인데, 이때 고객들이 처음으로 만나는 호텔 종업원이 도어맨(Door Man)이다. 그리고 그때 느끼는 첫인상은 기억에 오래 남는다. 만약에 예의바른 서비스를 받는다면 호텔의 긍정적 이미지 형성에 큰 영향을 미칠 것이며, 오래도록 기억에 남을 것이다. 따라서 도어 데스크에 근무하는 최일선 직원인 Door Man은 고객을 맞이하는 최초의 호텔 직원임과 동시에, 최후로 환송하는 업무를 담당하기 때문에 절도 있는 행동을 보여 주어야 하기 때문에 호텔의 얼굴이라 할 수 있다. 투철한 직업의식을 갖고 편안한 서비스를 제공해야 하며, 항상 고객입장에서 배려하는 마음으로 서비스를 해야 한다.

(2) Door Desk의 주요 업무

Door Desk에 근무하는 Door Man은 호텔 현관에 위치하여 고객의 영접과 현관 앞 교통질서와 주차관리, 대리주차 등을 주 업무로 하고 있다. 또한 Bell Man과 함께 현관에서 대 고객 영접서비스 업무를 담당하고 있기 때문에 호텔의 첫

이미지에 커다란 영향을 미친다고 하겠다. 다음은 Door Desk의 주요 업무를 정리한 것이다.

① 영접

현관에 근무하는 도어맨은 자동차가 들어오면 차량이 정지할 위치를 수신호로 알려준 다음, 차량이 정지하게 되면 자동차 문을 열어 드린다. 이때 고객의 머리가 자동차 천정에 닫지 않도록 보호하며, 정중한 환영인사를 한다. 그리고 고객이 소지한 가벼운 소지품이라도 받아 드리고, 수하물의 개수가 많으면 벨맨을 호출하여 도움을 청한다.

특히, 자동차를 이동할 경우에 사전에 고객의 수하물이나 휴대폰, 손지갑 등 소지품을 확인해야 하며, 택시나 공항버스 등에서 수하물을 내릴 때는 더욱 신경을 써서 고객의 짐이 맞는지와 짐의 개수를 확인해야 하는데, 가끔은 같은 크기나 종류, 색상, 디자인이 동일하거나 비슷하여 다른 고객의 짐을 갖고 내리는 실수를 할 수 있으므로 주의를 기울여야 한다.

② 현관질서 확립

호텔 현관은 불특정 다수의 고객이 이용하는 공공장소로, Door Man은 현관 정문의 주변에 장시간 혼잡해 있거나 장애물 방치를 해서도 안 된다. 현관 앞 택시 정류장에도 한두 대 정도만 대기할 수 있도록 해야 방문하는 차량 소통이 원활하게 소통될 수 있다. 또한 잡상인, 걸인 등 호텔의 격과 품위를 손상시키는 사람의 출입을 통제해야 한다.

③ 근무위치 유지

현관 정문에 근무하는 Door Man은 근무 위치를 무단이탈하거나 장시간 자리를 비워서는 안 된다. 도어맨은 누가 보아도 알아볼 수 있으므로, 항상 근무자가 근무위치에 있음을 인식시킬 필요가 있다. 하지만 부득이하게 자리를 이탈할 때에는 교대근무를 하거나 다른 직원에게 업무를 부탁하고 자리를 떠나야 한다.

④ 주차관리

호텔 현관에는 어떤 차량이라도 장시간 주차해서는 안 된다. 현관 앞 도로는 일반도로와 달리 좁기 때문에 장시간 주차는 현관 앞 주차질서에 방해가 되며, 후속 진입차량 장애로 불편이 초래되므로, 신속하게 정리하여야 한다.

특히, 결혼식, 대형 연회, 디너쇼, 컨벤션 등으로 일시에 많은 차량이 붐빌 때에는 주차안내를 별도로 배치하거나, 현관 직원을 충원하는 등 사전에 계획을 세워 차량소통이 원활하게 진행되도록 부서 간에 협조를 청한다.

⑤ 주차대행 서비스

주차대행(Valet Parking) 서비스도 Door Desk 업무 중 하나이다. 최근에는 호텔이용객 중 차량을 이용한 고객이 많기 때문에, 예전과 달리 주차장도 항상 붐비기 마련이다.

이로 인한 고객의 불평 증가는 호텔에도 악영향을 미칠 수 있기 때문에, 호텔에서는 Valet Parking Service라고 하는 주차대행 서비스로 고객의 편의를 도모하고자 노력하고 있다.

⑥ 정보제공

고객이 행사에 대한 문의가 있으면 행사장소와 시간에 대한 자세한 내용에 대하여 알려 드려야 한다. 따라서 도어맨은 당일 행사에 예정된 행사표(Daily Function Sheet) 내용을 시간대별로 숙지하고 있어야 될 뿐만 아니라, 호텔 주변의 공공장소, 쇼핑, 극장, 공연장, 교회나 성당, 시내 지리 등 관광이나 비즈니스와 관련된 문의를 설명하기 위해서는 많은 노력이 요구된다.

⑦ 분실물 처리

호텔 방문객의 분실물은 Door Desk 주변에서도 발견되기도 하지만, 대부분 고객이 타고 온 택시나 버스 등에서 가방, 휴대폰, 귀중품 등의 물품이 습득된다. 이러한 습득물은 자체 Log Book(업무 인수인계 일지)에 기록을 한 후, 도어 데스크에서 보관하는 것이 아니라, Lost & Found Office(분실물 센터)에 신고를 하고,

내용물은 가능한 빠른 시기에 분실물센터에 보관해야만 한다.

⑧ 환송

Door Desk의 업무 중 호텔을 이용한 고객 환송은 매우 중요하다. 호텔 내에서 아무리 좋은 서비스를 받고 모든 것에 만족한 고객이라도 호텔을 떠날 때 접하게 되는 Door Man의 서비스가 좋지 않다거나 불만족스럽다면 호텔 내의 모든 서비스는 물거품이 되기 때문이다. 따라서 호텔을 떠나는 모든 고객에게 깊은 인상이 남도록 하는 짧은 시간의 환송은 중요한데, 고객에 따라 차별화할 필요가 있다.

2) Bell Desk

(1) Bell Desk의 개요

Bell Desk에 근무하는 Bell Man이란 용어는 최근에 Bell Attendant(벨어텐던트)라고 하는데, 1829년 근대호텔의 시조인 미국 보스턴에 있는 The Tremont House라고 하는 호텔에서 처음 도입되었다고 한다. Bell Man의 유래는 프런트 데스크 클럭이 등록이 끝나면 고객을 객실로 안내하도록 벨맨을 부를 때 사용하던 프런트 데스크 위에 있는 벨(Bell)을 쳐서 알린 데서 유래되었다고 한다.

Bell Desk는 호텔 로비에 위치해 있으며, 호텔을 방문한 고객의 눈에 가장 잘 띄는 곳에 있다. 또한 프런트 데스크와 접해 있어 연관된 일을 한다고 보면 될 것이다. 때로는 손님이 호텔에 도착하면 도어 데스크의 협조를 받고, 손님 수하물을 인계받아 처리하기도 하지만, 벨 데스크의 가장 핵심적인 업무는 도어맨으로부터 받은 Check in 예정 고객의 수하물을 고객과 함께 프런트 데스크에 안내하고, 등록하는 데 불편이 없도록 하며, 등록 후에는 프런트 클럭(Front Clerk)으로부터 받은 객실 키를 받아 객실까지 안내를 담당하는 것이 역할의 전부라고 할 수 있다.

(2) Bell Desk의 주요 업무

Bell Desk에 근무하는 Bell Man의 주요 업무는 고객을 객실까지 안내하는 것뿐만 아니라, 고객의 짐을 운반(Delivery & Pick Up)하거나 수하물을 보관(Stork)하는 일, 객실변경(Room Change), 페이징 서비스(Paging Service), 신문 배달, 정보제공, 메시지 전달, 차량수배 등 다양한 업무를 수행한다. 이와 같은 다양한 일을 처리하기 위해서는 신속하고 정확함은 물론 조직적으로 서비스가 제공되기 위해서는 호텔 내・외의 모든 정보를 숙지하고 있어야 한다. 또한, 당일 Check In과 Check Out 예정인 객실 수를 파악하여 이에 대한 마음의 대비가 되어 있어야 하며, 각종 행사진행 상태를 파악하고 있어야 한다.

① Check In Service

Check In Service는 고객이 투숙하는데 편의를 제공하는 것으로, 현관 입구에서 밖을 향해 대기하고 있는 벨맨은 고객이 도착하면 밖으로 나가 정중히 환영인사를 한다. 그리고 고객의 짐 유무를 확인한 후 소유하고 있으면 작은 것까지 수량과 특이사항을 재확인하고 투숙을 할 수 있도록 프런트 데스크로 안내하는 서비스를 한다.

② Check Out Service

Check Out이란 고객이 퇴숙을 목적으로 객실을 비우고, Room Key를 프런트 데스크에 반환과 동시에 객실료, 식음료 사용분, 세탁비, 룸서비스 등 지불관계를 모두 끝낸 것을 말한다. 벨 데스크에서는 Check Out하는 고객 모두에게 같은 서비스를 하지만, 객실에서 고객의 짐을 내려 드리거나 고객이 체크아웃을 하는데 불편이 없도록 도움을 드린다.

③ Room Change Service

Room Change Service는 고객의 요구나 호텔의 사정에 의해, 고객에게 양해를 구하고 다른 객실로 옮기는 것을 말한다. 객실 변경은 손님이 객실에 있는 경우(재실)와 외출 중인 경우가 있는데, 상황에 따라 조심스럽게 다루어져야 한다. 그리고 객실변경 이후에는 객실번호, 변경담당자, 시간, 품목 등을 상세히 기록하여 차후 문제가 생길 것에 대비해야 하며, 특이사항은 기록을 하되 상사에게 보고해야 한다.

④ Paging Service

Paging Service는 고객의 요청으로 로비지역에 있는 고객을 찾아 드리거나, 메시지를 전달해 드리는 서비스이다. 찾고자 하는 고객의 성명, 성별, 연령 등 인상착의를 접수하면 Paging Board에 고객 성명 Full Name을 정자로 크게 쓰되, 객실번호와 함께 기록하지는 않는다.

Paging Board에는 종이 달려 있는데, 인상착의를 생각하며 이 종을 흔들고, 로비를 다니면서 손님을 찾아 드리는 방법인데, 종소리가 너무 커도 소음으로 들릴 수 있으므로 가까이에 있는 손님들이 들릴 정도로 적당히 흔들면 된다.

⑤ Luggage Store Service

Luggage Store는 수화물을 보관하는 업무로 호텔 고객이나 투숙객이 짐 보관을 요청하면 장기보관과 일시적 보관으로 구분하여 보관한다. 장기보관은 1박 이상, 단기는 당일 찾아가는 것으로 분류를 하고 있다.

짐 보관 시에는 Baggage Tag을 사용하는데, 두 장으로 되어 있어 원장은 짐에 부착하고, 다른 한 장은 고객에게 전달하고 Baggage Check List에 기록한다. 짐이 두 개 이상일 경우에는 각 짐마다 Tag을 부착하거나 Baggage String(끈) 또는 Baggage Net를 사용하여 다른 손님의 짐과 섞이지 않도록 한다.

⑥ Delivery Service

Delivery Service는 투숙객이나 투숙예정 고객이 외부고객에게 전달하거나, 외부고객이 투숙객 또는 투숙예정 고객에게 전달할 수하물을 요청받아 물품을 전달하는 업무를 말한다. 이때 투숙객이나 투숙예정 고객이 외부고객에게 전달할 물건을 벨 데스크에서 전해주는 서비스를 "Will call for service"라고도 한다.

벨 데스크는 의뢰인이나 수취인이 서로 볼 수 없는 상황에서 전해 주어야 하는 일이기 때문에 이름이나 연락처 등 상세한 기록이 남아 있어야 한다.

⑦ Shuttle Bus Service

셔틀버스는 호텔을 이용하는 고객에게 편이를 제공하고자 버스 또는 승합차와 같은 차량을 제공하는 서비스를 말한다. 호텔에서는 고객들이 자주 가는 곳 모두에 셔틀버스(Shuttle Bus)를 배차할 수 없다. 하지만 서울에 있는 특급호텔의 경우 이태원, 남대문, 동대문, 명동, 광화문 주위 등 주요 관광지에 셔틀버스가 배정되어 있다. 서울에서는 인천공항이나 김포공항 이용자가 많기 때문에 일부 호텔에서는 무료 셔틀버스를 운영하기도 하고, 일정금액을 받고 정기적으로 운행하는 Limousine Bus도 있다.

⑧ Flag Raising

대부분의 모든 호텔에서는 연중 내내 만국기를 게양한다. 호텔에 따라 다르기는 하지만 모든 나라 국기를 달 수는 없으므로 방문객 수가 많은 나라의 국기를 게양하기도 한다. 일반적으로 태극기, 호텔기, 귀빈 국적기를 게양하는데, 귀빈이 자주 방문하는 특급호텔에서는 벨 데스크에 만국기가 준비되어 있어야 한다.

3) Concierge

(1) Concierge의 개요

컨시어지(Concierge)는 프랑스에서 유래된 말로, 중세시대 성을 지키며 촛불을 들고 성을 안내하는 사람인 "르콩트 데 시에르지"(Le Comte Des Cierges: 촛불 관리자)에서 유래되었다는 설이 있지만 확실하진 않으며, 어떤 이론에서는 라틴에의 노예를 의미하는 '컨시어지(Conservus)'에서 유래되었다고도 한다. 사전적 정의에 의하면 컨시어지는 남녀에 상관없이 문지기(Doorkeeper)를 말한다. 유럽식 호텔에서 컨시어지는 벨 서비스 부서를 책임지고 있고 대부분의 고객들이 어떠한 종류의 도움이라도 요청하는 대상이기도 하다.

기원이 어떻든 지난 100년 동안 컨시어지는 호텔 로비에 별도로 그들의 카운터가 있으며, 유니폼을 입은 호텔 직원으로 근무를 하고 있지만 안내원, Room Clerk, Front Cashier로부터 분리되어, 호텔에서 고객이 필요로 하는 모든 정보를 제공하는 Hotelier이다.

이와 같이 호텔 직원 중 한 사람을 뜻하기도 하지만, 호텔에서 부서를 설명할 때에는 부서를 지칭할 때 컨시어지라고 부르기도 한다. 컨시어지는 서비스의 꽃이라 불릴 정도로 서비스 정신이 강하며 자부심을 갖고 업무를 임하는 호텔 직원이라 하겠다. 우리나라의 5성급 호텔에는 대부분 컨시어지라고 하는 부서가 있으며, 전문적인 컨시어지가 24시간 근무하면서 대 고객서비스를 담당하고 있다.

(2) Concierge의 주요 업무

컨시어지(Concierge)의 업무 영역은 호텔에 따라 차이가 있지만, 고객이 필요로 하는 정보를 제공하고, 고객이 해결하고자 하는 일들을 법적인 범위 안에서 해결하고자 한다. 컨시어지의 주 업무는 VIP 영접 및 환송, 수하물 관리, 교통안내, 쇼핑안내, 관광 스케줄이나 공연예약, 음식 소개, 항공권 예약 또는 구매, 기차표 예약, 운동경기 입장권 구매 등 고객이 어려움을 호소하는 모든 일들을 신속히 해결하며, 때로는 개인 비서 역할까지 한다.

① VIP 고객의 영접과 환송

호텔이 명성을 얻기 위해서는 VIP 고객에 대한 철저한 서비스가 준비되어야 하고, 정중하면서도 격식 있는 업그레이드된 서비스가 이루어져야만 한다. 또한 VIP 고객이 편안히 쉴 수 있도록 안락하고 선호하는 취향까지 확인하는 서비스가 요구된다.

VIP 고객의 경우는 예약을 하기 전 또는 투숙하기 전에 객실상태와 환경이 어떠한지 확인하는 순서를 거치게 되는데, 공항에서의 서비스, 호텔 내에서의 서비스 등 조화가 이루어져야 고객은 만족할 것이다.

② 고객 불평, 불만 처리

고객 불평, 불만에 대한 연구를 보면 고객들은 호텔 이용 시 호텔 시설물 또는 직원들로부터 받은 불평이나 불만을 제3자에게 이야기하는 경우가 만족할 때보다 7배 많다고 한다. 따라서 불평, 불만을 처리하는 컨시어지는 원만하게 처리할 수 있는 능력을 키워야 한다.

특히, 호텔을 이용하는 고객은 지속적으로 새롭고 변화된 서비스를 요구하기 때문에, 호텔에서 보면 고객욕구를 먼저 파악하는 것이 중요하겠다. 그리고 고객이 불평하는 요인들을 능숙하고 신속하게 처리하는 것은 불평고객을 충성고객으로 전환시키는 요인이라고 하겠다.

③ 정보 제공

호텔 모든 부서와 직원은 고객이 원하는 모든 정보를 제공하지만, 컨시어지는 고객들이 원하는 정확한 맞춤정보를 제공하는 호텔 직원이라 하겠다. 타 지역에서 비즈니스를 하는 외국인에게 업무와 관련된 정보를 제공하고, 여행객들이 가고 싶어 하는 정보를 제공한다. 즉 고궁, 종교, 판문점, 레스토랑, 교통, 쇼핑, 문화, 스포츠 등 시간, 비용, 거리, 예약 여부 등 관광 관련 정보를 상세히 설명한다.

④ 응급환자 처리

호텔에서는 응급환자가 자주 발생한다. 다른 나라를 여행하는 고객일 수도 있지만, 직원의 경우 근무 중에도 조리부서나 시설부서에서 발생된다. 이러한 상황에 대비하여 간단한 상비약을 구비하여 조치를 취하기도 한다.

물론, 호텔마다 다르기는 하지만 주중에는 의사나 간호사가 근무하는 호텔도 있어, 응급처리를 하는 과정에서 컨시어지는 중간 역할을 하게 된다.

중대한 환자가 발생할 경우는 호텔 내에서 해결할 수 없기 때문에 컨시어지는 119에 연락을 취하여 가장 가까운 큰 병원으로 이송하여 신속한 응급처치가 되도록 역할을 해야 하는 경우도 발생된다. 이러한 경우에 병원과 환자 간의 의사소통과 지불관계 등의 문제가 야기되기 때문에 컨시어지가 동승할 수밖에 없다.

⑤ 공공구역 관리

Public Area(공공구역)은 호텔 방문객이 가장 많이 이용하는 곳이고, 컨시어지는 호텔 현관에 위치해 있다. 이는 호텔을 이용하면서 고객의 불편한 점, 어려운 점을 해결해 드리기 위한 목적에 있다고 할 수 있다. 또한 공공구역에 대한 관리는 호텔 입구에 있는 현관, 즉 회전문, 자동문, 엘리베이터, 에스컬레이터, 계단 등에서 일어날 수 있는 안전사고에 대한 예방 조치에 대한 관리라고 하겠다.

4) GRO(Guest Relations Officer)

VIP 고객을 위한 특별하고 세심한 안내 상담 영접 환송 등의 업무를 담당하며 호텔 안의 모든 업장에서 발생하는 불편사항 처리와 보고를 담당하고, VIP 고객의 각종 요구사항을 접수 및 처리, 외부기관들과의 효율적인 업무협조를 할 수 있도록 네트워크 구축을 한다. 컨시어지와 비슷한 의미로 사용된다.

GRO(Guest Relation Officer)는 컨시어지와 비슷한 역할이지만 컨시어지가 일반고객을 대상으로 비서업무를 수행한다면 GRO는 VIP 고객의 비서업무를 전담하는 직원이다. GRO의 주요 업무는 호텔에 투숙한 VIP 고객을 대상으로 호텔의 내·외부 안내, 체크인 및 객실안내, 정보지식 상담, 영접, 영송 등의 업무를 수행한다. 호텔에 따라 컨시어지만을 운영하는 호텔들도 있지만 고급호텔일수록 컨시어지와 GRO를 모두 운영하고 있다. 주요 업무 내용은 다음과 같다.

① VIP 고객 영접 및 환송
② 로비관리
③ 분실물 및 습득물 관리
④ 응급환자 처리
⑤ 여행관련 서비스
⑥ Daily Tour 예약
⑦ 호텔 내·외의 모든 상황들에 관한 충분한 정보를 파악하고 있어야 한다.
⑧ 호텔 내 업장, 서비스, 경영방침의 숙지
⑨ 최신 안내책자나 잡지들의 확인 및 점검
⑩ 메시지, 우편물, 팩스 등의 전달 확인

5) Cloak Room

호텔에서 Cloak Room(클락룸)이란 손님의 수하물을 일시적으로 보관하는 장소를 말한다. 투숙·연회 등 여러 목적으로 호텔을 방문하는 손님들의 수하물을 일시적으로 보관한다. 연회장이나 여러 레스토랑 등의 시설을 많이 보유한 큰 호텔에서는 현관 정면부근이나 레스토랑의 입구부근, 연회장이 있는 층 등 외래손님이 출입이 잦은 층마다 Cloak Room이 설치되어 있다.

6) Airport Desk

공항에서 손님을 영접·영송 및 수하물 관리가 주 업무이며, 호텔과의 유기적인 상호 정보교환을 통해 비행기 시간의 정확한 확인 및 영접 후 호텔까지의 차량안내 업무 등을 수행한다. 공항데스크에서 주로 수행하는 출입국 보조 서비스는 먼저 당일 입국할 손님의 예약사항을 항공사에 확인하여 벨 데스크에 전달한다. 그리고 손님을 밝은 표정으로 호칭하며 본인 소개와 함께 인사를 하고 짐을 꺼내 직접 운반하는 것(Hand Carry)과 화물용으로 구분하여 차에 적재하고 손님에게 확인을 한 후 대기차량 또는 해당 항공사 체크인 카운터로 안내하고 입출국 관련 업무를 도와주고 난 후 벨 데스크에 통보하고 처리기록을 남긴다.

공항 데스크의 Pick Up Service는 고객을 공항이나 역, 터미널 또는 근무 중인 회사 등에 나가서 고객을 영접하고 안내하며 호텔에 투숙하거나 모시고 오는 서비스이다. 이 픽업 서비스 업무는 예약된 고객의 요청에 의하여 이루어지는 경우와 Vip의 도착시간에 호텔에서 자발적으로 서비스하는 경우도 있다. 대부분의 5성급 호텔에서는 공항 근무자를 별도로 배치하여 호텔 리무진을 예약한 경우나 호텔 VIP인 경우는 Pick Up을 하여 호텔로 안내한다.

7) Duty Desk

Duty Desk는 당직 지배인실이라고 불리는 곳으로 당직 지배인이 근무하는 곳이다. 호텔기업은 많은 부서에서 24시간 영업이 이루어지고 있으므로, 다양한 상황이 발생하는데 그에 따른 대 고객서비스에 대한 책임과 권한을 일정 부분 총지배인으로부터 부여받고 있다. 따라서 당직 지배인은 고객과 서비스 인카운터(encounter)에 있는 종사원의 중재역할을 하는 것으로 객실부에 소속은 되어 있지만 총지배인의 직속 하에 소속된 경우도 있다. 당직지배인은 당직 매뉴얼에 따라 업무를 수행하며 호텔 임원이나 부서장 부재 시, 특히 야간에 그들의 업무를 대행하는 역할을 한다. 또한 호텔을 방문하는 모든 고객을 대상으로 고객 관련 업무처리, 제안사항이나 불평사항 접수 및 처리, 호텔재산 보호 및 고객과 직원의 안전 관리를 수행한다. 그리고 업무지침에 의한 직무를 수행하는 호텔경영의 관리자로서 호텔 운영상 전반적인 행정 및 관리의 미흡한 점을 지적하고 개선시키기 위하여 지속적인 노력을 도모하는 역할을 한다.

09

CHAPTER

호텔 프런트 오피스

1. 프런트 오피스의 이해
2. 프런트 데스크업무
3. 귀빈층
4. 객실 예약
5. 비즈니스센터
6. 교환실
7. 피트니스센터

HOTEL MANAGEMENT

09 CHAPTER 호텔 프런트 오피스

호텔의 프런트 오피스(Front Office)는 현관부서로 예약실(Reservations), 프런트 데스크(Front Desk), 유니폼 서비스(Uniformed Service) 부문을 말한다. 특히, 현관부서의 역할 중 프런트 오피스는 호텔의 얼굴이라고 할 수 있는 가장 중요한 부서이다.

프런트 오피스는 호텔의 고객을 최초로 맞이하고, 최후로 고객을 환송하는 장소로서 호텔과 고객을 직접적으로 연결시켜 주는 장소임과 동시에 고객의 편의와 서비스 판매를 위한 대외적인 업무를 맡고 있는 곳이다.

프런트 오피스에서 고객의 입・퇴실 절차, 메시지 확인, 각종 안내, 환전, 귀중품 보관 뿐 아니라 고객의 불평불만을 접수하고 해결해야 하는 역할도 맡고 있으므로 호텔영업의 심장부로 호텔을 대표하는 부서라 할 수 있다. 또한, 현관부서는 고객과 경영진과의 연결 및 관계 부서와 유기적인 연락 및 소통으로 고객 서비스를 조정하고 로비에서의 원활한 고객 순환을 위해 정리, 조정하는 역할을 한다. 아울러 현관은 호텔에 체류하는 고객에게 모든 정보를 제공하는 부서이기 때문에 프런트 오피스 부분에서의 친절한 서비스는 고객만족을 제공하지만, 실수나 서비스 제공의 지체는 호텔 이미지에 좋지 못한 인상을 주게 된다. 그러므로 프런트 오피스에서의 좋은 인상은 고객이 호텔에 머무르는 동안 최대의 만족을 제공하는 큰 역할을 하며, 호텔 상품의 판매를 증진시킬 수 있는 중요한 역할도 하는 곳이다.

일반적으로 프런트 오피스는 프런트 데스크, 귀빈층, 객실 예약, 비즈니스센터, 교환실과 같이 기능별 조직을 편성하여 운영하는데, 호텔에 따라서는 피트니스 센터(Fitness Center)을 프런트 오피스 부서로 분리시키는 경우도 있다.

1. 프런트 오피스의 이해

호텔의 프런트 오피스(Front Office)는 현관부서(Front of the House)부문의 업무성격에 따라 투숙객에게 호텔 관련 서비스를 제공하는 전반적인 서비스 부문과 호텔을 이용하는 모든 손님에게 서비스를 제공하는 프런트 서비스(Front Service)로 구분할 수 있다.

호텔의 프런트 오피스 부서는 호텔의 얼굴이라 해도 과언이 아니다. 손님이 체류하는 동안 필요한 모든 정보를 제공하는 부서이기 때문이다. 따라서 현관부서를 내포하고 있는 프런트 오피스는 좋은 인상과 친절한 서비스로 손님에게 만족감을 제공하지만, 반면에 실수와 서비스의 지체는 호텔의 이미지에 부정적인 영향을 미치게 된다. 또한 프런트 오피스 부서는 객실판매의 조정 및 통제를 하는 등 객실부 전반적인 관리하는 부서라고 할 수 있다.

1) 프런트 오피스 역할과 기능

(1) 프런트 오피스의 역할

프런트 오피스는 하루 24시간 연중무휴로 운영되며, 등록, 메시지 입력, 각종 안내, 수납 등 등록에서 체크아웃까지의 모든 제반사항에 대한 서비스를 손님들에게 제공한다. 프런트 오피스는 크게 예약실(Reservation), 프런트 데스크(Front Reception), 귀빈층(EFL: Executive Floor), 비즈니스센터(Business Center), 전화

교환실(Operator) 등으로 나누어진다.

프런트 오피스에서 업무를 수행하는 종사원은 객실의 판매원이기도 하므로 객실에서 취급하는 상품에 관한 충분한 지식을 갖고 손님에게 응대함은 물론 손님에게 주는 첫 인상이 호텔 전체를 대표하는 인상이므로 태도 및 말씨에 각별한 주의를 기울여야 한다. 이는 호텔을 방문하는 고객이 만족하여 재방문과 충성고객이 되는데 중요한 역할을 하는 부서라고 할 수 있다.

(2) 프런트 오피스의 기능

프런트 오피스에서의 기능은 현관 주위의 환경 및 분위기 조성을 하고, 현관 진원들의 예의와 친절, 그리고 정확한 직무수행은 고객과 호텔의 관계를 밀접하게 연결하여 주고 중요한 현관의 업무를 게을리 하지 않으면서 식음료 매상의 촉진과 기타 부대시설의 이용을 촉진하는 데 전력을 다하는 호텔의 중추적인 기능을 담당하고 있다.

또한 프런트 오피스의 기능은 호텔에 고객이 도착하여 출발할 때까지 고객을 접촉하고 고객에 대한 서비스를 제공하는데 있으므로 기본적으로 객실판매업무, 고객편의 및 서비스 제공과 관리로 구분할 수 있으며 이를 더 세분화하면 객실예약, 객실판매, 정보서비스, 고객서비스, 객실 상황보고서의 작성, 고객 계산서 관리 등으로 나눌 수 있다.

2) 프런트 오피스 조직

(1) 프런트 오피스의 업무적 특성

프런트 오피스는 호텔 상품의 판매를 좌우하는 곳이다. 이는 호텔 수입의 원천을 관리하고 있다는 점이다. 호텔 수입의 원천은 객실판매에 있으므로 이 객실판매를 촉진하고 조정, 통제하는 담당부서가 곧 프런트 오피스이다.

객실판매는 궁극적으로 호텔의 다른 상품(F&B 등)의 판매에도 영향을 미치기 때문에 이 부분의 잘못은 호텔 전체 운영에 영향을 미치게 된다.

프런트 오피스는 고객의 호감(Goodwill)을 창조하는 전략적인 요지인 동시에 그 수행을 하는 곳이다. 이는 고객이 호감을 가지고 체크아웃했다면 다음에 다시 그 호텔로 재방문할 가능성이 높기 때문이다.

(2) 프런트 오피스의 조직도

객실부(Room Division)는 크게 객실영업(Front Office), 객실관리(Housekeeping), 프런트 데스크(Front Desk), 프런트 서비스(Front Service), 예약실(Reservation), 교환실(PBX), 비즈니스센터로 조직되어 일사불란하게 움직이면서 프런트 오피스 업무를 수행하게 된다. 그러므로 어느 것도 소홀함이 없이 신속, 정확, 친절해야 하고, 현관 지배인을 중심으로 효율적인 기능이 수행될 수 있도록 각 업무에 대한 직능 및 직무별 전문지식을 숙지하여 고객의 도착에서부터 환송에 이르기까지 완벽한 고객서비스를 제공할 수 있도록 해야 한다.

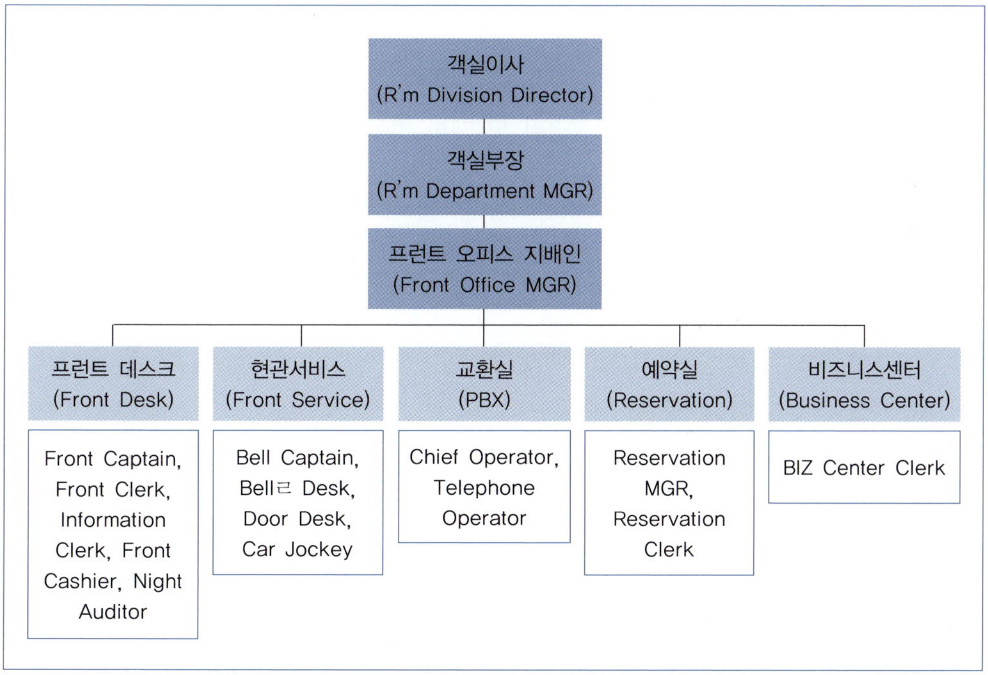

그림 9-1 프런트 오피스 조직도

3) 프런트 오피스 직원의 역할

(1) 프런트 오피스 매니저(Front Office Manager)

프런트 오피스는 호텔 내에서 쉽게 찾을 수 있는 로비(Lobby)에 위치하며, 고객의 입실 및 퇴숙 절차, 객실판매, 각종 정보제공 등의 업무를 담당하는 현관지배인(Front Office Manager)이 수행하는 업무의 중요성은 효율적인 객실판매를 통하여 경영목표를 달성하기 위한 제반 업무를 지휘하고 감독하는 일이라 할 수 있다.

① 영업수입 예측
② 일일 보고서 검토
③ 각종 업무 감독(프런트, 예약, 벨데스크, 교환, EFL 등)
④ 업무 능률 극대화를 위해 양식 및 절차에 대한 연구
⑤ 간부회의 참석
⑥ 사내 공문의 작성 및 처리
⑦ 각종 회의 참여, 부서 내 회의 주재 및 지시사항 전달
⑧ VIP 고객 서비스(영접, 객실점검 및 제반 업무 확인)
⑨ 비용절감노력(인건비, 제 경비, 기타 경비 등)
⑩ 고객 불평처리
⑪ 프런트 종업원 채용, 승진 등의 인사 관련 업무 결정
⑫ 타부서와의 업무협조 및 관계유지
⑬ 고정고객의 영접 및 환송
⑭ 대형행사 개최에 따른 객실부문 총괄지위
⑮ 프런트 오피스 종업원의 업무지도 교육

(2) 예약지배인(Reservation Manager)

모든 객실의 예약사항을 확인하고 감독하는 업무를 맡은 사람이다. 정확성과 신속성을 요구하는 업무성격상 특히 각 여행사와의 계약요금, 계약규정을 상세히 숙지하고 있어야 한다. 예약지배인의 주요 업무는 다음과 같다.

① 예약현황(외국인 고객과 단체고객을 포함) 파악 및 확인, 감독
② 귀빈(VIP) 객실 준비상황의 확인, 감독
③ 특별손님(Special Guest)에 대한 할인 결정
④ 노 쇼(No Show), 취소(Cancel) 등의 건수, 배율, 원인 분석
⑤ 여행사의 정확한 객실요금 및 할인 적용여부 확인
⑥ 경쟁호텔의 예약현황, 점유율, 평균객실요금, 단체점유율 등의 비교분석
⑦ 경쟁호텔의 귀빈 및 회의(Convention) 유치목표, 객실료 등의 정보파악
⑧ 월간 리포트 자료의 보관 및 점검
⑨ 예약신청카드(Reference File)의 보관상태 확인
⑩ 수시로 발생하는 예약관련 업무

다음으로 예약 직원(Reservation Clerk) 주요 업무는 다음과 같다.
① 각종 예약의 신청 접수 및 예약카드 작성
② 예약 확인서(Confirmation Slip) 송부
③ 고객카드(Guest History Card) 작성
④ 고객의 투숙 1일 전 예약 슬립을 프런트 데스크에 전달
⑤ 예치금(Deposit) 관련 업무
⑥ 무료(Complimentary) 및 할인(Discount) 처리 등
⑦ 기타 예약 매뉴얼에 따른 수시업무

(3) 룸 수퍼바이저(Chief Room Clerk)

프런트 오피스 매니저의 보조역할을 수행한다. 그리고 프런트 오피스 매니저가 부재 시에는 그 업무를 대행하기도 하는데, 구체적인 업무 내용은 다음과 같다.
① 당일 예약사항의 확인 및 접수
② 고객의 등록 확인
③ 객실의 점검 및 확인
④ 룸키(Room Key)의 관리

⑤ 고객의 숙박사항을 점검: 조기 퇴숙(Early Out), 연장(Extension) 등
⑥ 스키퍼(Skipper) 발생 시 프런트 오피스 매니저에게 보고 후 처리
⑦ 우편물 및 팩스 취급, 관리
⑧ 각종 리포트의 확인 및 보고
⑨ 로그 북(Log Book)의 관리와 부대시설, 요금 등 수시 변동사항 확인

4) 프런트 오피스의 자산관리 시스템(PMS)

호텔관리시스템(PMS: Property Management System)은 호텔의 전·후방(Front and Back Office) 시스템을 관리하는 많은 개별적인 프로그램으로 구성된 소프트웨어이다. PMS의 기능은 〈표 9-1〉에 나타나 있다. PMS는 프런트 오피스와 백오피스를 자동화하기 위한 소프트웨어와 하드웨어의 양 측면을 필요로 한다. 수많은 호텔들이 PMS 시스템을 채택한 이유를 다음과 같이 서술하고 있다.

▌표 9-1▐ PMS의 기능

프론트 오피스 핵심기능	선택기능
입숙 및 퇴숙 고객 원장회계 예약 나이트 오디터(Night Auditor) 단체등록 및 원장회계 하우스키핑(Housekeeping)	고객이력 그룹 회계 예산통제 워드 프로세싱
백 오피스 핵심기능	**선택기능**
외상매입금 급여 총계정 원장	재고 구매 예산 예측
기타 서비스 기능	
판매 및 마케팅 분석 패키지 계획 연회 및 케이터링(Catering) 판매 워드 프로세싱(Word Processing)	

① 반복과업을 제거하고 정보의 즉시 이용이 가능하여 영업효율성 증가
② 정확하고 더욱 빠른 정보의 배분과 고객이 선호도를 추적하여 고객서비스를 강화
③ 외부 서비스를 이용하는 비용을 제거함으로써 효율성 증가 및 경비 절약

2. 프런트 데스크(Front Desk) 업무

프런트 데스크는 호텔에 찾아오는 고객을 제일 먼저 영접하고, 최종적으로 환송하는 장소이다. 고객의 숙박기간 중에는 제반 정보를 제공하는 안내소 역할도 하고 있다. 일반적으로 호텔에서 프런트 데스크 직원(Front Desk Clerk 또는 Receptionist)이 주요 업무 전반에 걸쳐 관할하기도 하지만, 대형 호텔의 경우에는 담당하는 업무량이 많아, 프런트 오피스에서는 레저베이션 클럭(Reservation Clerk), 리셉션 클럭(Reception Clerk), 플로어 클럭(Floor Clerk), 인포메이션 클럭(Information Clerk), 키 클럭(Key Clerk), 메일 클럭(Mail Clerk), 나이트 클럭(Night Clerk), 프런트 캐셔(Front Cashier) 등으로 업무 영역을 세분화하여 수행하고 있는 곳이다.

1) Room Clerk

호텔에서 가장 중요한 기능 중 하나는 프런트 데스크의 객실판매에 대한 업무수행이다. 프런트 데스크에서 취급하는 객실판매의 매출 성과는 판매된 객실의 요금과 평균 객실요금(Average Room Rate)에 의해 좌우된다.

호텔 매출액에서 가장 많은 이윤을 발생시키는 부문이 객실부문이기 때문에 호텔경영자들은 호텔의 계획된 목표를 달성시키기 위해 프런트 데스크에 가장 많은 관심을 가지고 계속적인 독려를 하게 된다. 따라서 룸 클럭은 프런트 오피스에서

가장 중요한 위치에 있으며, 그 역할 또한 막중하다고 할 수 있다.

룸 클럭은 매우 섬세하면서도 복잡하고 다양한 일들이 많기 때문에 항상 긴장하여 정확하게 업무를 처리하지 않으면 안 된다. 룸 클럭의 능력이 부족하면 호텔기업 전체에 지대한 영향을 미치기 때문에 룸 클럭은 상당한 기간 동안 실무의 경험을 축적한 사람을 임명하게 된다.

룸 클럭의 능숙한 업무 수행은 호텔 전체의 기능을 생동적인 분위기로 이끌 수 있다. 반대로 그렇지 못할 경우에는 분위기를 흐려 놓는 등으로 이들의 업무수행 능력이 호텔 전체의 이미지에 막대한 영향을 끼치게 될 것이다. 그러므로 룸 클럭은 객실판매에 대한 기술적 능력(Technical Skills)보다는 고객과 안정적이고 효율적으로 소통할 수 있는 소통능력(Communication Skills)을 더욱 선호하고 있으며, 영어와 외국어 사용 능력이 필수적이라고 할 수 있다.

룸 클럭은 당일 해야 할 현관 서비스 직원의 일과를 작성하고 훈련시키며, 이것이 잘 운영되도록 지휘, 감독해야 한다. 또한, 객실 예약의 접수와 등록, 객실의 배정과 고객의 편안한 숙박을 유도해야 한다. 객실 지정에는 고객의 요구가 존중되어야 하고, 고객의 불평불만을 해결할 수 있어야 한다.

또한, 고객이 이용할 객실 및 기타 부대시설에 대한 정보를 제공하고, 고객의 요청이 있을 경우, 호텔이 위치한 지역의 주변에 대한 정보 등을 제공한다. 그리고 고객의 큰 가방이나 짐을 객실까지 운반하기 위하여 벨맨(Bellman)을 호출하기도 하며, 소규모 호텔에서는 일반적으로 룸 클럭(Room Clerk)이 프런트 캐셔(Front Cashier)의 업무를 겸하고 있으나, 대형 호텔에서는 프런트 캐셔 같은 현금출납 업무를 분리하여 운영하고 있다.

룸 클럭의 주요 업무는 객실 예약 접수와 고객 영접, 등록, 객실 배정 등이다. 다음에 열거된 자세한 업무를 살펴보자.

룸 클럭의 주요 업무

- 고객의 영접. 호텔 고객에게 보이는 최초의 공식적 인사
- 고객 등록(Registration)이 끝난 후 객실의 지정 및 판매
- 객실 예약(당일 예약) 없이 고객이 왔을 때(Walk-In Guest) 현장에서 객실판매 및 예약접수
- 객실 배정
- 객실 키 전달 인계
- 현금, 신용카드 등의 이용료 지불 수단의 의뢰
- 경영자(호텔 총지배인: General Manager)에게 특수한 고객의 보고를 하고 Vip 및 달갑지 않는 고객의 경우 객실판매의 거부 및 고액의 객실을 제공
- Check-In, Check-Out 시에 룸랙 슬립(Room Rack Slip) 확인
- 고객의 객실 변동(Room Change)에 따른 조치
- 호텔의 타 서비스 안내
- 식당 및 연예, 오락 서비스의 판매
- 고객의 불평불만을 성실한 태도로 해결
- Log Book 기록

2) Information Clerk

인포메이션 서비스를 담당하는 직원을 인포메이션 클럭이라고 하는데, 국내외 대부분의 호텔에서는 여직원이 이 업무를 맡아서 하는 경우가 많다.

인포메이션은 프런트 오피스의 주 업무 가운데 하나이다. 레저베이션과 리셉션 업무의 주축은 객실판매이지만 인포메이션에서는 손님의 문의를 취급하는 업무인 '안내' 서비스가 주된 업무이다. 다시 말해, 호텔의 프런트 안내원은 호텔을 방문하는 고객들의 요구와 질문에 응답하고 안내하는 업무를 하며 여행, 관광자원, 명승지 등에 관한 정보에서부터 항공, 열차 등의 교통수단 이용 등에 이르기까지 정확한 정보를 고객에게 제공한다. 그러므로 인포메이션 클럭은 고객의 질문에 성심성의껏 응대해야 하기 때문에 호텔에 대한 전반적인 지식을 항상 사전에 숙

지하고 있어야 한다.

인포메이션 클럭의 숙지사항은 다음과 같다.

- 항공기, 공항버스, 기차 등의 시간표
- 근교 명승지, 유적지가 많은 유명 관광지 및 교통편
- 인접한 쇼핑센터
- 인접 교회의 예배시간 또는 종교시설 정보
- 호텔이 위치한 도시와 교통 및 지리에 관한 사항
- 근교 도시 및 숙박시설
- 관청, 학교 등 주요 공공시설

인포메이션 클럭의 주 업무

- 숙박 고객에 대한 문의 안내
- 메시지의 취급 안내
- 호텔 시설에 대한 안내
- 시내의 주요 관광지와 빌딩 안내

3) Front Cashier

프런트 캐셔는 투숙객이 지불하는 객실료, 식음료 등의 요금 계산을 징수하는 업무를 맡고 있다. 프런트 캐셔는 프런트 오피스의 구성원 중에서 유일하게 영업회계 부문에 속한다. 투숙객이 프런트 오피스에서 등록을 하면 회계장부가 등록카드에 의해 고객 원장(Guest Ledger or Folio)이 생성된다. 그리고 투숙객에게 요금을 청구하기 위해서 Guest Ledger는 보통 일주일분씩 계산등록기로 출력하여 제출하게 된다.

① 업장에서 방생한 고객의 거래내역을 고객원장(Guest Folio/Account)에 기록(Posting)하고 정확성 여부를 확인

② 고객 체크아웃 시 계산서(Bill) 작성

③ 요금처리 및 관리

④ 환전 업무(Money Exchange)

⑤ 대여금고(Safety Deposit Box)

4) Mail Clerk

메일 클럭은 비즈니스를 목적으로 호텔을 이용하는 고객들이 늘어나면서 생겨난 직업이라고 할 수 있다. 주요 업무는 호텔에 도착된 우편물, 팩스, 메시지 등을 접수, 보관, 송달, 발송하는 일이다. 우편물은 접수 즉시 고객에게 전달하거나 혹은 열쇠함에 보관했다가 고객이 외출을 마치고 호텔로 돌아왔을 때 열쇠와 함께 전달하도록 한다. 또한 미도착 고객의 우편물은 보관하였다가 전달하고, 이미 체크아웃을 한 고객의 우편물은 추후에 보내거나 반송한다.

호텔로 배달되는 우편물에는 현재 체류 중인 고객의 것은 물론이고, 도착 예정인 고객에게 전달해야 하는 것도 있으므로 각별히 유의해야 한다. 객실 300실 미만의 호텔에서는 별도의 메일 클럭을 두지 않고, 이 업무를 룸 클럭이 대행한다.

5) Key Clerk

대형 호텔에서 볼 수 있는 분업화 형태의 직종으로서, 고객의 체재 중 객실의 키(Key)를 보관하고 인도하는 것이 주된 업무이다. 룸 클럭(Room Clerk)과 협조하여 고객의 동태를 파악, 인포메이션에 제공하기도 한다. 주요 업무는 룸키(Room Key), 패스키(Pass Key), 마스터키(Master Key)의 관리와 예비키(Key)의 관리 및 불량키의 보고 처리, 키랙(Key Rack)의 확인, 분실된 키의 회수 등이다.

6) Floor Clerk

대형 호텔에서 볼 수 있는 직종으로 호텔의 각 객실층에 위치하면서 그 층에서 프런트 클럭의 임무와 기능을 수행한다.

주요 직무는 해당 층의 객실 상태의 파악, 우편물 관리, 키의 취급, 안전관리,

고객 접대 및 기록 등의 업무를 담당한다.

7) Night Clerk

나이트 클럭은 야간에 근무하는 프런트 클럭으로 주간 현관 업무와 똑같은 업무를 야간 23:00부터 익일 07:00까지 총괄하여 수행한다. 나이트 클럭의 업무는 야간 근무만을 전문으로 하는 야간 룸 클럭을 두어 업무를 수행하게 하는 호텔도 있는데, 대부분의 호텔에서는 일반 룸 클럭이 주·야 교대로 근무를 하고 있다.

나이트 클럭은 '룸 클럭, 키 클럭, 인포메이션 클럭' 등의 제반 업무를 총괄적으로 수행하고, 객실 영업일보를 작성하는 업무를 주로 한다. 그리고 밤 늦게 도착하는 고객을 위하여 체크인과 같은 업무를 담당하고, 프런트 오피스 업무에 해당하는 예약, 등록, 인포메이션, 우편물의 처리는 물론, 룸 랙 관리와 객실판매 현황파악 및 수익현황에 대한 객실 영업일보(Daily Rooms Report)를 작성하여 보고한다. 이때 객실 영업보고서의 매출액은 나이트 오디터(Night Auditor)의 통계와 일치하여야 하며, 서로 간에 불일치가 발견되면 원인을 규명하여 수정된 보고서를 작성해야 한다.

호텔의 하루는 24시간 중단 없이 계속해서 영업을 지속해야 하므로 하루의 영업일보를 밤늦게 종결해야 한다. 따라서 프런트 데스크 야간 근무자인 '나이트 클럭(Night Clerk)'은 밤 11시 30분부터 그날의 영업을 마감하고 결산에 들어간다. 나이트 클럭의 주요 업무는 다음과 같다.

(1) 객실영업보고서 작성

나이트 클럭의 가장 중요한 업무는 그 날의 객실영업보고서를 작성하는 것이다. 객실영업보고서는 일일보고서(Daily Report), 월말보고서(Monthly Report), 연말보고서(Annual Report)로 구분되는데, 나이트 클럭이 작성하는 일일보고서의 종류는 다음과 같다.

- 일일 룸 리포트(Room Report): 객실매출액, 객실판매 수, 평균요금, 객실점유율 등 객실영업 상황 전반을 한 장으로 볼 수 있도록 작성한 리포트

- 일일 그룹 리포트(Group Report): 여행사 등의 단체 판매현황 리포트
- 예상 리포트(Forecast Report): 당일 이후의 주간, 월간 예약상황을 매일 업데이트(Up Date)한 리포트
- 당일 투숙한 VIP 고객리스트
- 특별요금 및 무료(Complimentary) 현황 리포트

(2) 객실영업 성과측정

전 세계 호텔산업에서 호텔 객실의 영업성과를 측정하는 방식으로는 객실점유율(Occupancy), 객실판매 평균단가(ADR), 레파(RevPAR)를 통한 영업산출 방식이 공통적으로 사용되고 있다. 이 세 가지 방식은 호텔 객실상품의 판매생산성을 측정하는 지표이므로 반드시 이해하고 숙지해야 한다. 이 세 가지 방식을 구체적인 사례를 들어 살펴보면 다음과 같다.

① 객실점유율(Occupancy)

객실점유율은 얼마나 많은 객실을 판매하였는가를 측정하는 것이 목적이다. 객실점유율이 높을수록 더 많은 객실을 판매한 것을 뜻하므로 100%에 가까울수록 좋다고 하겠다. 객실점유율 구하는 방식은 다음과 같다.

$$\text{객실점유율} = \frac{\text{판매된 객실 수}}{\text{판매 가능 객실 수}} \times 100$$

② 객실판매 평균단가(ADR)

ADR(Average Daily Rate)은 객실을 얼마에 판매하였는가를 측정하는 방식이다. 즉 얼마나 좋은 가격으로 객실을 판매하였는가를 알아보는 것이다. ADR을 구하는 방식은 다음과 같다.

$$\text{ADR} = \frac{\text{객실판매 수입}}{\text{판매된 객실 수}}$$

③ 레파(RevPAR)

RevPAR(Revenue Per Available Room)는 '판매가능 객실당 매출액'이다. 다른 말로는 '일드(Yield)'라고도 한다. 호텔산업에서 과거에는 Occupancy나 ADR이 높을수록 경영성과가 좋은 것으로 판단하였다. 그러나 성공적인 호텔들은 어느 한쪽만을 측정하지 않고 Occupancy나 ADR 두 가지를 모두 측정하는 RevPAR 방식을 적용하고 있다. 즉 RevPAR가 높은 호텔이 낮은 호텔보다 객실영업을 더 성공적으로 수행하고 있는 것이다. RevPAR를 구하는 방식은 다음과 같다.

$$\text{RevPAR} = \text{Occupancy} \times \text{ADR} \text{ 또는 } \frac{\text{객실판매 수입액}}{\text{판매가능 객실 수}}$$

(3) 기타 업무

- 객실 열쇠 점검(Key Inventory): 빈 객실과 투숙 중인 객실의 키 파악
- 늦게 도착하는 고객의 체크인(Late Check-In)
- Cancellation 처리
- No Show의 파악 처리
- 객실상황표(Room Status Sheet)의 작성
- Morning Call의 접수 처리
- Mail, Message, Facsimile 점검 및 전달
- 인수인계 또는 업무일지(Log Book) 작성
- 익일 출발 예정자의 현황 파악 작성
- 익일 룸 체인지 요구 사항
- 객실(단체 객실) 및 조식 예약 상황 점검
- Turn Away Guest 처리
- Daily Rooms Report 작성: 객실수입 합계, 객실점유율(Occupancy Rate) (=판매된 객실 수/ 판매 가능 총 객실 수×100)
- ADR(Average Daily Rate): 1실당 평균 객실료(=매출액/판매 객실 수)

3. 귀빈층(Executive Floor)

비즈니스 고객을 위한 전문화된 서비스를 하는 호텔에서는 Executive Floor Lounge(EFL)는 빼놓을 수 없는 부서로서 비즈니스를 위해 숙박하는 고객들을 위한 귀빈층이라고 할 수 있다. 1980년대 이후 우리나라는 국제 비즈니스의 중심지로 각광받고 있으며, 많은 다국적 고객이 비즈니스를 위해 방문하고 있다.

이러한 고객들은 대체로 단기체류보다 장기체류를 하는 투숙객들로서, 호텔의 평판에 큰 영향을 미쳤다고 할 수 있다. 따라서 특급호텔에서는 이들 비즈니스 고객들을 유치하기 위하여 이른바 Executive Floor Lounge(EFL)라고 하는 비즈니스 층을 운영하여 그들만을 위한 특별한 서비스를 제공하고 있다.

귀빈층(EFL)은 '호텔 내의 호텔' 또는 '귀빈층'이라고 불리며, 항공기의 비즈니스 클래스(Business Class)와 비슷한 등급의 호텔 객실로 이해될 수 있다. 그리고 호텔마다 다르게 부르기는 하지만 'Business Floor', 'Executive Guest Floor', 'Hotel Club', 'Club Lounge' 등으로 불리고 있다. 그 의미는 VIP 고객만을 위한 전용 객실 층을 말한다. 1960년대 자동차 도시로 유명한 미국의 디트로이트에서 주로 사업상의 목적으로 여행하는 투숙객들이 호텔 내에서도 실질적인 업무를 볼 수 있도록 각 호텔마다 각종 첨단기기 및 설비를 갖추고 서비스를 실시하면서 처음 시작되었다. 그러나 세계적인 추세로 발전한 것은 1980년대 세계 경제성장이 호조를 띠면서 세계적인 규모의 체인 호텔이 생겨나기 시작하면서부터라고 할 수 있다.

호텔의 경영관점에서 해외의 잦은 출장, 바쁜 스케줄, 복잡한 업무에 시달리는 현대 비즈니스맨들을 위해 보다 신속하고, 정확하며 차별화된 서비스 제공을 위해 담당 서비스 직원들을 배정하여 근무시키고 있다.

1) 귀빈층 서비스

귀빈층(EFL) 직원은 VIP 고객을 응대한다는 자부심과 호텔리어의 책임감을 갖고 고객의 편의제공은 물론, 가족과 같은 친근감 있는 분위기를 만들어 줄 수 있도록 노력하여야 한다. 고객 개개인에 대한 세심한 서비스는 EFL의 특성상 모든 분위기를 조성한다는 점에서 여직원이 근무하는 데 적합하다고 할 수 있다.

또한 외국어 실력과 호텔 내의 다른 부서에서 근무한 경험이 많거나 프런트 데스크에 다녀간 근무한 사람들이 대부분이다. 이와 같이 역할을 혼자서 수행하기 위해서는 주요 업무 내용을 숙지하고 숙련된 호텔리어가 될 수 있도록 노력하여야 한다. 다음은 EFL에서 제공되는 서비스 업무이다.

(1) Check in & out Service

고객이 호텔에 도착하면 프런트 데스크를 거치지 않고, 바로 EFL로 안내되어 별도의 데스크가 설치되어 있는 전용 라운지에서 빠르고 편리한 체크인 서비스를 받을 수 있으며, 체크아웃 시에는 라운지에서 커피나 차 등을 즐기면서 여유 있게 체크아웃을 할 수 있다.

체크인(Check-In) 시에는 프런트 데스크(Front Desk)나 벨 데스크(Bell Desk)로부터 전화로 고객의 도착을 통보받으면 바로 등록카드, 볼펜, 환영편지(Welcome Letter), Room Key를 준비하여 테이블 위에 놓고, 고객이 도착할 엘리베이터 앞에서 환영준비를 한다. 고객의 이름을 미리 암기하여 밝은 얼굴로 고객의 성함을 불러 주면서 고객을 맞이한다.

(2) Information Service

Executive Floor 고객의 요구가 있을 시에는 관광 안내(Information) 및 호텔, 비행기, 레스토랑, 극장, 공연장 등 각종 예약과 확인 그리고 변경과 취소 등을 대행하며, 다양한 쇼핑과 관광정보를 제공한다.

특히, 관광예약 문의 시 오전, 오후, 전일 관광에 관심이 있는지, 호텔 내에 비치되어 있는 브로슈어(Brochure)를 보여 주며 안내한다.

고객이 원하는 관광의 종류를 확인한 다음, 즉시 여행사에 연락한 후 고객에 Pick-Up 시간을 알려 준다.

(3) Lounge Service

EFL Lounge 서비스는 보통 오전 6시경부터 저녁 10시까지 서비스가 이루어지고 있으며, 제공되고 있는 서비스는 모두 무료이다. 라운지에서 제공되는 아침식사 역시 무료이며, Lounge에 근무하는 직원은 수시로 부족한 음식이나 음료 등을 주방과 협조하여 보충하여야 한다.

Lounge 직원들은 근무 중에는 수시로 라운지 내를 체크하고, 스낵류 및 커피와 차(Tea) 등이 충분한지 확인하고, 부족 시에는 보충하여 고객이 언제든지 이용할 수 있게 하여야 한다. 낮 시간에는 커피나 차, 음료, 과일, 쿠키, 초콜릿 등을 제공하며, 저녁 Happy Hour 동안에 여러 종류의 술과 음료(Soft Drink), 칵테일(Cocktail), 마른안주와 스낵류 등을 Bar Wagon에 셋업(Set-Up)하여 고객에게 제공한다.

(4) Message Service

대부분의 EFL에 투숙하는 고객들은 프런트 데스크에 들르지 않고 바로 EFL라운지로 올라와 Check In을 하거나 라운지를 이용한다. 그러기 때문에 프런트 데스크에 메시지를 남겨 놓으면 번거로움이 발생될 수 있고, 즉시 전달되지 않을 수 있다. 따라서 EFL에 메시지를 남기게 되면 즉시 전달받을 수 있다.

(5) Shoeshine Service

호텔에서 제공하는 구두닦이(Shoeshine) 서비스는 무료 서비스와 유료 서비스로 제공되는 것이 있는데, 고객이 특별한 구두닦이를 부탁하지 않는 한, 무료서비스를 원칙으로 한다. EFL 직원이 근무 중에 고객이 구두닦이를 요구하면 언제든 서비스가 되지만, 요구하지 않아도 구두 바스켓(Shoes Basket)에 구두를 넣어 현관문 앞에 놓아두면 다음날 아침에 깨끗이 닦인 구두를 신을 수 있다.

▌표 9-2▌ EFL의 무료 서비스

Executive Room	Lounge
피트니스센터 이용 초고속 인터넷 Wi-Fi 신문, 잡지류	신속한 Check in/out 조식 뷔페 제공 Board Room 무료이용(1일 2시간) 복사/프린터
60여개 채널의 다국어 위성방송 생수 제공(1일 2병) 다림질 서비스 Shoe Shine 서비스	Happy Hour 서비스 무료 신문과 잡지 제공 Daytimes Snack 서비스 인터넷 무료

2) 귀빈층(EFL) 고객의 특성

다양한 서비스가 제공되는 Executive Club 이그제큐티브 클럽 이용 고객의 대부분은 방문목적이 주로 업무와 관련이 있는 비즈니스가 많은데, 이러한 이용고객들의 특성은 다음과 같다.

① F.I.T.(Foreign Independent Tourist), 즉 외국의 개별여행객이다.
② 구매력이 높고 수요가 비탄력적이다.
③ 관리직이나 전문직 종사자들이다.
④ 일반 관광객에 비해 예민한 성향을 가지고 있다.
⑤ 호텔에 투숙 중 발생되는 비용은 대부분 이용객의 회사에서 지급된다.
⑥ 재투숙률이 높다.

4. 객실 예약(Room Reservation)

1) 객실 예약

호텔의 객실 예약은 고객과 호텔 사이에 이루어지는 첫 번째 접촉으로 중요한 사항이다. 객실 예약은 이용하려는 고객이나 중개인에 의해 이루어지며 그 형태는 전화, 인터넷, 우편 등과 직접 예약이 있다. 특히, 인터넷을 이용한 예약은 원거리 또는 해외에서도 고객이 직접 필요할 때마다 예약이 가능하다.

예약은 상품적 기능과 부가적 기능 두 가지를 가지고 있는데, 일반적으로 상품적 기능은 구매자가 실제 원하는 것이 무엇인지를 찾아내어 만드는 것이며, 구매자가 실제로 구매하고 사용하는 실체로서 객실 그 자체가 여기에 포함된다. 부가적 기능은 업체 간의 치열한 경쟁으로 고객에게 핵심적 기능 외에 서비스나 마케팅 차원에서 추가적인 것을 더 제공하여 고객을 유치하는 기능이다.

호텔의 객실 예약은 예약 그 자체가 하나의 매매계약 행위로서 예약이 불이행되었을 때에는 이에 대한 보상이 이루어져야 한다. 특히, 성수기 때는 고객이 일방적으로 파기를 하게 되면 호텔 측은 객실판매 기회를 상실하는 등의 피해를 볼 수 있기 때문에 이를 최소화하기 위해 예약금을 받는 등의 여러 가지 규제방법을 활용하기도 한다. 그러나 비수기 때는 대부분 호텔은 예약금을 받지 않고 무담보 예약을 하기 때문에 예약의 취소나 No Shows의 경우 호텔에서 그 피해를 입는 경우가 종종 있으며, 반대로 호텔로부터 초과 예약으로 인한 예약 불이행으로 고객에게 큰 불편을 주기도 하여 고객의 불평불만이 표출되기도 한다. 객실이라는 상품을 주문하여 예약한 고객에게 객실을 제공하지 못한다면 호텔의 신용 추락 등 영업활동에 큰 지장을 초래하게 될 것이다.

또한, 현재 투숙 중인 고객이 약속된 시간에 체크아웃하지 않고 객실을 이용을 더 원하는 상황이 발생할 경우, 당일 예약된 신규 고객과의 사이에서 우선순위가 누구에게 있는가를 따져야 할 상황이 발생하기도 하는데, 이러한 경우 국제호텔협회(IHA)에서는 예약자를 우선해야 한다고 정하고 있다. 하지만 현재 투숙 중인 고객의 입장도 고려해야 한다. 이때에는 인접한 다른 호텔로 안내(Turn-Away Service)하는 것도 한 방법으로 호텔의 예약 업무에 포함될 수 있다.

호텔의 예약은 고객과 호텔 사이에 최초로 거래가 시작되는 것으로 고객의 객실 예약이 호텔의 담당직원에 의해 접수되고, 객실 유형, 객실요금, 이용시설 등이 담당직원의 재량에 따라 결정되는 관계로 그 직원의 재량에 따라 호텔의 전체 매출액에 큰 영향을 미치게 될 수도 있으므로, 예약직원의 업무는 매우 섬세하면서 고차원의 업무기술이 요구된다.

2) 예약의 종류

(1) 서류 예약(Paper Reservation)

예약에서는 문서 예약과 구두 예약이 있는데, 서류 예약은 문서에 의한 예약을 말한다. 예약 근거를 확보해 두기 위해서는 구두 예약이 이루어졌다 하더라도 모든 예약은 반드시 예약 확인서, 예약금 입금 확인서 등을 서류화하는 것이 중요하다.

(2) 개인 예약(Individual Reservation)

개인이 예약을 하는 경우를 의미하는데, 무조건 1인이 예약하는 것만을 의미하는 것은 아니다. 1인 이상 가족 동반, 친지 동반 및 소규모 집단도 개인 예약에 속하며, 단체를 제외한 고객 예약은 모두 개인 예약으로 볼 수 있다.

(3) 단체 예약(Group Reservation)

호텔에서 단체 예약은 숙박 고객이 15명 이상의 인원으로 구성되어 있을 때를 의미하는데, 이에는 인솔자(Tour Conductor)가 인솔하는 경우가 많기 때문에 15명을 대상으로 '15+1' 제도를 적용하고 있다. 단체 예약일 경우에는 식사가 포함되는 수가 많다. 단체고객은 주로 여행사 단체, 학술단체, 종교단체, 기업체 단체 등 여러 그룹으로 나눌 수 있다.

(4) 특별 예약(Special Reservation)

귀빈(VIP) 예약이나 특별한 개인 또는 단체의 예약을 말하는데, 다른 예약과 구분되며 호텔에서 수시로 발생할 수 있는 사항이므로 주의를 기울여야 한다.

(5) 여행사 예약(Travel Agency Reservation)

여행업자로부터 예약을 받는 것으로 이런 경우에는 호텔 측이 여행업자에게 수수료를 지불하게 된다.

(6) 초과 예약(Over Booking)

예약 업무에서 고객이 예약을 취소하는 경우와 예약을 한 고객이 투숙을 하지 않을 것에 대비하고, 객실점유율을 높이기 위하여 판매가 가능한 객실을 초과하여 예약을 받는 경우가 있는데 이를 초과 예약이라 한다.

초과 예약은 성수기 때나 주말에 비즈니스호텔 등에서 많이 발생하는데, 이때는 항상 고객 수요가 객실 공급의 양을 초과하게 된다.

보통 예약한 고객이 아무런 연락도 없이 투숙하지 않을 경우(No Show)에는 약 5% 정도의 초과 예약을 예상하고, 예약 취소(Cancellation)는 약 8~10% 정도로 예상하는 것이 가장 합리적이라고 보고 있다. No Shows의 피해를 피할 수 있는 방법으로는 신용카드 예약을 통한 벌금 부과와 예약 취소 시 벌칙 사항을 적용하는 것이 바람직한 수단이다.

초과 예약에 의한 초과 고객들에게는 반드시 친절하게 다른 호텔로 안내하여 숙박을 하도록 주선하는데, 이를 Turn-Away Service라고 말한다. 그리고 다음 날이라도 빈 객실이 나타나면 이들에게 먼저 객실을 배정해 주어야 한다.

호텔은 객실을 판매하는 데 있어 앞의 네 가지 경우와 같은 기회 손실이 발생하기 쉬우므로, 객실판매에서 발생하는 불확실성을 최소화하기 위하여 초과 예약 제도를 실시하고 있다.

3) 예약의 경로

보통의 경우 이루어지는 에이전트 예약(Agent Reservation)의 담당자에 따라 다시 살펴보는 예약의 형태이다. 대규모의 특급호텔의 경우에는 예약을 대리하는 주체도 경우에 따라 다양한 형태를 띠고 있다.

(1) 여행사(Travel Agent)

주로 호텔과의 계약에 따라 예약을 대행하는 외국여행사나 규모가 큰 국내 여행사의 경우에도 호텔과에 계약에 의해 고객에게 쿠폰(Coupon)을 발행하여 요금을 징수한다. 이 경우 예약카드에는 쿠폰에 의한 예약임을 명기해야 한다.

(2) 호텔 대리인(Representative)

호텔 대리인의 자격으로 공항이나 터미널 등 외국인 여행자나 관광객이 많이 왕래하는 곳에서 객실상황과 관련한 정보를 제공하면서 예약을 접수하는 직원을 말한다. 이때, 호텔대리인(Representative)은 정해진 범위 내에서 객실요금을 할인해 줄 수 있는 권한을 행사한다. 고객과의 계약이 성사되면 호텔 리무진버스를 이용하여 고객들을 호텔로 안내하고 등록절차를 마치도록 도와준다.

(3) 해외 사무소(Overseas Sales Office)

규모가 큰 호텔이나 체인망을 형성하고 있는 호텔에서는 잠재고객이 많은 곳이나 현재 많은 고객이 송출되는 외국의 도시에 해외 판매사무소를 설치, 운영하기도 한다. 소수의 적은 인원으로 운영되지만 사무소가 위치한 지역은 물론 당해 국가의 여행객들에게는 자국에서 여행목적지의 정보도 얻고 미리 호텔의 예약도 가능하므로 이용도가 높아지고 있다.

(4) 항공사(Airline)

항공사에서 항공편을 이용하는 고객의 편의를 위해 호텔의 예약을 대행해 주기도 한다. 처음에는 항공사 자체 승무원(Crew)들의 숙박을 위해 시작되어 항공 스케줄상의 결항이나 지연으로 인한 승객들의 편의를 위해, 그리고 나아가 많은 비중을 차지하는 것은 아니지만 항공사 승객들을 위한 서비스의 일환으로 이루어지기도 한다.

(5) 인터넷 또는 메일(Internet or E-mail) 예약

인터넷, 메일, 우편물을 이용하여 호텔을 예약하는 경우이다. 최근들이 이와 같은 예약경로가 일반화되어 있는데, 예를 들면 아고다(Agoda), 에어비앤비(Airbnb), 익스피디아(Expedia), 트리바고(Tirvago), 부킹닷컴(Booking.com) 등이 있다.

(6) 예약 없이 투숙(Walk-in Guest)

예약 없이 직접 호텔을 방문하여 투숙하는 경우이다. 이러한 경우 룸 값은 그 앞에서 결정이 된다. 대부분의 투숙객은 투숙 전에 예약을 하고 오는 것이 일반적이지만 일부 고객들은 예약이 전혀 없는 상태에서 투숙을 원하는 경우가 있는데, 경우에 따라서 할인율을 적용받지 못할 수도 있다. 그러므로 가능하면 투숙 전에는 예약을 하는 것이 유리하다.

4) 예약의 형태

(1) 보장형 예약

고객이 호텔을 예약할 때 호텔 측에 신용을 설정하고 반드시 예약을 실행한다는 의미의 예약으로서 호텔은 고객이 도착한 시간에서부터 퇴실 시간까지 객실을 준비해 놓고 기다린다는 보장의 의미가 있는 예약이다.

이 형태는 고객과 호텔 간의 확실한 예약방법이며, 호텔 측은 예약이 취소되지 않는 한 고객의 객실 투숙 여부와 상관없이 객실요금을 부과한다.

예약금 결재방법은 다음과 같다.

① 신용카드

보통 신용카드 회사들은 예약한 고객이 오지 않아도 예약된 객실에 대한 요금이 지불될 수 있도록 하는 시스템을 개발해 놓고 있다. 호텔에 따라서 예약할 때 일정액을 미리 예치하도록 하는 제도로 1일치 전체 사용 요금을 예치금으로 받아둔다.

② 여행사에 의한 방법

여행사 지불 보증으로 과거에는 많이 사용되었으나 신용카드 이용의 확대와 선불금 선호 추세로 거의 이용되지 않는다.

③ 회사를 통한 예약 방법

특정 회사법인과 호텔이 사전 협약에 의한 계약을 통하여 No Show를 포함한 모든 대금을 지불에 대한 재정적인 책임을 지는 경우이다.

④ 호텔의 바우처에 의한 방법

호텔과 호텔 또는 호텔과 여행사 사이에서 편리성과 홍보 차원으로 사용하는 방법이다.

(2) 비보장형 예약(Non-Guaranteed Reservations)

고객이 예약 당시 호텔 측에 신용을 설정하지 않은 상태를 의미하는 것으로 예약 고객에 대해 일정한 시간까지 객실을 판매하지 않고 보유하고 있되 정해진 시간(보통 오후 6시)까지 고객이 나타나지 않으면 예약된 객실은 판매 가능 객실로 간주되어 Walk in Guest에게 판매할 수 있다. 이때에 기존 예약된 고객은 항의를 할 수가 없다.

5. 비즈니스센터(Business Center)

호텔 서비스도 다양화되고 전문화되고 있다. 이 가운데 가장 큰 변화는 비즈니스 고객이 요구하는 호텔의 시설과 서비스에 대한 대응이다. 즉, 비즈니스 고객의 욕구 충족을 위한 호텔의 다양한 서비스 중 언제든지 업무를 처리할 수 있는 비즈니스센터(Business Center)의 설치와 운영이라고 하겠다.

비즈니스센터는 모든 고객을 대상으로 하지만, 무엇보다도 상용고객의 업무편의를 도모하고, 효율적이고 원활한 비즈니스를 위한 제반설비와 최신 장비 그리고 서비스를 함께 제공하는 부서이다.

1) 비즈니스센터

비즈니스호텔에서 가장 중요한 서비스는 고객들의 비즈니스 업무를 지원하는 것이다. 이를 위해 비즈니스호텔의 대부분은 프런트 오피스 부서 중 하나로 '비즈니스센터(Business Center)'를 운영하고 있다. 비즈니스센터는 소규모 회의실을 별도로 갖추고, 각종 기물대여와 비서업무 등을 지원한다. 따라서 비즈니스 고객뿐만 아니라 일반고객들에게도 각종 정보 제공이나 예약 등의 업무도 하고 있어, 비즈니스센터는 호텔의 필수적인 부서라고 할 수 있다.

비즈니스센터에 근무하는 직원은 모든 고객을 대상으로 해야 하기 때문에, 호텔의 시설이나 서비스를 정확히 숙지하고, 다방면의 지식을 습득하고 있어야 한다. 또한, 국제적인 매너와 투철한 서비스 마인드를 소유한 직원이어야 한다. 비즈니스센터는 상용고객을 대상으로 고객에게 다양한 정보제공과 수준 높은 서비스를 제공함으로써, 호텔의 이미지 제고와 판매증진 및 호텔홍보에 기여할 수 있는 부서라 할 수 있다.

비즈니스 고객들은 좀 더 완벽하게 비즈니스 업무에 부족함이 없는 자신의 사무실과 같은 시설과 비즈니스를 원하고 있으며 호텔에서도 여러 가지 이유로 비즈니스 고객을 선호하고 유치하기 위해 노력하고 있는 가운데 비즈니스센터의 중요성은 앞으로 더욱 그 비중이 커지고 있다.

2) 비즈니스센터 업무

비즈니스센터는 객실 투숙객이나 혹은 호텔 시설을 이용하는 상용고객에게 타이핑이나 복사, 명함제작 그리고 번역 업무를 지원한다. 따라서 비즈니스센터의 담당직원은 컴퓨터와 외국어에 능통하여야 한다. 또한 고객이 회사 이름이나 위치를 물었을 때나 통역을 원할 때에는 외국어에 능통한 직원이 지원을 하거나 전문통역원 혹은 전문통역회사를 알선해 주는 역할까지도 해야 한다.

그리고 호텔 투숙객의 비즈니스에 필요한 컴퓨터, 미팅룸, 핸드폰(Cellular Phone) 등의 렌탈(Rental) 서비스 또는 간단한 수하물을 전달해 주는 서비스도 비즈니스센터의 중요한 업무 중의 하나이다. 따라서 운송서비스(Courier Service)와의 연계체계를 구축해야 하며, 항공예약이나 항공권을 변경해 주는 업무도 수행해야 한다. 즉 비즈니스센터 내에서 비즈니스업무를 수행하는 데 전혀 손색이 없도록 인적, 물적 자원을 준비하여 서비스를 하는 것이 비즈니스센터의 업무라고 할 수 있다.

Business Center는 상용고객이 업무상 가장 많이 사용하는 PC, FAX, Beam Project, Copy, 회의실 등의 시설과 장비를 갖추고, 고객이 비즈니스를 수행하는데 필요한 업무를 담당하고 있다.

따라서 고객이 24시간 언제든지 이용하기 편리한 1층에 위치하여 다양한 서비스를 제공하고 있다. 그리고 비즈니스센터의 규모는 호텔의 규모 또는 호텔이용고객의 분류에 따라 다르지만 일반적으로 다음과 같은 업무를 취급한다.

① 회의실 대여(Meeting Room Rental)
② 비서 업무 대행 및 전화 제공
③ 각종 사무기기 대여(Rental Service)
④ Copy Machine 제공
⑤ 통·번역 업무
⑥ 심부름 대행(Messenger Service)
⑦ 특수 우편물 취급(DHL, FeDex, EMS, UPS 등)

6. 교환실(PBX)

교환실(PBX: Private Branch Exchange/ PABX: Private Automatic Branch Exchange)은 전화교환실(Telephone Operator), 스위치보드(Switch Board) 또는 오퍼레이터(Operator)라고 다양하게 불린다. 최근에 와서는 많은 호텔들이 원스톱 서비스(One Stop Service)를 추구하기 때문에, 모든 것을 도와준다는 의미에서 서비스 센터(Service Center)로 부서명을 바꾼 호텔도 있다.

이곳에서 근무하는 직원들은 다국적 고객을 대상으로 하기 때문에 상당수준의 외국어 실력을 갖추고 있어야 하는데, 호텔의 보이지 않는 얼굴이라고도 하겠다. 게다가 고객은 목소리를 듣고 호텔의 인상을 결정한다고도 한다. 따라서 교환실이야 말로 호텔의 통신매개체로써 안내센터이자 호텔의 심장부로 호텔 내 중요한 부서라고 할 수 있다.

1) 교환실 업무

전화교환(Telephone Operator)업무는 외부의 고객과 내부 호텔을 신속하게 연결시켜 줌으로써 실질적으로 호텔 상품의 판매와 대내외적인 호텔이미지 형성에 많은 영향을 미치고 있다. 전화교환업무가 호텔경영의 중요한 한 부문을 차지하고 있다는 것은 아래와 같이 여러 가지 기능과 업무를 통해 알 수 있다.

① 외부 및 내부의 전화 송수신 업무

② 각종 정보제공 업무

③ 귀빈 객실의 체크(VIP Room List Check)

④ 통신매개체로서의 기능(Communication Link)

⑤ 메시지 접수 및 전달 업무

⑥ 정보제공 및 안내기능(Information Center)

⑦ 국제전화 연결

⑧ 모닝콜(Morning Call)

⑨ 홍보(Public Relation) 및 이미지(Image) 관리기능

⑩ 단체명단 체크(Group List Check)

⑪ 식사시간, 연회행사 장소, 메뉴 등의 호텔 내 전반적인 안내

2) 교환실의 역할

오늘날 정보통신기술의 발전에 의해 장거리 직통 전화(DDD), 국제자동전화, 휴대폰, 인터넷의 등장으로 객실에서도 교환을 거치지 않고 직접 장거리전화(Long Distance Call)나 국제전화(Overseas Call)를 걸 수 있게 되었다. 하지만 호텔에서 교환실(Switch Board or PBX: Private Branch Exchange)은 호텔영업에 직·간접적으로 외부와 1차적으로 고객을 접촉하는 곳이므로 교환실은 중요한 부서 중 하나이다.

즉, 전화교환실은 인체의 신경망과 같은 기능을 한다고 볼 수 있다. 그러므로 전화교환실에서는 외부 및 내부 전화를 친절하고 신속, 정확하게 받고 연결해 주어야 하며, 호텔 내부의 전반적 업무를 잘 파악하고 있어야 하며, 외부 고객의 문의사항에 능숙하고 숙련되고, 신뢰할 수 있도록 응답해야 한다. 그리고 비상사태 발생 시 교환실에서는 실장의 지시에 따라 침착하게 연락망을 이용하여 신속한 조치를 취해야 한다.

7. 피트니스센터(Fitness Center)

현대사회의 근로구조가 주5일제로 전환되면서 자유시간이 늘어나고, 생활여건 또한 좋아져 사람들의 건강에 대한 관심이 어느 때보다도 높아졌다. 건강에 관심 있는 사람들은 건강한 삶과 장수를 함께 누리기 위해 훌륭한 시설과 장비, 고급 서비스를 제공해 주는 곳을 찾아다니는데, 그러한 것 중의 한 곳이 호텔의 피트

니스센터(Fitness Center)라고 할 수 있으며, 고객들의 스트레스와 피로를 풀어줄 수 있는 호텔의 부대시설이다. 이전의 피트니스센터는 단순히 체력단련에 중점을 두었지만, 최근에는 건강증진뿐만 아니라 여가시간 증대에 따른 여가선용과 사교목적 등을 위한 웰빙(Well Being)공간으로 인식되고 있다.

이러한 측면에서 볼 때 호텔의 피트니스센터는 회원과 호텔 투숙객에게 건강과 레크리에이션 시설을 제공하여 건강증진과 복지향상을 도모하는 역할을 한다. 뿐만 아니라, 호텔의 마케팅 측면에서 보면 고정고객의 확보와 호텔홍보 및 호텔의 수익증대와 같은 역할도 한다.

1) 피트니스센터

호텔의 피트니스센터(Fitness Center)는 체계적인 체력관리를 위한 기능별 공간과 최상의 휴식을 위한 공간으로 조성되어 운동과 휴식을 조화롭게 즐길 수 있는 여가 레저의 장소이다. 피트니스센터는 호텔의 규모에 따라 조금씩 차이가 있지만 고급호텔일수록 회원관리 사무실이 있으며, 헬스장, 수영장, 사우나, 스쿼시코트, 실내골프 연습장, 인공암벽등반 등의 체육시설을 고루 갖추고 있다.

피트니스센터의 소속부서는 객실부서에 소속되거나 레포츠(Reports)부서로서 별도의 부서로 존재하기도 한다. 피트니스센터의 수익은 대부분 회원이 납부하는 입회비와 연회비 수입에서 발생하는데, 대부분 평생회원을 채택·운영하는 호텔에서는 연회비와 보증금의 이자수익으로 발생되며, 그리 많지는 않지만 월 회비를 지불하고 이용하는 단기회원도 있다. 그리고 부수적으로 명의변경 수수료, 사물함 대여료, 동반객 입장료, 식음료 매출, 강습 지도비 등에서도 수익이 발생한다.

2) 피트니스센터 운영방식

호텔의 피트니스센터(Fitness Center) 시설은 호텔의 규모나 투자 여건에 따라 각각 다르지만 기본적으로 체력단련장(Gymnasium Gym & Exercise Room), 수영장, 테라피(Therapy), 사우나(Sauna) 등을 갖추고 있으며, 그 외에도 골프장, 라

켓볼, 에어로빅, 암벽 등반시설 등 다양한 시설을 갖추고 있는 곳도 있다.

피트니스센터는 각각의 호텔 특성 및 여건 등을 고려하여 운영하고 있다. 이러한 피트니스센터는 직원도 많고, 관리하는 면적도 넓어서 별도의 부서로 운영하기도 한다. 그러나 최근에는 많은 호텔이 부서의 통합이 되면서 객실부 소속으로 운영되고 있다.

호텔의 피트니스센터는 경영방침에 따라 다양한 방식으로 운영을 하고 있는데, 피트니스 멤버(Member)는 일정 금액의 보증금과 연회비를 지불하고 나면 정회원으로 가입할 수 있다. 이후 카드를 발급받게 되면 휴회나 탈퇴는 되지만, 양도 등을 할 경우는 정해진 피트니스센터 규정에 따른 비율에 따라 보증금 중의 일부를 환원받지 못할 수도 있다.

회원관리는 호텔 규정에 따르지만, 일부 5성급호텔 피트니스클럽 회원권 관리는 회원권 거래소를 통하여 기존회원의 회원권을 구입하는 방식으로 되어 있다. 피트니스센터의 회원권은 상장된 기업의 주식과 같은 방식으로 거래되는데, 경제원리에 따라 회원권 가격이 정해진다고 할 수 있다. 즉, 인지도가 높고, 유명인사가 많은 피트니스센터나 시설, 접근성 등 다양한 요인에 의해 거래 가격이 정해지기 때문이다.

10
CHAPTER

호텔 하우스키핑

1. 호텔 하우스키핑의 이해
2. 호텔 객실정비
3. 공공장소 관리
4. 세탁실
5. 리넨
6. 미니바
7. 분실물 관리
8. 하우스키핑과 관련부서와의 관계

HOTEL
MANAGEMENT

10 CHAPTER 호텔 하우스키핑

하우스키핑(Housekeeping)은 '가정에서의 가사 · 가계 또는 건물을 수리하고 관리 · 유지한다'라는 사전적 의미를 가지고 있다. 호텔에서의 하우스키핑은 손님이 체류기간 중에 쾌적하고 편리한 시설과 용품을 갖춘 하드웨어적 서비스와 항상 청결하게 정비 · 유지함은 물론이고 '집 떠난 집'으로서의 또 다른 편안함을 느낄 수 있도록 하는 데 필요한 인적 서비스를 제공한다.

제조기업에 비유하면 호텔부서 중에서 객실 예약과 객실판촉 그리고 프런트 데스크는 객실을 판매하는 부서이며, 하우스키핑은 객실상품을 생산하는 부서이다. 그러므로 효율 및 효과적으로 좋은 상품을 생산해서 판매하려면 두 부서의 유기적인 협력체제가 반드시 필요하다.

호텔에서 객실은 손님이 휴식을 취하는 장소이며 개인의 프라이버시가 최대한 보장되어야 하는 곳이므로 객실은 24시간 정숙함이 요구된다. 따라서 작업이나 휴식 중 절대 정숙이 요구되며 손님이 투숙 중인 객실은 정비 · 미니바 점검 · 시설물 보수 등의 이유로 출입할 경우에는 손님에게 사전허가를 받은 후 출입하고 손님의 주문 외에는 절대 출입을 금지한다. 손님의 생명과 재산을 보호하는 일을 기본으로 하는 서비스이므로 손님의 물품 도난 및 손실 또는 놀랄 일이 생기지 않도록 해야 할 뿐만 아니라 세계 각국의 고유한 풍습을 최대한 숙지하고 철저한 서비스 매너를 익히도록 한다.

1. 호텔 하우스키핑의 이해

호텔에서의 '하우스키핑(Housekeeping)'이란 영어의 House와 Keeping의 합성 단어로 살림살이를 뜻하며, 집 또는 건물을 돌보고 유지하는 일, 회사관리, 가정 관리 등의 여러 가지 사전적 의미가 있다.

호텔에서의 하우스키핑은 객실관리, 객실정비 등의 객실부문에 관련되는 모든 서비스뿐 아니라, 호텔 건물 전체에 걸쳐 유지, 관리하는 부서로 고객들에게 청결하고 안락하며, 안전한 객실을 제공해야 하는 책임을 지니고 있을 뿐만 아니라, 고객들의 생명과 재산을 지키는 일을 하고 있다.

호텔경영에서 객실은 가장 중요한 상품으로, 객실상품을 만드는 객실정비가 하우스키핑 업무의 중심이 된다. 고객에게 객실 또 하나의 내 집(Home Away From Home)과 같은 아늑함과 편안함을 줄 수 있도록 항상 깨끗하고 섬세하게 준비되어 있어야 한다. 그러기 위해서는 객실정비 부서는 프런트 및 시설부와 업무 협조를 잘해야 하며 호텔 객실정비에 소요되는 모든 소모품 및 각종 비품의 관리, 보수 및 점검을 효과적으로 하여 호텔경영의 내실화를 기하는 데 일익을 담당해야 한다.

1) 호텔 하우스키핑

하우스키핑의 업무는 크게 객실정비와 호텔 환경을 유지하는 일반정비의 두 가지로 나눌 수 있으며, 프런트 오피스에서 고객에게 객실을 판매하는 업무를 맡아 한다면 하우스키핑 부서는 프런트 오피스에서 객실을 배정하기 전에 객실 청소 및 정비를 하는 역할을 맡아서 하는 부서이다. 이에 따라 호텔의 하우스키핑 부서(House Keeping Department)는 객실의 청소 및 비품의 유지관리뿐만 아니라 식당, 회의실, 복도, 현관, 화장실 등 호텔 전역에 걸친 공용장소(Public Area)의 청소는 물론 각종 리넨(Linen)의 세탁까지 책임진다.

하우스키핑은 손님이 원하는 쾌적한 객실을 유지하기 위해서는 완벽한 청소와 점검, 편리성과 신속성을 확보하기 위해서는 FF&E(Furniture, Fixture and Equipment)의 고장이나 미비함이 없도록 철저히 점검하고 모든 일에 손님의 입장을 우선하는 것을 강조해야 한다. 객실 하나하나에 담긴 정성은 손님으로 하여금 좋은 이미지의 형성과 그 호텔을 오랜 시간 동안 기억하게 할 수 있다. 따라서 객실에서 고객이 편히 쉴 수 있도록 하기 위해 하우스키핑 부서에서는 청소는 물론 침구의 정리, 가구 및 소모품의 조달・배치를 하여야 한다. 손님의 안전관리와 재산의 보호가 없으면 객실이란 호텔 상품을 판매할 수 없다. 이것이 바로 호텔 조직에서 하우스키핑 부서가 중요한 이유이다.

2) 호텔 하우스키핑의 중요성

하우스키핑은 호텔 수익의 증대에 영향을 미치고, 호텔 운영 경비의 절감, 호텔 재산의 관리, 호텔 상품의 생산 및 창조 등의 중요한 역할을 담당한다고 볼 수 있다. 하우스키핑 부서는 고객이 호텔에 기대하는 서비스는 안락함과 쾌적한 분위기이므로 객실정비 부서는 객실을 최고의 상품으로 생산하기 위한 목표를 설정하고, 각자의 호텔 특유의 고유한 매력을 가지도록 해야 하며, 정리・정돈이 잘 되어 안전에 만전을 기하도록 객실을 정비해야 한다.

(1) 호텔 수익의 증대

호텔 객실의 청결유지와 관리는 결과적으로 객실판매와 객실점유율에 영향을 가져와 결국은 호텔의 수익증대에 영향을 미친다고 하겠다. 호텔의 자산을 관리하고, 호텔의 운영경비를 절감하는 일이 비용지출을 줄이는 측면에서 살펴본 내용이라면 호텔 상품의 생산과 창조는 호텔에 간접적인 수익의 증대를 가져온다. 객실은 호텔 판매상품의 중심을 이루는 요소이며 가장 중요한 수입원이므로 이러한 수입원을 청결하게 관리하고 유지하는 부서로서 하우스키핑의 역할이 중요시 된다.

(2) 호텔 자산의 관리

호텔 자산은 유동자산(Current Assets)과 고정자산(Fixed Assets)으로 분류한다면 고정자산은 건물, 시설, 기계 등이다. 일반적으로 호텔기업은 고정자산을 이루는 요소가 호텔의 건물을 비롯한 내부설비이다. 그러므로 호텔의 객실의 내・외부공간을 청결하게 유지하고 시설물을 관리하는 부서로서 하우스키핑의 중요성이 새로이 인식되고 있다.

(3) 호텔 운영경비의 절감

호텔의 운영경비는 고객의 증감에 관계없이 일정하게 지출되는 고정경비(Fixed Expenses)와 고객의 증감에 따라 그 지출도 함께 증감하는 변동경비(Variable Expenses)로 나눌 수 있다. 고정경비는 호텔에 고객이 많은 경우나 적은 경우에 관계없이 일정한 비용지출이 발생하는 경우로서 인건비나 광열비 등이 포함되며, 변동경비는 고객이 많고 적음에 따라 그 비용 지출이 증감하는 비용으로 재료비 등이 포함된다.

일반 기업과 마찬가지로 호텔의 경영목표도 당연히 이익의 극대화이다. 이러한 목표의 달성은 판매를 극대화하거나 지출되는 비용을 극소화함으로써 가능하다. 따라서 객실을 비롯한 호텔 내의 모든 비품 및 설비의 관리를 책임지고 있는 하우스키핑 부서가 큰 몫을 하고 있다.

(4) 호텔 상품의 생산과 창조

지속적인 객실 및 기타 설비의 점검 및 청소와 관리를 통한 하우스키핑 부서의 역할은 기존의 제품이 새로운 효용을 가지고 새로운 고객에게 만족을 줄 수 있도록 상품을 재생산한다고 볼 수 있다. 즉 고객의 체크아웃(Check-out)과 함께 객실이라는 호용가치가 떨어진 제품을 다시 새로운 상품으로 창조하는 부서이다.

3) 호텔 하우스키핑의 주요 업무

호텔 하우스키핑의 주요 업무는 호텔 객실정비에 소요되는 모든 소모품 및 각종 비품의 관리, 보수 및 점검이다. 물론 관리자 책임하에 청결이 우선시되어야 하며, 호텔 전체를 효과적으로 관리하여 호텔경영의 내실화를 기하는 데 노력하여야 한다.

(1) 호텔 전역의 청결 유지

객실뿐만 아니라 레스토랑, 연회장, 현관, 복도, 로비, 화장실, 주방 등과 같은 공공구역(Public Area)에서 호텔 외부에 이르기까지 호텔 전역을 청결하게 유지한다. 따라서 하우스키퍼(Housekeeper)라는 전문 관리인의 책임 아래 효율적으로 관리하여야 한다.

(2) 보수를 요하는 사항의 신속 처리

프런트 오피스(Front Office)가 객실상품을 판매하는 곳이라면 하우스키핑은 상품을 재생산하는 곳이다. 기물이나 설비가 파손되었거나 고장이 나서 사용이 불가능한 객실이 있다면 신속하고도 완벽하게 정비되어야 상품으로서의 가치를 지닌다고 할 수 있다. 객실의 청소와 세심한 관리로 투숙객이 편안하게 휴식을 취할 수 있도록 재판매를 위한 제반적인 사항을 취하는 것도 하우스키핑의 중요한 업무이다.

(3) 조명기구의 청결유지 및 적당한 조도관리

객실의 전반적인 조명은 객실분위기를 좌우한다고 할 수 있다. 따라서 전체 조명과 부분조명 설비를 갖추어 고급스럽고도 편안한 분위기를 조성하여 고객의 수요에 부응할 수 있도록 한다.

(4) 고객 안전을 위한 방해물 제거

사고는 자그마한 원인이 불씨가 되어 일어나는 경우가 대부분이다. 완벽한 시설과 철저한 정비, 그리고 지속적인 점검 등으로 사고를 미연에 방지하는 것이 가장 중요하다. 작은 사고라도 인명의 피해, 정신적 피해, 재산상의 피해가 따르게 되고 이것은 다시 호텔 전체에 부정적인 이미지를 가져오므로 고객안전을 위해 위험요소나 방해물이 발견되면 즉시 제거해야 한다.

(5) 리넨, 직원유니폼 및 소모품 보충

리넨(Linen)류란 말은 면직류를 총칭하는 단어로, 호텔에서는 면류나 화학섬유로 만들어진 타월(Towels), 냅킨, 시트, 담요, 유니폼, 커튼, 도일리(Doily) 등을 말한다. 유니폼(Uniform), 청소용품, 고객용품 등은 항상 적정 수량을 확보하여 고객의 요구에 즉각적으로 서비스할 수 있도록 해야 한다. 특히 리넨(Linen)류는 사용 중인 것과 사용 후 세탁 중인 것, 그리고 예비분을 포함하여 최소한 3회전 분량을 준비해야 하며, 비상시를 대비하여 4~5회전 분량을 확보해 두는 것이 바람직하다.

(6) 습득물의 보관 및 처리

습득물이란 호텔의 건물 내에서(객실 및 부대시설) 고객의 소지품이나 수하물을 고객이 분실하고 다른 고객 또는 종업원이 습득했을 때 신고를 받고 그 습득물을 관리하여 소유주가 나타났을 때에 이를 확인하고 정당하게 돌려주는 업무를 말한다. 객실을 정리할 때에는 침대, 옷장, 서랍 등 고객이 물건을 넣어 둘 만한 곳을 샅샅이 살펴서 습득물이 나오면 고객이 찾아갈 수 있도록 호텔의 규칙에 따라 사후 관리하여야 한다.

습득물(Lost & Found)의 중요성은 고객에 대한 호텔의 중요한 서비스 중의 하나로서 호텔에 대한 공신력과 신뢰성을 심어 주는 기회가 되기도 하며, 고객이 안심하고 호텔은 이용하게 만들 수 있고, 분실한 물건을 찾았을 때 호텔에 대한 애착심과 감사하는 마음으로 재방문할 수 있도록 하기 때문에 습득물 관리는 매우 중요한 업무이다.

(7) 창고관리

객실정비부서의 업무가 호텔의 안살림과 같은 역할을 담당하므로 다양한 고객용품을 비롯하여 잡다한 소모품, 청소용품 등 취급하는 품목의 종류와 수량이 상당하다. 특히 각 객실에서 사용하는 고객용품들은 그 디자인이 정해져 있으며 언제 파손될지 알 수 없으므로 항상 여유분을 갖추고 있어야 한다. 이러한 모든 물품들은 하나하나가 호텔의 중요한 재산이므로 언제든지 사용할 수 있을 정도의 상태를 유지, 관리해야 한다.

4) 하우스키핑의 조직과 직무

(1) 하우스키핑의 조직

하우스키핑의 조직은 호텔의 구조와 타입, 운영방법 및 체인 형태에 따라 구성원의 직무와 명칭이 다르지만 전체적인 업무의 틀에는 큰 차이가 없다. 요즈음 대부분의 호텔에서는 호텔의 핵심 업무만을 제외하고는 전반적인 객실과 공공구역 등의 청소 업무를 외부업체에 맡겨 운영하고 있다.

하우스키핑 부서 조직원들의 구성은 부서의 경영 목표를 먼저 설정하고, 그 목표를 효과적으로 달성하기 위하여 상하로 연결하여 서로 협력하도록 구성되어야 하며 직원들에게 적절한 직무 배정, 책임과 권한의 한계 설정, 적절한 통제도 행해져야 한다. 또한 모든 직원들은 자기 부서의 생산 목표를 달성하고, 이윤을 극대화시키도록 의욕을 가지고 호텔경영 이익을 추구해야 한다. 다음의 하우스키핑 조직을 살펴보자.

일반적으로 객실의 정비와 청소를 담당하고 있는 직원은 하우스맨(House Man)과 룸메이드(Room Maid)이며, 하우스키퍼, 리넨 등의 분야로 구분하여 운영한다.

하우스키핑 부서의 일반적인 조직구성을 참고로 알아보면 '하우스키핑 매니저', '하우스키핑 부매니저', '슈퍼바이저', '룸메이드', '하우스맨', '리넨실 감독자와 재봉사', '플로어 감독자', '리넨 및 라운드리 담당자', '오더테이커', '프레스 맨' 등으로 구성되어 있다.

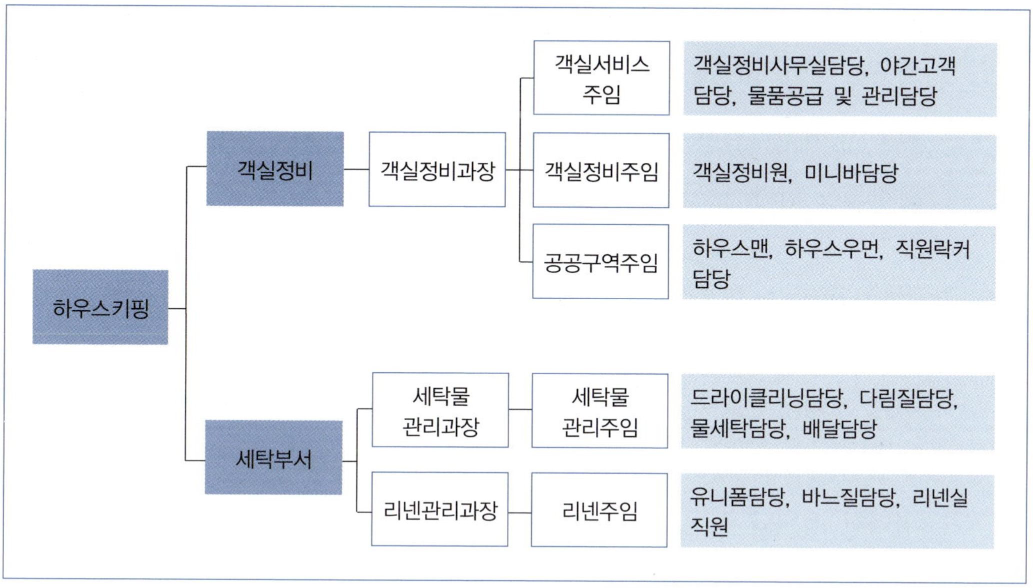

그림 10-1 호텔 하우스키핑 조직

(2) 호텔 하우스키핑 직원의 직무

① 하우스키핑 매니저(Housekeeping Manager)

- 하우스키핑부서의 관리자는 일정표에 의한 주간 청소계획표를 작성하여 당일 업무를 지시·감독하며, 객실정비표에 따라 매일 객실의 이상 여부를 확인한다. 관리자는 호텔의 주상품인 객실을 준비함에 있어서 상품생산과 관련된 모든 사항(시설, 청결, 각종 자산관리, 인적 서비스 등) 업무의 흐름을 정확하게 꿰뚫고 있어야 한다. 이런 활동이 막대한 고정자산의 적절한 관리와 고부가가치 상품인 객실을 합리적으로 경영할 수 있게 한다.
- 하우스키핑 매니저는 호텔의 객실과 모든 영업장 시설의 청소와 정비, 그리고 고객의 생명과 재산 보호 및 막대한 호텔의 재산 보호에 대한 책임이 있으므로 항상 최선을 다해야 한다.
- 하우스키핑의 전 직원을 교육과 훈련을 담당하고 적절한 인원을 배치해야 한다. 또한 직원에게 작업을 지시, 감독하며 결과를 확인한다.
- 각 부문의 책임자들과도 접촉하여 호텔 전체의 원활한 운영을 이루어야 한다.

- 객실정비와 유지 관리에 대한 전반적 업무를 기획하고, 소모품, 비품, 장비의 적정량 주문 및 확보에 따른 재고조사, 적정 재고량 유지와 관리 감독을 하며 물품 및 비품, 집기 관리에 세심한 주의를 기울여 호텔 경비를 최소한으로 절감하도록 한다.

② 객실정비주임

- 객실정비주임은 객실 과장의 업무 지시를 받아 부하 직원을 지도, 감독하는 업무 수행과 상사와 부하 간의 교량적 역할을 담당한다.
- 책임 지역(Block)의 관리자이므로 그 지역에서 발생하는 모든 상황에 대하여 철저한 정비와 책임감이 있어야 한다.
- 객실정비 책임자는 업무 지식에 정통하고, 솔선수범하여 객실정비에 대한 방침 및 객실층 전체에 일어나는 사항일 경우 적극 참여하고 협조한다.
- 부하직원의 업무지식 및 기능 향상을 위해 효과적으로 지도해야 한다.
- 관련 부서와 항상 협조하여 업무를 추진해야 하며 업무의 진척상황을 수시로 점검하여 미결사항이 없도록 해야 한다.
- 항상 원가(Cost) 의식을 가지고 업무에 임해야 하며, 서비스 개선을 위하여 부단한 연구와 노력이 필요하다.

③ 룸 인스펙터(Room Inspector)

호텔의 객실을 점검하는 사람으로 완전한 상태로의 객실 상품을 만들기 위하여 객실을 점검하는 것이 룸 인스펙터의 주 업무이다.

룸메이드의 객실 청소 및 정리정돈 상태나 소모품 비치 상태, 근무 상태, 객실 기능의 이상 유무를 점검하고 잘못된 점은 고치도록 지시하여 완전한 객실 상품이 되도록 한다.

④ 룸메이드(Room Maid)

룸 인스펙터(Room Inspector)의 지시에 의해 객실 청소 및 정리정돈을 담당하며, 어떻게 하면 가장 빠른 시간 내에 고객에게 안전하고 쾌적하며, 청결하고 질 높은 상품을 제공하다는 사명감을 가지고 업무에 임해야 한다. 호텔 규모와 객실의 크기와 청결도에 따라 다르지만, 일반적으로 1일 8시간을 기준으로 2교대 근무하면서 1일 10개에서 14개의 할당된 객실을 청소한다.

⑤ **유틸리티맨(Utility Man)**

공공구역의 청소원을 의미하며 특별한 기술이 필요하지 않은 장소를 담당하는 단순직이라는 의미에서 유틸리티맨이라는 호텔 용어가 탄생된 것으로 사료된다. 주 업무는 객실 이외의 호텔 청소 및 시설물 관리를 담당한다.

⑥ **하우스맨(House Man)**

하우스키핑 부서의 보조자 역할을 하며, 여성이 감당하기에 힘든 업무를 전담하거나 룸메이드를 보조한다. 하우스맨은 각종 업무를 오더테이커로부터 전달받아 수행하며, 하우스맨의 작업 지시, 감독은 하우스키퍼가 담당한다. 규모가 큰 호텔에서는 각 층별로 한 사람씩의 하우스맨이 배치되어 근무하기도 한다.

⑦ **공공구역 감독관(Public Area Supervisor)**

건물의 고급화로 인한 자재의 다양화 추세로 그 관리의 전문성이 어느 때보다도 절실히 요구되고 있다. 따라서 공공구역 감독관은 건물 관리에 대한 전문성과 신속성, 정확성을 겸비하여 공공구역 관리에 완벽을 기해야 한다.

⑧ **객실정비 감독관(Coordinator, Supervisor)**

객실정비 감독관은 하우스키핑 매니저의 객실정비에 대한 설명을 듣고 지시사항과 그 정책을 수행한다.

⑨ **오더테이커(Order Taker)**

오더테이커는 객실에 투숙한 고객으로부터 각종 요구 및 문의사항을 접수하여 처리하는 것을 주 업무로 하고 있으며, 특히 객실 시설의 수리 및 의뢰에 대한 업무를 관장함으로써 객실에 대한 문제점을 각 관련 부서와의 연결을 통하여 해결에 주는 역할을 하고 있다. 부수적으로는 고객 세탁물, 영선, 소모품, 각종 재고 조사 등의 업무를 취급하는 하우스키핑 부서 내의 중요한 역할을 맡고 있다고 할 수 있다. 오더테이커는 2개조로 근무 시간을 나누어 근무한다.

2. 호텔 객실정비

호텔 객실정비는 고객이 사용한 객실을 처음 사용하는 객실과 같은 상태에 가깝도록 청소·관리하고 파손된 부분은 수리하는 것을 말한다. 또한 필요한 물품은 보충함으로써 새로운 고객에게 판매가 가능하도록 만드는 일종의 재생산활동이라고 할 수 있다. 호텔 상품의 근간을 이루는 것이 객실이므로 이러한 객실정비 업무는 보이지 않는 곳에서 이루어지는 객실상품의 생산 활동이라고 할 것이다.

호텔 객실정비는 청소와 관리, 점검을 아우르는 포괄적인 의미로, 객실정비 업무를 다시 그 구체적인 업무에 따라 첫째, 객실의 청소업무, 둘째, 객실 내에 필요한 비품 및 소모품의 보완과 이상 유·무 확인을 위한 점검으로 나눌 수 있다. 하지만 이 두 가지 업무는 거의 동시에 이루어진다.

1) 호텔 객실정비

일반적으로 객실의 정비에는 절차의 통일성을 가지고 있으나, 각 호텔의 운영형태에 따라 그 시스템(System)과 기술에는 차이가 있을 수 있다. 객실정비원이 출근하면 하우스키핑 사무실로 가서 출근부에 서명하고 오더테이커(Order Taker)로부터 담당구역을 할당받는다. 배정받은 층(Floor)에 도착하면 층 감독자(Floor Supervisor)로부터 열쇠와 작업일지를 받은 후 메이드 카드(Maid Card)를 챙긴다. 아울러 작업에 임하기 전에 그 날 필요한 만큼의 지급품들을 확보한 후 객실의 정비작업에 임한다.

이러한 객실의 정비는 일상적인 정비와 기간을 두고 해야 할 특별한 경우의 정비로 나눌 수 있겠는데, 일상적인 정비는 다시 주간 객실정비와 야간 객실정비(Turn Down Service)로 나누어진다. 이렇게 주간과 야간을 구분하는 이유는 주간의 정비가 1차적인 정리에 그 초점을 맞춘다면 야간의 정비는 최종적인 점검이라고 할 수 있다. 그리고 특별한 경우의 정비에는 일정한 기간을 두고 이루어지는 매트리스를 비롯한 각종 비품과 가구 등의 교체작업과 정기적인 대청소(Spring Cleaning)가 있다.

〈표 10-1〉은 일상적인 작업과 기간을 두고 해야 하는 작업의 내용과 주기를 보여준다.

▌표 10-1▌ 청소작업별 사용용구 및 주기

구분 / 대상	일상적인 작업		기간을 두고 해야 할 작업		작업주기
	작업내용	사용용구	작업내용	사용용구	
Bed	Bed Making	Sheet Pillow Blanket Cover	Mattress 교체 Spread 교체		1개월 2개월
Carpet	Cleaner	Vaccum Cleaner Shampooing Machine	얼룩제거	세제액	필요시
Desk 및 Table	먼지제거	먼지떨이 전용걸레	수리 또는 교체	수리기구 교체품	필요시

(1) 주간 객실정비

객실의 정비에는 숙달된 작업능력을 지닌 룸메이드의 작업을 기준으로 25~30분 정도 소요된다. 이와 같은 소요시간은 객실의 규모에 따라 혹은 객실의 종류에 따라 달라질 수 있으므로 각 호텔에서는 객실의 종류나 규모에 맞는 표준작업시간을 정해놓고, 이에 따라 객실을 할당한다. 일반적으로 대형 트윈룸은 40분, 보통 트윈룸이나 더블룸은 30분, 그리고 스위트룸의 정비에는 60분 정도 소요된다.

(2) 턴다운 서비스

턴다운 서비스(Turn Down Service)는 투숙한 손님의 잠자리를 더욱 아늑하고 편히 잘 수 있도록 하는 Evening Service로 '침대의 담요를 접어 넘겨 잠자리에 들기 쉽도록 하는 것'을 말하는데, 주간에 객실정비가 완료되고 점검된 객실을 가능한 한 가장 좋은 서비스로 유지하기 위해 실시한다. 그리고 아울러 주간에 미비 된 것을 시정하고 고객의 투숙에 대한 환영의 표시를 남기는 것을 말한다.

2) 호텔 객실정비의 우선순위

객실의 정비는 객실상황에 따라 청소 및 점검하는 내용의 종류와 정도가 달라질 수 있다. 객실은 항상 최상의 상태를 유지하도록 체크해야 하지만, 기존의 고객이 계속해서 사용할 경우에는 고객이 외출 중인 짧은 시간을 이용하여 정비하거나, 경우에 따라서는 고객이 객실 내에 머무르고 있는 중에도 정비작업이 이루어지는 수가 있으므로 정비에 소요되는 시간을 줄일 수 있도록 신속하게 마쳐야 하므로 체크하는 범위도 약간씩은 달라질 수 있으며, 객실정비 우선순위는 다음과 같다.

① 공실, 전날 사용하지 않았던 객실(Vacant Room)
② 고객이 사용하고 나간 객실(Check-Out Room)
③ 고객이 계속해서 체재 중인 객실(Stay Room)
④ VIP 등이 사용하는 객실

일단 비어 있는 객실(Vacant Room)은 청소하지 않아도 무방한 것이라 생각할 수도 있겠지만 객실을 점검하고, 욕실의 욕조와 세면대의 물을 틀어서 녹물이 나오는지 확인하기 위해 가벼운 점검이라도 반드시 필요하다. 그리고 장기간 비어 있는 객실의 경우에는 진공청소기로 카펫에 가라앉은 먼지를 제거해야 한다. 다음은 고객이 사용한 객실을 작업해야 한다. 그래야 다시 상품으로 판매가 가능하기 때문이다.

이상에서 살펴본 바와 같이 객실을 정비하는 순서는 첫째, 공실, 전날부터 사용하지 않았던 객실(Vacant Room), 둘째, 고객이 사용하고 나간 객실(Check-Out Room), 셋째, 고객이 계속해서 체재 중인 객실(Stay Room)에 따르는 것이 일반적이다.

또한 고객이 계속해서 사용하는 객실(Stay Room)도 어떤 고객이 사용하느냐에 따라 일반 고객이 사용하는 객실과 VIP와 같은 귀빈이 사용하는 객실에 따라 정비하는 데에는 약간의 차이가 있으며, 이러한 작업을 진행하는 중이더라도 고객이 정비를 요구하는 객실이 있을 경우에는 우선적으로 작업에 들어가야 한다.

3) 호텔 객실점검

객실 점검원을 룸 인스펙터(Room Inspector)라고 하는데, 객실 점검원은 하우스키퍼 매니저를 보좌하고 룸메이드를 관리하는 업무를 수행한다. 즉 이미 사용한 객실을 완전한 상태로 만들기 위한 객실점검이 주된 업무이다. 룸메이드의 객실청소 상태나 소모품 비치상태, 근무상태, 객실기능의 이상 유무 등을 점검하고 잘못된 점을 지시하여 완전한 객실상품이 되도록 한다.

이상과 같이 객실의 정비가 이루어지면 고객들이 투숙할 수 있도록 객실이 완벽하게 준비되어 있는지를 점검해야 한다. 룸메이드에 의해 정비가 완료된 복도나 객실이라 하더라도 구석진 곳까지 세밀하게 점검해야 완벽한 상품가치를 지닐 수 있는 것이다. 객실점검의 순서는 시계 반대방향 혹은 정방향의 일정한 순서로 진행하며, 눈으로 체크하기보다는 직접 만져보고 때로는 고객의 입장에서 사용해 보기도 해야 한다.

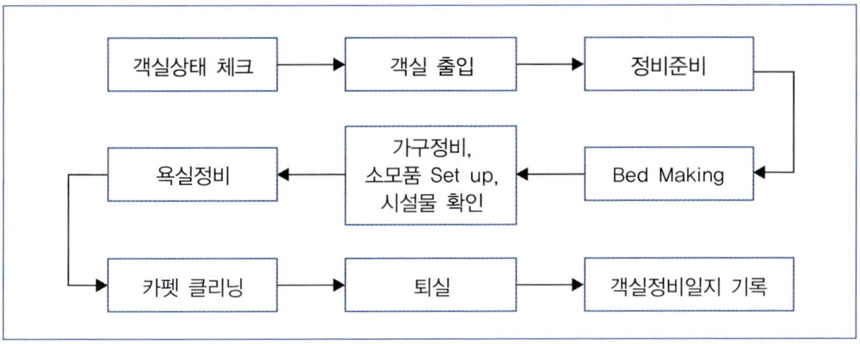

그림 10-2 객실정비 후 최종점검 순서

3. 공공장소 관리

호텔 하우스키핑은 사무실과 공공장소 그리고 호텔의 보이지 않는 여러 부분의 청소와 관리를 책임지고 있다. 공공장소와 직원들이 사용하는 공간의 청소도 하우스키핑의 공공장소 담당 팀이 맡아서 하며, 청결을 유지해야 하므로 객실의 점유율과 관계없이 공공장소를 관리해야 한다.

호텔 하우스키핑의 공공장소 담당은 청결관리를 하도록 배정받은 장소를 어떻게 관리해야 하고, 얼마나 자주 청소를 해야 되는지 정확하게 알고 있어야 한다. 청소와 함께 호텔 객실관리부서의 공공장소 담당은 공공장소의 가구들은 정렬해 놓고, 쓰레기통을 비우는 일을 해야 한다. 공중전화의 수회기는 살균제를 이용하여 깨끗하게 닦도록 하고, 전화번호 책은 낙서되어 있거나 찢겨 나간 경우에는 새로운 것으로 교체를 해야 한다.

또한 공공장소의 표면에 먼지 얼룩이 있거나 분수대의 물이 더러울 경우, 원목 제품에 윤택이 없을 경우, 이러한 것들은 고객에게 호텔에 대해 좋지 않은 인상을 심어줄 수가 있다. 서비스 엘리베이터를 포함해서 모든 엘리베이터는 Bell Desk Cart나 무거운 짐들로 인해서 그 벽에 흠집이 날수 있기 때문에, 관심을 갖고 항상 청소를 해야 한다.

객실이나 레스토랑과 같은 공간만 중요하다고 생각할 수 있지만, 호텔 직원들이 사용하는 공간의 청소 또한 매우 중요한 업무 중 하나이다. 직원들이 사용하는 라커룸이나 화장실의 위생은 직원의 건강과 관련이 있고, 이는 고객서비스에도 관계가 있기 때문이기도 하다. 따라서 공공장소의 청결과 안전관리에도 세심한 관심을 기울이는 것도 하우스키핑의 업무라 하겠다.

1) 공공장소 관리

호텔은 일반건물과는 달리 관리하기가 수월하지 않으며, 특히 건물 외벽 내벽 천장 등은 그 높이가 높아서 아주 전문직업인이 아니면 청소하기 힘들다. 게다가 많은 인건비를 필요로 하고, 그만큼 위험부담도 크기 때문에 이런 위험지역은 대개 전문용역회사에 의뢰하여 관리하게 한다. 야간청소는 비싼 임금을 지불하는 감독자와 직원을 채용하여야 하기 때문에 외부용역(아웃소싱)으로 대체하고 있는 실정이다. 공공구역(Public Area)은 크게 고객지역과 종사원지역으로 나누며, 호텔에서는 당연히 고객지역을 우선적으로 관리한다.

(1) 고객지역 관리

호텔에서 가장 빈번하게 고객들이 왕래하는 고객지역은 객실층, 식음료 영업장, 화장실, 로비 복도, 계단, 피트니스 클럽, 엘리베이터, 각종 연회장 등 고객이 주로 이용하는 지역을 말하는데, 이 지역이 관리의 우선순위이다.

(2) 종사원 지역 관리

반면에 종사원 지역은 호텔 사무실, 라커룸(Locker Room), 휴게실, 비상계단, 종사원 식당, 종사원 숙소 등이 있다. 이 지역은 직원들이 퇴근한 후 늦은 시간에 청소가 이루어진다.

업무의 효율성과 생산성을 높이기 위해 청소장소나 대상물에 따라 사용되는 장비와 세제도 다르며, 적절한 청소방법도 필요하다. 공공장소의 청소계획과 점검계획은 장소별 주기별로 이루어져야 하며, 집중관리가 필요한 경우 별도계획을 세워 보다 효과적이고 효율적인 관리로 호텔의 청결유지가 가능하다. 공공구역의 청소와 유지・보수를 세분하면 다음과 같다.

2) 공공장소 관리구역

(1) 로비 및 복도 관리

주・야 24시간 계속되며, 많은 사람들이 왕래하는 곳이므로 수시로 점검하고 청소해야 청결을 유지할 수 있다. 따라서 호텔에서는 일정구역을 나누어 해당되는 지역의 전담종사원을 따로 두어 그 일을 수행하게 한다. 비나 눈이 오는 날은 현관 앞에 헌 카펫을 깔아 호텔 내부까지 더럽혀지는 일이 없게 하여야 하며, 수시로 청소를 하여야 한다. 그리고 심야에는 광택기를 이용한 바닥 왁스작업을 주기적으로 실시한다.

호텔의 로비나 복도 벽면 바닥은 화강암 또는 대리석으로 되어 있으며, 가격이 매우 고가이다. 화강암 또는 대리석은 세제약품에 민감하게 방응하며, 오물에 약하다. 특히 대리석인 경우는 약제에 매우 민감하며, 화강암은 연마제를 사용하지 않으면 오점제거가 잘 되지 않는다. 이러한 일들을 하기 위해서는 최신식 청소장비를 사용해야 하며, 숙련된 기술이 필요하다.

(2) 출입문 관리

출입문은 호텔투숙객과 식음료이용객은 물론, 불특정한 다수의 사람들이 드나들기 때문에 손자국이 자주 생긴다. 전담 종사원이 상주하여 닦아 주지 않으면 금방 더러워지므로 로비 및 복도를 담당하는 종사원이 수시로 점검하고 닦아 준다.

(3) 화장실 관리

호텔 화장실은 또 하나의 호텔의 얼굴이므로 항상 청결하게 관리해야 고급호텔로서의 이미지를 보일 수 있다. 화장지도 곱게 준비되어 있어야 하며, 특히 악취가 나지 않도록 방향제도 설치하여야 한다. 쾌적한 분위기가 되도록 싱싱한 꽃꽂이를 준비하여야 하며, 손을 씻은 후 물기를 닦기 위한 종이수건(Paper Towel)도 준비해야 한다. 그 밖에 물비누(Dispenser)도 제때에 갈아 주어야 하고, 벽에는 거울을 부착하여 고객들이 자신들의 화장이나 옷매무새를 고치는 데 불편함이 없어야 한다. 또한 변기를 수시로 닦아야 하며, 바닥이 대리석인 경우 산화되어 지워지지 않기 때문에 자주 닦아 주어야 바닥을 보존할 수 있다. 화장실에 대한 청결은 매우 중요하므로 수시로 체크하는 시스템을 운영하고 있다. 몇몇 호텔에서는 여성용 화장실에 화장용 의자도 준비하고 있다.

(4) 카펫 관리

카펫은 일반적으로 3부분(표면, 제1층, 제2층)으로 구성되어 있는데, 호텔의 실내장식과 소음방지 그리고 고객의 안전 등 그 효용성이 매우 크다. 카펫청소관리에는 진공청소(Vacuum Cleaning)와 샴푸(Shampoo)가 있는데, 카펫세척기(Carpet Cleaner)에 카펫전용 약품이나 세제를 넣어 세척을 한 후 곧바로 카펫탈수기(Carpet Extractor)로 물기를 제거하고 말린다. 고급카펫일수록 다루기가 매우 까다롭고 힘들어 카펫 샴푸작업 자체가 기술이고 기계를 사용해야 하기 때문에 아무나 쉽게 할 수 있는 일이 아니다. 카펫의 수명은 사후관리를 어떻게 하느냐가 매우 중요하며, 매우 비싸서 쉽게 바꿔기가 어렵다. 카펫은 크게 양모로 직조된 것, 화학섬유로 직조된 것, 혼방으로 분류하는데, 그것들을 다루는 방법 또한 다르다.

(5) 계단 관리

계단은 고객들이 이용하는 계단과 종사원이 이용하는 계단이 있는데, 당연히 고객들이 자주 이용하는 계단을 우선적으로 청결하게 하여야 한다. 이때 청소 시 주변에 안전표지판이나 주의표지판을 설치하여 안전사고를 방지하여야 한다. 계단 손잡이는 놋쇠로 만들어져 있어 주기적으로 광택을 내주지 않으면 퇴색되어 고객들의 기분을 상하게 하므로 세심한 관리가 필요하다. 특급호텔의 경우 에스컬레이터가 설치되어 있기도 한데, 이것 역시 고객지역이므로 계단청소와 동시에 실시되어야 한다.

(6) 엘리베이터 관리

엘리베이터(Elevator)는 하루에도 수없이 많은 고객들이 이용하는 공간이므로 바닥의 휴지, 물, 음료수 등의 오물이 없도록 청소하여야 한다. 그래서 낮에는 많은 고객들 이용하기 때문에 수시로 간단한 청소만 시행하지만 야간에는 바닥을 적절한 세제를 이용하여 청소한 후 왁스칠을 하여 광택을 유지한다.

(7) 가구 및 조형물 관리

가구는 단순히 먼지만 닦는 작업과 주기적인 왁스작업이 있다. 가구는 시간이 오래 지나면 윤기가 없어지고 퇴색되기 때문에 일정기간을 정하여 광택을 주어야 한다. 평상시에는 종사원의 눈에 잘 띄지 않는 곳도 고객의 눈에는 잘 보일 수 있고, 가구류는 먼지가 묻어도 쉽게 눈에 띄지 않기 때문에 청소직원들이 그냥 지나쳐 버릴 수 있으므로 감독자들은 하루 3회 이상 점검하여야 한다. 특히, 호텔 로비에 비치된 소파(Sofa)와 의자(Chair)에 놓여 있는 베개와 쿠션(Cushion)은 세심하게 청소하여야 한다. 베개나 쿠션이 찢어지거나 이물질 등으로 인해 얼룩이 없는지 점검하고 손상된 것을 즉시 처리하도록 한다.

호텔 내에는 조각물(조형물)들이 많이 있는데, 이것들은 대개 화강암 대리석 구리 등으로 이루어져 있다. 종류에 따라 그에 맞는 세제를 사용하여 주기적으로 닦아 주어야 한다. 세제를 잘못 사용하면 지워지지 않는 얼룩으로 남을 수도 있으므로 주의하여야 한다.

(8) 공중전화 관리

공중전화 부스 주변의 휴지나 이물질 등을 치우고 바닥과 벽면을 닦아낸다. 세제를 적신 천으로 송수화기와 전화선을 닦는다. 그리고 공중전화 부스 안·밖의 낙서를 세제로 닦아내고 호텔 로고가 그려진 메모지와 펜을 수시로 체크하여 보충한다. 마지막으로 전화번호부(Telephone Directory)를 점검하여 찢어지거나 낙서가 없는지 확인한다.

4. 세탁실

세탁실, 즉 Laundry Shop에서는 호텔 객실 침대와 욕실에서 사용하는 모든 리넨류와 직원 유니폼 등을 세탁하여 항상 깨끗하고 위생적인 상태를 유지하게 하여 고객에게 최상급의 서비스가 이루어질 수 있게 하는 곳이다. 또한 투숙객의 세탁물도 고객의 요청에 따라 유료로 원하는 시간에 맞춰 세탁 및 드라이클리닝 서비스를 제공하고 있다. 또한 가족 단위의 관광객이나 장기 투숙객이 많은 호텔에서는 코인(Coin)을 투입하여 세탁할 수 있도록 자동세탁기를 제공하기도 한다.

대부분의 호텔들이 세탁부서를 업무 연계성으로 인하여 하우스키핑에 속하여 두고 있다. 이는 하우스키핑과 별도로 운영하기에는 Laundry의 주 고객이 객실 투숙객이므로 하우스키핑 룸메이드와의 협조가 잘 이루어져야 할 필요가 있기 때문이다.

1) 세탁실

대형 호텔의 경우에는 매일 엄청난 양의 타월과 침대 커버, 냅킨, 테이블 커버 등의 리넨류와 직원들의 유니폼 등, 다양한 종류의 세탁물이 나오고 있다. 때문에 대부분의 대형 호텔들은 이러한 대량의 세탁 처리를 위하여 하우스키핑 부서 내에 고가의 세탁 장비를 갖추어 세탁시설을 직접 운영하는 곳도 있으나 경제적인 문제로 외부 세탁업자에게 용역을 맡겨 세탁 서비스를 대행하는 호텔도 있다.

Laundry 부서에서는 고객 세탁물과 사내 세탁물(호텔의 유니폼, 식음료 리넨, 객실 리넨 등 각종 세탁물)을 취급하며, Laundry 관련 각종 기계의 유지 보수 및 관리는 물론 세탁실의 세탁물 분류 부문, 물세탁 부문, 드라이클리닝 부문, 프레싱 등의 업무를 맡고 있다.

주요 업무는 세탁 업무를 담당, 처리하고 세탁물의 수불 및 세탁물 접수 영수증을 발급, 관리를 한다. Laundry 부서의 운영은 고객 세탁과 사내 세탁으로 나눌 수 있다.

(1) 고객 세탁(Guest Laundry)

고객 세탁은 객실고객 세탁과 외부고객 세탁으로 구분되며, 객실고객 세탁은 투숙객의 요청에 따라 발레(Valet) 서비스 직원이 세탁물을 수거하여 세탁, 다림질 후 투숙객에게 배달하는 서비스를 말한다. 외부고객의 세탁은 외부고객이 직접 가져온 세탁물을 접수하여 세탁, 다림질 후 고객에게 배달하는 서비스를 말한다.

(2) 사내 세탁(In house Laundry)

일반적으로 서비스업에 종사하는 사람들 중에서도 호텔에서 근무하는 사람들을 가장 깔끔하고 세련되게 서비스하는 사람으로 꼽는다. 세련된 매너를 통한 수준 높은 서비스는 고객으로 하여금 호텔 전체에 대해 좋은 인상을 갖게 한다. 종업원들의 수준 높은 서비스는 세련된 매너뿐만 아니라 맵시 있게 디자인된 유니폼(Uniform)을 깨끗하게 차려 입었을 때 더욱 빛을 발할 수 있다.

호텔의 사내 세탁은 객실용 리넨류, 타월, 헬스클럽용 타월, 가운, 운동복, 식음료용 테이블 클로스, 냅킨, 커튼, 유니폼 등의 세탁을 말하며, 사내 세탁의 양은 객실의 점유율과 식음료부서의 영업상태에 따라 증감한다.

호텔 내에서 나오는 사내 세탁물이라도 객실용과 식음료용으로 구분하여 세탁을 해야 한다. 왜냐하면 세탁물의 사용용도에 따라 세제의 종류와 양을 다르게 사용해야 되기 때문이다.

2) 세탁실 업무

(1) 세탁물 취급

① 사내 세탁물은 리넨 클럭이 가져오는 세탁물을 메이드가 종류에 따라 정확히 구분하여 인수를 받은 후 세탁을 완료하여 인계할 때까지 잘 보관한다.

② 고객 세탁물은 고객으로부터 인계받을 때, 종류와 수량을 정확히 확인하여 세탁물 수불장에 기입하고, 세탁물을 종류, 색깔, 섬유의 질, 세탁물에 묻은 오염의 종류, 세탁 방식에 따라 분류한다.

③ 객실고객 세탁물을 세탁한 후 시간에 맞춰 객실 고객에게 인계하고, 외부고객 세탁물은 세탁 완료 연락을 취하거나 찾아오면 인계한다.

(2) 세탁물 취급과정 및 요령

① 고객 세탁물을 세탁방식에 따라 분류 및 객실별로 구분, 분류한다. 분류된 세탁물에 접수증/영수증을 끼워 룸메이드에게 인계한다.

② 세탁물을 분류하여 순서에 따라 세탁기에 넣어 세탁한 후, 건조, 다림질하여 룸메이드나 리넨 클리너에게 인계한다.

③ 세탁이 완료된 세탁물을 인계할 때에 접수증/영수증도 같이 회수한다. 직원 유니폼은 본인이 직접 가져오는 것을 원칙으로 하며, 인계함과 동시에 접수증/영수증을 교부한다.

(3) 고객으로부터 세탁물 수령

① 객실 고객이 의뢰한 세탁물을 라운드리 오더테이커(Order Taker)가 수주하여 각 층의 룸메이드에게 픽업 요청을 한다. 이때 오더테이커는 객실 번호, 품목 확인과 완료된 세탁품의 반송 시간 등을 정확하게 기입해야 한다.

② 룸메이드가 객실에 들어가 세탁물을 픽업하는데, 물품과 리스트를 대조하여 정확히 확인한 후, 라운드리 백(Laundry Bag)에 넣어서 픽업한다.

(4) 세탁물품과 리스트의 대조 및 반송

① 세탁물의 수량을 셀 때는 작은 물건의 분실 및 누락을 막기 위해 큰 세탁물 위에 작은 세탁물을 올려서 분실되지 않게 싼다.

② 고객이 쓴 리스트와 실제 물품의 종류와 수량이 맞지 않을 경우에는 고객에게 확인해야 나중에 불평과 분쟁을 예방할 수 있다.

③ 특별 세탁 주문은 리스트 여백에 별도로 기입한다.

④ 세탁물에 이상이 있을 경우에는 고객에게 직접 연락하여 확인시켜 준 다음 처리한다.

⑤ 고객의 세탁물을 접수할 시 주머니 속에 귀중품이 있는지 확인하고 발견되면 곧바로 고객에게 알리고 조치를 취한다.

⑥ 리스트를 다 작성하고 취급자의 서명과 시간을 기입한다.

⑦ 깨지거나 흠이 날 수 있는 장식품 부착 세탁물은 Hanger에 걸어서 그대로 라운드리 웨곤(Laundry Wagon)에 걸고, 라운드리 백(Laundry Bag)에 든 것은 웨곤(Wagon)에 싣는다.
⑧ 세탁물을 실은 웨곤을 세탁소로 배달한다.

(5) 세탁물 전달

① 특별 서비스(Express Service) 세탁물은 반드시 시간을 지켜 배달한다.
② 세탁물이 도착하면 객실 번호, 성명, 수량, 품목을 정확히 점검한다.
③ 세탁물을 배달할 시에는 배달시간, 객실번호, 배달자 성명을 정확히 세탁물 기입장에 기록한다.
④ 다시 한 번 세탁물의 품목, 수량, 세탁 불량, 건조 상태, 단추 상태, 오손 상태, 다리미질 상태, 포장 상태 등을 점검한다.
⑤ 호텔 측의 잘못으로 세탁물의 분실, 오염, 등의 사고 발생 시 하우스키핑 매니저에게 보고한 다음, 고객과 절충하여 배상 조치를 취한다.
⑥ 세탁을 의뢰한 고객이 갑자기 체크아웃을 하여 세탁물 전달이 안 될 경우, 세탁물을 보관하였다가 다시 재방문 시 전달하고 세탁요금을 청구한다.

5. 리넨

리넨(Linen)이란 호텔에서 사용되는 용어로 고객서비스를 위해 필요한 여러 가지 종류의 직물을 말하며, 일반적으로 호텔에서는 면직류의 리넨을 사용한다.

실제 호텔 상품의 판매를 끊임없이 뒷받침하고 생산적인 기능을 수행하는 부문이 하우스키핑이며, 하우스키핑에서 리넨 룸의 역할이 고객서비스의 큰 비중을 차지한다.

리넨 룸은 하우스키핑 근무자의 일정을 계획하고, 타 부서와의 업무 협조를 통하여 하우스키핑 전 부서의 업무가 원활히 수행될 수 있도록 하는 역할을 담당하고 있다. 그러므로 리넨 룸을 하우스키핑의 핵심 부서라고 말한다.

그리고 객실에 필요한 리넨류와 비품 등을 공급하는 것이 리넨 룸의 주 업무이므로 전일의 객실판매 현황에 따라 리넨 소요 수량을 예측·결정하고, 필요량에 맞춰 그곳에 투입되는 인원과 소모품 등의 양을 주별, 월별로 결정하기 위해서 프런트 오피스의 예약실과 긴밀한 연락이 이루어져야 한다. 사실상 리넨룸은 호텔의 규모와 상관없이 하우스키핑을 중심으로 다양한 직무의 모든 정보와 지시가 리넨 룸으로 집중된다.

1) 리넨

리넨 룸은 하우스키핑 부서의 심장이라고도 한다. 하우스키퍼 부서장의 사무실은 예비 리넨, 객실청소용품, 다른 용품들의 보관실과 마찬가지로 리넨룸의 한 부분이거나 근접해 있다. 모든 것은 리넨룸 직원에 의하여 접수되고 제공된다. 주간 리넨룸 직원은 더러워진 리넨의 수를 세고 분류를 하여 세탁을 위한 준비를 한다. 야간 직원은 깨끗한 리넨과 모든 용품을 세어 각층에 있는 메이드의 보관실로 공급한다. 초과재고(Overstocking)는 낭비와 불필요한 경비를 유도할 수 있고, 과소재고(Understocking)는 시간 손실과 심지어 고객 불평을 유발할 수 있다. 세탁될 수 있는 호텔 종업원용 유니폼들은 리넨룸에서 출고되고, 사소한 수선의 경우 휘장, 커튼 및 다른 리넨 제품도 수선하는 제봉사에게 보내진다. 많은 직원들은 스스로 자신의 유니폼을 세탁한다. 비록 하우스키퍼의 통제하이지만, 드라이클리닝을 필요로 하는 유니폼은 대개 호텔의 직원이거나 혹은 임대업장의 사용인이건 간에 하우스 발렛(House Valet)에 의해 세탁, 저장 및 수리 될 수 있다.

리넨 재고 통제와 세탁은 하우스키퍼의 중요한 책임 중의 하나이다. 최고경영진은 반드시 운영상의 평균 재고(Operating Par Stock)를 세워놓아야 한다. 객실 리넨의 이상적인 재고량은 호텔의 객실과 침대 수에 의해 결정되는데 당시 매일 사용량의 4배가 적절하다. 이것은 한 세트씩 객실, 세탁소, 메이드층 창고(Maid's

Floor Closet), 리넨룸 및 순환 중(In Transit)에 둔다.

2) 리넨 관리

리넨의 관리는 라운드리(Laundry) 부서 및 프런트 데스크(Front Desk) 부서와의 업무 협조를 통하여 매월 재고 조사를 하여 부족한 분량만큼 합리적인 가격, 수량을 정해서 구매 요청을 한다. 리넨의 재고 보유는 필요량 측정, 섬유 선택, 재고관리, 사후관리로 나누어 이 과정을 고려하여 구매하는 것이 좋다.

리넨을 관리하기 위한 리넨 룸에서는 리넨 룸 담당자가 서비스를 제공하는데, 소규모 호텔에서는 한 사람의 리넨 룸 우먼이 담당하고 있으며, 대규모 호텔에서는 렌넨 룸 우먼을 보조하는 여러 명의 보조자가 있다.

리넨 룸은 호텔 안의 모든 직물을 관리, 운영을 하는 부서이다. 호텔에서의 리넨류는 모든 객실을 비롯하여 각 부대시설에서 이용하는 면직류인 객실용, 식음료용의 타월, 냅킨, 시트, 유니폼 및 섬유직물인 담요, 커튼 등을 의미하는데, 각 영업장에서 나오는 더렵혀진 리넨류는 취합하여 이를 세탁소에 보내어 깨끗이 세탁된 린렌류는 보관하였다가 필요한 부서에 공급하는 업무가 리넨 룸의 기능이다. 리넨은 고객이 가장 많이 접촉하는 품목 중의 하나이므로 항상 청결하게 유지되어야 하며, 적정한 필요량을 효율적으로 예측, 공급함으로써 비용을 절감시키는 노력도 해야 한다.

리넨의 공급을 원활히 하기 위한 적정재고 수량은 호텔 객실의 수, 침대의 수와 타입, 부대시설의 종류와 개수, 고객이 필요로 하는 리넨 수 그리고 식음료업장의 종류와 숙자 등 각 업장의 소요량을 감안하여 측정하고, 세탁 시간 및 교환의 회수 등을 고려하여 파악하는데 대체로 객실에 사용되는 리넨의 수량은 객실 수의 4배를 보유하는 것을 이상적인 수준으로 보고 있는데, 그 내용은 사용 중인 리넨과 세탁되어 리넨 창고에 대기 중인 리넨은 세탁 대기 또는 세탁 중인 리넨, 메인 창고(Main Store Room)에 보관 중인 비상 대비용 등으로 보고 있다. 그러나 일부 호텔에서는 메인 창고 보관용 없이 3배수로 보유하는 곳도 있다.

리넨은 단순히 마모나 오염에 의해서만 손상, 멸실되는 것이 아니라 분실, 도난과 현장 폐기의 양도 많다. 따라서 리넨 관리의 총체적인 부분은 리넨 룸에서 하고, 현장에서의 손실에 대해서는 현장 책임자가 총책임을 맡아 관리할 수 있도록 시스템화해야 한다.

리넨 세탁 회전수

Sheet는 약 280회, Face Towel은 250회, Bath Towel은 350회, Wash Cloth는 190회, Foot Towel은 195회, Pillow는 355회 정도이다. 그 이상 사용 시에는 교체하는 것을 원칙으로 하고 있다.

- 장기간 사용하여 탈색이나 손상된 리넨은 반드시 폐기처분하는 것이 원칙
- 리넨을 구입할 때는 매월 재고조사를 실시하여 부족한 분량만큼만 구매
- 구매 신청에 앞서 리넨 책임자는 정확한 재고 파악

(1) 영업장 리넨 관리

리넨 수급은 리넨을 사용하는 호텔의 모든 부서에서 리넨이 원활하게 사용될 수 있도록 공급을 하는 것을 말한다. 물론 그러기 위해서는 사용된 리넨이 원만하게 수거되고, 세탁과정을 거쳐 각 업장에서 필요한 만큼의 리넨이 공급되어야 한다. 리넨의 종류와 크기, 색상도 다양하지만 사용되는 부서를 크게 나누면 객실부서의 리넨과 식음료부서의 리넨, 헬스클럽의 리넨으로 나누어 볼 수 있다.

특히, 피트니스 센터에서 사용하는 리넨 수급 역시 객실이나 식음료에서 수급하는 순서와 방법은 차이가 없다. 하지만 사용되는 품목이 객실에서 사용되는 타월, 시트, 이불이나 레스토랑에서 사용하는 테이블 크로스, 냅킨, 테이블 스커트 등이 아닌 운동복 상・하의, 목욕가운(Bath Robe), 대형 타월, 매트, 중형 타월 등으로 종류가 다양하다.

(2) 유니폼 리넨 관리

호텔에서의 유니폼(Uniform)은 직원들이 고객에게 서비스 할 준비를 하고 있음을 보여주는 것이고, 나름대로의 자부심을 갖고 소속감을 높여주는 역할을 한다.

또한 호텔의 영업장 분위기를 좌우하는 것은 깨끗하고, 맵시 있는 유니폼차림의 직원들이 상냥한 모습이라 하겠다. 매력적인 유니폼을 입은 직원이 고객들을 영접하고, 수준 높은 서비스를 하며 환송하는 자세는 고객들에게 커다란 인상을 심어준다.

유니폼은 호텔의 명성이나 이미지에 중요한 역할을 하기 때문에, 유니폼을 착용한 직원은 항상 청결함을 유지하고 서비스를 제공하도록 노력해야 한다. 유니폼 착용 자체가 호텔을 방문하는 모든 고객에게 서비스할 준비가 되어 있다는 사실을 묵시적으로 표현하는 것이기 때문에 항상 새로운 느낌을 줄 수 있도록 노력해야 한다. 따라서 리넨실에서는 직원들이 항상 완벽한 유니폼을 입을 수 있도록 세탁상태, 단추, 손상된 부분 등을 확인해 놓아야 한다.

6. 미니바

미니바(Mini Bar)는 객실 매출 수익 면에 큰 영향을 줄 수 있다. 미니바의 근본적인 운영 목적은 객실 내에 스낵코너를 설치하여 준비된 스낵(Snack)을 즐긴 후, 후불 형식의 정산을 통하여 편리하게 이용할 수 있도록 하는 데 그 목적이 있다. 또한 미니바의 합리적인 관리는 부가가치를 높일 수 있다. 미니바는 객실에 냉장고를 비치하여 간단한 주류와 음료, 견과류 등을 넣어 두고 투숙객이 기호에 맞는 음식물을 선택하여 이용한 후 퇴실할 때 정산하게 하도록 하는 호텔 측의 하나의 수입원 역할을 하는 코너이다.

현재의 미니바는 작은 양주나 안주, 스낵류 등 그 종류가 다양해지고 있으며 요금은 일반 요금보다는 조금 비싸게 책정하고 있다. 미니바는 고객이 스스로 이용하는 것이므로 서비스료는 부가되지 않고 세금만 부가된다.

미니바 영업은 호텔에 따라 룸서비스 부서나 프런트 오피스에서 운영한다. 그러나 미니바는 객실에 설치되므로 객실을 관리하는 하우스키핑에서 맡아 운영하는 것이 더 효율적이므로 하우스키핑에서 미니바를 관리하는 경우도 있다.

미나바의 물품 관리는 물품 판매 자료에 근거하여 품목의 선정과 변경 그리고 추가를 정하여 구매과에서 구매와 공급을 담당하며 하우스키핑 부서에서는 판매만 한다. 미니바 품목은 40리터 내외의 작은 냉장고에 넣는 관계로 개수도 그리 많지 않고 크기도 작다.

1) 미니바 관리

미니바(Mini Bar) 담당자는 객실 내의 소형 냉장고에 있는 음료 및 주류 등을 확인하고 점검하는 업무를 담당한다. 투숙고객이 프런트에서 체크아웃을 신청하면 프런트 직원은 미니바 담당자에게 연락하여 미니바 사용을 점검하게 한다. 미니바 담당자는 고객이 사용한 품목과 가격을 프런트에 알리고 정산하도록 한다. 소규모 호텔에서는 룸메이드가 미니바 업무를 겸하기도 한다.

한편 미니바는 고객 편의를 위하여 제공되지만, 고객 체크아웃 시 미니바 품목 사용에 대한 확인을 위해 장시간 고객을 기다리게 할 수 없어 고객이 표시한 미니바 계산서(Bill)에 의존하거나 고객에게 물어보고 처리할 수밖에 없다. 이 경우 고객이 정확히 기억을 못하거나 일부 사용을 부인하면 그에 대한 부분은 손실처리를 하게 된다. 미니바 운영이 호텔에 수익은 가져오지만 운영상에 어려움이 많은 것도 사실이다. 미니바 운영에서의 손실을 줄이기 위해 다음과 같은 사례가 있다.

① 체크아웃 시 즉시 객실에 들어가 미니바를 확인하여 사용 내역을 컴퓨터에 입력하거나 프런트 캐셔가 알려온 내용을 객실요금과 함께 계산 가능하도록 한다.

② 체크인 시 등록을 받아놓거나 현금 보관을 충분히 하도록 유도 또는 크레디트 카드(Credit Card)를 사전승인 받아 사용하도록 하는 방법으로 손실을 줄일 수 있도록 해야 한다.

2) 미니바 점검

각 층의 미니바(Mini Bar) 담당자들은 출근 이전에 일찍 퇴숙(Check Out)하는 고객을 위해 야간근무자와 협력하여 미니바의 점검업무를 담당한다. 점검은 신속·정확하게 이루어져야 하며, 확인 즉시 프런트로 우선 통보함으로써 계산서의 발행과 수납이 정확히 진행되도록 해야 한다. 점검이 진행되는 대로 점검표에 객실별로 물품의 수량을 기재한다.

미니바에 들어가는 일반적인 품목으로는 음료(Water, Jucie, Coke, Cider), 알코올류(Beer, Wine, Whisky, Cognac), 스낵류(Chip, Peanuts, Chocolate, Beef) 등이다. 최근에는 호텔들이 미니바를 통한 객실매출을 극대화하기 위해 비치품목을 다양화하고 있는데, 기존의 품목 외에도 면도기, 칫솔세트, 화장품류 등을 판매하고 있다.

이상과 같이 미니바의 아이템 종류가 다양하고 개수도 많으므로 주의 깊게 확인을 해야 하며, 점검 시의 유의사항은 다음과 같다.

① 항상 객실에 고객이 투숙 중임을 생각하며, 고객이 응답할 수 있는 충분한 시간을 기다려야 한다. 급한 마음에 서둘러 객실문을 열면 안 된다.

② 아침 인사를 한 후 정중하게 양해를 구한 다음 신속히 점검을 마치고 기재하되, 객실에서 나올 때 인사도 잊지 말아야 한다.

③ 점검 후에도 고객이 체크아웃 이전이라면 재점검해야 할 객실로 표시하여 둔다.

3) 미니바 재고조사

미니바(Mini Bar)의 재고조사는 매월 정기적으로 하는 것이 일반적이긴 하지만 때에 따라서는 매일 하는 일일 결산을 하기도 한다. 재고조사는 손실을 줄이기 위함도 있지만, 유효기간이 지난 품목을 찾아내고자 하는 의미도 내포되어 있다.

① 일일 결산: 전일 재고분량에서 당일의 판매분을 출고 후에 빈 카드의 수량과 현품을 대조, 확인

② 월별 결산

- 월별 재고 조사일을 정하고 재정부 담당자와 미니바(Mini Bar) 담당자가 확인
- 각 층별 창고의 보유량 및 객실에 설치된 분량을 확인(Inventory Report)

③ 전월의 미니바(Mini Bar) 손실 체크

7. 분실물 관리

분실물은 객실, 레스토랑, 주차장, 화장실, 로비와 같은 공공장소뿐만 아니라 Door Desk 주변에서도 발견되기도 한다. 대부분 고객에 의한 것이며, 호텔에 들어온 택시나 버스 등에서 가방, 휴대폰, 귀중품 등 다양한 물품이 습득되기도 한다. 이러한 습득물은 습득부서의 Log Book(업무 인수인계 일지)에 기록한 후, 각각의 영업장에서 보관하는 것이 아니라, 하우스키핑 Lost & Found(분실물 센터)에 먼저 구두로 신고하고, 내용물을 Lost & Found에 보관해야 한다.

8. 하우스키핑과 관련부서와의 관계

하우스키핑은 호텔 객실이나 레스토랑과 같은 영업장만 관리하는 것이 아니라, 호텔 건물 내·외 전체를 관리하기 때문에 호텔 내 모든 부서와 관련이 있다고 하겠다. 특히 하우스키핑과 프런트 오피스와는 객실상품을 만들고 판매하는 관계가 있기 때문에 전체 부서 중 가장 밀접한 관계가 있다고 하겠다. 또한 하우스키핑과 식음료부서와의 관계에서도 관계가 있다고 할 수 있는데 세탁실에서는 식음료영업장에서 사용하는 리넨류뿐만 아니라 레스토랑, 연회장 등 모든 청소를 하우스키핑에서 관리를 하고 있다. 게다가 영업장의 카펫관련 관리까지 하고 있다. 그리고 하우스키핑과 시설부와의 관계에서는 객실관리와 공공장소 관리를 위해서 전기, 건축, 기계 등 시설관련 전반적인 문제점을 의뢰하지 않을 수 없는 것이 현실이다. 이에 하우스키핑은 관리하는 범위가 넓기 때문에 모든 부서와 상관관계가 있다고 하겠다. 이에 대한 내용을 간단히 살펴보면 다음과 같다.

1) 하우스키핑과 식음료부

하우스키핑과 식음료부문(F&B)의 관계는 영업장에서 서비스하는 직원들의 유니폼을 항상 깨끗하게 해주며, 테이블의 리넨도 영업장의 종류에 따라 항상 다른 색과 디자인으로 꾸며 놓아야 하고 또 영업장의 청소문제로도 밀접한 관계를 가진다. 특히 호텔 내의 각 영업장은 성격에 따라 오전 6시부터 그 다음날 새벽 4시까지 영업이 계속되지만 시작시간과 종료시간은 일정하지 않다. 따라서 하우스키핑에서의 영업장 청소시간은 그 영업장의 영업시간 전·후와 중간 휴식시간을 이용하여 시행하게 된다.

그밖에 연회장은 대·중·소 연회 시작 전후에 하게 되므로 일정한 시간이 정해져 있지 않다. 식음료 영업부서장은 필요할 경우 하우스키핑 부서장에게 청소 또는 유지관리에 대한 사전 정보를 주어 영업장을 항상 청결하고 쾌적한 분위기를 유지할 수 있도록 협조가 있어야 한다.

하우스키핑에서는 식음료 영업장의 카펫, 가구, 장식품, 꽃꽂이, 화분 등의 관리책임을 맡아 일하는데 식음료부 직원의 절대적인 협조가 필요하다. 상호 협조가 없이는 효과적인 관리를 할 수 없기 때문이다. 따라서 규모가 작은 호텔 또는 영업장의 규모가 작은 호텔에서는 영업장 청소 일체를 해당 영업장에서 모두 책임지는 경우도 있다. 한편 미니바(Mini Bar) 관리를 하우스키핑에서 하는 경우는 미니바 운영에 대하여 식음료 부서장과 하우스키핑 부서장 간에 수시로 이에 관한 의견을 교환(재고관계, 미니바의 품목, 가격, 수량)하면서 운영하게 된다.

2) 하우스키핑과 프런트 오피스

하우스키핑과 프런트 오피스는 다른 부서보다 가장 밀접한 관계가 있다. 객실 관련 상황과 고객 서비스와 관련한 모든 정보를 즉시 서로 교환해야 하기 때문이다. 두 부서 간에 상호 커뮤니케이션이 제대로 이루어지지 않으면 객실판매에 큰 장애를 가져오고 객실정비가 제대로 이루어지지 않아 고객에게도 큰 불편을 끼쳐 불만을 사게 된다. 그리고 이러한 결과는 당연히 매출과 연결될 것이다.

프런트 오피스(Front Office)에서 투숙률이 저조할 때 여러 층에 나누어 고객을 투숙시키게 되면 하우스키핑(Housekeeping)의 인력과 시간의 낭비를 초래하게 되므로 상호 간에 긴밀하게 협조하여 특정 층만 사용하도록 하여야 한다. 또한 고객의 불만처리에 있어서 서로 간에 책임을 전가하여 불협화음이 생긴다면 고객과 직원 모두가 불편하게 된다. 그러므로 호텔에 따라서는 하우스키핑(Housekeeping)과 프런트 오피스(Front Office)를 하나의 부서로 묶어서 관리하기도 한다. 상호간에 협조를 원활하게 하고 또 효과적인 비용관리를 위한 목적이기도 하나 규모가 큰 호텔일수록 분리하여 전문성을 기하는 것이 일반화되어 있다.

3) 하우스키핑과 시설부

엔지니어링 부서(Engineering Department)는 시설부, 영선부 또는 시설관리부 등의 명칭으로 불리고 있으나 그 기능면에서는 별 차이가 없다. 하우스키핑에서는 객실 시설물 또는 가전제품, 가구 등에 하자가 발생하거나 공공구역의 시설에 하자가 발생할 경우 수리요구서(Maintenance Order)를 작성하여 기술부서에 요청한다.

11

CHAPTER

호텔 마케팅

1. 호텔 마케팅의 이해
2. 호텔 마케팅 세분화
3. 호텔 마케팅믹스
4. 관계 마케팅

HOTEL
MANAGEMENT

11 CHAPTER 호텔 마케팅

마케팅의 출발점이라 할 수 있는 고객의 필요(Needs)와 욕구(Wants)에 대한 바른 인식을 가져야 하는데, 마케팅의 가장 기본적인 개념은 바로 인간의 욕구이다. 인간의 욕구는 인간이 무엇에 대해 궁핍을 느끼는 상태이다. 인간은 삶을 영위하면서 다양하고 복잡한 욕구를 느끼게 되는데, 음식, 의복, 안전 등은 인간의 기본적인 물리적 욕구이다. 이러한 인간의 욕구는 문화와 개인적 특성에 의해 특정한 필요의 형태로 전이된다. 즉 필요는 인간이 그들의 욕구를 구체적으로 표현하는 방법이라고 할 수 있으며, 필요는 인간의 욕구를 충족할 수 있는 대상으로 표현된다. 많은 사람들이 이러한 욕구와 필요를 잘 구분하지 못하는 경우가 많다. 일반적으로 소비자들은 그들이 지불할 수 있는 돈으로 최대한 만족할 수 있는 상품을 선택한다. 이렇게 필요가 구매력으로 변환될 때 비로소 수요(Demand)가 된다.

이상과 같이 고객의 마음을 올바로 읽고 그들의 숨은 욕구를 파악하여 그것에 대한 문제해결방안을 제시하는 것이 마케팅이다. 이와 같은 과정은 제반 경영활동의 핵심을 고객에 두고 고객 위주로 사고하며 또한 고객의 시각에서 모든 현상을 발볼 수 있을 때 비로소 가능해질 수 있다. 현재와 같은 변화 및 경쟁사회에서 호텔의 수익률은 고객만족을 궁극적인 목적으로 하는 고객 위주의 경영이 이루어질 때 비로소 향상될 수 있다.

1. 호텔 마케팅의 이해

마케팅의 개념은 1990년대 초 미국에서 처음으로 등장하게 되었는데, 1990년대 이전에는 수요가 공급보다 많았기에 기업 위주의 시장 구조가 형성되었으나, 1910년경부터는 공급이 수요를 초과하면서 소비자가 주도하는 시장 구조로 변하게 되었다. 그로 인하여 기업 중심의 경영방식이 소비자 중심의 경영방식으로 바뀌게 되면서 마케팅의 개념이 확립된 것이다. 마케팅 활동은 고객의 욕구를 파악하고 필요를 자극하는 일에서부터 실제 구매가 발생한 다음의 사후관리에 이르기까지의 모든 진행과정에 관여된다고 할 수 있다. 무엇을 최우선 순위로 움직이느냐에 따라 해당 기업의 마케팅 철학을 알 수 있다. 호텔산업의 마케팅 개념도 다른 산업의 경우와 마찬가지로 여러 단계를 거치며 발달되어 왔는데, 특정 호텔의 마케팅 접근 철학은 무엇을 지향하는가에 따라 생산개념, 상품개념, 판매개념, 마케팅 개념으로 구분하여 생각할 수 있다.

1) 호텔 마케팅의 의의

현대인들은 마케팅(marketing)이란 단어를 일상생활에서 수시로 사용하고 있고 우리 생활 속에 깊이 들어와 있다. 미국마케팅협회(AMA: American Marketing Association)는 마케팅을 "조직과 그 이해관계자들을 위해 고객에게 가치를 창조하고 소통하여 그 가치를 전달하는 것이다. 또한 고객과의 관계를 관리하기 위한 조직의 기능 및 일련의 프로세스이다"라고 정의하고 있다. 한편, 코틀러(Kotler)는 마케팅의 개념을 "개인이나 단체가 다른 사람과 상품과 가치의 교환과 창출을 통하여 욕구(Needs)와 필요(Wants)를 충족해 나가는 사회적이며 관리적인 과정이다"라고 정의하였다.

과거에 기업들은 자신들 위주의 경영사고방식을 고수하여 왔는데, 이들은 고객을 먼저 이해하기보다 기업 위주의 상품·서비스를 개발하여 공급하여 왔다. 하지만 기업 간의 무한경쟁 및 변화가 가속되고 있는 현실에서 생존하기 위하여 호텔들은 종전과 같은 공급자 위주의 사고방식에서 탈피하여 수요자 중심의 사고방식으로 기업을 운영해 나가야 할 것이다.

이상과 같이 마케팅(Marketing)은 교환의 의미에서 출발된다. 즉, 마케팅은 생산자인 기업과 소비자 간의 교환과정이라 할 수 있다. 마케팅을 정의는 일반적으로 '거시마케팅'과 '미시마케팅'의 두 가지 관점이 있다. 거시마케팅은 상품 생산자로부터 소비자에게 전달시키는 사회적인 유통상으로 보고 유통기구와 그 기능의 분석, 검토를 통하여 이를 개선하고자 하는 관점으로 보고, 미시마케팅은 유통기능에서 실질적으로 상품을 생산하는 개별 기업의 활동을 마케팅으로 파악하고 이들 활동의 연구분석을 통하여 개선하고자 하는 관점으로 보고 있다. 따라서 마케팅은 해당 기업이 추구하는 목적 달성에 최대한 이바지하는 데 그 목적을 두고, 고객과 기업의 목적을 만족시키고자 표적 소비자 집단들과 교환을 창출하려고 상품, 서비스, 아이디어의 창안과 개발, 가격, 책정, 촉진, 유통을 계획하고 실행하는 일종의 과정이라 말할 수 있다. 즉, 소비자의 필요와 욕구를 충족시키기 위해 시장에서 교환이 일어나도록 하는 일련의 활동을 마케팅이라 일컫는다. 그러므로 마케팅이란 수익성이 수반된 기업의 통합적 노력으로써 고객 창조 활동이라 할 수 있다.

즉, 고객의 시각에서 호텔사업을 이해해야 한다는 것이다. 소비자가 가장 선호하는 성공적인 호텔이 되려면 고객들에게 가장 '마음에 드는' 호텔이 되어야 할 것이다. 이렇게 고객의 마음에 드는 호텔을 만들기 위해서는 첫째, 항상 고객의 욕구(Wants)가 무엇인지를 바르게 또한 적시에 이해해야 하고, 둘째, 이와 같은 고객의 욕구를 충족시킬 수 있는 가치 있는 상품과 서비스를 개발하여 고객에게 효율적으로 전달할 수 있어야 할 것이다.

2) 호텔 마케팅의 발전

(1) 생산 개념

생산 개념은 판매자의 지침이 되는 가장 오래된 개념 가운데 하나이며, 이 개념은 기업활동의 초점을 생산 활동에 두었던 시기인 1900년대에서 1930년대 초반에 사용되었다. 또한, 20세기 미국에서 나타난 가장 초기의 마케팅 철학으로 경영자는 상품 및 서비스의 생산에 유통을 강조하여 그 효율성을 개선시키는 데 중점을 둔 것으로 시설 확충, 작업 방법 및 대량 생산 문제에 관심을 쏟아 소비자들이 주어진 상품들 가운데서 폭넓게 이용할 수 있고 가격이 싼 상품을 선호한다고 보는 개념이다. 생산개념은 고객의 최우선 관심사를 저렴한 가격인 것으로 간주한다. 따라서 상품과 서비스 생산에 따르는 비용을 절감하고 고객에게 신속하고 효율적인 상품/서비스를 생산하는 데 노력을 집중시킨다. 그러나 이러한 생산지향적인 경영방식은 종업원의 생산성을 추구하는 과정에서 종종 고객의 요구를 무시하는 결과를 낳았다.

따라서 상품의 효율성을 높이고 이들 상품에 대한 유통망을 확장시키는 데 노력을 집중시킨다. 이러한 개념은 수요가 공급을 초과하는 상황에서 많이 시행되었는데, 이때 소비자들은 상품의 장점이 무엇인가보다는 그 상품을 우선 획득하는데 더 큰 관심을 가진다. 따라서 기업은 생산 증가에 주력하게 된다. 또한 상품의 비용이 너무 높아서 능률적인 생산방식을 통한 원가 인하 경영이 필요할 때 이 개념을 적용시켰다. 이러한 개념은 특정 고객을 제외한 일반 고객의 이익은 무시되었던 인(Inn) 시대와 그랜드 호텔(Grand Hotel) 시대에서 생각할 수 있었던 개념이라 볼 수 있다.

(2) 상품 개념

상품 개념은 고객은 항상 우수한 품질을 추구한다는 가정하에서 만들어졌다. 이러한 시장접근전략은 고객보다는 상품 자체에 몰입한다. 즉 고객의 근본적인 욕구가 무엇인가를 알기보다는 상품 그 자체에 집착하는 '마케팅 근시'적 오류를 범하기 쉬운 것이다.

가령 객실요금에 식사까지 포함시키는 미국의 고급서비스(Full Service) 호텔들 중 다수는 전통적인 테이블 서비스를 고집해 왔다. 그러나 이러한 방식은 식생활의 변천과 함께 신속하고 간단한 식사를 원하는 현재 시장의 욕구를 더 이상 반영하지 못하였다. 이에 대해 마케팅 컨설턴트들은 호텔 객실의 쓰레기통에 버려진

햄버거 포장지와 피자 박스들을 보면 최근 고객들의 음식선호 추세를 알 수 있을 것이라고 충고하였다. 이와 같은 사례는 고객의 욕구충족보다는 상품 자체가 중시되는 마케팅 철학을 잘 대변하고 있다.

그러므로 생산 개념과 마찬가지로 내부 지향적이며, 소비자들이 가장 우수한 품질이나 효용을 제공하는 제품을 선호한다는 개념으로 기업은 보다 나은 양질의 제품을 생산하고 개선하는 데 노력을 기울여야 한다. 그러므로 마케팅 활동은 기업의 연구개발부서에서 제품을 개발하고 제조부서에서 생산하면 제품을 시장에 판매만 하는 것이다. 이 개념은 잘못하면 소비자의 근본적인 욕구가 무엇인가보다는 구체화된 욕구와 관련된 제품 그 자체에 집착하여 근시안적인 마케팅 활동을 초래하기 쉽다.

(3) 판매 개념

판매 개념은 제반 판매활동과 촉진도구를 사용하여 어떻게든 고객들이 더 많은 양의 상품 또는 서비스를 구매하도록 설득하려 애쓰는 것이다. 그런데 이러한 시장접근전략의 문제점은 고객이 구매하고 싶어 하는 상품과 서비스를 개발하고 생산하는 데는 큰 관심을 두지 않고 이미 생산되어 있는 상품과 서비스의 판매에만 집중하고 있다는 것이다. 이러한 판매자 위주의 마케팅을 수행하는 기업은 판매가 발생하기까지의 광고 및 홍보에만 주력하고 사후 고객만족관리에는 소홀하다. 따라서 이러한 전략은 매우 근시안적이고 단기적인 시장접근방법이라고 할 수 있을 것이다.

즉, 판매 개념은 기업이 충실한 판매와 판매촉진 노력을 기울이지 않으면 소비자는 상품의 존재를 알지 못할 뿐더러 알더라도 대량구입을 하지 않는다는 데 가정을 두고 있다. 기업이 소비자들로 하여금 경쟁 회사의 상품보다 자사 상품을 그리고 더 많은 양의 상품을 구매하도록 설득해야 하며, 이를 위해 이용 가능한 모든 효과적인 판매활동과 촉진도구를 활용해야 한다고 보는 개념이다. 이러한 개념은 흔히 소비자가 보통 일상적으로 구매하지 않은 경우에 적용되고 있다.

그러나 이 개념의 문제점은 기업이 판매할 수 있는 상품을 만드는 것이 아니라 만든 상품을 판매한다는 데 있다. 이러한 구매자 중심이 아닌 판매자 중심의 시장 개념에 따라 기업은 판매 자체가 목적일 뿐 소비자의 구매 후 만족 여부에는 관심이 소홀할 수 있다.

(4) 마케팅 개념

마케팅 개념은 앞에 나열한 시장접근방법과는 달리 경영방침 및 기업목표를 고객만족으로 삼는 것으로, 최근 시장지향적인 주요 체인호텔들이 따르고 있는 마케팅 동향이다. 이들이 따르고 있는 마케팅 개념은 경쟁호텔보다 더욱 효율적으로 시장의 욕구와 필요를 충족시키자는 것이다. 이러한 마케팅 철학은 고객이 기업생존의 열쇠를 가지고 있다는 사실을 인식하는 데서 비롯된다.

이 개념은 기업의 목표 달성 여부는 표적시장에 있는 소비자의 현재 욕구와 잠재 욕구를 파악하고 이들에게 만족을 전달해 주는 활동을 얼마나 경쟁사보다도 효과적이고 효율적으로 제공할 수 있느냐에 달렸다는 가정하에 형성되었다. 이러한 마케팅 개념은 소비자 주권(Consumer Sovereignty)의 개념에 기초하고 있다. 이러한 마케팅 개념과 판매 개념의 차이점을 보면, 판매 개념은 상품을 현금으로 바꾸려는 판매자의 욕구에 초점을 둔 반면 마케팅 개념은 상품의 생산, 전달 및 최종적인 소비와 관련된 전반적 활동을 통해서 소비자의 필요와 욕구를 만족시키는 데 초점을 두고 있다.

마케팅 개념에서는 호텔의 시장점유율과 판매수익이 고객을 얼마나 최대한 만족시키느냐에 따라 결정되는 것으로 본다. 따라서 오늘날 이윤극대화를 위한 호텔산업에서의 경쟁은 판매경쟁보다는 고객만족경영이 되어야 한다고 말할 수 있다.

(5) 사회적 마케팅 개념

기업을 둘러싸고 있는 산업, 경제, 정치, 사회적 환경들은 급속도로 변하고 있다. 특히 자원부족, 교통문제, 환경오염, 소비자 피해 등은 경제사회 전반에 걸친 주요 관심사로 부각되고 있다.

사회적 마케팅 개념은 새로운 마케팅 개념으로 이 마케팅 개념은 표적시장의 현재욕구와 잠재욕구 및 이익을 명확하게 하여 소비자 및 사회복지를 유지하고 높여갈 수 있게 경쟁사보다 효과적이며 효율적으로 고객이 원하는 만족을 제공하는 것이라 가정하고 있다. 또한 환경문제, 자원부족, 급속한 인구증가, 인플레이션, 사회적 서비스를 경시할 시대에 마케팅 지향 개념이 적절한가를 의문시하는 데서 생겨났다. 순수한 마케팅 개념은 단기적인 소비자 욕구와 장기적인 사회 욕구와의 사이에서 발생할지도 모르는 분규를 무시하고 있다.

사회적 마케팅 개념을 주장하는 사람들은 장기간에 걸쳐서 사회에 이익을 가져다주는 의사결정을 기업이 실행하도록 관련 이해 집단에 요구해 왔다. 예를 들면, 담배와 주류 마케팅의 경우, 이미 사회적 압력이 가해지고 있는 실정임을 알 수 있을 것이다. 많은 호텔의 로비 등에서 금연, 공공건물에서의 금연을 하는 것과 외식업체들이 플라스틱 포장 용기에서 종이 포장 용기로 바꾼 것이 그 좋은 예이다.

3) 호텔 마케팅의 역할

호텔 사업은 가장 도전적이고 많은 자본을 필요로 함과 동시에 철저한 수익성을 보장하는 사업 중의 하나이다. 그리고 호텔은 건물의 형태나 규모, 입지의 다양성, 업무의 복잡성 등에서 모든 배경과 더불어 끊임없는 인간적 접촉을 요구하고 있다. 오늘날의 호텔 사업은 그 시설을 이용하는 서로 다른 유형의 고객들이 존재한다는 사실 때문에 예전의 여관 개념 시대와는 매우 다르다. 현대의 호텔 전문경영자는 세련되고 능률적으로 많은 양의 활동적 임무를 수행할 수 있어야 하며, 시스템화와 더불어 여러 가지 다른 기술적인 경영이 도입되었지만 호텔 사업은 아직까지는 서비스산업으로서 인간의 직접적인 접근을 필요로 하기 때문에 전문경영자는 개인적인 접촉을 혼합할 수 있어야 한다.

과거의 호텔들은 판매자가 시장을 점유해 오면서 숙박시설에 대한 수요가 공급보다 더 많았기 때문에 호텔경영자는 마케팅 활동을 전개하지 않았으며, 오히려 그런 활동이 자신의 품위를 손상시킨다고 생각하기도 했었다. 때문에 판매촉진이나 마케팅과 같은 것은 다른 제조업에서나 적용되는 것처럼 여겨 왔다. 그러나 2000년대 초부터 초고속 대중교통의 발달과 주 5일 근무제로 인한 여가시간의 증대, 소득의 증가로 인한 소비의 극대화가 초래되었고, 중산층의 욕구는 구매력에 대한 엄청난 경쟁이라도 하듯이 급격한 변화를 가져왔다. 이러한 요인들은 거래에 영향을 주었고, 그 변화는 사업구조를 체인, 프랜차이즈, 리퍼럴 시스템(Referral System)으로 전개시켰다.

다시 말해, 대규모의 광고와 판매촉진 활동이 새로운 시스템으로 개발되어 그 결과 고객의 다량 유치 확보, 접대로 호텔 사업을 유지하는 호텔경영자가 가장 중요시되는 경우가 된 것이다.

(1) 호텔 마케팅(Marketing)

호텔 마케팅은 광고, 판매촉진, PR, 홍보와 같은 업무의 모든 면을 포함한다. 호텔 사업은 객실 및 식음료와 같은 유형상품뿐만 아니라 서비스, 안락함, 편리함, 분위기, 매력과 같은 무형상품이 결합되기에 호텔 마케팅은 상품 수요에 기여하는 모든 요인이 제조업 등과 다르다.

(2) 판매촉진(Sales Promotion)

판매촉진은 개별적 또는 집단적인 업무를 바탕으로 특별한 상품, 서비스와 시설을 사용하여 고객의 주의를 환기시키고 판매가 되도록 고안된 하나의 특정 조직화로 이루어진 이벤트(Event)나 프로그램을 의미한다.

(3) 호텔 상품 판매활동(Selling)

호텔 상품의 판매활동은 예상 고객에게 특정한 상품이나 서비스를 구매하도록 하는 활동이다. 즉, 호텔 외부에 있는 예상 고객을 유치할 수 있도록 인적 접촉과 매체 광고를 통한 외적활동 및 고객이 호텔 내에서 부가적인 품목이나 서비스를 구입하도록 하기 위한 내적활동을 의미한다.

(4) 머천다이징(Merchandising)

고객을 유치할 수 있도록 다양한 방식으로 호텔의 숙박시설과 식음료 및 서비스와 일반시설 등을 묶어서 판매(Package)할 수 있도록 촉진하는 기술을 말한다.

(5) 홍보(Publicity)

기업, 단체, 관공서 등의 조직체가 자신들의 생각, 계획, 실제 활동 등을 인터넷, 이메일, 간행물, 매스컴, TV 등을 통해 PPL(Product Placement/간접광고) 기법 등을 활용하여 고객들에게 널리 알림으로써 일반의 인식이나 이해에 대해 신뢰감을 높이고 호텔과 고객의 양자 관계를 원활히 하려는 의도에서 실시한다.

(6) 광고(Advertising)

판매 메시지(Sales Message)를 전달할 목적으로 시간과 공간을 이용하는 것이며, 광고주가 소비자의 태도나 행동에 영향을 줄 목적으로 신문, 방송 등의 광고매체를 통해 유료로 시행하는 정보제공 활동을 말한다. 따라서 정보를 제공받는 소비자는 상품정보와 생활정보 등을 선택하면서 받아들이는 사회 정보원이라고도 할 수 있다.

(7) 대중관계(Public Relation)

호텔기업의 대고객, 지역사회, 협력업체, 경쟁사, 언론 및 일반 대중과의 관련성으로서 호텔기업이 계속적으로 투영하고자 하는 전체적인 이미지를 의미한다.

2. 호텔 마케팅 세분화

기업의 내부와 외부환경분석이 끝나면 시장세분화(Market Segmentation)로 표적시장(Targeting)을 설정하고, 상품을 포지셔닝(Positioning)하여 마케팅믹스(Marketing Mix)를 결정하는 마케팅 프로세스(STP 분석)를 거쳐야 한다. 마케팅 프로세스(Marketing Process)는 크게 시장세분화, 표적시장 설정, 상품 포지셔닝,

마케팅믹스의 단계로 전개되는데, 마케팅 프로세스는 다양하게 세분화된 소비자의 욕구를 충족시키기 위해 도입된 마케팅 전략 개념으로, 전략적 마케팅 활동에서 필수적으로 거쳐야 하는 과정이다. 먼저 시장을 몇 개의 기준 요소를 이용해서 가치 있는 다수의 시장으로 세분화하고, 세분화된 시장들을 평가, 분석하여 표적시장을 선정한다.

시장세분화(Market Segmentation)란 전체 시장을 구성하는 잠재고객을 동질적인 하위시장들로 나누어 분리하는 과정을 말하는데, 그 그룹을 세분시장 또는 부분시장이라 하며, 시장세분화는 시장 수요에 따라 이뤄지는 것으로 기업의 상품과 마케팅 노력을 소비자 또는 사용자의 요구에 적응시키는 것이다. 따라서 마케팅 관리자는 시장과 소비자들이 원하는 바에 따라서 이에 적합한 마케팅믹스를 구사하지 않으면 안 된다. 이때 마케팅 관리자가 한 가지의 마케팅믹스만으로 전체 시장을 구성하는 모든 잠재고객들에게 호소하는 것은 현실적으로 불가능하므로 시장세분화는 마케팅 전략의 과정에서 표적시장의 선정 및 포지셔닝(Positioning) 전략 수립과 이에 따른 마케팅믹스 구사를 위한 기초 단계로서 효율적인 마케팅 활동에 매우 중요한 역할을 한다.

1) 시장세분화(Market Segmentation)

호텔 시장세분화는 제공 제품과 서비스에 대한 전체 호텔시장(수요)을 공통적인 특징을 가진 집단으로 나누는 것을 의미한다. 세분시장은 구성원이 공통적으로 무엇인가를 가지고 있는 전체 시장에서 확인되는 구성집단이다. 표적시장(Target Market)이라는 용어가 사용될 때 마케팅 활동을 위해 호텔이 선별한 세분시장을 의미한다.

(1) 시장세분화 요건

① 측정 가능성

마케팅 관리자가 각 세분시장의 규모와 구매력을 측정할 수 있어야 한다. 왜냐하면, 세분시장을 비교한 후 측정 결과에 따라 표적시장의 접근 계획을 세워야 하기 때문이다.

② 접근 가능성

마케팅 노력으로 세분시장에 효과적이며 경제적으로 접근할 수 있는 적절한 수단이 존재하는가를 의미한다. 즉, 세분시장의 소비자에게 기업이 그들의 유용한 매체를 이용하여 상품에 대한 메시지를 전달할 수 있을 정도로 접근성이 가능해야 한다.

③ 일정규모 이상의 규모

각각의 세분시장에서 기업이 개별적으로 마케팅 프로그램을 실행할 수 있을 정도로 충분한 규모를 지니고 있어야 한다. 즉, 기업에 충분한 이익을 보장해 줄 수 있을 정도의 규모를 가져야 한다는 것을 의미한다.

④ 차별적 반응

각각의 세분시장에 대한 마케팅 전략 수립 후, 구성된 마케팅믹스에 대하여 다르게 반응하는 것을 의미한다.

(2) 시장세분화 이점

모든 소비자들은 나이, 소득, 개성, 취미, 욕구 및 구매 동기 등이 서로 다른데, 이를 인구통계학적 특성에 따라 측정하며, 소비자들이 선호하는 방향이 서로 다르면 소비자들의 수요 상태도 서로 다르게 측정한다. 또한 소비자들을 유사한 집단으로 구분하는 시장세분화를 함에 있어 다음과 같은 이점이 있다.

① 시장세분화를 통해 소비자 욕구나 구매동기를 정확히 파악할 수 있고, 시장 수요에 창조적으로 대응할 수 있으며, 시장 기회의 탐색이 가능하다.

② 마케터는 세분화된 동질적인 소비자 욕구를 위해 끊임없는 상품을 개발할 수 있어 소비자 욕구 충족이 가능하다.

③ 급변하는 시장 수요에 즉각적이고, 능동적인 대처가 가능하다.

④ 경쟁사에 대한 자사의 강점과 약점을 평가해서 유리한 시장 선택이 가능하다.

버짓(Budget) 호텔은 개념이 이러한 시장세분화의 이점을 보여 주는 가장 좋은 예이다. 버짓 호텔 개발자들은 일반 호텔에서 제공하는 서비스 외에 다른 서비스를 원하는 여행객 그룹에게 그들은 보다 접근성이 좋고, 저렴하고 편안한 숙박을 원한다는 사실을 발견하여 그들의 욕구를 충족시킬 수 있는 호텔을 개발한 것이다.

(3) 시장세분화 기준

호텔시장을 세분화할 때 사용되는 방법은 다른 시장과 마찬가지로 호텔시장도 자료를 획득하기가 쉬운 이유로 통상적이며 일반적인 방법, 즉 인구통계학적, 심리적, 경제적 방법이 사용되어 왔다. 이외에 대부분의 호텔실무자들은 표적시장을 나눌 때 사업 및 순수여행자로 구분하는 것도 이 방법에 속한다. 그러나 이 방식은 호텔시장을 정확히 파악하기가 어렵기 때문에 요인 및 군집분석이라는 통계분석기법을 적용함으로써 추출되는 군집이나 세분시장을 이용한다. 앞의 사례는 혜택세분화 방법을 사용하여 세분시장을 결정한 경우이다.

① 인구통계학적 세분화

호텔에서의 초기 세분화 연구는 세분시장을 형성하는 근거로써 인구통계학적 및 사회경제적 통계수치를 사용했다. 이러한 통계수치로 나이, 교육수준, 성별, 소득, 가족규모, 가족수명주기, 사회계층, 주택 소유여부, 별장 소유여부, 인종 및 직업 등이다. 이러한 기준은 오늘날에도 통용되고 있는데 그러한 이유로는 첫째, 통계자료를 비교적 쉽게 얻을 수 있고, 둘째, 인구통계조사 및 매체들이 만든 자료를 통한 정보와의 비교 가능성이 크며, 셋째, 자료를 이해·적용하기가 쉽다는 것이다.

② 서비스 관련 세분화

서비스 관련 변수로 세분화를 하는데 주요한 장점은 획득된 정보가 고려 중인 호텔 서비스와 직접 관련된다는 것이다. 서비스 관련 변수로는 호텔설비, 매출액, 상표충성도, 기대치, 체재일수, 접근성 등이 있다.

③ 심리적 세분화

이 방법에 대한 변수로 개성 특성, 라이프 스타일, 태도, 관심, 선택속성 및 동기 등이다. 비록 이 방법은 시행하기에 어렵고 사용하기에 비용이 많이 들지만 세분시장을 설명하는 데 유용하다. 따라서 이 방식은 고도로 전문화되고 광범위하게 개발된 시장에서 더욱 단순한 분석으로부터 얻어진 정보를 보완하기 위해 사용될 수 있다.

④ 지리적 세분화

지리적 변수는 호텔 시장세분화에 자주 이용되기도 하지만 매우 중요한 변수이다. 이러한 변수로는 지역, 시장 영역, 도시, 교외 혹은 시골, 도시규모 및 인구밀도 등이다. 예를 들어, 호텔의 많은 부분의 매력성은 문화, 기후 혹은 경관에 의거하고 있다. 또한 호텔의 잠재이용객의 접근 가능성은 호텔에서 중대한 역할을 하는 요인이라 하겠다.

지리적 세분화의 다른 중요한 측면은 인구통계학적 변수와 마찬가지로 표적시장에 접근방식을 제공한다는 것이며, 마케팅에서는 잠재고객과 의사소통하기 위해서는 그들이 살고 있거나 일하는 장소를 아는 것이 필수적이다.

⑤ 행동 세분화

행동 세분화는 사용률 혹은 사용빈도 세분화의 하나의 예인데, 호텔 분야에서는 행동 세분화 근거를 사용하고 있다. 주요 구매 세분화는 시장을 구매 혹은 소비량을 근거로 세분화하는 방식이다.

⑥ 유통경로 세분화

유통경로상에 존재하는 중간기관은 사업상 그것에 의존하는 호텔에 의하여 세분화 근거로 사용되고 있다. 중개기관은 기업, 여행사, 항공사, 크루즈, 철도 등 다양하지만 지리적 위치에 따라 다를 수 있다.

(4) 시장세분화 시 고려사항

일단 세분시장이 확인되고 분석된 다음에 호텔은 소구하고 서비스를 제공할 표적시장을 선정하는 것이 필요하다. 표적시장 선정 의사결정은 어떤 세분시장이 가장 큰 혜택을 제공할 것인가에 대한 분석에 기인해야 한다. 이러한 분석은 다음과 같은 네 가지 고려사항을 포함한다.

① 비용

비용은 얼마나 많은 투자가 이 세분시장을 유치하고 이것의 구성원과 의사소통하기 위한 서비스를 개발하기 위하여 필요한가에 관한 사항이다.

② 수익 잠재성

수익 잠재성은 세분시장으로부터 얻을 수 있는 현행 및 미래 수익 잠재성이다. 여기서 수익은 현행 및 잠재 호텔 이용객 수×1인당 현행 및 잠재 소비금액으로 계산될 수 있다.

③ 서비스 제공 가능성

서비스 제공 가능성은 적절한 서비스를 설계하고 촉진하며 배분하여 이러한 서비스에 의하여 유치되는 세분시장에서 만족스럽게 서비스를 제공하는 재무 및 경영능력을 자사 호텔이 가지고 있는가이며, 선택되는 세분시장은 조직체의 표적시장이 된다. 이러한 표적시장의 욕구를 부합시킬 마케팅 프로그램을 개발하는 것은 포지셔닝(Positioning) 기법으로 시작하여야 한다.

④ 경쟁

경쟁은 진출하고자 하는 세분시장에 경쟁이 얼마나 존재하는가 및 경쟁자들과 비교하여 볼 때 우리의 경쟁우위는 얼마나 강한가에 관한 사항이다.

2) 표적시장 선정

시장세분화가 끝나면 표적시장을 설정한다. 시장이 세분화되면 각각의 세분시장을 평가하고 각 세분시장의 규모, 경쟁자, 자사의 목표나 자원과의 적합성 등을 고려하여 세분시장을 분석한다. 또한 각 세분시장에 대한 기업의 내부 및 외부 환경요소를 분석하여 가장 큰 마케팅 효과를 거둘 수 있는 표적시장을 설정한다. 표적시장 선정 절차는 마케팅믹스의 성격상 해당 호텔이 유치하기 원하는 계층이 누구이며, 유치하기 원하지 않는 계층이 누구인가를 잠재 호텔이용객들에게 알려주어야 한다.

세분시장은 앞에서 언급된 인구통계학적, 심리, 지리, 여행목적, 행동 및 유통경로의 7개의 세분화 근거 중 하나 이상을 사용하여야 한다. 시장의 규모는 호텔이용객 수, 호텔이용객 체재일수, 호텔이용객 지출경비의 관점에서 측정될 수 있다. 이밖에 고려되어야 할 사항으로 잠재표적시장과 관련된 잠재소득, 경쟁, 비용 및 서비스 제공 가능성이다.

(1) 차별적 마케팅 전략

차별적 마케팅 전략은 세분화된 여러 시장의 특성에 맞도록 하는 각각 다른 마케팅믹스 전략인데, 이 전략의 장점은 몇 개의 표적시장을 정하고 각각의 표적시장에 차별화된 마케팅믹스를 적용하게 되므로 다양한 고객을 만족시킬 수 있다. 그러나 이 전략의 단점은 차별화된 시장의 경우, 세분시장의 수가 많아지기 때문에 이에 따른 마케팅믹스를 수행하기 위해 생산 원가, 일반 관리비, 판촉비 등의 제반 비용이 많이 든다.

(2) 비차별적 마케팅 전략

비차별적 마케팅 전략은 세분시장의 차이를 무시하고 전체 시장을 대상으로 하나의 마케팅믹스를 적용하는 전략이다. 소비자의 행동, 구매동기 등이 비슷하다는 가정하에 채택하는 전략으로 시장의 가장 평균적인 부분이나 크기가 큰 공통점을 표적으로 삼는다. 주로 표준 상품을 생산하는 전략을 취하고, 상표 이미지를 강하게 부각시킬 수 있는 촉진 전략을 취한다.

비차별적 마케팅 전략의 장점은 차별적 마케팅 전략보다 적은 마케팅믹스 비용이 소요된다. 또한, 표준 상품의 대량생산에 의한 규모의 경제효과를 얻을 수 있다. 즉, 비용우위를 가지게 되어 경쟁우위를 점할 수 있으므로, 상품의 표준화, 대량생산을 통한 규모의 경제 등으로 마케팅 비용이 절감되는 장점이 있다. 그러나 이 전략의 단점은 표적시장 내의 목표고객 모두를 만족시키기는 힘들다는 것이다.

(3) 집중적 마케팅 전략

집중적 마케팅 전략은 소수의 세분시장에서 전문화된 마케팅믹스를 수행하는 전략이다. 차별적 마케팅 전략이나 비차별적 마케팅 전략은 전체 시장이 대상이지만 이 전략은 특화된 시장에 경영 자원을 집중한다.

인적·물적 자원이 부족하여 전체 시장을 지배하기 힘들 때 선택하며, 이 전략은 설정된 시장에 맞는 전문적인 마케팅믹스로 고객의 욕구를 만족시켜 특정 시장에서 시장점유율을 높일 수 있다는 장점이 있다. 그러나 이 전략의 단점은 기업의 성장을 특정 세분시장에만 전적으로 의존하는 전략이므로 정상적인 경우보다 높은 위험성을 감수해야 한다.

3) 포지셔닝

(1) 포지셔닝 개념

일반적인 이론에서 포지셔닝은 고객들의 마음에 자사의 브랜드나 제품이 행하는 것으로 서술되고 있다. 즉, 포지셔닝(Positioning)이란 자사의 상품이나 서비스를 잠재고객의 마음속에 자리 잡게 하는 것을 말한다. 포지셔닝 단계에서는 자사나 경쟁사의 상품, 브랜드의 장단점, 소비자의 욕구 등을 고려하여 상품을 표적 세분시장에 자리 잡아야 한다. 즉, 다른 회사의 상품에는 없는 독특한 기능과 편익을 잠재고객 및 소비자의 머릿속에 인식시키는 것이 상품에 대한 포지셔닝이다. 그런데 이러한 포지셔닝은 상품의 시장은 물론 무형적 서비스 시장에서도 매우 중요한 의미를 가진다.

포지셔닝에서의 단계는 잠재 및 현재 호텔이용객의 지각이나 이미지가 정립되거나 변화되며 혹은 강화될 필요가 있다는 것을 결정하는 것이다. 여기에서 두 가지 형태의 포지셔닝이 사용될 수 있는데 그것들은 첫째, 객관적 포지셔닝(Objective Positioning), 둘째, 주관적 포지셔닝(Subjective Positioning)이다. 일단 포지셔닝이 잠재적 호텔 이용객 및 여행 중개기관에 커뮤니케이션하는가를 결정하여야 한다. 최소한 6개의 넓은 의미의 포지셔닝 접근방식이 있는데 다음과 같다.

① 구체적인 제품/서비스 특성에 관한 포지셔닝
② 혜택(benefits), 문제해결 혹은 욕구에 관한 포지셔닝
③ 구체적인 사용원인의 포지셔닝
④ 사용자 범주를 위한 포지셔닝
⑤ 다른 제품/서비스에 대항하기 위한 포지셔닝
⑥ 제품/서비스 계층 분리를 위한 포지셔닝

(2) 포지셔닝 전략

기업이 마케팅 전략을 수립하면 시장세분화를 통해 선정한 표적시장(Target Market)에 대한 포지셔닝 전략을 수립해야 한다. 즉, 포지셔닝 전략은 기업이 자사의 상품이나 서비스를 세분시장의 욕구에 맞게 세분시장의 마음속에 자리매김하는 것이라고 할 수 있다. 이를 위해 세분시장들의 욕구 차이가 명확하게 확인돼야 한다. 상품의 포지셔닝 전략은 상품이나 경쟁을 초점으로 이뤄지는 것이 일반적이다.

3. 호텔 마케팅믹스

호텔 마케팅에 있어 현재 총 고객 수보다 중요한 것은 고객믹스(Customer Mix)이다. 고객의 양보다는 질이 호텔의 수익성에 영향을 미치기 때문이다. 고객믹스를 관리하는 것은 장기적인 안목에서 볼 때 동질적 시장을 선별적으로 추출하여 시장점유율을 높이는 결과를 낳는다. 호텔 고객은 동질의 부류와 어울리기를 원하기 때문이다. 고객믹스를 관리하는 방법에는 여러 가지가 있는데, 그중에는 가격전략으로 표적시장을 선별해 내는 방법과 특정 구매계층에 홍보의 초점을 맞추는 방법, 그리고 회원제를 운영하는 방법이 있다

1) 호텔 마케팅믹스

포지셔닝과 마케팅 목표가 선정된 표적시장에 대해 개발되면 마케팅믹스(Marketing Mix)가 설계될 수 있다. 마케팅에의 전통적인 접근방법은 마케팅믹스가 제품(Product), 가격(Price), 촉진(Promotion) 및 유통경로(Place)의 네 가지 요소로 구성되어 있다고 제시하고 있다. 이것들이 마케팅의 4P이다. 호텔경영 분야에서는 다양한 학자들이 4P 외에 추가적인 요소를 제시하고 있다. 호텔마케팅의 독특한 성격 때문에 4P 이외에 패키징(Packaging), 프로그래밍(Programing), 사람(People) 및 파트너십(Partnership)의 추가 요소가 마케팅믹스 요인으로 언급된다. 따라서 전통적인 4P이론이 8P이론으로 확대된 것이다. 어떤 요소가 포함되던 간에 이 요소들이 선정된 표적시장의 특별한 욕구와 기타 구체적 특성에 맞게 선정되는 것이 중요하다.

2) 호텔 마케팅믹스의 수단

(1) 상품(Product)

상품이 없으면 가격도 있을 수 없고, 유통 및 촉진도 존재할 수 없기 때문에

4P's 중에서 상품은 기업이 이윤을 창출하는 근원이 되는 가장 중요한 역할을 하는 요소이다. 그리고 상품을 분류하는 이유는 유형별로 상품 마케팅 전략을 모색하기 위해서인데 상품의 용도와 소비자의 구매 습관에 따라 소비재, 산업재(원자재)와 같이 분류할 수 있다.

호텔 상품 서비스는 고객에게 제공되는 유무형의 인적, 물적, 시스템적 활동의 총체로서 크게 인적 서비스, 물적 서비스, 시스템적 서비스로 구성되어 있기 때문에 호텔 상품은 객실, 식음료, 기타 부대시설과 인적 서비스의 결합으로 이루어져 있다. 그러므로 호텔 상품은 한 요인의 독립체적인 개념보다는 통합적, 복합적인 개념의 특성을 가지고 있다.

(2) 가격(Price)

가격은 자사 상품이 가진 효용에 대해 소비자가 부여할 가치로서 마케팅믹스 중 가장 경쟁에 민감한 요소이며 경쟁업체에 대해 기업이 대응할 수 있는 중요한 경쟁 우위의 원천 중의 하나이다. 경제적인 측면에서는 이익의 원칙으로 총수입과 총이익에 영향을 미치며 판매량에도 영향을 준다. 그러므로 가격은 기업의 이익과 소비자의 구매행동을 결정짓는 데 중요한 역할을 한다고 볼 수 있다.

오늘날의 호텔기업들은 표적시장에서 경쟁 우위를 확보하기 위하여 윈윈 전략과 상호 전략 제휴를 통하여 호텔 상품에 다양한 가격정책을 적용하고 있다.

(3) 유통(Place)

호텔 상품의 유통과정은 일반 유형상품의 유통처럼 물적 유통 시스템이 거의 존재하지 않으므로 그 범위 또한 광대하다 할 수 있다. 호텔 상품의 경우는 고객이 여행사 등의 유통경로를 통하여 호텔로 찾아간다는 점이 일반 상품과 호텔 상품의 차이점이다.

호텔 상품의 판매 경로는 호텔 자체가 프랜차이징과 위탁경영계약 등에 의해 체인화되어 다수 체제로 시장 접근 및 확장을 이루는 직접 경로와 여행사, 예약 전문회사, 체인호텔 소개 시스템 등의 다양한 중개인 경로를 거친다. 유통경로 채택에 따라 시장에 미치는 영향과 판매 수익에 차이가 나므로 호텔 상품에 맞는 적절한 경로의 선택과 관리가 이루어져야 한다.

① 직접유통

직접유통은 중간상인 없이 공급자와 고객만이 존재하기에 간접 유통 시스템보다 비교적 간단한 형태이다. 호텔업은 제조업과 달리 중개인이 개입하지 않는 경우가 일반적이므로 고객과 직접적인 거래가 이루어지는 경우가 많다. 예를 들면, 고객이 인터넷 또는 전화로 예약을 하고 상품을 구매한다는 것이다.

② 간접유통

한 명 이상의 중개인이 판매자로부터 고객에게 상품의 유통 통로를 제공하는 시스템으로 간접유통의 가장 일반적이다. 예를 들어, 항공권을 구입하는 고객이 여행사를 이용하는 것과 여행 시 여행사를 통해 호텔 상품을 구입하는 것 등을 들 수 있다.

(4) 촉진(Promotion)

① 촉진 개념

촉진은 기업의 상품이나 서비스를 소비자들이 구매하도록 유도할 목적으로 해당 상품이나 서비스의 성능에 대해서 실제 및 잠재고객을 대상으로 정보를 제공하거나 설득하는 마케팅 노력의 전체를 의미한다. 이와 같은 정보제공이나 설득 노력을 위해서는 광고, 판매촉진, 인적 판매, PR 등을 이용된다.

② 촉진구성

- 광고: 확인된 광고주가 표적집단에게 정보를 제공하거나 설득하기 위하여 상품이나 서비스에 관해 유료로 대중매체를 이용하는 과정이라고 정의하고 있다.
- 광고의 특징

첫째, 대가를 지불하는 의사소통 방법

둘째, 광고는 표적집단을 대상

셋째, 광고는 대중매체를 이용하는 비인적 의사소통 방법

(5) 패키징(Packaging)

패키징은 호텔 및 관광산업만의 독특한 마케팅믹스 구성요인이다. 이것들은 호텔 및 관광 서비스의 특성인 소멸성과 수요와 공급을 일치시키는 문제를 극복하도록 돕는데 사용될 수 있기 때문에 특히 중요하다. 패키징은 호텔 믹스의 많은 요소들을 묶고 여러 개의 호텔 서비스와 제품을 결합한다는 측면에서 또한 중요하다. 패키지는 하나의 가격으로 여러 개의 서비스와 제품을 포함하는 관계로 고객에게 편리하다.

(6) 프로그래밍(Programming)

프로그래밍은 고객 소비를 증가시키거나 특정패키지나 호텔 서비스에 매력성을 참가시키기 위해서 특별활동, 이벤트 혹은 기타 종류의 프로그램을 제공하는 것을 의미한다.

(7) 종사원(People)

호텔은 인적사업이다. 어떠한 훌륭한 시설이나 수많은 시설도 종사원에 의한 나쁜 서비스를 보충할 수 없다. 호텔마케터는 직원들이 구체적 기능에 대하여 적절하게 훈련을 받고, 이 산업의 종사원과 지역주민이 호텔이용객에 대하여 호의적인 태도를 가지도록 하여야 한다.

(8) 파트너십-협조 마케팅(Partnership-Cooperative Marketing)

파트너십은 두 가지 이상의 관광목적지 혹은 조직체를 포함하는 협조 마케팅 프로그램(Cooperative Marketing Program)을 의미한다. 경쟁이 격화되고 있는 호텔 및 관광산업에서 다른 조직체와 함께 자원을 공유하는 것은 성공에 도움을 준다.

4. 관계 마케팅

고객들과 관계를 형성한다는 것은 환대산업에서 모든 거래관계의 중심에 인간이 있으며, 인간의 상호작용에 의해 제품이 판매되고 소비되고 있음을 의미한다. 그 제품에는 어떠한 형태든 서비스가 포함되어 있으며, 서비스 품질을 결정하는 가장 핵심적인 요소는 인간의 상호작용, 즉 관계를 의미하며, 이는 고객을 자산으로 생각하고 고객을 보호하는 마케팅으로 고객을 창출하고 장기적 가치를 제공해 가며 그 관계를 지속적으로 유지하고 이어나가는 것이다.

따라서 새로운 고객을 창조하기보다는 기존 고객을 유지하고 충성도를 향상시키는 데 초점을 두고 고객과의 강한 유대관계를 형성하여 장기적으로 발전시켜 나가는 것이 관계 마케팅의 핵심이다. 고객을 창조하기보다는 관계를 지속시키는 데 역점을 둔다는 측면에서 관계 마케팅은 고객 제일주의에 입각한 마케팅이다.

1) 관계 마케팅

마케팅에 관한 정의는 많은 연구자가 마케팅의 전통적인 거래지향적 관점을 반영하고, 고객과의 장기적 관계에서 발생되는 가치를 중요하게 여기고 있다. 또한 마케팅은 관련 당사자들의 목적을 충족시키기 위해서 상호간에 이익이 되는 방향에서 고객과 여타 파트너와의 관계를 구축, 유지 및 향상시키는 것이라고 정의하였다.

이러한 마케팅의 정의는 마케팅의 거래적 특성과 관계적 특성을 모두 포함시키려는 시도로 해석해 볼 수 있다. 반면 마케팅 자체를 재정의하기보다는 관계 마케팅을 다음과 같이 더 정확하게 정의한 이론들도 있다.

(1) 관계 마케팅의 상호관계

선행연구자들의 내용들을 종합하여 관계 마케팅의 정의를 내려 보면 관계 마케팅이란 고객, 이해 관계자와의 강한 유대관계를 형성하고, 유지하며 발전시키는 마케팅 활동으로서, 이익을 확보하기 위해 고객과의 대화를 창조하여 더욱 좋은 서비스를 제공하려는 장치라고 할 수 있다. 관계 마케팅에 따른 상호 관계를 살펴보면 다음과 같다.

① 고객과의 장기적 "Win-Win" 관계 구축
② 고객과의 상호 우호적 관계 극대화
③ 기존의 판매 위주 개념에서 고객과의 장기적 유대 강화
④ 정기적 반복적 거래 관계 형성으로 거래비용 감소

(2) 관계 마케팅의 중요성 및 특성

① 판매는 고객 관계의 첫 단계
② 반복구매 유도로 기존 고객을 확대와 고객의 충성도를 제고
③ 단순한 상품 구매에서 상품 시스템의 구매

표 11-1 관계 마케팅의 특징

구분	기존 마케팅	관계 마케팅
고객을 보는 시각	판매의 대상	동반자
고객과 의사소통	일방적	쌍방향
경제 패러다임	규모의 경제	범위의 경제
마케팅 성과의 지표	시장점유율	고객점유율
차별화 및 관리의 초점	상품	고객

2) 성공적 관계 마케팅 수행 조건

기업의 성공적인 관계 마케팅 수행을 위해서는 해결해야 할 많은 조건들이 있는데 다음과 같다.

(1) 기업 내의 적극적인 지원 문화

관계 마케팅을 성공적으로 수행하기 위해서는 기업 내의 적극적인 지원 문화를

정착시키려는 노력을 해야 한다는 것이다. 즉, 기업 관리자로 대체되어 기존 고객의 유지가 새로운 고객의 창출보다 훨씬 더 높은 보상을 받도록 하는 문화가 되어야 한다.

(2) 내부 마케팅의 원활한 수행

관계 마케팅이 성공하기 위해서는 내부 마케팅의 원활한 수행이 이루어져야 할 것이다. 내부 마케팅의 목표는 직원을 관계 마케팅 전략으로 개발, 수행하는 데 능동적으로 대처하도록 동기를 부여시키는 것이다. 내부 고객인 직원의 필요욕구가 충족되지 않는다면 외부고객과의 지속적인 관계를 구축하기 전에 조직을 떠날 것이다.

(3) 고객정보의 활용

고객의 기대 수준을 잘 이해하는 것이 필요한데 시간이 경과함에 따라 고객의 기대는 변하기 때문에 계속적으로 고객 정보가 기업 내부로 유입되어야 한다.

(4) 고객중심의 조직 구조

기존의 마케팅에서는 상품이나 지리적인 세분시장을 주축으로 하여 전통적인 마케팅이나 판매기능이 조직화되었지만, 관계 마케팅이 순조롭게 정착되기 위한 환경에서는 고객을 중심으로 각 기능이 조직화되는 것이 바람직한 형태이다.

(5) 직원에 대한 보상 체계

인센티브(Incentive)라고 하는 직원에 대한 보상체계에서 현재의 마케팅 관리자들은 판매량이나 고객 확보량을 일반적인 성과 기준으로 많이 활용하고 있다. 그러나 관계 마케팅에서는 고객 수익성, 고객의 시장 확보, 고객 유지를 보상 기준으로 해야 할 것이다.

3) 관계 마케팅 전략

관계 마케팅은 고객이 가치를 찾아 계속적으로 기업을 바꾸기보다는 한 기업과 지속적으로 관계를 맺는 것을 더 선호한다는 가정하에 출발한다. 이에 따라 마케터는 새로운 고객을 유인하는 것보다 기존고객을 유지하는 비용이 훨씬 저렴하다는 사실에 기초하여 전략을 실행해야 한다. 관계 마케팅 전략의 유형은 다음과 같다.

(1) 고객충성도 프로그램

고객충성도 프로그램은 고객과의 거래를 지속적으로 기록하고 구매량에 따라 인센티브를 제공함으로써 자사 상품의 구매빈도를 높이는 전략으로 마일리지 프로그램이 대표적이다. 마일리지 프로그램은 기존의 우량고객 우대에 중점을 두는 것이 보통이다.

호텔산업에서도 글로벌 체인호텔들이 마일리지 프로그램을 적극적으로 도입하여 운영하고 있다. 호텔에서는 홀리데이인 호텔이 최초로 마일리지를 도입하였고, 1984년에 메리어트 호텔에서 'Honored Guest Awards'라는 마일리지 프로그램을 도입하였고, 1987년에는 힐튼 호텔이 'H Honords' 프로그램을 도입하였다. 그 외에 다수의 호텔에서 마일리지 프로그램을 도입하여 운영하고 있다.

최근에는 SPG(Starwood Preferred Guest) 그룹 내 속해 있는 The Ritz-Carlton, Marriott, Westin, Sheraton, Aloft, Renaissance 등이 체인호텔 내 어느 브랜드를 이용하든 마일리지를 공동으로 사용할 수 있는 프로그램을 통하여 충성고객 확보에 신경을 쓰고 있다. 이와 같은 호텔 마일리지 운영의 공통점은 고객의 점수를 바탕으로 한다. 호텔에서 숙박하는 것은 물론 호텔 내 레스토랑과 부대시설을 이용해도 점수가 가산된다. 이러한 가산점수가 일정 수준이 되면 전 세계 자사 체인호텔 중 어느 곳에서든 무료숙박권이 주어진다.

(2) DB 마케팅

고객 데이터베이스 마케팅(DB: Data Base Marketing)은 고객이 자사 제품을 사용하는 것에 대해 마치 사람이 태어나서 성장하고 발전하는 것과 같은 개념으로 고객을 기록하고 분류하는 것이다. 즉 고객의 정보를 호텔 내부의 DB시스템에 정보화하고 구축된 정보를 가지고 고객과 접촉하여 고객만족을 실현하는 것이다.

호텔산업에서 DB마케팅의 대표적인 성공사례는 리츠칼튼 호텔이다. 리츠칼튼 호텔은 고객의 특성을 DB시스템에 축적할 수 있는 '고객의 기호 핫라인' 프로그램을 운영하고 있다. 예를 들어 어느 고객이 도쿄의 리츠칼튼 호텔에 투숙하였는데, 푹신한 베개가 불편하여 프런트에 딱딱한 베개를 요청하였다면 전 세계 어느 리츠칼튼 호텔에 투숙하여도 동일한 서비스가 이루어지도록 하는 '고객의 기호 핫라인' 시스템에 바로 등록한다. 이처럼 리츠칼튼 호텔은 고객의 기호, 취미, 습관 등 모든 정보를 데이터베이스에 등록하고, 모든 체인호텔들이 DB에 저장된 정보를 공유하고 있다.

(3) 보조 서비스의 확대

호텔산업에서도 본원적 서비스는 객실을 이용하는 숙박서비스이지만, 이는 대체로 동질적이기 때문에 보조서비스를 확대함으로써 경쟁사와 차별화를 꾀하는 보조서비스에 관심을 갖게 된다. 예를 들면 귀빈층 라운지 서비스(EFL Lounge)에서 제공하는 차별화된 서비스라 할 수 있다. 또한 객실 내에 산소공급기 제공 등은 고급스러운 이미지로 경쟁하던 호텔들이 치열한 경쟁에서 살아남기 위해 보조서비스를 확대하는 사례이다.

(4) 서비스 보증 프로그램

자동차 등 제조업에서 제품의 품질을 일정기간 보증하는 '보증제도'나 '리콜제도'가 존재하듯이, 환대산업에서는 서비스의 품질을 보증하는 서비스 보증 프로그램(Service Guarantee Programs)이 있다. 이를 '서비스 불만 보상제'라고 표현할 수 있다.

호텔산업에서는 호텔에 숙박한 고객이 불만족했을 때 숙박료를 할인 또는 환불해 주는 서비스 보증 프로그램이나 이비스(Ibis) 호텔의 '15분 보증 프로그램' 등을 들 수 있다. 래이디슨(Radisson) 호텔에서도 이와 비슷한 '100% 고객만족' 프로그램을 도입하였다. 즉 고객이 심각한 문제를 제기하고, 그것이 명확하게 호텔의 책임이며, 호텔이 문제를 해결하지 못한 때는 숙박료를 전액 환불해 주는 프로그램이다.

12

CHAPTER

호텔 인적자원관리

1. 호텔 인적자원관리의 이해
2. 호텔 채용관리
3. 호텔 임금 및 복리후생 관리
4. 호텔 직원의 교육·훈련
5. 호텔 노사관계관리
6. 호텔 안전관리

HOTEL
MANAGEMENT

CHAPTER

12 호텔 인적자원관리

호텔에서 인적자원관리(Human Resource Management)란 호텔기업의 목적을 효과적으로 달성하기 위한 경영활동, 즉 계획·조직·지휘·통제하는 활동을 조정하고 관리하는 행위를 의미한다. 따라서 호텔의 경영활동은 목적을 달성하기 위한 인적자원의 조직적 활동이 이루어질 때 조직의 목적을 달성할 수 있다. 그러므로 호텔기업은 경영목적을 달성하기 위한 제반 활동관리와 각 부서가 추구하는 바를 원활하게 하기 위한 관리 중, 즉 호텔 인적자원관리는 객실, 식음료, 조리, 마케팅, 재무, 홍보, 구매, 시설 등 모든 부서를 종합적으로 관리하는 것이라 하겠다.

인적자원관리는 조직을 구성하고 있는 구성원인 직원을 대상으로 하는 관리이며, 개성존중과 능력개발을 중시한다는 것이다. 직원의 만족도를 극대화하여 근로의욕에 동기를 부여할 수 있어야 한다. 이러한 측면에서 호텔 인적자원관리는 호텔기업의 제반 경영활동에 필요한 인적자원을 합리적으로 관리함으로써, 호텔기업의 목표달성과 발전에 요구되는 유능한 인재를 육성·개발하고, 보상 및 유지 활용하여 호텔기업의 목표를 이룩해 가는 관리활동의 총체라고 할 수 있다.

1. 호텔 인적자원관리의 이해

인적자원관리는 기업경영에 있어 주체 요소인 인적자원 확보부터 노동력의 육성개발과 유지활용에 이르기까지 모든 기능을 대상으로 하는 관리활동 체계이다. 이러한 인적자원관리는 관리대상의 신분이나 관리직능의 내용에 따라 인적자원관리・노무관리・인사노무관리・인간관리 등의 개념으로 불리고 있으며, 관리의 규정과 내용도 다양하다.

인적자원관리의 성격에 대한 체계적 연구가 우리나라의 경우 기업의 인적자원관리의 중요성에 대한 인식과 함께 체계적인 연구가 본격적으로 이루어지기 시작한 것은 국가경제가 고도성장기에 들어선 1960년대 이후이다. 최근에 호텔기업은 급속한 환경변화에 효과적으로 대처하기 위한 인적자원관리의 개선과 함께 새로운 인적자원관리 체계의 확립이 요구되고 있다.

특히, 호텔 인적자원관리는 그 관리의 대상이 호텔 조직 내의 구성원이며, 이를 관리하는 주체 역시 사람이다. 따라서 호텔 인적자원관리의 성격은 이들이 가진 사람에 대한 사고나 철학 등과 같은 기본적 가정에 의해 크게 좌우된다고 하겠다.

1) 호텔 인적자원관리의 의의

호텔에서 고객만족이 더욱 중요해짐에 따라 매일 고객과 접촉하고 있는 종사원들에 대한 관리가 더욱 강조되고 있다. 호텔 인적자원관리란 호텔기업의 목표 달성을 위해 필요한 인적자원을 확보하고, 경쟁력 있는 인적자원을 효율적・효과적으로 개발하며, 종사원에게 맡은 직무에 대한 만족을 제공함으로써 개발된 능력을 유지・발전시키려는 의도를 내포한 경영활동을 의미한다.

일반적으로 노동력(Labor) 또는 인간능력은 자금(Capital) 및 물자(Material)와 함께 기업 경영활동의 중요한 자원으로 인식되고 있으며, 또한 노동력의 질에 관한 문제는 직무와 함께 현대 인적자원관리의 핵심 과제가 되었다. 따라서 인적자원의 구성도가 높은 호텔기업에서 우수한 인적자원의 확보와 파악・육성・개발

・유지・동기부여 등에 관심은 중요하지 않을 수 없다.

인적자원관리는 첫째, 호텔기업 구성원의 생산성 및 경쟁력 향상을 통하여 호텔기업의 목표달성에 공헌하고, 둘째, 조직 내의 이해집단 간의 의사조정을 통하여 기업과 구성원의 상호이익을 추구하며, 셋째, 구성원들의 개성 및 인격을 존중함으로써 인간성 회복에 공헌하고, 마지막으로 호텔기업이 추구하는 목표성과를 얻기 위한 능력 위주의 관리로 구성원의 창조적 능력과 혁신적인 사고의 개발을 호텔 인적자원관리라 할 수 있다.

2) 호텔 인적자원관리의 중요성

호텔경영에 있어서 하드웨어적인 기계설비나 기술이 발달되었다 하여도 조직을 구성하고 있는 구성원인 인간의 힘이나 노력이 없이는 생산이 이루어질 수 없으며, 상품의 품질 역시 좋을 수 없다. 결국 인적자원관리가 경영활동의 3요소(Man, Money, Material) 중에서 차지하고 있는 사람의 비중이 크다고 할 수 있는데, 호텔의 성공적인 목적을 달성하기 위해서는 종업원 개개인을 대우하고 노동력을 제공할 수 있는 의욕을 동기부여시켜 주어야 한다. 왜냐하면 조직원인 인간의 노동이 효율적이 활용되지 못하면 기업경영의 성과는 큰 기대를 할 수 없기 때문이다.

특히 호텔은 조직원, 즉 구성원의 힘, 팀워크가 어느 기업보다 강조되고 있는데, 이전에는 경영자 중심주의 사회가 지금은 직원이 가장 중요한 자원이라 할 정도로 기업의 개념이 바뀌고 있다. 호텔산업의 중요한 특징은 기술이나 경제적, 사회적인 측면에서의 영향을 받기도 하지만 최근에는 인적자원의 팀워크와 능력에 따라 기업의 유지와 존속은 물론 성장과 발전에도 영향을 미친다. 이상과 같은 조직원의 환경변화는 다음과 같이 호텔 인적자원관리의 측면에서도 여러 가지 형태를 보여주고 있다.

(1) 인적자원의 능동성

다른 자원에 비하여 인적자원의 가장 특이한 점은 인적자원이 능동적인 성격을 가지고 있다는 것이다. 즉 자금이나 기계, 설비 등의 물적 자원의 성과는 그들 자원 자체의 질과 양의 지배를 받게 되어 비교적 수동적인 성격을 지니고 있지만 인적자원의 성과는 인적자원 자체의 질과 양뿐만 아니라 그들의 욕구와 동기 등은 경영관리에 대한 반응으로 표시되어 능동적이고 반응적인 성격을 지니고 있다. 따라서 조직체의 성과는 인적자원의 질관리에 의하여 큰 영향을 받게 된다. 그러므로 인적자원이 부족하더라도 이들이 효율적으로 활용되면 좋은 성과를 거둘 수 있는 반면에, 인적자원이 풍부하고 수준이 높더라도 이들에 대한 경영관리가 부실하면 성과가 나쁘게 된다.

(2) 인적자원의 개발 가능성

인적자원은 자연적인 성장과 성숙은 물론, 오랜 기간에 걸쳐서 개발될 수 있는 많은 잠재능력과 자질을 가지고 있다. 인적자원개발의 중요성은 환경과 조직변화가 커짐으로써 더욱 커졌고, 인적자원의 이러한 성격은 인적자원 접근방법의 중요한 발달요인으로 작용하고 있다. 따라서 인적자원개발은 인사관리에 매우 중요한 비중을 차지하게 되었다.

(3) 전략적 자원성

조직의 성과는 인적자원 등 조직체의 자원을 얼마나 잘 관리하느냐에 따라 결정된다. 그러나 이들 자원 중에서도 조직의 성과와 가장 밀접한 관련을 맺고 있는 것이 인적자원이다. 인적자원에 대한 투자효과는 장기적으로 발휘되고 그 효과는 다른 어느 자원보다도 크다. 따라서 인적자원은 다른 어느 자원보다도 조직성과에 가장 전략적인 요소로 작용하고 있어 조직성과의 중요한 요인이 되고 있다.

이와 같이 호텔 인적자원의 관리여건이 변하고 있기 때문에 호텔 인적자원관리의 중요성이 대두되고 또한 새로운 전략이 요구되고 있으므로, 인적자원관리 담당자가 업무를 수행하는 데 있어 인적자원관리는 중요한 과제이다. 따라서 호텔의 성공여부는 조직을 운영하는 인적자원관리가 중요하지 않을 수 없다.

3) 호텔 인적자원관리의 원칙

호텔기업의 경영활동에서 인적자원관리가 행해지는 기본적인 기준을 인적자원관리의 원칙이라고 하는데, 이는 인간의 노동력을 상품화시키는 노동력 상품설이나 노동자를 한낱 생산도구 또는 수단으로 인식하는 노동기계설의 입장을 대체하는 인적자원의 관리가 구축되었다. 종래 산업기술의 급진적인 발전이 인간성의 소외현상을 야기하였고, 이는 기업의 효율성 저하에도 관련이 있다고 판단되며 이로 인해 인간성 회복에 대한 관심이 고조되었다고 하겠다.

(1) 통합적 관리의 원칙

종사원은 인간으로서 다양한 다른 욕구·기대·목적을 보유하고 있다. 이러한 것은 안정된 고용, 쾌적한 업무환경, 인간관계에서의 욕구, 성취감, 사명감 등의 영역으로 나누어 설명될 수 있다. 따라서 이와 같은 인간의 다원적 요구에의 통합적인 관리로서 종사원의 동기부여가 절대적으로 중요하다.

(2) 업적주의의 원칙

보수·보상제도의 시행에 있어 연공서열은 평가기준으로서 종사원의 능력에 대하여 무관심 또는 무시될 수 있는 비합리적인 요소를 내포하고 있다. 따라서 각자의 노력에 따른 성과가 능력평가에 반영될 수 있는 업적주의의 당위성이 강조되어야 한다.

(3) 정보공개의 원칙

기업의 경영문제에 대하여 종사원의 참여의욕을 고취하고 기업이 맞이하는 상황마다 건설적인 관심을 조장하기 위해서는 기업경영에 관한 최대한의 정보가 종사원들에게 공개되어야 한다.

(4) 참여의 원칙

모든 종사원은 스스로 문제를 해결할 수 있는 능력을 보유하고 있다는 전제하에 기여의 경영의사 결정과정에 종사원들을 참여하게 한다. 이는 종사원의 동기부여와 노사관리의 측면에서 중요한 관심사가 되고 있다.

2. 호텔 채용관리

채용이란 지원자 중에서 조직이 필요로 하는 직무에 가장 적합한 자질을 갖추었다고 판단되는 인력(Manpower)을 고용할 것을 결정하는 과정이다. 호텔경영에 있어서도 필요한 자질을 갖춘 노동력을 필요한 시기에 조달할 것을 목적으로 하기 때문에 우선 어떤 자질을 갖춘 노동력이 필요한가를 명확히 분석해야 한다. 그러므로 종사원이 맡은 직무와 물적・기술적 환경을 검토하여 효율적으로 업무를 수행할 수 있는 노동력을 선발해서 채용해야 한다.

채용관리는 기업활동의 수행에 필요한 자질을 갖춘 인력을 필요로 하는 양만큼 필요로 하는 시기에 노동력을 발휘할 수 있도록 선발, 배치하는 계획적, 조직적 조치이다. 따라서 이러한 고용관리가 잘 이루어지기 위해서는 직무분석에 의해서 직무수행에 요구되는 인적 자격요건을 명확히 해야 하고, 직무에 필요한 인력의 수를 계획하여야 하고, 필요한 자격을 갖춘 노동자를 적절한 방법에 의해서 필요한 인원만큼 직무에 배치시켜야 한다.

만약 채용단계에서 합리적인 방법으로 공석 중인 직무분야에 선발된 인력을 적재적소에 충원하지 못하면 업무성과의 부진은 물론이고 근무하는 직원들의 사기 또한 떨어지게 된다. 이에 따른 비용, 즉 채용비용, 교육훈련비용 등 증가로도 이어진다. 그러므로 종사원에 의한 인적 서비스가 주 상품인 호텔경영에서 효과적인 채용관리는 매우 중요한 의사결정과정이라고 할 수 있다.

1) 호텔 채용관리의 의의

채용관리는 호텔 종사원의 모집에서부터 시작하여 선발・배치・전환・이직에 이르는 일련의 관리활동을 말한다. 채용관리의 궁극적 목적은 적합한 인력과 적정인원을 적재적소에 조달하고 배치하는 것이다. 채용관리를 효율적・효과적으로 수행하기 위해서 가장 먼저 해야 할 일은 고용해야 할 정확한 인원을 산출하기 위한 채용계획을 수립해야 하며, 직무분석에 의해 추후 요구되는 인력의 질적 요건을 규정해야 한다. 그러므로 바람직한 채용관리를 위해서는 효과적인 고용계획의 수립과 직무분석이 전제조건이 된다고 할 수 있다.

특히 인사고과 및 근무평가에 의한 해직・해고가 상당히 어려운 국내 상황에서 채용관리는 더더욱 중요하다고 할 수 있다. 만일 채용단계에서 합리적인 방법으로 공석 중인 직무분야에 선발된 인력을 적재적소에 충원하지 못하면 업무성과의 부진은 물론이고 이에 따른 비용증가(예: 교육훈련비 및 채용비용)로 이어진다. 또 조직 전체의 분위기에도 부정적인 영향을 미쳐 결국 경영성과에 악영향을 초래하게 될 것이다. 그러므로 종사원에 의한 인적 서비스가 주된 상품인 호텔경영에서 효과적인 채용관리는 매우 중요한 의사결정과정이다.

2) 호텔 채용관리 과정

(1) 채용

호텔 사업에서 필요한 적격 인력을 채용하여 적재적소 배치를 하기란 그리 쉬운 문제만은 아니다. 이는 조직운영에 필요한 인재를 모집하여 채용된 각자의 우수한 능력들을 발굴하고 개발하기 위하여 경영자는 많은 관심과 창의적인 방법을 연구하고 있다.

직원 채용(Recruitment)은 현재 조직에서 공석 혹은 향후 발생할 공석을 채우기 위하여 사내외의 원천에서 지원한 희망자 중에서 필요로 하는 능력, 기술, 자질을 갖춘 인력을 찾아 가려내는 과정이다. 그러므로 채용은 특정 직무에 최적인 인적 요소를 갖춘 사람을 찾아내는 과정이며 조직 구성원의 자격을 부여하는 과정이라 할 수 있다.

채용은 사내채용과 사외채용으로 나누어지는데, 사내채용은 주로 현직 근무 직원을 승진시키거나 배치전환 등을 통하여 적임자를 선발하여 충원하는 과정이고, 사외채용은 사세의 확장 등에 의한 사내 인력 부족 또는 사내부서에 특정한 적격자가 필요할 때 실시한다. 이때에는 직원을 통하거나 채용공고에 의한 응시, 취업 알선기관, 교육기관, 광고를 이용한 채용 등이 있다. 사외채용은 사내채용에 비하여 많은 비용이 소요되는 단점은 있지만, 균등한 고용기회의 부여라는 면과 우수한 인력을 고용할 수 있다는 장점이 있다.

(2) 선발

선발(Selection)은 적격자를 채용하여 업무의 효율을 높이기 위함이므로 직원을 선발할 때에는 호텔기업에서 원하는 직무능력을 소유자로 믿을 수 있고, 장기적으로 헌신할 수 있는 환대업무(Hospitality Work)적 체질의 직원을 선발해야 한다. 만약, 부적격자를 채용하게 되면 업무의 비능률은 물론 이직률을 높이는 결과를 초래하게 되고, 경제적으로도 손실이 발생하게 된다.

그러므로 최상의 직원을 선발하기 위해서는 입사원서를 비롯하여 시험과 면접 등 다양한 프로그램을 통해 채용기준에 합당하고 근로의 효율성이 높을 것으로 예측되는 사람을 선발할 수 있는 도구가 필요하다. 선발도구 설정에 측정 결과의 일관성을 뜻하는 신뢰성과 객관성, 선발도구의 평가 요인 중 가장 중요한 타당성, 총 지원자 수에 대한 채용예정 인원수의 비율인 선발 비율이 고려되어야 효율적이고 합리적인 선발도구가 될 수 있다.

(3) 시험 및 면접

시험은 직원 채용 시 응시자의 정보를 얻는 수단으로서 인간의 표본을 측정하는 객관적이고 표준화된 절차이며, 가장 널리 사용하는 방법이다. 필기시험은 응시자의 능력과 인성을 평가하지만 면접시험은 채용과정으로 필기시험에서 알 수 없는 응시자의 용모, 가정환경, 경력, 성격, 판단력 등을 보충적으로 알아보기 위한 것이다. 면접은 주관적인 판단이 개입될 수 있음에도 불구하고 경영자나 인사 담당자에게 다른 선발 도구보다도 좋은 결과를 얻을 수 있다는 인식의 확산으로 그 유용성이 잘 알려져 있다. 면접으로 직원을 선발할 시에는 응시자의 직무능력 및 이력에 초점을 두어야 한다. 뿐만 아니라 사람들과 친화력, 그 업체에 대한 관심, 배우려는 의지 등을 면밀히 살피고, 개개인의 자질과 외모 등도 환대산업 종사자에게는 매우 중요한 요소이므로 잘 고려해서 선발해야 한다.

(4) 배치

채용된 인력을 적재적소에 배치시키는 기준은 크게 두 가지로 분류될 수 있다. 첫째는 신규직원 채용 시의 배치이고, 둘째는 기존에 배치된 구성원을 다른 직무로 바꾸어 이동하는 재배치로 분류할 수 있다. 만약, 배치가 잘못 되었을 경우, 시간·비용을 들여 채용한 인력의 낭비와 직무수행 차질은 물론, 높은 이직률을 나타게 되기 때문에 배치는 인적자원관리 측면에서 중요한 사항이다. 배치는 적재적소의 실현, 능력주의의 원칙, 인재 육성주의의 원칙에 입각하여 실행해야 한다.

(5) 인사고과

고과평가, 근무평가 또는 업적평가 등과 같이 다양하게 표현되는 인사고과는 직원의 현재 업무 수행상의 업적, 근무태도, 이를 통한 미래의 잠재적 능력 및 성격을 상위지가 측정, 평가하여 기록하여 직원의 실무능력, 성격, 적성 및 장래성 등을 판정하는 제도이다.

인사고과 관리를 적용함으로써 상벌이나 대우의 불공정 제거와 동시에 우수한 인재를 발달해서 적재적소에 배치함으로써 직원의 사기를 높인다는 점에서도 중요한 의의가 있다고 할 수 있는데, 인사고과의 목적은 임금 조정, 적재적소 배치, 직원의 특성 및 결함을 파악하여 이에 대한 적절한 지도, 교육 등을 통하여 인사의 합리화, 능률화를 기하는 것에 있다.

▌표 12-1▌ 인사고과의 목적

목적	활용내용
성과 측정 및 공정한 처우	성과를 주기적으로 측정하여 임금, 상여금 결정에 활용
적재적소의 배치	직원과 직무를 적합시키는 데 유용한 자료로 활용
능력 개발	직원의 능력을 정확히 파악하게 하여 경력개발 및 교육훈련에 필수적인 자료로 활용
인사이동 정보의 제공	승진, 배치, 이동, 강등 등 합리적으로 실시할 목적으로 활용
성과 피드백	직원이 얼마나 성과를 거두었고, 조직의 기대 수준에 얼마나 접근하고 있는가를 통해 인사고과에 활용

(6) 승진

승진이란 조직 내에서 보다 나은 직무로의 수직적인 이동을 말한다. 모든 종사원들은 승진에 대해 모두들 지대한 관심을 가질 수밖에 없을 것이다. 그러므로 합리적인 승진관리는 기업조직의 인적자원관리의 핵심이라고 해도 과언이 아닐 것이다. 공정하고 투명한 승진심사기준의 확립과 시행은 조직 전체의 사기진작과 동기부여에 큰 영향을 미친다. 그러므로 가장 합리적이고 무리가 없는 방법은 각 호텔기업의 특성에 맞게 연공주의와 능력주의를 함께 조화시키는 것도 하나의 일 것이다. 능력주의가 대세라고는 하지만 국내 정서에 맞지도 않는 방식을 서구식이라고 무리하게 추진했을 때에는 득보다 실이 더 클 수도 있기 때문이다.

(7) 이직

이직은 기업과 종사원 간의 고용관계의 종료를 의미한다. 중요한 것은 이직이 기업의 경쟁력 또는 성공 여부와 깊숙한 관계가 있다는 것이다. 호텔산업에서 일반적인 이직의 원인은 첫째, 종사원의 자발적인 의지에 의하여 기업조직을 떠나는 경우, 둘째, 기업의 경제적 · 전략적 필요에 의한 정리해고, 셋째, 종사원의 부주의 · 실책에 대한 대처방안으로서 징계에 의한 파면, 넷째, 종사원의 정년으로 인한 퇴직 등이 있다. 이와 같은 이직 유형 중에서 최근 가장 문제가 되고 있는 것은 정리해고이다.

대표적인 서비스기업인 호텔산업에서 이직은 아주 중요한 경영이슈가 아닐 수 없다. 왜냐하면 이직은 서비스 품질의 유지와 직결되기 때문이다. 인사관리 측면에서 성공적이지 못한 호텔들은 높은 이직률로 인하여 고객들에게 일관성 있는 서비스를 제공하지 못하면 새로 충원된 종사원들이 대부분 숙련자가 아니었기 때문에 높은 품질의 서비스를 고객에게 제공할 수 없었다. 또한 새로 충원한 종사원들에 대한 교육훈련비용이 훨씬 많이 소요되기 때문이다.

3. 호텔 임금 및 복리후생 관리

호텔에서 임금 및 봉급은 호텔종업원이 노동하여 얻는 소득을 뜻한다. 임금관리는 임금수준 또는 임금총액의 영역과 개개인의 임금을 어떠한 원칙과 기준에 따라 결정하는가의 개별임금 결정에 대한 관리의 영역으로 나눌 수 있으며, 전자는 임금총액관리로서 노동자의 평균임금을 결정하는 임금수준관리이고, 후자는 임금개별관리로서 개별적인 임금지급을 결정하는 임금체계관리이다.

한편 복리후생은 종사원과 그가 부양하는 가족의 경제·문화적 환경을 유지하고 증진하기 위해서 임금 이외의 여러 가지 간접적인 보수를 지급하는 활동이다. 복리후생관리는 원래 기업경영자의 자발적인 의사에서부터 유래되었으나 산업사회의 성숙과 노사관계에서 힘의 균형이 변화되어 현재는 국가정책에 의해서 시행되고 있다. 그러나 복리후생은 기업의 첫째 목표인 이윤창출과 더불어 사회적 책임을 충실히 이행한다는 차원에서 기업에게도 긍정적인 영향을 미치고 있다.

1) 호텔 임금관리

임금은 노동의 대가로 받는 보수나 노임을 말하며, 급여는 베푼다는 의미가 내포되어 있지만 임금은 대등한 사람 사이의 대가를 표현한다. 임금은 상점에서 판매하여 얻은 수입이나 주부가 집에서 부업으로 번 수입 등도 노동의 대가이므로 임금이라 할 수 있지만 오늘날에는 근로자가 노동의 대가로 사용자로부터 받는 보수, 급료, 봉급, 수당, 상여금 따위를 말한다. 임금은 크게 두 가지로 구별할 수 있는데, 하나는 정기적으로 지불되는 통상의 임금 및 급료 등의 경상적 지급 외에 수당 및 상여금 등의 각종 임시적 지급을 의미하고, 다른 하나는 각종의 임시적 지급을 제외한 경상적 지급을 의미한다.

노동보수의 크기를 의미하는 임금 수준은 근로자와 사용자의 입장에 따라 그 의미가 달라진다. 근로자, 즉 직원의 입장에서는 임금 소득이 생활비의 유일한 원천이기 때문에 보다 많이 받기를 원하며 최소한의 생활을 보장할 수 있는 임금을 요구하는데, 최저의 생활을 위해 국가가 이를 최저임금으로 정해 놓고 있는 실정이다. 반면, 사용자의 입장에서는 임금은 생산에 필요한 지급항목인 노무비에 해당하는 비용이기 때문에 보다 적게 지급하려고 하며, 생산성이나 능률에 견주어 결정해야 한다는 능률급 임금이나 생산성 임금을 주장하고 있다.

(1) 임금관리의 이해

앞서 제시했듯이 국민경제의 입장에서는 임금이 경제순환에서 구매력이나 가격으로서의 중요성을 지니고 있기 때문에 임금 수준이 너무 높거나 너무 낮을 경우, 또 다른 문제를 야기하게 되므로 국가차원에서 적정선을 제시하기도 한다.

지나친 고임금은 직원의 생활수준은 높이지만, 기업의 노무비 증가로 인하여 기업의 이윤폭이 감소되고 경영을 압박하여 투자의 감퇴를 초래할 수 있으며, 지급능력의 부족으로 생산 축소가 일어날 뿐만 아니라 생산비가 높아져 대외 경쟁력을 약화시키며, 소득 향상에 의한 수입 증가로 노동자의 실업을 초래할 위험성이 있다. 반대로 지나친 저임금은 기업에는 유리할지 모르나 직원의 노동의욕 상실과 노동력 재생산의 불가능을 초래하여 인적 자원의 유지와 개발에 큰 차질을 가져오고 구매력을 축소시켜 국민경제를 더 한층 불황으로 몰아넣기도 한다.

특히, 저임금은 그 자금이 생산에 유입되므로 과잉생산 상태에서는 유효 수요 부족으로 나타나 불황을 초래할 수도 있다. 그러나 잉여 이윤은 국민경제의 확대를 유도할 가능성이 있다. 그래서 소비의 확대는 경기를 회복시키는 지렛대 구실도 한다. 그러므로 임금이 기업의 지급 능력이나 노동생산성을 장기에 걸쳐 상회하거나 하회해도 문제가 일어나므로 소득으로서의 임금, 비용으로서의 임금, 구매력이나 가격으로서의 임금이 국민 경제적 차원에서 균형 관계를 유지하도록 하여야 한다.

(2) 임금관리의 중요성

임금(Pay)이란 조직이 구성원들에게 그들의 조직에 대한 공헌의 대가로 지급하는 화폐적 정보를 말한다. 임금은 흔히 Wage와 Salary로 구분하여 사용되기도 하지만, 여기서는 두 가지를 모두 포괄하는 개념으로 사용한다.

조직, 특히 기업이라는 경영주체는 물적 생산수단에 노동을 투입함으로써 제품이나 서비스를 산출한다. 이때 투입된 노동에 대한 화폐적 형태로서의 보상인 임금은 기업의 입장에서 보면 비용이며, 종업원의 입장에서 보면 소득이다. 따라서 임금은 종업원들의 공헌이라는 자극에 대한 기업의 반응이라고 할 수 있다. 반대로 공헌은 기업으로부터 받는 임금이라는 자극에 대한 종업원의 반응이라고 할 수 있다.

즉 임금은 기업이 종업원을 모집하고 선발하며, 유지하고 동기부여시키는 관리수단으로서 중요한 의미를 갖는다. 반면에 종업원에게는 임금이 소득으로서 생활의 수단이 되기 때문에 중요한 이유 중 하나다. 이처럼 임금은 비용으로서의 측면과 소득으로서의 측면의 양면성을 갖기 때문에 대립의 원천이 되는 경우가 많다. 따라서 임금은 기업에 있어서 관리의 대상으로서 매우 중요한 의미를 내포하고 있는 것이다.

이와 같이 임금은 임금구조와 관리, 임금수준과 정책, 지급방법과 형태 등에 따라서 종업원과 기업주, 더 나아가서는 전체 사회에 미치는 영향이 지대하며, 그 중요성이 강조되고 있다. 여기에서는 임금의 중요성을 종업원과 호텔기업의 입장에서 설명하고자 한다.

① 종업원 입장

- 생계비 유지의 원천(최저생계유지비 원칙)
- 사회적 신분을 규정하는 요소(자아실현)

- 사회적 · 생리적 욕구충족의 수단(구매력에 영향)
- 자질 향상과 공헌도 증진의 요소(유인증진)
- 재무적 인센티브의 요소(받는 것만큼 일함)

② 호텔기업 입장

- 비용의 요소
- 생산성과 능률성 요소
- 생산원가의 주요 요소
- 호텔이윤의 요소
- 호텔수입의 원천
- 최고가격결정과 고객유인의 요소

(3) 임금의 형태

① 시간급제

시간급제는 근로자의 능력과 자질, 작업의 양과 질에 관계없이 그들의 근로 시간만을 기준으로 하여 임금을 계산하여 지급하는 형태이다. 이러한 시간급제는 근로자에게 일정한 임금이 보장되고, 임금계산 업무가 간편하고, 생산 활동에 시간적 제약을 받지 않으며, 품질의 불량률을 방지할 수 있는 장점이 있지만, 일률적인 보수의 지급으로 동기부여나 사기 진작의 촉매제로는 자극성이 약하다는 단점이 있다.

- 단순 시간급제: 근로자가 수행한 작업의 양과 질에는 관계없이 단순히 근로시간에 임금률을 곱하여 임금액을 산출하는 단순 시간급제
- 복률 시간급제: 작업 시간을 표준화하고, 표준 작업량을 일정한 시간 내에 달성하는 사람에게는 높은 임금률을 적용하고, 그렇지 못한 사람은 낮은 임금률을 적용하는 복률 시간급제
- 계측 일급제: 기본급과 장려급을 일정한 비율로 조합하여 임금을 산정하는 방법인 계측 일급제

② 성과급제

근로자의 노력과 능률 정도를 고려하여 많은 노력과 성과를 올린 근로자에게 높은 임금을 지불함으로써 노동생산성을 제고시키고자 하는 임금 형태를 의미한다.

- 단가 성과급제: 상품의 단위당 임금률을 정하고 그 작업량을 환산하여 임금을 산출하는 방법
- 시간 성과급제: 상품의 일 단위를 생산하는 데 필요한 표준작업시간을 정하고, 그 작업에 대한 시간당 책정 임금률을 곱하여 임금액을 계산하는 방법

③ 추가급제

시간급제와 성과급제의 절충 형태로 근로자의 생계비를 보장하면서 생산성과가 표준 이상인 경우, 초과금과 상여금 형태로 일정률의 추가금액을 지급하는 제도이다. 이러한 추가급제에는 '할당급제'와 '상여급제'가 있다.

- 할당급제: 일정한 기준을 넘는 생산량이나 과업을 달성한 경우 추가적으로 보상을 할증형태로 지불하는 제도
- 상여급제: 초과 달성에 대한 보상으로 상여금을 지불하는 제도

④ 특수임금제

- 집단임금제: 근로자 개개인 중심의 임금을 산정과 대립되는 제도로서 일정 근로자의 집단별로 임금을 산정하여 지급하는 제도
- 순응임금제: 일정한 임금률을 변동하는 제 조건에 순응하여 자동적으로 임금률을 조정하는 제도로서 물가연동제라고도 함
- 이윤분배제: 기업이 근로자들에게 지불하는 통상임금 이외에 기업의 이윤 발생 시 노사의 협약에 의해 정해진 방법으로 근로자에게 이윤을 분배하는 제도

⑤ 연봉제

근로자의 능력과 실적, 그리고 조직에 대한 공헌도를 평가하고 계약에 의하여 연간 보상액을 정해 이를 매월 분할하여 지급하는 능력 중심형 임금제도이다. 연봉제는 환경 변화에 적응, 능력주의, 노동력 유연성 등의 관점에서 그 필요성을

다음과 같이 설명할 수 있다.

- 능력주의 임금체계로의 이행
- 개인적 동기의 충족
- 노동시장 유연화
- 고임금, 저성장 체제로의 전환

(4) 임금결정의 원칙

현행 근로기준법에 의한 임금이란 사용자가 근로의 대가로 근로자에게 임금, 봉급, 그밖에 어떠한 명칭으로든지 지급하는 일체의 금품을 말하고 있는데, 임금은 크게 두 가지 서로 다른 관점에서 바라볼 수 있다. 하나는 임금을 지급하는 사용자(기업)의 입장에서 보는 것이며, 또 다른 하나는 제공한 노동의 대가로 임금을 지급받는 종사원의 입장에서 보는 것이다. 기업의 입장에서 보면 임금은 조직 전체의 비용구조를 결정하는 주요한 요소가 되고, 반면에 종사원의 입장에서 보면 임금은 본인 및 가족의 생활을 유지할 수 있는 가장 중요한 소득의 원천이다. 그러므로 기업에서 합리적으로 공정한 임금관리를 정착시키기 위해서는 다음과 같은 임금결정의 원칙이 존재한다.

① 생계비 수준 보장의 원칙

임금은 종사원 혹은 가족의 생계를 보장할 수 있는 수준 이상으로 지급되어야 한다. 최저임금제는 이와 같은 원칙을 배경으로 만들어진 것이다.

② 노동의 질과 양 대응의 원칙

임금은 사용된 노동의 질과 양에 의해 대응되어야 한다. 임금은 종사원에 의해 제공된 노동에 대한 대가 혹은 기업에 대한 공헌에 대한 보상이므로 해당 노동의 질과 양에 의해 대응해서 결정되어야 한다.

③ 임금안정의 원칙

본인 혹은 가족들의 생계를 책임지고 있는 종사원의 임금이 불안정한 상태에 놓이게 되면 사기저하로 인하여 생산성이 떨어지고 또 이직률이 상승하는 원인이 될 수 있다.

④ 생산성 대응의 원칙

임금은 종사원의 생산성, 즉 직무에 의한 기업 기여도에 의거하여 지급해야 한다.

⑤ 임금 지급한도의 원칙

임금은 각 기업의 지급능력 한도 내에서 이루어져야 한다. 종사원의 입장에서는 임금이 많을수록 좋겠지만, 기업경영상 실제 임금의 지급은 조직의 유지・존속을 전제로 해야 한다.

⑥ 사회적 균형의 원칙

임금은 사회적으로 균형이 맞아야 한다. 기업조직 내의 계층별 균형 또는 동종산업 간의 상대적 균형의 유지를 도모함으로써 종사원의 사기진작과 동기부여를 유발하여 생산성을 향상할 수 있다.

2) 호텔 복리후생 관리

종사원의 복리후생이란 종사원의 복리와 후생을 도모함으로써 불완전한 노동조건을 보완하고 이를 통하여 노동력의 최적 활용을 기함은 물론 노사관계의 안정화와 양호 간 인간관계를 확보하기 위해서 기업이 채택하는 부가적 보상체계를 말한다.

복리후생비는 종사원의 노동과 직접 연결되지 않는 간접적인 보상이라고 할 수 있다. 따라서 종사원에게 직접적으로 제공하는 급여를 직접임금이라고 한다면 복리후생은 간접적인 형태로 제공되는 부가보상을 호텔복리라고 하기 때문에 간접적인 임금 또는 제2의 임금이라고도 한다.

(1) 복리후생의 의의

전통적 의미에서의 호텔 복리는 근로자의 생활안정과 질 향상을 위해 근로조건에 부가적 또는 보충적인 것으로 고용주의 자유의사에 의한 임의적인 제도나 시설로 호텔 자체의 부담과 책임하에 추가적으로 베푸는 혜택으로 간주해 왔다. 복리후생은 넓은 의미에서 종업원과 그 가족을 대상으로 생활의 이상적 상태, 즉 물질적 만족과 정신적 안정을 통해 삶의 질을 향상시키기 위한 각종 시설이나 제도를 의미한다.

근로의 의사와 능력이 있는 모든 종업원에게 일할 수 있는 기회와 장소가 주어지며, 고용된 종업원은 본인과 그 가족들이 생활을 유지할 수 있는 임금과 그 외에 간접적으로 주어지는 조건이 확보되고, 질병에 걸린 자는 의료가 보장될 뿐만 아니라 문화, 체육, 오락 등 직원의 생활을 안정되고 풍요롭게 할 수 있는 적극적인 활동의 종합적 체계이다.

호텔의 복리후생이 갖는 내용으로는 종업원과 그 가족의 생활 안정·문화의 향상·건강의 증진 등에 호텔이 적극적으로 개입할 것이 요구됨에 따라 복리후생은 임금, 노동시간 등의 기본적인 근로조건을 보완하는 것으로 인식되고 있다. 호텔 복리는 호텔이 주체가 되어 경영능률의 향상과 종업원의 복리증진을 위하여 실시하는 임금 이외의 비용 내지는 이와 관련된 시설, 활동, 제도 및 프로그램의 총칭이라 정의할 수 있다. 다시 정리해 복리후생을 종업원 측면과 기업적 측면에서 살펴보면 다음과 같다.

▌표 12-2▌ 노사측의 복리후생 인식 비교

종업원 측면	기업의 측면
① 사기 앙양	① 근로자와의 관계가 개선
② 불만 감소	② 노사관계 증진
③ 채용이 안정되고 생활수준이 향상	③ 결근, 지각, 사고, 이직 감소
④ 경영자와의 관계가 개선	④ 채용, 교육훈련비용 절감
⑤ 호텔의 경영방침에 대한 적극 참여	⑤ 임원과 직원 간의 협력 증대
⑥ 건설적인 참여의 기회 증가	⑥ 생산성 향상과 원가절감
⑦ 전반적인 직무 만족	⑦ 호텔을 홍보할 기회 증가

(2) 법정 내 복리후생

복리후생은 법적 요구사항에 따라 의무적으로 실시해야 하는 법정복리후생과 호텔의 특성, 규모, 근로조건 등을 고려하여 호텔이 임의적으로 시행하는 법정 외 복리후생으로 나누어볼 수 있다. 우리나라에서는 의료보험, 연금보험, 재해보험, 실업보험 등 4가지 공적보험을 법정으로 정하고, 법정 외 복리후생으로는 호텔마다 약간의 차이가 있지만 생활원조시설, 금융국가의 사회보장 차원에서 정부가 호텔에 대하여 법률적으로 명시하여 강제로 실시하는 제도를 말한다. 그 주된 내용은 다음과 같다.

① 의료보험

1963년에 우리나라에서 처음으로 실시되었지만 1977년 제4차 경제개발 5개년 계획의 일환으로 생활보호 대상자에 대하여 의료보호사업을 실시하고 500명 이상의 사업장 근로자를 대상으로 실시되면서부터 국가계획의 일환으로 시행되었다. 의료보험제도는 업무와 상관없이 발생하는 질병이나 사고에 의해 경제적인 위험으로부터 종업원의 생활을 보호하는 동시에 질병을 사전에 예방하는 역할도 한다. 그 대상은 종업원과 가족을 포함하여 보험료는 노사가 각각 분담한다.

② 산업재해보험

업무수행과 관련하여 발생한 부상·질병·사망 등의 재해에 대해 경제적으로 보상하는 제도이다. 종업원의 비용부담이 없으며 일반적으로 기업이 비용을 전액 부담한다. 종사자가 산재보상을 청구하기 위해서는 그 재해가 업무상 발생한 것이어야 하고 업무상의 재해 여부는 업무수행성·업무기인성 등을 고려하여 판단한다.

③ 연금보험

연금보험제도는 종업원이 노령이나 폐질로 근무능력을 상실하여 소득이 없는 경우나 사망하였을 경우에 종업원과 그 가족의 생계를 지원해 주기 위해 일정의 연금을 지급하는 제도이다.

우리나라는 1960년의 공무원연금제도를 시작으로 1980년에 국민연금법이 제정되어 1988년부터 국민연금제도를 시행하게 되었다. 1992년부터는 5인 이상 고용하고 있는 기업에까지 가입범위를 확대하였다.

④ 실업보험

종업원이 실직한 경우 발생하는 생활의 위험을 방지하는 제도로써 미국의 경우 사회보장법에 의해 각 주별로 실업보험제도가 운영되며, 해고된 종업원은 일할 수 있는 능력과 일하고자 하는 의사가 있으면 일반적으로 해고 전 임금의 50%를 해고 후 6개월 동안 지급받게 된다. 그러나 실직 후 노동청에 구직신청을 해야 하며, 본인의 큰 잘못이나 불법행동 등으로 해고를 당하였을 경우, 정당한 사유 없이 직장을 스스로 옮기려 할 경우 등에는 급여혜택을 받을 수 없다.

(3) 직·간접 복리후생

직·간접 복리후생은 법정 외 복리후생이라고도 할 수 있는데, 호텔이 임의로 종업원을 위한 복리후생을 실시하는 제도를 말하며, 호텔의 특성, 규모, 환경, 조건 등을 고려하여 필요에 의해 실시하기 때문에 그 종류가 매우 다양하다.

종업원의 복리후생을 위해 휴게실, 탈의실, 샤워실, 오락실, 도서실 등의 시설을 갖추고 연 1회 이상 업장에 적합한 구두와 유니폼을 지급하며, 대중교통수단의 운행시간 전후에 출퇴근하는 종업원에게는 교통비를 지급하기도 한다. 그리고 다음과 같이 직·간접으로 지급되기도 한다.

① 직접 복리후생

구성원 개인에게 현금급여를 중심으로 지급되는 복리후생으로, 휴무보조금, 휴가보조금, 가족보조금, 금연비용, 장기근속자 프로그램 비용 등이 있다.

② 간접 복리후생

구성원에게 현물급여를 중심으로 지급되는 복리후생이다. 예를 들면, 주택 구입 시 금융지원, 호텔 및 콘도미니엄 사용권, 골프회원권, 직장보육시설, 위생시설, 영양급식시설, 의료시설, 근무환경시설, 승용차 지급 등이 있다.

(4) 복리후생의 원칙

오늘날 기업에서 제공하는 복리후생은 정책의 규제나 법률에 의해서뿐만 아니라 산업사회의 발전과 함께 기업의 자발적인 복리후생시설로 인하여 그 비용이 엄청나게 증가하고 있다. 복리후생관리는 무조건 확대한다고 좋은 것이 아니다. 기업 측의 경비부담에 한계가 있을 뿐만 아니라 근로자로서도 복지적 혜택보다 오히려 직접적인 임금의 증액을 바라는 경향이 있기 때문이다. 이런 점에서 기업의 복지후생관리에서 기본적으로 고려되어야 할 세 가지 원칙을 제시해 본다.

① 적정성의 원칙

적정성의 원칙은 첫째, 기업의 모든 근로자에게 절실히 필요하고, 둘째, 경비부담에 알맞으며, 셋째, 동종의 산업이나 그 지역 내 산업에 비하여 크게 차등이 없는 정도의 복리후생을 하는 것이 온당하다는 점이 특징이다. 그러기 위해서는 동종의 업종이나 동일한 지역 내의 시설 등을 조사하고 일반적 수준을 파악하는 것도 중요하다.

② 합리성의 원칙

복리후생에 관한 시설 및 제도는 기업뿐만 아니라 국가나 지역사회에 의해서도 추진되므로 기업으로서는 서로 중복되거나 연관성이 결여되는 일이 없도록 합리적으로 조정·관리해야 한다.

③ 협력성의 원칙

협력성이란 기업 내적인 노사 간의 협동관계를 중점적으로 뜻한다. 복리후생의 유지·향상을 위해서는 기업의 책임이 크지만, 동시에 근로자의 책임도 있으므로 노사가 협의하여 복리후생의 내용을 충실하게 검토함으로써 그 운영에 있어서는 더 한층 협력적 효과를 발휘할 수 있다.

4. 호텔 직원의 교육 · 훈련

인적자원관리의 출발점이 채용관리라고 한다면 이미 고용된 구성원의 개인적 지식, 태도 및 기능을 향상시키기 위하여 실시되는 것이 교육·훈련이라고 할 수 있다. 기업과 같은 모든 조직에서는 다수의 사람과 환경의 상호작용 속에서 기술, 태도, 행동 등을 끊임없이 배우지 않으면 경쟁우위를 점할 수 없다. 개인이 조직생활을 통하여 필요한 행동을 습득하는 것을 설명하는 학습(Learning)은 연습이나 경험의 결과로 나타나는 행위 또는 태도에 따라 변화가 나타난다. 특히 호텔의 경우 다국적 고객을 대상으로 하고, 최고의 서비스를 지향하는 기업이기 때문에 교육훈련 없이는 모든 고객을 만족시킬 수 없다.

1) 호텔 직원의 교육 · 훈련

직원의 교육훈련이란 경영환경의 변화에 대처하기 위해 직원들의 서비스, 지식, 기술을 지속적으로 개발 유지하는 것을 말한다. 교육훈련은 조직이 주체가 되어 조직의 가치관, 지식, 기술, 태도 등을 교육훈련 담당자를 통해 피교육자로 하여금 습득하게 하는 일련의 조직활동이다. 그런데 교육훈련은 교육(Education)과 훈련(Training)이란 두 용어가 결합되어 만들어졌는데, 교육은 구성원의 일반적인 지식, 태도 및 기능을 육성하는 것으로 능력개발을 목적으로 하며, 주로 정규교육제도에 국한되는 것으로 본다. 이에 반하여 훈련은 특정 직무를 수행하는 데 필요한 지식과 기술을 향상시키기 위해 문제해결, 태도, 관행, 행동을 바꾸는 것으로, 실제 직무수행 시 부족한 측면 혹은 개선할 측면을 다룬다.

따라서 교육은 개인의 능력배양 외에 구성원의 잠재력을 유인하는 정신적 의미가 절대적으로 강조되는 반면, 훈련은 특정 직무를 수행하는 데 필요한 지식과 기능을 높이기 위하여 태도, 관행, 행동, 서비스를 변경시키는 활동으로, 기술적 내용의 연습과정을 습득·연마시키는 것이라 할 수 있다.

따라서 호텔 직원의 교육훈련이란 종업원의 사고, 관심 및 태도를 변화시킴으로써 그들이 맡은 바 직무를 효과적으로 수행할 수 있도록 지원하기 위해 계획된 조직적 활동이다. 교육훈련은 궁극적으로 종업원의 직무수행능력을 배양하는 동시에 근로의욕이 왕성한 종업원을 양성시키는 데 의의가 있다.

2) 호텔에서 교육 · 훈련의 중요성

호텔기업의 환경이 복잡해지고 미래 예측이 불가능할수록 노동력과 같은 물적 자원도 중요하지만 창의력, 기획력 등과 같은 무형자산이 기업성장의 핵심역량으로 부상하고 있다. 즉, 무형자산이 기업의 중요한 자원이고, 인적자원에 대한 투자가 많을수록 자산가치가 증대된다는 것이다. 따라서 선진국의 호텔에서는 교육훈련 투자는 지속적으로 증가하고 있고, 지속적으로 성장하는 기업일수록 교육훈련에 많은 투자를 하고 있는데, 그 이유는 다음과 같다.

① 최신기술을 사용할 수 있는 구성원들의 훈련이 필요
② 조직과의 통합을 위해 교육훈련이 필요
③ 글로벌 경영환경으로 인해 교차문화훈련(Cross-Cultural Training) 등이 요구
④ 구성원들의 팀워크, 갈등관리능력의 개발 등이 요구
⑤ 구성원들의 이직 증가에 따른 조직의 규칙과 정책 등을 이해시키기 위함

3) 교육 · 훈련의 분류

기업의 규모와 교육, 훈련 대상과 인원 및 수준, 직원의 경력 그리고 교육, 훈련의 내용과 방법에 의하여 달라진다.

(1) 대상에 의한 분류

신분과 계층으로서 크게 신입자 훈련과 현직자 훈련으로 구분된다. 신입자 훈련은 채용 직후나 수습기간 중에 회사의 전반적인 사항과 기본 정책, 현직자 훈련은 조직 구성원의 기능 향상, 잠재능력 개발, 관리 및 경영능령 향상을 목적으로 한다.

(2) 장소에 의한 분류

교육・훈련이 실시되는 공간이 사내인가 사외인가에 의한 분류로 직장 내 훈련(On The Job Training)과 직장 외 훈련(Off The Job Training)은 피교육자를 일정 기간 직무와 분리하여 외부기관에서 전문적으로 훈련을 받게 하는 방법이다.

(3) 시기에 의한 분류

신규 채용자 훈련, 직원 재교육, 승진 및 전직교육, 교환교육으로 분류된다.

(4) 내용에 의한 분류

컴퓨터 관련 기능교육, 서비스교육, 와인교양교육, 영업전략교육, 관리자 교육, 신입사원 훈련을 들 수 있으며, 전문성 강화를 위하여 최근에는 그 내용이 보다 세분화되고 있다.

4) 교육・훈련방법

(1) 강의법

가장 오래되고 널리 사용되는 방법으로 특정 부문의 고도 숙련자가 피교육자들을 한 곳에 모아 놓고 일방적으로 강의하고 피교육자는 경청하는 방법이다. 이 방법은 단시간에 많은 인원을 교육할 수 있고, 탄력적으로 교육 시간을 운영할 수 있으며 교육 내용을 재조직하여 보충하기 용이하다는 장점이 있다.

(2) 토의법

학습 내용이나 주제에 대한 토의를 전개하여 문제를 해결하는 방법으로, 집단 간 자신의 의견을 발표함으로서 개인이 해결할 수 없는 문제를 공동의 집단사고로 해결할 수 있으므로, 건설적이고 협동적인 과정을 통하므로 협동정신을 기를 수 있다.

(3) 분단교육법

학습자를 고려하여 내용이나 목적에 따라 몇 개의 소그룹으로 나누어 분단별로 교육하는 방법으로 획일화된 일방적인 교육을 탈피할 수 있고, 사회적 의미를 가지고 임하므로 공동학습의 효과도 나타날 수 있다.

(4) 시청각 교육법

시청각적 교육 매체를 교육과정에 접목하여 적절하게 활용하여 학습활동에서 최대의 효과를 얻고자 하는 교육방법이다. 시각효과를 이용하여 교육하므로 흥미유발과 활동적인 학습활동으로 능률을 올릴 수 있다. 시청각적 교육 매체는 파워포인트, 실물, 표본, 영화, TV 등이 있으며, 전시회나 Roll Playing, Benchmarking 등에 의한 교육도 포함된다.

(5) 브레인스토밍(Brainstorming) 교육법

브레인스토밍은 각자의 생각이나 의견을 말하는 난상토론으로, 잠재된 아이디어를 개발하여 문제를 해결하는 방법이다. 어떠한 내용의 발언이라도 그에 대한 비판을 해서는 안 된다. 이 학습법은 학습자의 창조력을 촉진시키고 참여도를 높이는 효과가 있다. 일정한 테마에 대한 회의 형식을 채택하여, 구성원의 자유발언을 통한 아이디어의 제시를 요구하여 아이디어를 찾아내려는 방법이다.

(6) 사례연구

학습자에게 특정한 사례를 제시해 주고, 그 문제와 직접 관련된 입장에서 해결하도록 함으로써 능력을 향상시키는 학습하는 방법이다. 사례연구는 많은 표본을 수집하여 제한된 변인을 통계적으로 분석하면서 일반적 경향을 밝히려는 표본연구나 통계적 연구와는 달리 하나의 대상에 여러 변인을 동시에 심층적으로 연구한다는 특징을 가진다.

(7) 현장실무(OJT: On-the-Job Training) 교육법

OJT(On-the-Job Training)는 모든 관리자·감독자는 업무수행상의 지휘 감독자이자 업무수행과정에서 부하 직원의 능력 향상을 책임지는 교육자이어야 한다는 생각을 기반으로 하여 추진되고 있기에 지도자와 학습자 사이에 친밀감을 조성하며 시간의 낭비가 적고 기업의 필요에 합치되는 교육·훈련을 할 수 있다는 장점이 있다. 그러나 지도자의 높은 자질이 요구되며 교육·훈련 내용의 체계화가 어렵다는 등의 단점이 있다. 그러므로 OJT의 대상은 비교적 하부조직의 직종이 된다.

5. 호텔 노사관계 관리

노사관계는 기업의 안정과 질서유지의 가장 중요한 요소이다. 현대적 의미의 노사관계는 산업관계를 지향하는 것으로 근로자 조직과 경영자 간의 관계에서 나타나는 임금, 생산성, 고용보장, 경영자의 고용관행, 노동조합의 정책 및 기타 노동문제에 관한 모든 영역을 포함한 것이다. 따라서 근로자는 근무라는 측면에서 경영과 협동적인 관계가 있으며, 생산의 성과배분에 대해서는 대립적인 관계를 동시에 가지게 된다.

즉 노사관계는 생산에 대한 협력과 배분에 대한 대립의 양면성을 지니고 있다. 호텔에서 노사관계란 두 가지 의미로 생각해 볼 수 있다. 첫째는 고용조건 결정에 대립하는 사업자와 임금을 받는 직원과의 관계이며, 둘째는 객실과 식음료 상품의 생산이나 서비스를 중심으로 하는 호텔 직원과 경영자와의 관계이다.

1) 호텔 노사관계 관리의 의의

호텔 노사관계 관리는 사업자와 노동자와의 관계로서 그 조직이 산업별·기업별·직장별로 분류되는데, 우리나라의 노동조직은 기업별 노동조합으로 구성되고 있으며, 노사 간의 단체교섭도 대다수가 기업의 경영자와 노동자와의 관계로 형성된다. 노사관계는 전통적으로 사업자와 피고용자인 종업원 간의 구체적인 노동 및 생활조건을 요구하는 대립적인 사회관계이다. 그러므로 현대적 인적자원관리의 입장은 대립관계를 인정하면서 그 대립을 가능한 교섭이나 협의를 통해서 노동 질서를 유지해 나가는 것이다. 노사관계 형성의 중요한 조건의 하나인 노동자의 경영의사결정에 참가문제가 큰 역할을 하기도 하지만, 이것도 의사결정의 수준이 현재의 자유기업제도에는 한계가 있다.

사업자와 종업원과의 관계는 두 가지 형태의 관계가 포함되어 있다. 첫째는 종업원으로서의 측면과 사업자의 경영자로서의 측면에서 상호신뢰감을 형성하는 일이다. 또 다른 관계는 임금을 받는 노동자와 사용자로서의 노동조건을 단체교섭으로 결정하는 관계이다. 그러므로 단체교섭을 통해 이루어지는 관계이며, 상호신뢰의 심적 상태를 형성하는 일, 노동협약체결, 분쟁처리제도 등의 노사관계조정을 합리적으로 설정하는 단체교섭기술에 대한 것이다.

그러므로 노사관계 관리란 경영과 노동조합과의 접촉에서 안정적인 노사관계가 형성되도록 양자 간 태도와 행동을 취하고, 분쟁을 예방하기 위한 관계 관리라 하겠다. 또한 상호노력을 통해 산업발전과 경제의 지속적 발전을 유도하는 것이 목적이다. 따라서 쌍방이 서로 협조적 관계의 입장에서 협상이 이루어질 때 노사관계가 안정적으로 발전, 지향할 수 있다.

2) 노사관계 관리의 유형

노사관계의 역사적 유형으로 고용주와 임금노동자가 고용조건의 결정을 중심으로 하여 맺어진 개인적 관계가 영국의 산업혁명 이후 오늘날까지 각국에서 추진된 공업화 과정을 배경으로 성립되어 왔다. 그 당시부터 현대에 이르기까지 노사관계의 역사적 발달을 단계적으로 유형화하면 전제적 노사관계, 협조적 노사관계, 민주적 노사관계로 구분할 수 있다. 하지만 현대의 노사관계를 논하려면 역사적 발달에 의한 역사적 유형과 국민 문화적 유형을 살펴볼 필요가 있다.

(1) 전제적 노사관계

전제적 노사관계는 독재적 성격을 띠고 있는 것이며, 이때에는 근로조건이 사용자의 일방적 의사로 결정되고, 사용자와 근로자의 관계는 절대명령과 복종, 주종의 관계로서 인간적인 대우는 무시되었던 시대의 노사관계이다.

(2) 친권적 노사관계

친권적 노사관계는 근로자의 협조를 얻을 수 없다고 판단될 때 사용자는 그 대응책으로 근로자에 대해 주택이나 의료 등의 복지후생 시책을 마련해 주는 것이다. 이러한 사용자의 생각은 근로자의 충성, 즉 근로자는 사용자가 베푸는 은혜에 보답한다는 관계로서 노사관계가 순조롭게 유지될 수 있다는 생각으로 마련한 대응책이라 할 수 있다.

(3) 협조적 노사관계

노동조합의 조직이 점차 강화되어 종래의 사용자가 전제적으로 결정하던 노동조건에 대하여 노동자가 집단적으로 영향을 미칠 수 있게 되었다. 그러므로 고용자가 노동자의 힘과 타협하는 방향으로 발전하였으며, 경영주는 종업원의 복지증진과 의사소통으로 노사 간의 대립이 완화되어 원만한 노사관계로 발전하였다.

(4) 민주적 노사관계

사용자와 노동자가 대등한 지위를 유지하는 데는 기업의 규모가 확대되고, 소유와 경영이 분리되고, 전문경영자가 경영을 담당하게 노사관계가 변했다고 할 수 있다. 경영규모의 확대는 노동력을 집중시키고 기계화와 표준화로 발전시켰고, 미숙련근로자와 여성노동자를 대량으로 진출시킴으로써 노동조건을 결정하는 단체교섭과정에서 노사는 대등한 사회적 지위를 인정받게 되었다.

3) 노사문화의 3대 원칙

신뢰에 바탕을 둔 공생적 노사관계와 같은 신 노사문화의 창출은 그간 노・사

·정 3주체 사이에 불신의 거품을 걷어내고 새로운 노사관계로의 전환을 위한 의지와 노력과 지혜를 결집하는 조건에서부터 출발해서 노사문화의 3대 원칙, 즉 참여·효율·공평의 3대 원칙에 입각해서 추진되어야 할 것이다.

(1) 참여의 원칙

경제사회를 구성하는 각 행위주체들의 참여에 기초한 민주적 의사결정과 사회적 합의의 구축은 체제의 안정을 가져오고 나아가 새로운 경제사회의 건설을 위한 자율과 참여가 발현될 수 있는 토대를 제공할 것이다.

(2) 효율의 원칙

민주적 시장경제질서의 틀이 확립되기 위해서는 자유가 보장됨과 아울러 공정하고 투명한 경쟁의 규칙과 책임하에 자신의 능력을 최대한 발휘할 수 있는 여건이 조성되어야 한다.

(3) 공평의 원칙

민주적 시장경제질서의 정착을 위해서는 경제사회 전반에 걸쳐 공정성이 보장되어야 한다. 시장경쟁에 의한 보상과 사회적 갈등의 해소가 공정하게 이루어지도록 하는 사회적 연대의 기반이 되는 신뢰를 회복하기 위한 전제조건이다.

4) 노동조합의 분류

고용주는 경제적으로 강력하여 근로자들이 반대의 입장에 대치하게 된다. 이는 근로자들이 약자의 위치를 극복하고 교섭력을 강화하기 위하여 집결한 것이 노동조합이다. 우리나라 노동조합법에는 "노동조합이란 근로자가 주체가 되어 자주적으로 단결하여 근로조건의 유지, 개선 및 기타 경제적 지위 향상을 도모함을 목적으로 조직하는 근로단체 또는 그 연합체를 말한다."라고 규정되어 있다. 즉 노동조합의 실질적 요건은 근로자가 주체가 되어야 한다는 것이고, 노동조합의 목적은 근로조건의 유지, 개선과 근로복지 향상에 두고 있다. 노동조합의 형태는 조직별로 볼 때 일반 노동조합, 직업별 노동조합, 기업별 노동조합, 산업별 노동조합으로 분류하고 있다.

(1) 일반 노동조합

직업 또는 기업의 여하를 불문하고 동일지역에 있는 중소기업을 중심으로 조직되는 조합이다. 중공업이 발달되지 못하고 중소기업이 많은 나라에서 가끔 이와 같은 형태가 존재한다.

(2) 직업별 노동조합

산업이나 기업에 관계없이 동일한 직업, 직종에 속하는 근로자들이 자기들의 경제적 이익을 확보하기 위하여 조직하는 노동조합을 말하는 것으로 역사적으로는 가장 일찍이 발달한 조직형태이며, 이를 직종별 조합이라고 한다.

(3) 기업별 노동조합

동일기업 내에서 근로자에 의하여 조직되는 노동조합으로 일명 기업 내 조합이라고도 한다.

(4) 산업별 노동조합

일정한 산업에 종사하는 근로자를 그 소속이나 직종을 구별하지 않고 근로자 전체로서 조직하는 형태이다.

모든 호텔기업에 노동조합이 조직되어 있는 것은 아니고, 모든 종사원이 노동조합에 가입하는 것도 아니다. 노동조합의 가입 여부는 종사원의 개인적인 선택에 달려 있다고 할 수 있다. 그래서 회사 측은 보통 가입하지 않기를 바라며 반대로 노동조합은 가입을 강력하게 권유한다. 그리고 일반적으로 중간관리자 이상의 직급이 되면 노동조합에 가입하지 않고 있다. 그럼에도 다음과 같은 상황이나 조건에서는 호텔기업 종사원들의 노동조합에 가입하고 있다.

- 열악한 근무환경
- 부적당한 임금수준
- 자기 자신의 능력을 향상시키는 데 도움이 없을 때
- 기업조직이 자신의 개인적 노력과 성과를 인정하지 않을 때
- 적절치 못한 후생복지
- 노동자들이 경영진이 자신들을 존중하지 않는다고 느낄 때
- 직업의 불안정
- 경영진이 자신들의 우월한 지위를 남용할 때
- 성・직급 차별
- 열악한 복지시설

6. 호텔 안전관리

호텔의 안전관리부서(Security Department)는 단순한 신체보호와 업무 저해요인 및 배제수단에서 벗어나 사고 없는 기업활동의 영위를 통해 종사원과 고객 등의 안전을 지키고자 하는 활동, 즉 경영관리의 한 부분이라 할 수 있다. 호텔 안전관리는 예상되는 재해 및 각종 안전사고를 예측・제거하지만, 종사원과 고객의 안전과 수준 높은 서비스 창출은 호텔의 생산성 확대 효과 및 호텔 이윤 감소의 사전방지 효과를 달성하는 데 목적이 있다고 할 수 있다.

즉, 호텔의 안전관리란 호텔경영에 관련된 호텔의 재산, 그 주변 또는 호텔시설 내에 있는 시설물과 비품 및 호텔에 체재하는 고객과 종업원의 생명과 재산 등을 안전하게 관리하는 것을 말한다.

따라서 호텔은 업무상 위험한 시설에 대하여 법이 정하는 것 이상으로 안전조치를 취하고, 안전사고의 방지에 노력하며 종사원은 이에 대한 안전수칙을 준수하여 사고를 미연에 방지하기 위해 최선을 다해야 한다.

1) 호텔 안전관리

(1) 호텔 안전관리

호텔 안전관리는 인적·물적인 재해를 미연에 방지하고 특히 고객과 직원의 귀중한 생명과 신체를 보전함으로써 그들의 생활을 유지·발전시키고 호텔과 사회에 공헌하기 위한 것이다. 이를 위해서 호텔관리자는 재해와 위험을 예방하여 편안하고 안전한 업장의 상태에서 일을 계획·조직화하고 관련 직무수행자들을 지휘·감독하며 통제·조정하는 것이 요구된다.

또한 안전관리의 목적은 인간존중의 이념에 기초를 두고 생산 활동이 가져올 수 있는 재해나 사고를 미연에 방지하며, 나아가 기술혁신 등으로 인한 부작용인 새로운 형태의 위험을 발생시키지 않게 함으로써 호텔 종업원은 물론이고 일반 시민들까지도 쾌적하고 건강하게 생활할 수 있게 하는 것이다.

(2) 안전관리 조직

호텔의 안전관리부서의 조직구성은 호텔 내의 다른 부서들의 조직과 비슷하게 이루어져 있다. 안전관리부서의 장은 호텔의 고객과 직원을 위한 안전한 분위기 조성을 책임지며, 그에 관련하는 모든 직무를 총관장하는 역할을 담당하고 있다. 이를 위해서는 필요한 인력, 기술과 24시간의 원활한 부서 운영을 위한 예산 등이 이 부서에서 확보되어야 한다. 규모가 큰 호텔의 경우에는 부서장 밑에 차장을 두어 부서장의 부재 시에 대비하거나 역할을 분담하고 있기도 하다. 안전관리부서의 부서장은 업무활동상황을 총지배인에게 반드시 보고하며, 또한 다른 부서의 부서장들과도 항상 상호 협조체제를 구축하고 있다.

안전관리부서의 직원들은 1일 3교대 근무시간을 기준으로 근무를 하는데, 근무 중에는 호텔의 시설, 고객안전, 직원안전 등을 위해 정해진 시간과 구역을 순찰한다. 이 경우의 순찰업무는 안전관리인이 담당한다.

이 같은 조직구성을 갖고 있는 안전관리부서는 업무내용이 호텔 내의 각 부서들의 부서장들과 직원들 그리고 고객들과 긴밀히 연결되어 있다. 따라서 어떠한 상황이 발생했을 때 이를 해결하기 위하여 신속하고, 대응조치를 계획하고 실천하는 것이 성공적인 업무수행의 근본이 되는 것이다.

(3) 안전관리 목적

호텔경영에서 안전관리는 여러 가지 책임이 있지만, 그 중에서 가장 중요한 호텔 안전관리 목적은 호텔 고객과 호텔 자산 그리고 직원의 보호라고 할 수 있다. 즉, 고객, 건물과 시설물, 직원에 대한 안전이라고 할 수 있기 때문에, 호텔의 경영자 모두는 이에 대하여 많은 관심을 갖고 있다. 호텔의 안전은 1년 연중무휴로 하루 24시간 운영을 하기 때문에 호텔의 안전에 문제가 발생되지 않도록 항상 노력해야 한다.

호텔 안전에 관한 목적은 첫째, 호텔의 건물과 시설 등 재산의 보호를 위함이고, 둘째, 호텔 고객의 신변보호와 소지품의 도난 및 분실방지를 위함이고, 셋째, 호텔 직원의 보호를 위해 존재한다. 호텔의 안전관리부서는 고객에게 안락한 호텔 분위기를 제공하기 위해 고객 소지품의 분실과 화재 그리고 그 밖의 비상사태 등에 대비해 항상 이를 처리하기 위한 준비태세를 갖추고 있어야 한다. 화재 시에 대비하여 장비의 준비, 비치 등의 모든 제반사항을 숙지하고 있어야 한다.

따라서 안전관리 부서의 목적은 철저한 계획과 대비를 통해 발생될 수 있는 위급한 상황을 미리 예방하는 것이며, 불가피하게 이 같은 상황이 발생되는 경우에는 미리 신속히 대처하여 원만한 해결을 꾀하는 것이다. 오늘날과 같이 사건, 사고가 빈번히 발생하고, 또한 이에 관련되는 법률적인 소송이 자주 일어나는 사회에서는 잘 조직된 안전관리부서를 갖고 있는 것이 매우 중요하다.

2) 호텔 화재관리

(1) 화재관리

아무리 경영을 잘하여 거대 호텔기업이 되었다 하더라도, 화재는 한 번에 호텔 전체를 삼킬 수 있는 재난이다. 따라서 화재에 대한 안전관리는 아무리 강조를 해도 지나치지 않다. 어느 지역에 위치하고 있든 모든 호텔이 화재 안전규칙을 지켜야만 한다. 화재 안전규칙에는 구성 물질, 인테리어 직물, 비상구의 구조물,

발연경보 설치, 자동소화 장치설치, 화재경보기 작동 등을 규정하고 있다. 이 같은 광범위한 규칙들은 고객안전과 호텔의 재산을 보장하기 위해서 개발되었으며, 이 장비들의 설치는 관련법규에 따라 설치되어야 한다.

그러므로 방화통제 관리실장은 효과적인 화재안전관리와 대피를 위하여 전 직원들에게 교육시켜 만일의 사태에 대비하여야 한다. 또한 화재 안전관리 장비의 준비와 소방시설의 비치 등 모든 제반사항을 완비하여야 한다.

고객들은 호텔을 이용하는 동안에 안전한 환경 속에서 지내기를 원한다. 그러므로 호텔의 관리자는 안전을 위해 간단한 화재 안전계획 프로그램을 개발해야 하며, 이를 정기적으로 직원들에게 훈련과 대비를 시켜 비상사태에 대비하여야 한다.

(2) 화재 안전교육

소화전 사용법, 소화기 사용법, 소화기의 위치, 화재 시 비상구, 화재경보기와 같은 방법에 대해 직원들이 실시하는 훈련 프로그램은 호텔 고객 서비스 차원에서 이루어져야 한다. 호텔 직원들이 호텔의 전 지역의 비상구, 소화기, 화재경보기의 위치에 대한 지속적인 교육과 비상교육을 통하여 효과를 점검하여야 한다.

모든 직원을 대상으로 정기적인 교육과 훈련이 필요하며, 화재에 대한 이론과 소화기 다루는 법과 같은 실무교육은 호텔에 근무하고 있는 한 지속적으로 이루어져야 할 것이다. 또한 실제로 일어날 수 있는 예상 훈련은 화재안전의 중요성을 일깨워 준다. 이 같은 비공식적인 훈련과정에는 조직적인 과정과 화재 시 이용하는 적합한 도구 이용 정보 등을 포함한다.

(3) 화재관리와 사고대처

호텔은 일정공간에 다국적 이용객이 많다 보니 항상 사고의 위험이 존재한다. 안전사고가 발생하게 되면 대응은 매우 신속하게 이루어져야 되기 때문에 이에 대한 대책으로 방화통제실에서 24시간 근무자가 모니터를 감시하고 있다. 또한 신속한 처리를 위해 호텔에 따라서는 간호사와 의사가 상주하는 경우도 있다.

이러한 사고관리 대처는 사고에 대한 대처능력이 떨어질 경우 고객의 생명까지도 잃을 수 있는 경우가 발생되므로, 이에 대한 해결방안을 조직화되어 있다. 이와 같은 대처는 호텔 이미지는 물론, 대고객 서비스에 좋은 예라고 할 수 있으며, 화제에 대한 사전관리는 다음과 같다. 그리고 화재 발생 시 조치사항은 화재 발견 시 직원 간 연락과 신속한 경보, 고객들의 질서 있는 대피가 될 수 있도록 유도한다. 따라서 호텔은 화재 발생 시 모든 인원에게 적절한 경보를 발할 수 있는 체계를 갖추고 있어야 하며 호텔 직원들은 이러한 사항을 인지하고, 경보장치에 대하여 아래의 내용을 집중교육하여야 한다.

① 호텔 내의 화재경보조직장치, 경보용 스위치 확인
② 화재 발생지역을 확인하는 방법과 경보의 근원지를 확인하는 방법
④ 화재경보 장치를 고쳐 놓거나 스위치를 꺼서는 안 됨

3) 보건위생관리

(1) 보건위생관리의 의의

보건이란 정신적이나 신체적으로 건강한 상태를 유지하는 것을 뜻하는데, 호텔 보건위생관리란 직원들의 건강을 보호하고 증진하기 위하여 질병발생 또는 발생 예방조치를 하거나 질병을 차단하기 위한 그 대책을 강구하는 활동이다. 이 활동은 직원의 심신을 보호하고 건전한 노동력을 유지하여 호텔경영에 경제적 손실을 방지하는 데 의미가 크다고 하겠다.

호텔 보건위생관리는 직원과 다국적 고객과의 관계에서 서비스가 이루어지는 업종이기 때문에 직원의 보건위생에도 많은 노력이 요구된다.

(2) 보건위생 대책

호텔은 종사원의 보건위생관리에 철저를 기하기 위하여 다음의 각 항의 조치를 강구한다.

① 호텔 내에 의무실을 설치하고 간호사를 둔다.
② 종사원은 언제든 의무실에서 가벼운 응급치료 및 질병치료를 받을 수 있다.

③ 호텔은 종사원에게 연 1회 이상 정기적으로 건강진단을 실시하며, 종사원은 정당한 사유 없이 건강진단을 거부할 수 없다.

④ 종사원은 위생 및 보건에 관한 일체의 규정을 준수하여야 한다.

⑤ 여성 및 연소자 그리고 미경험자에게는 위험 혹은 안전보건상 유해한 직종에 종사시키지 아니한다.

⑥ 감염병, 정신병, 또는 근로를 계속함으로써 병세가 악화되거나 이로 인하여 타인에게 피해를 끼칠 것으로 우려되는 종사원에 대하여는 휴식 또는 취업을 금지시킬 수 있다.

13

CHAPTER

호텔 회계

1. 호텔 회계의 이해
2. 호텔 회계의 특징과 기능
3. 호텔 회계의 분류
4. 재무제표

HOTEL
MANAGEMENT

13 CHAPTER 호텔 회계

회계(Accounting)는 기업의 경영활동에서 재무적 성격을 갖는 거래를 화폐단위에 의한 방법으로 기록·분류·분석·전달하는 일련의 과정을 거쳐 기업의 재무에 대한 정보 전달 역할을 하며, 기업의 경영언어(Language of Business)라고 한다.

우리나라 기업회계기준 제2조에서 "재무회계는 회계 정보의 이용자가 기업 실체와 관련하여 합리적인 의사결정을 할 수 있도록 재무상의 자료를 일반적으로 인정된 회계 원칙에 따라 처리하여 유용하고 적정한 정보를 제공하는 것을 목적으로 한다."라고 정의하였다.

1. 호텔 회계의 이해

현대 사회에서의 경제활동은 국가·기업 등의 일정한 사회조직을 통하여 이루어지며 이들 사회조직에서는 이해관계를 가지는 개인이나 조직이 존재하게 된다.

그러므로 정보의 홍수 속에서 살고 있는 많은 현대인들은 자신의 이해관계와 관련하여 자기와 관련된 회사의 정보를 알고 싶어 한다. 이러한 이해관계자들은 조직의 이익을 위한 합리적인 의사결정을 위해서는 본인이 투자한 기업에 어떠한 영향을 미칠지 많은 관심을 갖고 있다.

최근 들어 호텔기업도 상장이 되면서 많은 투자자들이 회계와 관련하여 많은 관심을 가지고 있다. 따라서 정확한 재무적 정보를 제공해줄 필요가 있다.

1) 호텔 회계

회계란 사회의 모든 조직체에서 활동상황이나 현상 등 특정의 경제적 실체를 일정 방식에 따라 화폐단위로 기록·분류하고, 이해관계를 가진 자에게 합리적인 경제적 의사결정을 하는 데 유용한 재무적 정보(Financial Information)를 제공하기 위하여 보고 및 정보 제공을 하는 일련의 과정 및 체계로 정의 내릴 수 있으며, 경제 주체에 따라 영리회계와 비영리회계로 구분할 수 있다.

영리회계는 영리를 목적으로 하는 조직체인 기업 회계로 분류되고, 대부분 재무, 원가, 관리, 세무에 걸쳐 실시하며 재무회계는 자금의 조달과 투자 내역을, 원가회계는 상품, 재고품, 원재료 등에 대한 수지를 맞추고, 관리회계는 임금, 관리비 등을 기록하며, 세무회계는 법인세를 비롯한 각종 세금의 납부와 절세 등을 기록한다. 영리회계의 목적은 재무제표의 작성을 통하여 필요 없는 지출을 줄이고 자금을 효율적으로 관리하는 것이다.

비영리회계는 영리를 목적으로 하지 않는 경제단위의 회계로 관청회계·학교회계·병원회계 등으로 세분된다. 이 가운데 가장 널리 이용되는 것이 기업회계이며 이를 보통 회계라 한다. 따라서 기업회계의 실무와 이론이 회계 발전의 중추로 되어 있다.

회계 정보의 이용자는 내·외부 및 의사결정 종류에 따라 분류되는데, 내부 이용자는 사장, 총지배인 등의 경영자와 기타 의사결정자 등이 있으며, 외부 이용자는 투자자와 채권자 등의 직접 이용자와 노동조합, 세무서, 정부 경제기관 등의 간접 이용자로 구분된다. 이를 이용하는 각각의 계층을 이해관계자라고 하는

데 이들의 정보이용 목적은 다음과 같다.

표 13-1 이해관계자와 정보이용 목적

이해관계자	정보이용 목적
경영자	수익 산정 등의 내부 경영 목적
종사원	회사에 대한 임금 산정(협상) 목적
채권자	기업에 대한 신용 평가 목적
주주	배당 수익의 산정 목적
투자자	투자에 대한 수익 획득 가능성 분석

2) 호텔 회계의 필요성

호텔기업은 제조기업과는 다른 호텔 회계를 필요로 한다. 호텔은 개개의 거래에 있어 종류가 다양하고, 복잡한 요금과 매상은 물론 더욱이 그 발생장소나 시간이 제각기 다르다. 결제가 현금 또는 신용이라고 할 때, 아마 발생에서 결제에 이르기까지의 기간에 이처럼 신속을 요하는 업종은 거의 없을 것이다. 따라서 개업과 동시에 연중무휴의 24시간 영업이 계속된다.

그 사이 각 영업부문에서 발생한 거래를 상세히 기록하고, 재료에 따른 원가관리의 자료로써 계산을 산출하고 그 외에 숙박객 계정의 집계와 각 부문에서 발생된 숙박객에 대한 매상의 집계와도 꼭 일치해야 할 것이다. 그러므로 24시간 영업 도중 일정시간에 감사를 하는 것이다. 그리고 고객이 어느 때 체크아웃을 하더라도 그 고객 계정이 그 시점까지 발생했던 모든 거래(호텔 내에서 사용한 모든 거래)를 집계하여 종결해 놓지 않으면 안 된다. 그러므로 호텔 측에서는 그 시간 내에 손님의 성명과 주소를 동시에 등록하고 투숙객 계정에 기록하며, 프런트 데스크 캐셔와 교환원에게 고객의 객실번호를 전달하고 각 장소에서 발생하는 매상이 즉시 숙박객의 계정에 집계되도록 해야 한다.

호텔 용품과 함께 영업경비의 지불에 관해서는 타 기업과 큰 차이가 없다. 그러나 도자기, 유리, 식기류, 리넨류의 회계처리에는 호텔기업 특유의 회계처리가 필요하며 원가관리 분야에 있어서는 전술한 식음료재료의 수량관리 문제 역시 호텔 회계의 특수한 분야를 형성하고 있다.

2. 호텔 회계의 특징과 기능

호텔회계의 특징은 객실, 식음료, 비즈니스센터, 주차장 등 모든 영업부서에서 발생한 거래를 기록하고, 재료에 따른 원가관리의 자료로써 계산을 산출하며, 그 외에 투숙객 계정의 집계와 각 부문에서 발생된 투숙객에 대한 매상의 집계와도 일치해야 할 것이다. 특히 24시간 영업을 하는 부서가 있으므로 결산시간을 정해 놓고 총 결산을 마감한다.

1) 회계의 특징

(1) 판매시점(Point of Sales) 관리

호텔영업은 판매장소와 거래의 발생시점이 다르고, 매출이 수시로 발생하기 때문에 판매시점관리가 필요하며 신속 정확하게 이루어져야 한다.

(2) 부서별 업적평가회계

호텔영업으로 인한 수익과 비용은 여러 서비스 부문별로 발생하므로 부서별 업적평가회계가 적용되어야 한다.

(3) 고객별 회계관리

호텔 서비스는 고객 개개인에게 특화하여 제공되므로 고객별 회계관리가 필요하다. 1개의 객실에 2인이 투숙을 하더라도 고객 개개인이 별도로 회계관리가 이루어지는 경우가 있다.

(4) 일일결산

호텔영업은 24시간 이루어지며, 매일의 서비스 제공과 Bill에 의한 청구를 기초로 마감되므로 모든 고객이 지불할 금액을 정확히 등록 확인하고 일일결산에 의하여 수익을 계산하여야 한다.

(5) 매출채권의 구분관리

호텔영업으로 인한 외상매출금 중 호텔 투숙객에 대한 외상매출금은 Guest Ledger에 기록되어 체크아웃 시점에 정산되며, Guest Ledger에 기록되지 않은 모든 외상매출금은 City Ledger에 기록·저장된다.

2) 회계의 기능

회계의 근본적인 기능은 회계 사실을 있는 그대로 기록한다는 것을 전제로 하므로 기업의 이해관계자인 경영자·주주·채권자·감사인·정부기관 등의 요구에 응할 수 있는 회계기능을 수행할 필요가 있다. 또한 동종 업종 간 재무제표의 비교 가능성을 제고하고, 주요 수익창출 부문별 성과의 분석·평가정보를 제공하며, 통계 및 분석정보의 활용에 기여한다. 이러한 회계기능에는 이익측정기능·경영관리기능·정보전달기능이 있다.

(1) 이익측정기능

어떤 대상에 수를 부여하는 것으로 기업이 가지고 있는 자원과 그것의 변동에 대하여 화폐라는 수를 부여하는 것으로 영리를 목적으로 하는 기업에서는 정확한 이익 산정(손익계산)이 회계의 핵심이 되며 영속적인 기업활동을 기간으로 나누어 일정 기간마다 이익을 측정하는데 기간 이익 측정을 위해서는 영업이익 계산뿐 아니라 동일 기간 내 회사 자산에 대한 계산도 필요하게 되며, 복식부기수법에 의해 이익계산과 자산계산도 동시에 이루어진다.

화폐단위가 가치 비교를 위한 가장 적합한 수단이면서 공통적인 척도이기에 모든 회계 정보가 화폐 가치를 통하여 측정되는 것이다. 즉, 일반적으로 평가가 무게, 부피, 사용 시간 등을 단위로 여러 가지 의미를 수치로 표시하나, 회계에서는 화폐단위인 원이라는 수를 부여하여 표시한다.

(2) 경영관리기능

경영자의 입장에서 기업을 관리·통제하기 위한 기능으로 이익관리·원가관리·자금관리·예산통제 등으로 이루어지는 경영활동의 회계학적 관리기술이 이에 해당된다. 경영관리기능은 이익측정기능과는 달리 사후기록·계산에 한정하는 것이 아니고, 사전계산적이고 미래적인 성격까지도 포함한다.

(3) 정보전달 기능

일정한 규칙에 따라 측정된 결과를 정보 이용자(경영관리자·주주·채권자·정부기관 등)에게 전달하는 것으로 정보전달자는 회계담당자를 의미하며, 전달 매체는 대차대조표, 손익계산서 등의 재무제표가 된다. 회계과정을 통하여 만들어진 회계정보를 각 이용자에게 전달하는 과정을 말한다. 한편, 모든 정보이용자들에게 유용한 회계정보가 되려면 적합성, 신뢰성, 일관성, 호환성 등을 갖춰야 할 것이다.

3) 호텔 회계의 정보이용자

(1) 내부정보 이용자

회계정보의 내부정보 이용자는 기업의 경영활동에 대하여 책임을 지는 관리자 또는 경영자이다. 내부정보 이용자는 자신의 부의 증대가 아니라 기업 자체의 부를 증대시키기 위하여 의사결정을 한다. 즉, 기업의 경영자들은 목표를 수립하고, 경영활동을 평가하고, 적절한 통제활동을 수행하기 위하여 회계정보를 이용한다. 내부정보 이용자를 위한 회계영역은 관리회계이다.

(2) 외부정보 이용자

외부정보 이용자는 기업의 경영결과에 관심을 갖는 외부인으로 종업원·소비자·주주·채권자·정보·지역사회·고객·기타 사회단체 등이다. 외부정보 이용자는 기업이 제공하는 회계정보를 이용하여 자기 자신의 부를 보다 증대시키기 위한 의사결정을 한다. 외부정보 이용자는 기업의 책임대상이 되는 모든 이해관계자집단을 포함한다. 외부정보 이용자를 위한 회계영역을 재무회계라고 하며 이들의 필요정보를 설명하면 다음과 같다.

① 종업원

종업원들은 높은 성과의 달성 및 성과의 적정한 배분을 위하여 회계정보를 이용한다. 특히 노동조합은 성과의 배분·재산형성의 지원·고용의 안정·근무환경의 개선을, 종업원은 교육훈련·복지시설의 확충 등을 위한 단체협약 및 임금협상을 위하여 회계정보를 이용한다.

② 소비자

근래에 들어 기업의 서비스 및 상품으로 인한 피해의 예방 및 보상을 통하여 소비자의 권리를 찾으려는 각종 소비자단체가 형성되고 있다. 이들은 적절한 가격 및 품질수준의 유지 등을 위하여 회계정보를 이용한다.

③ 주주

주주는 보유하고 있는 주식을 팔 것인가의 여부를 결정하기 위하여 그 기업이 만족할 만큼 잘 운영되고 있는가를 판단한다. 또한 그 기업의 주식을 구입하여 소유주가 될 것을 고려하는 투자자(잠재적 주주)들로 회계정보를 이용한다.

④ 채권자

금융기관, 식·음재료 및 물품의 납품업자들도 역시 호텔에 대한 신용의 제공 여부 및 신용기간의 연장 등과 관련하여 발생될 위험의 평가에 회계정보를 이용한다.

⑤ 정부

정부는 세금의 부과, 호텔 서비스의 가격통제 및 기타 영업활동 등에 대한 적절한 통제를 위하여 회계정보를 이용한다.

⑥ 지역사회

지역사회단체 및 지역주민들도 위락시설의 조성·공해와 환경오염의 방지·지역사회 개발·인근 주민의 고용 확대·자연훼손 등 지역사회의 이익추구를 위한 활동을 위하여 회계정보를 활용한다.

3. 호텔 회계의 분류

회계는 여러 관점에서 분류할 수 있으나 주로 이용하는 회계정보 이용자에 따른 분류방법으로 크게 재무회계(Financial Accounting)와 관리회계(Managerial Accounting)로 나눌 수 있으며, 세무당국이 세금을 부과하기 위하여 사용하는 세무회계도 회계의 한 분류에 속한다.

1) 재무회계

재무회계는 정보이용자 중 주로 기업 외부의 이용자(예: 투자자, 채권자, 고객, 종사원 등)들의 효과적인 경제적 의사결정을 위해 유용한 정보를 제공하기 위해 행하는 회계분야를 말한다. 재무회계에서의 재무제표(재무보고서)는 정보이용자들의 공통된 정보욕구만을 충족시킬 수 있는 회계정보를 반영·보고한다는 의미에서 일반목적 재무보고서라고 한다. 그리고 재무회계는 기업이 과거에 수행한 경제적 거래에 대한 결과만을 반영·보고한다.

재무회계의 주요 보고수단으로는 대차대조표, 손익계산서, 이익잉여금계산서, 현금흐름표 등의 재무제표가 있으며, 재무회계의 방법으로는 일반적으로 기간손익계산이 있는데, 이는 일정한 회계기간을 설정하여 그 기간 중의 활동 결과인 기업 자본의 투자·회수·재투자의 전망을 추적하고 손익계산서와 대차대조표를 통해 특정 기간에 기업 자본에서 생긴 손익의 변화와 특정 시점의 기업 자본의 크기를 주식 차원에서 명확히 밝히는 것이다.

2) 관리회계

재무회계와 달리 관리회계의 재무보고서는 기업 내에서 특정 경제적 의사결정에 적합한 회계정보만을 반영·보고하므로 특수목적 재무보고서라 한다. 관리회계는 주로 내부이용자인 경영진의 의사결정에 필요한 정보를 제공하는 것을 목적으로 한다. 관리회계에 포함되는 경영의사결정에는 원가분석, 경영성과분석, 예산편성, 상품·서비스의 가격결정, 투자여부의 결정 등이 있으며, 이런 정보는 반드시 경영자의 의사결정 유형에 적합해야 한다. 관리회계는 재무회계와 달리 주로 미래를 예측하는 정보가 대부분이다.

관리회계에 전형적으로 포함되는 내용은 예산통제·표준원가계산·변동원가계산·투자 여부의 결정 등을 들 수 있으며, 주로 미래를 예측하는 정보가 대부분이다. 관리회계는 원가회계에서부터 발달되어 왔으며, 현재에는 원가회계를 포함하는 개념으로 사용되고 있다. 여기서 원가회계란 기업의 상품, 상품 등의 제조와 관련하여 들어간 비용을 산정하기 위한 회계를 일컫는다. 관리회계는 재무회계와 관련을 가지면서도 경영자가 기업활동을 계획하고 조정하며 통제하는 데 필요한 회계를 제공하는 목적을 가지고 있다.

3) 세무회계

세무회계(Tax Accounting)는 재무회계 분야에서 특수한 목적을 위한 회계로서 일반적으로 기업회계기준에 따라 처리한 회계를 세법 규정에 맞게 바꾸는데 사용하는 회계이다. 또한 세무회계는 기업회계상의 이익계산과 세법의 과세소득 계산에 대한 상호의존 관계, 차이점 및 그리고 조정을 연구대상으로 하는 세법과 회계가 서로 겹치는 영역을 나타내는데 이는 기업이 일반적으로 인정되는 기업회계

기준에 따라 회계처리를 하였어도 세법에서 인정하는 것과 인정하지 않는 것이 있기 때문에 주로 세무 당국에서 사용하는 회계제도이다.

표 13-2 회계의 분류

구 분	재무회계	관리회계	세무회계
정 의	일반적으로 회계라 하면 재무회계를 가리킨다. 재무회계는 상거래와 관련된 내역을 기록하기 위한 회계이다.	관리회계는 기업의 경영 실적을 파악하기 위하여 사용하는 회계로 일반적으로 경영자가 경영 성과를 파악하기 위하여 사용하는 회계이다.	세무회계는 세금 부과의 기준이 되는 회계로서 기업 회계를 세금의 부과 기준에 맞게 바꾸는 회계를 말한다.
목 적	외부 정보 이용자 의사결정에 유용한 정보 제공	경영자의 관리적 의사결정에 유용한 정보 제공	과세 표준의 정확한 산정
회계 원칙의 적용	일반적으로 인정된 회계 원칙 적용	준거할 회계 원칙은 없으며 상이한 목적에 따라 상이한 보고서 작성	세법 규정의 제반 원칙을 적용
보고 시기	정기보고	필요시 수시보고	정기보고
보고 형식	정형화된 형식	임의적 형식	정형화된 형식
손익의 측정	일반적으로 수익 비용 대응에 의한 측정(실현·발생주의 적용)	상이한 목적에 따라 원가 측정	공평 과세의 견지, 동일 내용은 일률성 적용 (발생주의)
자료의 중점	객관적 자료 중시	주관적이지만 목적 적합성 강조	객관적 자료 중시
회계기간	일반적으로 1년	수시, 월별, 분기별	권리 의무 확정에 의한 인식
강제성 여부	강제성 있음	강제성 없음	강제성 있음

4. 재무제표

재무제표란 기업이 한 해 동안 물건을 만들어 파는 등 여러 활동을 하면서 생긴 일들을 적어 놓은 장부를 말한다. 회계전문가나 주식투자자들은 재무제표를 잘 이해하면 기업이 어떻게 운영되는지 알 수 있다. 또 재무제표를 보면 앞으로 그 회사가 어떻게 될 것인지 예측할 수도 있다.

호텔기업에 이용되는 네 가지의 중요한 재무제표는 대차대조표, 손익계산서, 이익잉여금 계산서, 현금흐름표이다. 첫째, 대차대조표는 특정한 시점에 자산과 부채자본의 총량과 목록을 나타낸다. 대차대조표는 그 호텔이 얼마나 많은 재산을 가지고 있는지 어디에 이용되는지 알 수 있다. 둘째, 손익계산서는 일정기간 동안 호텔기업의 재산운영성과를 알 수 있다. 특히 주주나 채권자들은 투자가치와 신용가치를 결정하는 데 있어 손익계산서를 반드시 필요로 한다. 셋째, 이익잉여금 계산서는 특정한 시기 동안의 이익잉여금 변화, 당기순이익과 이익배당금을 보여준다. 넷째, 현금흐름표는 재무상태에서의 변화와 한 시기 동안 발행되는 현금에서의 변화를 보여준다.

1) 대차대조표(Balance Sheet: B/S)

기업은 수시로 기업과 관련한 재산상태와 부채상태를 점검하여야 하며 아울러 현재의 부채상태가 적절한 수준인지 파악하고 재산의 구성 내용이 적절한지에 대해서도 고려해야 한다. 일정 시작에서 기업의 재무상태를 명확하게 보고하기 위하여, 대차대조표 작성일 현재의 자산, 부채, 자본을 일목요연하게 나열한 일람표를 대차대조표라 한다.

자산 = 지분(채권자 지분+소유주 지분)
자산 = 부채+자본

대차대조표는 한 면에 T자로 구분하여 왼쪽과 오른쪽으로 구획을 갈라서 작성할 때 자산은 대차대조표의 왼쪽에 기재하고 부채는 오른쪽에 기재한다. 그리고 자산은 위에서부터 빨리 현금화할 수 있는 순서대로 기재하고 반대로 부채는 빨리 갚아야 하는 순서대로 기재한다. 또한 재고자산은 판매가격이 아닌 매입원가로 기록하고 파손 및 진부화로 가치가 감소한 부분이 있으면 그 부분만큼 재고자산에서 감액시켜야 한다.

2) 손익계산서(Income Statement: I/S)

손익계산서는 기업이 영업활동의 결과로 일정 기간 동안 얼마만큼의 소득을 올렸는지 파악해 놓은 재무제표 중 하나이다. 기업의 경영성과를 밝히기 위하여 한 회계기간 내에 발생한 모든 회계 실체인 수익과 비용을 대비시켜 당해 기간에 경영성과를 명확히 보고하기 위하여 작성한 경영성과 보고서를 의미하는 손익계산서가 필요하다.

손익계산서는 기업의 목적 달성 정도를 측정하는 기준이며 경영 정책의 수립과 방향 설정에 있어 가장 중요한 자료가 되므로 계정식과 보고식의 형식을 가지고 있다. 기업회계기준에서는 보고식으로 손익계산서를 작성할 것을 원칙으로 하고 있다.

3) 이익잉여금 처분계산서(Statement of Appropriation of Retained Earnings)

이익잉여금이란 기업의 영업활동을 통하여 발생한 이익으로써 배당금 등을 통하여 주주 등에게 지급되거나 자본금 계정으로 전환시키지 않고 기업 내부에 남아 있는 부분을 말한다. 이익잉여금 처분계산서는 기업의 이월 이익잉여금의 수정사항과 당기 이익잉여금의 처분사항 등의 변동사항을 명확하게 보고하기 위해 작성하는 재무제표이다. 한 회계 기간 동안 전기와 당기의 대차대조표일 사이에 기업의 이익잉여금이 어떻게 변화하였는가의 변동 사항 내역을 명확히 보고하기 위하여 작성하는 재무제표로 대차대조표·손익계산서·현금흐름표와 함께 4대 재무제표라 부른다.

4) 현금흐름표(Cash Flow Statement)

매출은 많아서 손익계산상으로 이익이 많이 창출되었음에도 실제로 기업 내에는 현금이 없어서 심한 경우 지불 불능의 상태에 빠지는 경우도 있고, 손익계산상으로는 결손임에도 기업 내에는 현금이 풍부할 경우도 있다. 이렇게 손익계산서상 이익과 현금이 정확히 일치되지 않는 원인을 밝혀 주는 것이 현금흐름표이다. 즉, 한 회계기간 동안 회계 실체가 영업활동, 재무활동 및 투자활동에서 조달한 현금과 사용한 현금의 요약보고서이다. 자금 유입이 많을 경우에는 아무런 문제가 일어나지 않지만 반대로 현금 유출이 유입 항목보다 많을 경우에는 사업성을 의심받게 되며 채권자와 마찰이 일어날 수 있다.

기업의 재무상의 건전성을 평가하기 위해서는 대차대조표, 손익계산서와 함께 현금흐름표도 분석할 필요가 있는데 이러한 현금흐름표 또한 과거 연도와 비교하여 보면 보다 유용한 정보를 얻을 수 있다.

14

CHAPTER

호텔산업 전망

1. 호텔산업의 변화
2. 호텔산업의 향후 전망

HOTEL MANAGEMENT

14 CHAPTER 호텔산업 전망

한국의 호텔산업은 21세기를 맞아 새로운 천년의 도래와 함께 고객의 욕구 변화를 포함해서 경제활동의 변화, 기술의 발전, 인구의 변화를 포함한 많은 환경 변화가 예상되는 가운데 호텔업계에는 많은 기회와 위협요인이 제시되고 있다. 한국의 호텔업계도 영업성과가 양극화되는 가운데 새로운 변화가 기대되고 있고, 이 사업에 신규로 진입하는 기업의 경우에도 종전과 다른 창조적인 발상과 획기적인 패러다임의 변화가 요망된다. 따라서 국내·외 고객으로 구성되는 호텔산업에서는 적절한 변신이 요망되고 있다.

1. 호텔산업의 변화

1) 상품의 다양화

소비자들의 교육 정도가 향상되고 경제사정이 원활해짐에 따라 여행객들의 호텔 상품에 대한 패턴의 욕구가 다양해져 호텔기업과 그 경영자들은 이러한 소비자들의 욕망을 충족시켜 줄 수 있는 다양한 상품개발과 경쟁의식에서 호텔산업의 생산에 임하여야 할 것이다.

2) 인적자원의 한계

호텔기업의 운영은 종업원에 대한 의존도가 매우 크며, 이에 따른 인건비 지출 또한 크고 호텔업무의 자동화 및 기계화를 통한 인건비 절감에 한계성이 있는 것이 현실이다. 근로조건, 특히 3교대 근무는 질적으로 우수한 인재를 영입하는 데 걸림돌이 되는 것이 오늘의 문제만은 아닐 것이다.

이와 같은 문제점으로 인하여 오늘의 호텔기업들은 사무자동화 내지 상품의 단일화로 컴퓨터의 의존도가 높아졌고, 최근 들어서는 객실판매 위주의 비즈니스 호텔산업이 급성장하고 있다.

3) 에너지 관리

호텔경영자의 관심과 주의는 에너지 관리에 따른 소비절감에 초점이 집중되고 있으며, 에너지 관리의 필요성이 강조되고 있다. 에너지 절약에 관한 정책을 수립하고 있는 호텔은 에너지 문제에 대하여 많은 관심을 갖게 될 것이며, 에너지 절약을 위한 노력을 집중적으로 시도할 것이다. 이러한 호텔은 에너지 비용의 절감을 실현하게 될 것이다.

4) 규모의 축소화

구조조정에 의한 경영층의 규모를 축소하여 보다 효율적인 운영과 질적 서비스 및 마케팅 활동에 집중할 수 있도록 호텔 조직은 광범위하게 재조직화되면서 축소화되고 있다. 또한 호텔의 부대시설도 영업장을 줄이는 대신 객실 수를 늘리고, 객실면적 또한 최소의 면적으로 만들어지는 현실이다.

5) 증가하는 여성 상용여행자 시장

여성 상용여행자가 증가하고 있다는데 관심을 가지고 대응하여야 한다. 여성 여행자들은 호텔을 선정할 때 시설, 가격, 이용후기, 접근성, 서비스 등 몇 가지의 기준을 가지고 있는데, 여성 고객의 방문 빈도수를 높이기 위해서는 그들이 고려하는 사항이 무엇인지 현실에 맞게 변신해야 한다.

6) 시스템의 변화

영업의 자동화는 객실 수의 증대, 체크인과 체크아웃의 절차상 불편, 각종 서비스 문제와 효율적인 에너지 관리 문제를 해결하고, 노동력 절감, 생산성 향상 등 호텔 영업을 효과적으로 처리하고, 자동화와 더불어 새로운 프로그램을 도입하여 과학적인 경영과 서비스의 극대화 등으로 호텔 영업을 혁신적으로 변화시켜야 할 것이다.

예약 시스템에서 호텔 예약은 전화나 제3자를 이용하는 중간 유통(여행사, 항공사, CRS, 호텔 전문 예약회사, 사이버 관광회사 등)과 인터넷을 통하여 직・간접적 예약 영업 방식을 하고 있다. 호텔과 고객 간의 연계비용을 감소시켜 호텔가격을 낮춤으로써 그 감소 비용을 고객에게 제공하는 영업 전략을 시행하고 아울러 서비스를 대폭 강화해야 할 것이다.

2. 호텔산업의 향후 전망

1) 인수・합병(M&A)

호텔기업들은 기존 호텔을 향상시키거나 더 많은 호텔들을 흡수하는 정책이 1990년대 후반부터 시작되었으며, 앞으로도 지속될 전망이다. 호텔산업의 인수・

합병(Mergers & Acquisitions) 정책은 사세확정에 중점을 두고 있다. 이를 기반으로 마케팅 능력 향상과 경영혁신으로 수익 증대와 경쟁력을 확보하고 안정적으로 운영하기 위해서이다. 이미 호텔들 중 일부는 M&A를 통하여 다른 기업에 인수·합병되어, 체인화를 이루고 있거나 동일한 브랜드의 체인점이 증가하고 있음을 볼 수 있다.

2) 호텔 고객의 변화

얼마 전만 해도 호텔은 일부 부유층이나 외국인만 이용하는 곳처럼 보이는 문턱이 높은 곳이었다. 하지만 과거와 달리 이제는 1,000만이 넘은 인바운드(In Bound) 여행객의 증가와 내국인 이용객의 일반화로, 호텔기업이 고객에게 세밀한 관심을 갖고 영업을 하지 않는다면 호텔경영은 성공할 수 없을 것이다. 때문에 호텔경영의 환경 변화를 예측함에 있어서 가장 중요한 것은 고객의 마음을 움직일 수 있는 요인이 무엇인지 간파하는 것이다.

지금까지는 고객의 필요·욕구에만 중심을 두고 이루어졌지만, 미래에는 환경 변화에 따른 일상적인 변화뿐만 아니라 계속적으로 변화하는 소비자 행동에 많은 관심을 가지고 빠른 의사결정이 이루어져야 한다. 그리고 변화하는 고객의 태도를 간파하여 사소한 것도 중요하게 생각하는 것에 많은 노력과 집중을 해야 하며, 그에 대한 전략을 세워야 할 것이다.

3) 프랜차이징(Franchising)

호텔의 프랜차이징도 현저히 증가할 것으로 예측하고 있다. 미국, 프랑스 등 유럽에 본부를 둔 다국적 호텔 프랜차이즈사들 중 50% 이상이 세계 각국에서 영업을 하고 있으며, 아직 진출하지 않은 곳에도 진출을 계획하고 있는 것으로 나타나고 있다. 우리나라의 신라 호텔, 롯데 호텔의 경우도 국내지점은 물론 해외에도 진출이 진행되고 있다.

4) 아웃소싱(Outsourcing) 확대

최근 호텔기업에서도 아웃소싱에 대하여 많은 관심을 가지고 있으며, 양적 성장보다는 질적 수익 경영의 변신을 꾀하고 있다. 이는 치열한 경쟁 환경에서 제한된 인력·재정을 가진 호텔기업이 모든 부분에서 최고의 위치를 유지하기란 거의 불가능하므로 호텔에서 현재 수행하는 다양한 서비스 활동 중에서 전략적으로 중요하고 잘할 수 있는 기능이나 프로세스에 집중한 핵심역량 활동 또는 경영활동을 해당 분야에서 가장 뛰어난 전문기업들과의 전략적 통합으로 경쟁력을 강화해야 할 것이다.

호텔업의 아웃소싱 방법은 제3자 위탁방식, 분사 개념인 자회사 방식, 매각방식 등의 다양한 형태로 나타나지만, 미래의 호텔전문 아웃소싱의 형태는 호텔사업의 확대로 인한 컨벤션 및 대규모 스포츠 이벤트, 연회행사 시 아웃소싱업체가 가지고 있는 개별적 핵심역량을 가지고 전문분야를 분담하여 호텔 이벤트를 수행하는 주제별 아웃소싱(Theme Outsourcing)을 한다는 것이다. 더 나아가 향후 미래의 신 호텔경영 기법은 핵심역량이나 핵심 상품 등의 모든 기능을 상호보완적으로 활용하는 새로운 아웃소싱 형태인 네트워크형 아웃소싱 또는 사업자와 발주자가 긴밀한 협력관계를 유지하면서 프로젝트를 공동 추진하는 코소싱(Co-sourcing) 바람이 일 전망이다.

5) 차별화 전략의 소규모 호텔

(1) 친환경 호텔

자연환경의 숲속과 강가, 산책로 등과 같은 시설로 디자인되어 고객이 자연 속의 숲과 강가에 온 것과 같은 분위기로 도시의 피로한 생활에서 떠나 이용할 수 있다. 또한 이러한 호텔을 이용하여 업무, 출장, 건강, 운동(골프, 수영, 승마, 테니스, 산책 등)을 할 수 있으며, 기분전환이 가능하도록 고객의 생활에 행복을 제공하는 것이다.

(2) 가족형 호텔

가족단위로 이용할 수 있는 완전히 집에서 가정생활을 하는 것과 같은 분위기의 인테리어로 온 가족이 함께 기분전환을 하면서 즐거움을 느끼고, 가장은 개인 업무도 할 수 있고, 또한 사업과 출장 목적의 일도 할 수 있는 호텔이다.

(3) 간단한 이용시설 호텔

Lodge라는 시설이 호텔 수준으로 방의 욕실, 응접실, 부엌이 구비되어 있어 고객이 직접 원하는 음식을 해 먹을 수 있다. 서비스는 거의 없으며, 청소 정도만 하는 매우 간단한 곳으로 도심의 외각에 자리하고 있다.

(4) 주말 호텔

주말을 즐길 수 있는 도심에 좀 떨어진 곳에 자리하여 산책 코스, 각종 운동(스키, 하이킹 등)이 가능한 시설과 분위기 완비되어 있다. 가격도 저렴하여 부담 없이 이용할 수 있는 호텔이다.

참고문헌

고석면 (2005). 호텔경영론. 기문사.
공기열 (2011). 인적자원관리. 기문사.
권봉헌 (2010). 호텔경영론. 백산출판사.
권봉헌 · 임재문 (2009). 호텔 객실관리론. 연경문화사.
김경환 (2013). 호텔경영학. 백산출판사.
김상진 (2005). 호텔과 호텔경영. 백산출판사.
김성수 (2010). 현실적 인적자원관리. 탑북스.
김성용 (2010). 호텔관광인적자원관리. 백산출판사.
김성용 (2011). 국제호텔경영전략. 기문사.
김성용 (2011). 서비스경영전략. 기문사.
김성혁 · 유도재 · 김명수 · 이재형 · 이상경 (2011). 현관객실론. 백산출판사.
김시중 · 박정하 (2010). 호텔경영론. 백산출판사.
김영준 (2006). 최신호텔 현관객식 실무론. 대왕사.
김왕상 · 권문호 (2005). 관광서비스 경영론. 대왕사.
김용식 (2015). 호텔경영론. 에이드북.
김용식 · 박영기 · 하채헌 (2015). 호텔경영론. 에이드북.
김의곤 (2015). 호스피달리티 인적자원관리론. 백산출판사.
김이종 (2015). 인적자원관리. 새로미.
김진강 · 원유석 · 최우성 (2010). 호텔 객실실무론. 백산출판사.
김홍범 (2005). 호텔 · 관광마케팅. 한올출판사.
남택영 · 김영욱 · 김홍일 (2011). 프런트 · 객실실무론. 새로미.
노남섭 (2012). 인적자원개발론. 한올.
민혜성 (2005). 호텔 · 객일영업론. 현학사.
박대환 (2012). 호텔경영론. 백산출판사.
박대환 · 박동균 · 조보경 · 전우혁 (2010). 호텔 객실영업론. 백산출판사.
박상수 · 고금희 (2009). 해설 관광법규. 백산출판사.
박영기 (2022). 호텔경영전략(2판). 이프레스.
박영기 (2018). 호텔 인적자원관리. 범한.
박영기 · 안성근 (2020). 호텔 객실관리(4판). 기문사.
박영기 · 하채헌 (2022). 호텔식음료경영론(4판). 한올.

박영배 (2012). 커피바리스타. 백산출판사.

송대근 · 강용관 (2011). 호텔 객실서비스 실무. 대왕사.

송성인 · 김영식 (2007). 새로운 호텔경영학. 새로미.

신재영 (2005). 식음료서비스관리론. 대왕사.

신전인 (2005). 식음료서비스관리론. 대왕사.

안광호 · 김영식 · 송필수 · 전용수 (2012). 호텔 객실서비스 실무. 기문사.

안대희 (2014). 호텔 인적자원관리. 백산출판사.

양경승 (2013). 호텔관리론. 도서출판 범한.

오흥진 · 강찬호 (2012). 실전 호텔 객실서비스론. 기문사.

운홍석 (2012). 와인과 소믈리에. 백산출판사.

유도재 (2013). 리조트경영론. 백산출판사.

유도재 (2014). 호텔경영론. 백산출판사.

유도재 · 조인환 (2012). Hospitality Marketing. 백산출판사.

유도재 · 최병호 (2013). 호텔식음료실무론. 백산출판사.

이서도어 샤프 (2010). 사람을 꿈꾸게 만다는 경영자. 지식노마드.

이순구 · 서원석 (2008). 호텔인사관리론. 대왕사.

이유재 (2011). 서비스마케팅. 학현사.

이정학 (2008). 호텔 식음료 실습. 기문사.

이정학 (2011). 호텔경영의 이해. 기문사.

이정학 (2014). 서비스경영. 기문사.

이학종 · 양혁승 (2013). 전략적 인적자원관리. 오래.

이희천 (2006). 호텔마케팅. 갈채.

임창희 (2011). 인적자원관리. 비엔엠북스.

조셉 미첼리 (2012). 리츠칼튼 꿈의 서비스. 비전과리더십.

차길수 · 윤세목 (2006). 호텔경영학원론. 현학사.

최병호 · 유도재 (2012). 호텔경영의 이해. 백산출판사.

최병호 · 이형재 (2005). 호텔체험가이드. 백산출판사.

최복수 · 김원태 (2011). 호텔 객실 및 하우스키핑 실무. 대왕사.

최정길 (2011). 호텔경영학. 백산출판사.

하동현 (2008). 신호텔경영론. 한올출판사.

한국여행발전연구회 (2012). 한국관광마케팅. 대왕사.

홍철희 (2006). 식음료실무론. 대왕사.

황희곤 · 김성섭 (2007). 컨벤션 산업론. 백산출판사.

찾아보기

저/자/소/개

박영기

경희대학교 경영학석사(호텔경영전공)
가천대학교 경영학박사(호텔외식경영전공)
밀레니엄 서울힐튼호텔 객실부 지배인 역임
한국관광품질인증 평가요원 역임
현) 한국관광학회 평생회원
현) 한국호텔외식경영학회 평생회원
현) 한국호텔리조트학회 이사
현) 제주특별자치도 호텔업 등급결정 평가요원
현) 청운대학교 호텔관광경영학부 교수

김민준

청운대학교 경영학석사(호텔경영전공)
경희대학교 관광학박사 수료(스마트관광원)
메이필드호텔 식음료부 근무
리버사이드호텔 식음료부 근무
코아텔 레지던스 판촉부 근무
라까사호텔 식음료팀 근무
경인여자대학교 호텔경영학과 겸임교수 역임
현) 서울문화예술대학교 항공서비스과 강사

김종규

경희대학교 경영학석사(호텔경영전공)
강원대학교 경영학박사(호텔경영전공)
호텔롯데 식음료부 근무
롯데호텔잠실 식음연회팀 근무
경복대학교 관광경영과 겸임교수
NCS 전문위원 활동
현) 한국산업인력공단 조주기능사 필기 문제출제, 실기심사위원
현) 한국베버리지마스터협회 바리스타, 소믈리에 심사위원
현) 국제대학교 호텔관광서비스과 교수

호텔경영론

초판발행 2024년 1월 20일 **1판 1쇄 인쇄** | 2024년 1월 25일 **1판 1쇄 발행**

지은이 박영기 김민준 김종규
펴낸이 최용구 | **펴낸곳** 도서출판 **이프레스**
주소 (04316) 서울시 용산구 원효로 89길 19 (원효로1가)
전화 02)537-1720(영업부), 537-1721(편집부), 537-1711(팩스)
이메일 epress01@naver.com | **홈페이지** www.epress1.com
등록 2009년 12월 10일 제16-2710호
기획마케팅 최용구 장만동 최충구 송대용 | **책임편집** 석기은 황가연

ISBN 979-11-91348-32-3 93980
정가 28,000원